Freedom

自由的

[美] 丹尼尔·丹尼特 著

曲娇 译

进化

Daniel
C. Dennett

Evolves

中信出版集团｜北京

图书在版编目（CIP）数据

自由的进化 /（美）丹尼尔·丹尼特著；曲娇译
. -- 北京：中信出版社，2022.9（2024.6重印）
　书名原文：Freedom Evolves
　ISBN 978-7-5217-4633-4

　Ⅰ.①自… Ⅱ.①丹… ②曲… Ⅲ.①自由－研究
Ⅳ.① D081

中国版本图书馆 CIP 数据核字（2022）第 144148 号

自由的进化
著者：　　〔美〕丹尼尔·丹尼特
译者：　　曲　娇
出版发行：中信出版集团股份有限公司
　　　　　（北京市朝阳区东三环北路 27 号嘉铭中心　邮编　100020）
承印者：　北京通州皇家印刷厂

开本：787mm×1092mm 1/16　　　印张：25.75　　字数：305 千字
版次：2022 年 9 月第 1 版　　　　印次：2024 年 6 月第 3 次印刷
京权图字：01-2022-4477　　　　　书号：ISBN 978-7-5217-4633-4
　　　　　　　　　　　　定价：78.00 元

推荐与赞誉

丹尼尔·丹尼特是当下最优秀的哲学家，将会是下一个伯特兰·罗素。不同于传统的哲学家，丹尼特研习神经科学、逻辑学、人工智能、计算机科学和心理学，因此他正在改变并重新定义哲学家所扮演的角色。

马文·明斯基

"人工智能之父"

丹尼尔·丹尼特是我们这个时代最具原创力的思想家之一。

《科学》杂志

丹尼尔·丹尼特是当今作品最具可读性、智识最敏捷、最具科学素养的哲学家之一。

《自然》杂志

哲学或许很重要，不过它确实非常枯燥。但塔夫茨大学的丹尼尔·丹尼特教授是一个很好的反例。在一系列面向高智识的大众读者的著作中，丹尼特明晰、细致地论述了一个又一个宏大的问题。《意识的解释》阐释了身体与心智的问题，《达尔文的危险思想》探讨了进化以及它对我们成其为人的影响。现在，在《自由的进化》中，他探讨了自由意志这一问题……和他的所有前作一样，《自由的进化》的文字也颇具趣味。这是一个真正热爱科学、喜欢介绍科学并试图将科学与他提出的哲学观点联系起来的人。

《华盛顿邮报》

一直以来，思想家们都在试图调和决定论和自由意志这两个概念……与众多传统的自由意志倡导者不同，丹尼特完全相信心智的硬科学、进化论解释……这意味着对于心智的能力，他完全拒绝化学、生物学、物理学以外的超自然解释……《自由的进化》充分阐释了决定论并不意味着必然性，这一观点将会激起有关这一话题的更广泛的思考。

《费城询问报》

在《自由的进化》中，丹尼特试图将达尔文主义和有关人类自由的信仰调和起来，这是迄今为止最有力、最天才的尝试。他的文笔足以让已经成为哲学学术著作标志的沉闷文风羞愧。这部著作有力地论证了人类的心智是进化的产物，而不是置身于自然世界之外。

《独立报》

我们是纯粹的基因机器吗？如果是，那么人类的自由又是怎么回事？……在《自由的进化》中，丹尼特有力地指出，不管基因对我们的构成有多么重要，我们仍然是自由的，并且根据其产生的后果，我们的选择仍然是具有道德属性的。事实上，丹尼特在《自由的进化》中成功地将人类的道德构建在了坚实的自然主义基础之上。他认为，随着时间的推移，自然选择使地球上的生命形式变得更加复杂和更加自由，整个过程的顶点是人类拥有了道德推理的能力。

《华尔街日报》

丹尼特用实验和游戏来支撑他的论点，而不是引用早已作古的希腊哲学家或者 18 世纪的苏格兰哲学家。但他四两拨千斤的风格容易让人产生误解。事实上，这是一本严肃的书，传达了非常精彩的信息。

《电讯报》

这是柏拉图式的哲学，不是学术期刊上那些文笔干巴巴、逻辑千疮百孔的论述，而是鲜活的思想。无论你同不同意作者的观点，你都会被这本书打动。

《环球邮报》

在自由意志与决定论的辩论中，丹尼特的声音引发争议却不可忽视。《自由的进化》为"兼容论"做了精湛而深入的论证，也彰显了这位哲学家的整体思想和独特风格。

刘擎

华东师范大学教授

在这本才华横溢、新见迭出的名作中，著名哲学家丹尼尔·丹尼特对自由的本性、困境和未来给出了颇具洞见的阐释。作者不仅对决定论和自由意志之争这一哲学史上由来已久的难题进行了别开生面的解释，更是将理论的思辨和现实的关怀结合在一起，充分展现出哲学本该具有的洞察力和分析力。即便你最终无法彻底认同作者所捍卫的自然主义立场，书中那些精彩纷呈的思想实验和案例解析仍然足以让你在阅读和深思之际不断打开全新的探索向度。

姜宇辉

华东师范大学哲学系教授

维特根斯坦曾把哲学家比作困在瓶子里的苍蝇，受到语言的迷惑，哲学家犯了"哲学病"。然而一旦聊起意识、道德和自由意志这些话题，我们普通人至今还是容易犯"哲学病"。丹尼特是维特根斯坦之后最擅长医治"哲学病"的哲学家，他的"药方"主要是进化论和脑科学，他的"治疗"过程妙趣横生。

王球

复旦大学哲学学院副教授

丹尼尔·丹尼特教授是杰出的思想魔术师，总能在枯燥的学术竞技场上为我们带来惊喜。这次他用无形的自由意志铁锤再次敲打笛卡儿剧场，并以进化的视角探析人类道德的起源与自由的进化。让我们沿着丹尼特设定的路标，开启一场充满技术含量的观念探险之旅。

李侠

上海交通大学科学史与科学文化研究院教授

图 7.1、图 7.2 和图 7.3 转载自乔治·安斯利（George Ainslie）的《意志的崩溃》（*Breakdown of Will*, Cambridge University Press, 2001）。经作者许可使用。图 8.1 和图 8.2 转载自本杰明·利贝特（Benjamin Libet）的《我们有自由意志吗？》（"Do We Have Free Will?"），这一部分来自本杰明·利贝特、基思·萨瑟兰（Keith Sutherland）和安东尼·弗里曼（Anthony Freeman）编著的《自愿的大脑：走向自由意志的神经科学》（*The Volitional Brain: Towards a Neuroscience of Free Will*, Imprint Academic, 1999）。经作者许可使用。

谨以此书献给我的家人：

苏珊（Susan）、彼得（Peter）、安德烈娅（Andrea）、内森（Nathan）和布兰登（Brandon）

目　录

导读暨推荐序

在描述、理解和解释人－人类、世界以及人－人类与世界关系的哲学中，有太多的概念和范畴不可或缺：空间（大、小，内、外，等等）与时间（过去、现在、未来，变化、稳定，等等），主体（我、你、他）与客体，物质与灵魂，身体与心智（mind），原因与结果，秩序与无序（随机），确定与不确定……凡此种种，不可胜计。当然，还有丹尼尔·丹尼特在《自由的进化》中作为主题的两个基本概念——自由和自由意志。

哲学家加勒特·汤姆森（Garrett Thomson）在《康德》（*On Kant*）这本书中指出，第一批判告诉我们，人类生活在一个机械的时空世界中，第二批判则告诉我们，人类是自由的、道德的存在者，而调和这二者（自然与自由、道德、宗教）则是康德在第三批判中努力要完成的。约翰·杜威在《确定性的寻求：关于知行关系的研究》中同样深刻地指出，现代生活中最深层次的问题是在近代科学规划的世界信念与引导人们行为的价值和目的的信念之间恢复协调和统一，而这是任何一种不想与生活隔绝的哲学都要解决的问题。事实上，自由、道德以及宗教如何与自然协调一致是一个贯穿于整个近代哲学的根本问题。这个问题是近代形而上学的主要议题之一，它的另一个概括性的名称是"决定论与自由意志问题"。这个问题在近代何以变得如此尖锐和醒目，哲学家阿尔弗雷德·怀特海在《科学与近代世界》中给出的一个基本解释是，近代科学所主导的宇宙观既是现代人类理解物质世界构成和活动的根本背景、参照和依循，同时也成为理解人和人类社会构成和活动（乃至行为）的根本背景、参照和依循。他在书中写道："在本书所讨论的三个世纪 [16、17 和18 世纪] 中，科学方面所产生的宇宙观压倒了其他方面所形成的旧观点而独步一时。"[*]怀特海将科学方面产生的宇宙观命名为"科学的物质主义"（scientific materialism），它的核心是一项假定：世界的终极事实是一种不可还原的物质或物料，它以各种变化的构形（a flux of configurations）遍及整个空间中，这种物料本身是惰性、被动和无生命的，是无感觉（senseless）、无价值和无目的的，它只是遵循外部关系所施加的——而非源自其存在本性的——固定程式行事。怀特海认为，科学的物质主义的"巨大成就一方面提出了在时间和空间中具有简单位置（simple location）的物质概念，另一方面又提出了能感知物质、遭受物质作用、思考物质，但又不干涉物质的心智概念"[†]。这就迫使哲学将一个由牛顿物理学所定义的世界观——科学的物质主义——当成对宇宙及其间的一切事实的最根本的描述。然而，怀特海认为，科学的物质主义导致了一个未解决的根本问题，即"如何根据遵循物理规律、在空间中运动的物质的构形来解释生命有机体"[‡]。由这个问题引申出来的问题包括生命哲学领域中的"因果论

---

* White, A. N. 1948. *Science and the Modern World*. The Macmillan Company. p.viii.

† White, A. N. 1948. *Science and the Modern World*. The Macmillan Company. p.57.

‡ White, A. N. 1948. *Science and the Modern World*. The Macmillan Company. p.41.

与目的论问题"、心智哲学领域中的"心－身问题"、当代意识科学中的"难问题"（hard problem），以及道德哲学领域中的"决定论与自由意志问题"。

在怀特海看来，科学的物质主义在解释生命、心智（意识）和道德（自由和自由意志）时遇到的挑战使现代哲学产生了分裂并以一种复杂的方式在三个极端之间摇摆：一者是实体二元论，它将物质与心智置于独立自主、互不归属的平等地位；另两者都属一元论，其中一个就是科学的物质主义，它将心智置于物质之内，另一个是观念论，将物质置于心智之内。对于怀特海来说，他要发展的是一条新的道路——机体论，它构想的终极事实既不是物质，也不是观念（心智），而是有机体。怀特海所开创的这条道路在当代有广泛深入的回响，例如，哲学家托马斯·内格尔（Thomas Nagel）认为，"关于心智与物理世界之间关系的全面理解，在传统的选项当中，我认为证据偏向于支持某种形式的中立一元论（neutral monism），而不是物质主义、观念论和二元论等传统方案"*。尽管科学的物质主义在解释生命、心智（意识）和道德（自由和自由意志）时遇到了强硬的挑战，但这并不意味着要完全抛弃它。如果完全抛弃它，就意味着取得巨大理论和实践成就的科学事业根本就没有合理的形而上学基础。因此，无论是怀特海的机体论还是内格尔支持的中立一元论，都包含了科学的物质主义的合理成分，并对物质的内涵做了某种程度的全新开拓。

有了上述简要的背景介绍，我们就能更好地理解丹尼特写作《自由的进化》这本书的立场、主旨、方法、观点，以及他在自由和自

---

* ［美］托马斯·内格尔：《心灵和宇宙：对唯物论的新达尔文主义自然观的诘问》，张卜天译，商务印书馆，2017年，第3页。

由意志这个主题上所做的拓展性贡献。

怀特海指出，在人类活动中，科学、美学、伦理学和宗教等都可能产生宇宙观，并且也受宇宙观的影响，而哲学则具有批判宇宙观的功用。在认知科学、神经科学、人工智能、医学等领域如此发达的今天，推动哲学发展的一个根本动力仍然是构建一个能够经受全面批判并且协调一致的宇宙观，以调和决定论与自由意志的冲突。丹尼特显然也将此作为他写作《自由的进化》的一项基本任务，"哲学家的工作应该是澄清经常发生冲突的观点，并将其统一为单一的宇宙观"。事实上，科学（特别是认知科学）的健康发展也依赖于对这个问题的哲学回答。

那么，什么样的哲学立场才能实现这种既不放弃近代以来科学的基本内核，也不放弃自我、意识、自由、自由意志的调和呢？丹尼特在书中开宗明义地表明了他的主张："我的基本观点是自然主义的。"通览丹尼特的思想，我认为他的自然主义包含了物质主义的基本主张，但又不是强硬的心理－物理还原论（psychophysical reductionism）。这样一来，在心智、意识、自我、自由、自由意志、道德等主题的研究上，丹尼特的自然主义至少包含以下一些方面。

1. **反对二元论**。不存在缺乏生物（特别是脑）基础的心智。尽管将非物质的灵魂作为人们所珍视的东西——自我、理性、情感、道德、自由、目的，等等——的寄托之所和源泉在日常的直观生活中是简便的，但"由于自然科学的进步，这种能够挑战物理定律的无形灵魂的想法早已失去了可信度"，因此是不必要的。"我们不必非要拥有那种传统意义上的无形灵魂才能达成我们的期望；我们志在成为有道德的人，希望我们的行动和生活都有意义，但这根本不取决于我们是否拥有某种遵循与自然界其他部分不同的物理法则的心智。"再者，从另一个角度看，如果非物质的灵魂存在，那么科学将不负有理解和阐释心智的任何责任，因为灵魂不是一个科学处理的对象，它是隔绝和免疫于科学的。

2. **进化的观点。**"大脑的禀赋就像大自然的其他奇迹一样是进化而来的"，"自由必须像生物圈的其他所有特征一样进化而来，而且今天仍在继续进化"，因此需要从机体（特别是脑）进化的角度来理解和深入研究人类社会和心理的这些独特的复杂性是如何进化而来的。在丹尼特看来，自由——无论是其他生物有限、简单的自由，还是人类丰富、复杂的自由——不是错觉，而是一种客观现象。自由的进化是大自然的一个确定事实，同时进化——基于自然选择——也是理解从其他生物有限、简单的自由到人类丰富、复杂的自由的途径和方法。由于人类的自由以及人类并非完全理性的自由选择和意志是进化的产物，因此要理解人类自由丰富、复杂的状况，就必须先理解其有限、简单的组成部分和前身。"所以，为了理解人类的自由，我们必须做的就是遵循达尔文的'奇怪的倒置推理'，回到生命诞生之初，那个没有自由、没有智力、没有选择，只有原始自由、原始智力和原始选择的时候。我们已经大致回顾发生了什么：简单的细胞最终产生了复杂的细胞，复杂的细胞最终产生了多细胞生物，而多细胞生物最终产生了我们在其中生活和行动的复杂宏观世界。"

3. **自由意志与自然秩序是相容的。**很多人之所以对从自然主义立场来看待和研究自由意志充满忧虑，是因为他们害怕物理科学会将人类所有的价值选择都"淹没在因果解释的酸性肉汤培养基中"，使任何与价值选择相关的东西——支持或放弃，赞扬或指责，惩罚或奖励——都无法留存下来。对很多人来说——正如杜威指出的那样——这一点意味着依据自然主义来建成一个关于经验的理论，就要贬低和否认经验所特有的高贵和理想的价值。因此，他们认为自由意志与决定论是对立的，甚至更宽泛地认为，自由意志与自然秩序是对立的。结果是，要么坚持严格的决定论，否定自由和自由意志，或者认为自由和自由意志是一种错觉；要么坚持自由意志论，认为自由和自由意志是真实的，而决定论是假的。然而，在严格的决定论和自由意志论之外，丹尼特力图表明，基于自然主义和达尔文的进化论，决定论（自然秩序）与自由和自由意志是兼容的。他认为，自然主义和进化论并没有取代伦理学方面的大量工作，而是将这些工作置于其应有的基础之上，从而让我们建立起一个"关于我们在自然界所处位置的现实的、自然主义的、可能统一的展望"，自然主义和进化论不是理解自由和自由意志的敌人，而是不可或缺的盟友。"人类的自由是真实的，就像语言、音乐和金钱一样真实，所以我们可以从严肃、科学的角度客观地研究它。"可以说，丹尼特写作本书的初衷就是要证明，在自然主义的基础上，通过达尔文的进化论，我们可以一路建立起与自然秩序融贯的关于自由、价值选择、意义、道德和伦理问题的最好和最深刻的思想。

4. **向科学开放的哲学。** 自然主义和进化的观点事实上对哲学家提出了一项要求：哲学家应该向科学事业开放，并在工作中主动与以探求真理为业的科学合作。丹尼特认为，哲学研究并不优于或先于自然科学的研究，哲学家（特别是心智哲学家）在其思想活动中应乐于接受大量脱颖而出的科学发现和理论，并将其作为哲学理论建构的原材料，这样就可以对科学和哲学进行明智和建设性的批评。他提出，作为哲学家，对自己的研究主题尽职尽责有一个必要条件，那就是要认真和广泛地关注神经科学、生物学、心理学、经济学、人工智能等各科学领域的学者和科学家的思想，并在阐释科学和哲学的过程中深入地探索这些有益于哲学的丰富资源。丹尼特自己的经验甚至是："随着我学得越多，我开始渐渐发现与人工智能、生物学、神经科学以及心理学领域的学者讨论要比与哲学家同道讨论在哲学上更有价值。所以多年来，我去了很多对我来说有意思的地方，从中汲取营养。我受邀出席越来越多的非哲学场合，参加越来越多的非哲学的会议，我读了越来越多的文章和著作，现在我到了把读哲学文献当作义务的地步。这让我震惊地认识到，读大多数哲学文献远没有读好的生物学、心理学或人工智能的文献有意思。所以这对我意义非凡。"*显然，《自由的进化》就是这样一部向科学开放的哲学著作的典范。

丹尼特将自由意志和决定论兼容起来的基础是进化的自然主义。在之前的著作中，他提出了一个从原始生命到人类的进化框架，他称之为"生成和检测塔"（Tower of Generate-and-Test）。他将生物的进化分为四个层级，由低级到高级依次是达尔文式生物、斯金纳式生物、波普尔式生物、格列高利式生物。

达尔文式生物包括单细胞微生物、植物、真菌以及海绵这样非常简单的动物，它们能够繁殖并将特征传递给后代，并且可以通过突变选择机制进行学习，但它们的灵活性（可塑性）极为有限。丹尼特认为达尔文式生物没有有意识的体验。斯金纳式生物包括蠕虫、螃蟹、昆虫、鱼和青蛙等动物。在个体发育层面，它们一生中可以通过试错的方式从经验中进行学习。哲学家西蒙娜·金斯伯格（Simona Ginsburg）和伊娃·雅布隆卡（Eva Jablonka）认为，斯金纳式生物具有一定的"无限（开放式）联想学习"能力，因此具有一定的有意识体验。波普尔式生物包括哺乳动物、鸟类以及其他一些脊椎动物，它们具有高度复杂的表征和记忆能力，不仅能从经验中学习，而且可以在想象中基于表征制定行动方案，提前做出计划，因此它们的有意识

---

* Blackmore, S. 2005. *Conversations on Consciousness*. Oxford University Press. p.91.

体验要比斯金纳式生物的更丰富。格列高利式生物是具有符号——特别是语言——能力的象征性生物。通过使用语言和发明人工制品，它们创造了一个新的体验世界。语言、反思、社会性、更强大的符号记忆能力使格列高利式生物拥有一个理性的"灵魂"。至此，人类在整个生物界中显得卓尔不群，不同凡响。尽管人类的慎思和理性都不完美，但人类仍然有恰当的自主性（autonomy），有能力在众多的选项中择取其一并付诸行动。正如哲学家哈里·法兰克福（Harry Frankfurt）阐明的那样，人拥有反思的心智状态，可以在反思自己的欲望时形成一个认可或拒绝它的二阶意欲，这不仅是成熟的表现，也是一个人格的标准。行动者的角色是反思那些争相控制其行为的动机，并通过支持一部分而非另一部分动机来决定竞争的结果，并对所选择的行为承担道德责任。

丹尼特曾在一篇文章中写道："我能做，但我不愿去做。"这正是自由意志的核心和本质。"人能有意识地识别多个选项中的某一个并做出选择，无论理由好坏——或者毫无理由——这都意味着人类的能动性承载有责任。"丹尼特显然认识到，意识与自由意志这两个理解人性不可或缺的概念是紧紧地联系在一起的。他认为，如果不处理自由意志，你就无法解释意识，反之亦然。他还说："我现在认为，一个统一的解释的关键在于，认识到人脑表征能力的开放性，就像进化的无限遗传性一样，既是这两个谜团［意识和自由意志］的问题，也是针对它们的答案。自由意志和意识至关重要，因为我们——并且只有我们——必须生活在我们自己创造的世界中，这个世界在规模上要比任何其他生物生活的世界更复杂，充满更多的机会（自由度）。而且借助基因和文化的演化，我们设计了一个高水平的合作体系，开启了谈判和各种各样彼此强制约束的模式，即一个使生命如此值得留

恋的文明。"[*]

在心智研究中，无论是丹尼特坚持自然主义和进化论的立场，还是他决定论与自由意志兼容、意识与自由意志关系紧密的观点，我个人都持认同态度。不过，对于自然主义，我还想补充一点：秩序是世界根性的一部分，同时，秩序本身蕴含的创造性和新颖性也是世界根性的一部分。就我个人而言，我持一种兼容物质主义的合理内核，但又修正物质主义的物质内涵的自然主义，我把这种自然主义一元论称为"两视一元论"（dual-perspective monism）：我们不仅要从客体的角度来理解世界的终极事实，也要从主体的角度来理解它，不仅要从观察者的角度来看世界，也要从在世存在者的角度来体验世界。

李恒威

浙江大学哲学学院教授

意识科学与东方传统研究中心主任

---

*   Dennett, D. C. (2018). Facing up to the hard question of consciousness. *Philosophical Transactions of the Royal Society of London, Series B. Biological Sciences,* 373(1755).

序　言

　　这本书我已经写了多久了？就在我进行最后的编辑时，有几个人问了我这个问题，但我不知道该如何回答：5 年还是 30 年？我认为 30 年可能更接近事实，因为大致就是在那么久以前，我开始认真思考论题，阅读相关文献，草拟论据，列出需要进一步阅读的书籍和文章，规划策略和谋篇布局，以及参与辩论和讨论。从 30 年的时间跨度来看，我在 1984 年出版的书《行动余地：值得向往的自由意志之种种》（*Elbow Room: The Varieties of Free Will Worth Wanting*）算是一次试水。它在很大程度上依赖于我用 10 页篇幅对意识进化内容所做的概述（pp. 34–43），同时还开了两张"期票"：为那些持怀疑态度的读者提供有关意识和进化方面更加详细的说明。我用了十几年的时间履行这些承诺，通过《意识的解释》（Dennett, 1991A）和《达尔文的危险思想》（Dennett, 1995）兑现了"期票"。在此期间，我持续关注启发和塑造了《行动余地：值得向往的自由意志之种种》之模式的实例：那些往往会歪曲所有社会科学和生命科学理论化过程的隐秘动机。在全然不同的领域工作的人们，使用不同的方法和研究议程，却都常持有一种秘而不宣的反感态度，对两种观念尽量"敬而远之"：其中一种观念认为我们的心智只是没什么神秘色彩的大脑活动，另一种则认为我们大脑的禀赋就像大自然的其他奇迹一样是进化而来的。他们拒此图景于千里之外，但这令其思考陷入了停滞，为绝对主义的可疑招牌增添了虚假魅力，并促使他们将可跨越的微小缝隙视为深沟巨壑。本书的目的就是揭露那些人们为应对这种恐惧而建造的不合时宜的防御建筑，拆除它们，并为我们所珍视的东西构建更好的基础来取代它们。

2001 年，在这项工作进行到最后一个阶段时，我得到了来自各机构和个人的极大帮助。多年来，一直作为我学术故乡的塔夫茨大学给我安排了一个学期的学术休假时间。洛克菲勒基金会位于贝拉焦的塞尔贝罗尼别墅再次为我提供了完美的写作环境，经过一个月的紧张工作之后，我完成了半数章节的初稿，其间还从其他住客的讨论和建议中获得了启发，特别感谢谢尔登·西格尔（Sheldon Siegel）、伯纳德·格罗斯（Bernard Gross）、丽塔·卡戎（Rita Charon）、弗兰克·利维（Frank Levy）、伊夫林·福克斯·凯勒（Evelyn Fox Keller）、朱莉·巴马泽尔（Julie Barmazel）、玛丽·奇尔德斯（Mary Childers）和杰拉尔德·波斯特玛（Gerald Postema）。此外，桑德罗·纳尼尼（Sandro Nannini）和他在锡耶纳大学（University of Siena）的学生及同事是书中一些核心论证的首批听众，他们积极的态度和渊博的知识令人印象深刻。

今年 4 月，我在伦敦政治经济学院担任利弗休姆（Leverhulme）客座教授。在那里，我通过每周公开讲座介绍了前七章的内容，并在次日举办研讨会，还在伦敦政治经济学院以及数次访问牛津时进行了多次非正式讨论。约翰·沃勒尔（John Worrall）、尼克·汉弗莱（Nick Humphrey）、理查德·道金斯（Richard Dawkins）、约翰·梅纳德·史密斯（John Maynard Smith）、马泰奥·马梅利（Matteo

Mameli）、尼古拉斯·马克斯韦尔（Nicholas Maxwell）、奥利弗·柯里（Oliver Curry）、海伦娜·克罗宁（Helena Cronin）、K. M. 道丁（K. M. Dowding）、苏珊·布莱克摩尔（Susan Blackmore）、安蒂·萨里斯托（Antti Saaristo）、珍妮·曼蒂科斯基（Janne Mantykoski）、瓦莱丽·波特（Valerie Porter）、伊莎贝尔·戈伊斯（Isabel Gois）和卡特里娜·西弗德（Katrina Sifferd）都提供了有价值的反馈、反驳意见和改进建议。

感谢克里斯托弗·泰勒（Christopher Taylor），多亏了他所做的努力，我们共同撰写的论文中包含了许多转换视角的新颖想法，并在本书的第 3 章中起到了重要的作用，他还对本书其他章节的草稿提出了精辟的建议。感谢大卫·贝内迪克特斯（David Benedictus），他是一位杰出的作家，也是我 30 多年的老朋友，感谢他提供了一个完全不同的视角，由此确定了本书的题名。我在书中对罗伯特·凯恩（Robert Kane）和丹尼尔·韦格纳（Daniel Wegner）的著作提出了一些批评意见（我希望这些批评是建设性的！），对于我就其创作成果所做的论述，他们做了非常慷慨的评论。还有其他一些朋友及同事阅读了大部分各样草稿，并提供了编辑方面的建议和一些实质性的建议，他们分别是（按字母顺序）：安德鲁·布鲁克（Andrew Brook）、迈克尔·卡普奇（Michael Cappucci）、汤姆·克拉克（Tom Clark）、玛丽·科尔曼（Mary Coleman）、博·达尔布姆（Bo Dahlbom）、加里·德雷舍（Gary Drescher）、宝利娜·埃松格（Paulina Essunger）、马克·豪泽（Marc Hauser）、艾琳·凯莉（Erin Kelly）、凯瑟琳·科斯利基（Kathrin Koslicki）、保罗·奥本海姆（Paul Oppenheim）、威尔·普罗文（Will Provine）、彼得·里德（Peter Reid）、唐罗斯（Don Ross）、斯科特·舍恩（Scott Sehon）、米奇·西尔弗（Mitch Silver）、埃利奥特·索伯（Elliott Sober）、马修·斯图尔特（Matthew

Stuart）、彼得·萨伯（Peter Suber）、杰基·泰勒（Jackie Taylor）和史蒂夫·怀特（Steve White）。

在今年的秋季研讨会上，我得以延续传统，用本书的倒数第二稿继续玩起了"汤姆·索亚粉刷篱笆"*的游戏，一大群很有主见的学生和旁听生，无论是本科生还是研究生，都争相阅读书稿并分头认领了几部分。詹姆斯·阿里内洛（James Arinello）、大卫·巴普蒂斯塔（David Baptista）、马特·毕道金（Matt Bedoukian）、林赛·贝叶斯藤（Lindsay Beyerstein）、辛纳蒙·比德韦尔（Cinnamon Bidwell）、罗伯特·布里斯科（Robert Briscoe）、赫克托·坎塞科（Hector Canseco）、拉塞尔·卡彭（Russell Capone）、雷吉娜·秋扎（Regina Chouza）、凯瑟琳·戴维斯（Catherine Davis）、阿什利·德马切纳（Ashley de Marchena）、贾内尔·德威特（Janelle DeWitt）、贾森·迪斯特霍夫特（Jason Disterhoft）、珍妮弗·杜瑞特（Jennifer Durette）、加布里埃尔·杰克逊（Gabrielle Jackson）、安·J. 约翰逊（Ann J. Johnson）、萨拉·尤尔根森（Sarah Jurgensen）、托马斯·科兹拉（Tomasz Kozyra）、马西·拉塔（Marcy Latta）、瑞安·龙（Ryan Long）、加布里埃尔·洛夫（Gabriel Love）、凯里·莫尔维吉（Carey Morewedge）、布雷特·马尔德（Brett Mulder）、凯西·马勒（Cathy Muller）、塞巴斯蒂安·S. 里夫（Sebastian S. Reeve）、丹尼尔·罗森堡（Daniel Rosenberg）、安珀·罗斯（Amber Ross）、乔治·A. 塞缪尔（George A. Samuel）、德里克·桑格（Derek Sanger）、肖雷纳·沙弗达什维利（Shorena Shaverdashvili）、马克·施韦德（Mark

---

* 作者此处借用了马克·吐温的小说《汤姆·索亚历险记》中的情节来形容学生帮助自己完善书稿。粉刷篱笆是汤姆·索亚必须做的事情，但他成功诱使其他孩子替他在烈日下干这个体力活，自己却在一旁悠闲地乘凉。——编者注

Shwayder）、安德鲁·西尔弗（Andrew Silver）、内奥米·斯利珀（Naomi Sleeper）、萨拉·斯莫利特（Sara Smollett）、罗德里戈·瓦内加斯（Rodrigo Vanegas）、尼克·韦克曼（Nick Wakeman）、贾森·沃克（Jason Walker）和罗伯特·吴（Robert Woo）都提出了评论意见，根据这些意见，我又对书稿做了几十处改进。但书中仍然存在的错误和缺点并不是他们的责任，他们已尽了最大努力来纠正我的错误。

感谢克雷格·加西亚（Craig Garcia）和德沃德·马歇尔（Durwood Marshall）提供的原始数据；感谢认知科学研究中心的特雷莎·萨尔瓦托（Teresa Salvato）和加布里埃尔·洛夫无数次往返图书馆，并为编写诸多文稿的草稿提供了文书方面的协助；感谢布达佩斯高等研究所（Collegium Budapest）在本书最后的编辑和修订期间为我提供了一个思想上深受启发又宾至如归的环境。

最后，但也最重要的是，再次向我的妻子苏珊表示感谢并表达我的爱意，感谢她这 40 多年来给我的建议、爱与支持。

丹尼尔·丹尼特

2002 年 6 月 20 日

第 1 章

自然自由

有一种广为流传的传统观点，说的是我们人类是负有责任的行动者（agent），是自己命运的主宰，**因为**我们真正的本质是**灵魂**，一团团无形的（immaterial）不朽神物，它们栖居于我们的身体中，就像幽灵操偶师一般操纵着我们的身体。我们的灵魂正是一切意义的来源，是我们所有痛苦、欢愉、荣耀和羞耻的所在。但由于自然科学的进步，这种能够挑战物理定律的无形灵魂的想法早已失去了可信度。许多人认为这带来了可怕的影响：我们其实并没有"自由意志"，没有什么东西是真正重要的。本书的目的，就是要说明他们为何是错的。

了解我们原本是什么

是的，我们有灵魂。但它是由许多微型机器人［tiny robot］组成的。

——朱利奥·吉奥雷利（Giulio Giorelli）

我们不必非要拥有那种传统意义上的无形灵魂才能达成我们的期望；我们志在成为有道德的人，希望我们的行动和生活都有意义，但这**根本**不取决于我们是否拥有某种遵循与自然界其他部分不同的物理法则的心智。我们从科学中获得的自我理解能够帮助我们将道德生活建立在一个更加坚实的新基础上，一旦了解我们的自由基于什么，我们就能更好地保护它免受真正的威胁，而这些威胁实际上经常会被认错。

我的一名学生曾因不想在越南战争中服役而加入了和平队（Peace Corps），他后来跟我说起了一段过往经历，说他如何努力为一个生活在巴西丛林深处的部落争取利益。我问他是否有人询问美苏冲突的情况。他回答说："完全没有。"问这个问题根本没有意义。他们既没有听说过美国，也不知道苏联。事实上，他们甚至都没听说过巴西！在20世纪60年代，仍然会出现这样的情况：一个人生活在某个国家并受该国法律约束，却对此一无所知。我们会对此感到惊讶，那是因为我们人类与地球上所有其他物种不同，我们是知者（knower）。我们是唯一弄清楚了自己在这个伟大的宇宙中"是什么"以及"在哪里"的物种。我们甚至开始设法弄清楚我们是"如何来到这里"的。

这些关于"我们是谁"以及"我们如何来到这里"的最新发现至少是令人不安的。你就是由大约100万亿个细胞——有数以千计的不同类型——组合而成的。其中大部分细胞是开启你生命之旅的那对卵细胞和精子细胞的"女儿"，但其实它们的数量还往往不及那些潜入你身体中"搭便车的"细菌，这些来自数以千计不同谱系的细菌数量可达上百万亿（Hooper et al., 1998）。你的每一个宿主细胞（host cell）都是一个无意识的部件，一个在很大程度上具备自主能力的微型机器人。它并不比你的细菌客人更有意识。组成你的那些细胞中，没有一个细胞知道或者在乎你是谁。

每个万亿微型机器人小组都聚集在一个极有效率的政权中，这个政权中没有独裁者，却能使自身有组织地驱逐外来者，放逐弱者，执行铁的纪律——并作为一个有意识自我的指挥部、一个思想的大本营。这些细胞群体是极端法西斯主义的，但幸运的是，**你的**兴趣和价值观与组成你的那些细胞的有限目标之间，几乎没有关系或完全无关。有些人温柔大方，有些人冷酷无情；有些人是色情作家，而有些人终其一生侍奉上帝。久而久之，人们很容易相信这些惊人的差异必定是由于某种**额外的东西**（一个灵魂）所具有的特质造成的，而这些额外的东西以某种方式安装在了身体总部中。现在我们知道，虽然人们还是很容易相信这个观点，但我们所了解的一般生物学，特别是与我们的大脑相关的内容，完全不能为这一观点提供任何支持。我们对"人类是如何进化的"以及"我们的大脑是如何工作的"相关内容了解得越多，就越确信没有这种额外的东西。我们每个人都是**由无头脑的微型机器人组成的**，除此之外，别无其他，根本就没有什么非物质的、非机器人的成分。人与人之间产生的差异都是缘于他们特定的微型机器人小组在其一生的成长和经历中以不同的方式组合在了一起。讲法语和讲中文之间的差异是工作部分的组织方式不同，其他所有知识和性格方面的差异也是如此。

　　既然我有意识，你也有意识，那么我们一定具备有意识自我，这种有意识自我是由这些不同寻常的小部件**以某种方式**组合而成的。这怎么可能呢？要想知道这一非凡的组成工作是如何完成的，我们需要回顾相关历史，看看完成整个工作的设计过程，也就是人类意识的演变过程。我们还需要了解，这些由机器人细胞组成的灵魂实际上是如何赋予我们重要的权利和由此产生的义务的，而这些权利和义务本应由传统的无形灵魂（通过不明的魔法）赋予我们。用自然的灵魂来替换超自然的灵魂——这笔交易划算吗？我们放弃了什么，而又得到了什么？人们就此仓促得出了可怕的结论，但这是大错特错的。我们不妨通过追溯**自由**在地球上的发展历程来证明这一点，而追溯要从生命之初最早产生自由的那一刻开始。是什么样的自由呢？随着故事的展开，各种类型的自由将会逐一登场。

45亿年前，地球形成了，那时地球上还完全没有生命体存在。就这样持续了大约5亿年，直到地球上开始出现简单的生命形式。在接下来30亿年左右的时间里，海洋中聚集了大量生命，但它们既看不见也听不见。简单细胞大量增殖，相互吞噬，以各种各样的方式相互利用，但对细胞膜以外的世界却浑然不觉。最终，一种更大、更复杂的细胞——真核细胞——进化而成，不过它们依然全然无知，依然是机器人式的，但真核细胞已经有了足够的内部机制，从而开始特化。这种情况又持续了几亿年，进化算法（algorithm of evolution）才偶然发现了好办法，让这些细胞及其"女儿""孙女"们结合在一起，形成由数百万、数十亿乃至（最终）数万亿细胞组成的多细胞生物体，每个细胞都在做特定的机械工作，但现在被纳入专门的服务领域，作为眼睛、耳朵、肺或肾脏的一部分。这些生物体（不是组成这些生物体的单个小组成员）已经成为**远距离**的知者，能够觉察到稍远处悄然出现的晚餐，能够听到远处传来的危险信号。但即便是整个生物体，其实也并不知道它们自己是什么。这些生物体的本能确保它们能跟合适的种类进行交配，并与合适的种类集结成群，但就像那些巴西人并不知道自己是巴西人一样，没有野牛知道自己是一头野牛。*

---

* 一般说来，大自然遵循着间谍活动领域广为人知的"知其所需原则"（Need to Know Principle）：野牛不需要知道它们是哺乳动物纲中的有蹄类动物——这些信息对它们来说毫无用处，因为它们是野牛；那些巴西人（目前还）不需要对他们所熟悉的丛林环境构成的更大环境了解太多，但作为人类，他们几乎可以毫不费力地在需要知道的时候扩展他们的认知视野。我确信他们现在知道了。

只有一个物种——我们人类这个物种——进化出了一项新的技能：语言。语言为我们提供了一个共享知识的广阔途径，可以分享各个方面的知识。尽管我们使用不同的语言，但对话将我们联合在一起。我们能够了解相当多的事情，比如，作为越南的渔民、保加利亚的出租车司机、80岁的修女、5岁的先天性失明男孩、国际象棋大师或妓女会是什么样子。无论世界各地的人彼此之间有多么不同，我们都可以探索人们之间的差异，并就此进行交流。无论牛群中并肩而立的野牛彼此之间多么相似，由于无法交换意见，它们都无法意识到多少彼此的相似之处，更不用说不同之处了。它们或许会有相似的经历，但确实无法以我们的方式分享经验。

即便是我们人类这个物种，也是经过了数千年的交流才开始发现自己的身份密钥的。几百年前，我们才知道自己是哺乳动物，而不过几十年前，我们才相当详细地了解到我们以及其他生物是如何从这些简单的起源进化而来的。在这个星球上，我们的远亲——蚂蚁——在数量上超过我们；而我们更远的亲戚——细菌——则在重量上超过我们。虽然我们只占少数，但我们获取远距离知识的能力赋予了我们强大的力量，使地球上其他生命所拥有的力量相形见绌。现在，我们的星球在其数十亿年的历史上，第一次得到了有远见的哨兵提供的保护，这些哨兵能够预见来自遥远未来的危险——一颗可能与地球发生碰撞的彗星，或全球变暖等——并制定应对方案。地球终于长出了自己的神经系统：人类。

我们可能无法胜任这项工作。我们可能会毁灭这颗星球，而不是拯救它，这主要是因为我们都是探险家和冒险家，我们拥有极为自由的思想，富有创造力且桀骜不驯，我们和那些组成我们的万亿奴工很不一样。大脑可以预见未来，以便能及时采取措施，让事情往更好的方向发展，但即便是最聪明的野兽，拥有的时间视野也非常有限，几乎不能想象另外的世界。相比之下，我们人类已经能够思考自己的死亡乃至身后之事，但这是一件福祸参半的事情。在过去一万年的时间里，我们投入了很大一部分精力来缓解这一新前景所引发的担忧，而这种令人不安的新前景正是我们人类所独有的。

如果你消耗的卡路里比摄入的多，你很快就会一命呜呼。如果你发现了一些诀窍，能为你提供卡路里盈余，你会如何消耗它们呢？你**也许**会投入人力并历经几个世纪来建造庙宇、坟冢和用你最珍贵的所有物——甚至你的孩子——来献祭的柴堆。你究竟为什么要这么做呢？这些奇怪又可怕的能量消耗为我们提供了一些线索，让我们了解到我们增强想象力所付出的一些隐性代价。我们不是那么轻而易举地就获得了知识。

那么我们要如何利用自身所掌握的知识呢？我们的发现所带来的阵痛还没有减轻。许多人担心，对"我们原本是什么"了解得太多——用机械论（mechanism）来替换神秘感——会使我们对人类可能性的想象变得贫乏。这种担心是可以理解的，但如果我们真的因为了解太多而面临危险，那些处于最前沿的人难道不会表现出不适吗？看看周围那些正在寻求更多科学知识并热切研究新发现的人；他们显然并不缺乏乐观的态度、道德信念、参与生活的积极性，以及社会责任感。事实上，你如果想在当今知识分子中找到焦虑、绝望和失范状态，那么不妨留心一下最近很受关注的后现代主义者（postmodernist）群体，这些后现代主义者喜欢声称现代科学不过就是一长串神话中的另一个，其制度和昂贵设施只是另一种宗教的仪式和装备。聪明睿智的人能够认真对待这一点，这证明尽管我们在自我认知方面取得了进步，但恐惧思想威力犹存。后现代主义者有一点说得没错，我们愿意做一些事情来消耗多余的卡路里，而科学就是其中之一。事实上，科学一直是产生这些多余卡路里的主要功效来源，但这并不意味着它有权从其创造的财富中获得任何特定份额。但仍然显而易见的是，科学的创新——不仅是其显微镜、望远镜和计算机，还有它对推理和证据的贡献——是我们这个物种的新感觉器官，使我们能够以人类早期制度无法企及的方式来回答问题、解开谜团和预测未来。

我们对自己原本是什么了解得越多，就越能觉察出关于我们想成为什么样的人，其实还有更多选择。美国人一直以来都尊崇"自力更生者"（self-made man），但现在我们其实对自己原本是什么已有了充分的了解，完全可以重新塑造自己。然而，许多人却畏缩不前，他们相信传统，似乎宁愿闭着眼睛瞎折腾，也不愿环顾四周看看会发生什么。是的，这令人不安；没错，这可能很可怕。毕竟，我们现在第一次被赋予了犯新错误的能力。我们人类这个觉知物种的伟大新冒险之旅即将启程。如果我们睁开双眼，这将会更令人兴奋，也更安全。

我就是原本的那个我

我最近在报纸上读到一则消息，一位年轻的父亲在上班的路上忘记将他年幼的女儿送到幼儿园。她就这样被锁在父亲的车里一整天，车子还停在了一个炎热停车场里。晚上在回家的路上，当他把车停在幼儿园，准备接他女儿回家时，有人告诉他："你今天没有送她来幼儿园。"他冲到车前，发现女儿仍被系在后座的儿童安全座椅上，停止了呼吸。你如果能受得了，就站在他的角度想一想。当站在这位父亲的角度考虑这件事的时候，我顿时感到不寒而栗；这位年轻的父亲此刻一定因承受着难以言说的羞愧、自我厌恶和无尽的悔恨而痛苦不堪，一想到这一点，我便心痛不已。作为一个众所周知心不在焉的人，一个很容易沉浸在自己思绪中的人，我发现令我更不安的是，我问自己：我会做出这样的事情吗？如果托我来照顾孩子，我会对孩子的生命如此疏忽大意吗？我想象了一下，以各种版本重演这一幕，想象着各种让我分心的事情——就在我正要转弯去幼儿园的时候，一辆消防车呼啸而过，收音机里播放着什么，让我想起了那天必须要解决的一个问题，后来，在停车场，就在我下车时，一个朋友请我帮忙，或者我把一些文件掉在了地上，然后不得不捡起来。一连串这样令人分心的事情堆积起来，会不会就此掩埋我最重要的计划——把我的女儿安全地送到幼儿园？我会不会非常倒霉地陷入这样一种境地：各种事情凑在一起展现出我最糟糕的一面，同时暴露了我的弱点，并带我走向这条可鄙路途？目前我还没有遇到过这样的情况，为此我感到庆幸，因为我不知道，我是不是绝不会做出这位年轻的父亲所做的事情。这种事情经常发生。我对这位年轻的父亲并没有更多了解。但可以认为，他是一个冷酷无情又不负责任的人，一个我们所有人都要鄙视的恶棍。但也可以认为，他基本上算是一个好人，只是遭遇了极大的厄运。当然，他越是好人，现在就越是满心懊悔。他一定想知道是否有什么体面的方式能让他活下去。"我就是那个忘了自己的小女儿，让她锁在车里被'烤'死的家伙。那就是我。"

我们每个人都是原本的那个自己（who I am），包括所有优缺点。我无法成为高尔夫球冠军或在音乐会上演奏的钢琴家，也无法成为量子物理学家。这些我都可以接受。这是原本的我的一部分。那我能在高尔夫球场上突破 90 杆，或者毫无差池地完整演奏巴赫的赋格曲吗？我似乎可以尝试一下，但如果我从来都没成功过，这是不是说我本来就不可能成功——不见得是这样？"做一切你能做的！"（Be all that you can be!）这是美国陆军的一条征兵口号，非常激动人心，但它是不是隐藏着一个嘲弄人的赘述？我们不都是自动地做一切自己能做的吗？"嘿，我是一个无组织无纪律，没有受过良好教育又超重，整天坐在沙发里吃零食看电视的懒人，显然我没有勇气参军。我已经做了一切我能做的。"这家伙是在自欺欺人地放弃更好的生活，还是他已经看清了事情的本质？是否存在这样一种合理的意义，从这个意义上来讲，虽然我确实**不能**成为高尔夫球冠军，但我确实**能**突破90杆？除了我们最终所做的事情，我们这些人中谁还能做其他的事情呢？如果不能，那尝试又有什么意义呢？甚至，所有的一切又有什么意义呢？

不管怎样，我们都希望有件事能是真的，那就是存在某种意义。如果世界就像科学家告诉我们的那样，那我们就没有什么机会去奋斗和憧憬了。因此，几千年来，我们一直在与一系列暗示可能不存在任何意义的论点做斗争。古希腊原子论者（atomist）萌生过一个绝妙的想法——认为世界是由许许多多不断相互碰撞的微小粒子组成的，他们马上就想到了这一情形所带来的必然结果，那就是包括我们的每一次心跳、每一个谎言以及私下里的自我告诫在内的每一件事情全都是按照自然法则发生的，这些自然法则**决定**接下来要发生的每件事情的所有细节，而如此一来，我们就别无选择了，没有真正的抉择点（choice point），也没有机会左右事情如何发生。如果**决定论**（determinism）是真的，那么对我们来说，虽然**似乎**很可能存在着某种意义，但实际上却是一种错觉。其实，我们可能正是被决定了才继续相信存在某种意义。但如果是这样，我们就错了。我们似乎总是犯这样的错误。这自然就点燃了人们的希望，即期望自然法则根本就不是决定论性质（deterministic）的。伊壁鸠鲁和他的追随者们首次做出了尝试，以缓和原子论带来的冲击。他们提出，其中一些原子在其轨道上发生**随机转向**可能会为自由选择提供行动余地（elbow room），但由于他们假设存在这种随机转向的唯一理由只是他们希望如此，所以人们从一开始就认为它值得怀疑。但不要放弃希望。量子物理学赶来拯救我们了！当我们了解到，在不同寻常的亚原子物理学世界中，适用的是不同的规则，而且这种规则是非决定论性质的，这自然就引发了人们对一个新领域的探索：展示我们可以如何利用这种量子非决定论性质来创建一个新模型，人类在其中作为奋斗者拥有真正的机会且能够真正做出自由的决定。

这是一个一直都很有吸引力的选项，因此需要对其进行谨慎恰当的评论——我们将会在第 4 章中看到这样一种评论，但我会据理力争，正如之前许多人已经论证过的那样，它根本就行不通。威廉·詹姆斯近一个世纪前曾说：

> 如果"自由"行动是一种完全新奇的事物，它并非**源于我**，不是来自之前的我，而是**来自虚无**［ex nihilo］，只是将其自身附加在我身上，那么**我**，之前的我，怎么能对此负责呢？我怎么可能拥有任何将在很长一段时间里保持稳定从而接受赞扬或责备的永久**品格**呢？（James, 1907, p. 53）

怎么可能呢？我建议我的学生注意反问句，反问句通常是辩护中最薄弱的一环。反问句必然包含着显而易见到无须详细说明的反证法论证，而对于本应直截了当予以否定的未经检验的假设而言，反问句还是一个完美的藏身之所。人们往往只是试着回答反问句就会使提问者陷入尴尬的境地："**我会告诉你怎么可能！**"我们将考虑在第 4 章中做这样的尝试，我们会发现，詹姆斯提出的这些问题实际上大部分是可以解决的。他在得出结论时以几种方式夸大了情况："荒谬的非决定论者一旦抽出内在必然性这根线，生活的花冠就会散落成一串毫无关联的珠子。"非决定论并不荒谬，但对那些渴望自由意志的人也不会有什么帮助，我们的审视将揭示出一些令人吃惊的事情，即我们的想象力在寻求自由意志的解决方案时是如何发生偏离的。

我们呼吸的空气

人们在将自己的注意力从不祥的前景转移开这件事情上的确本领不凡，而人们在转移对真正问题的关注方面做得最好的一次就是针对自由意志这个问题。哲学家、神学家和科学家历经几个世纪的探索研究，界定和认可了自由意志的经典问题，即世界如此构成是不是为了使我们做出真正自由、负责的决定。答案似乎一直都取决于基本的永恒事实——物理学的基本定律（无论它们最终是什么）和关于物质、时间及因果关系性质的定义性真理（definitional truth），以及关于我们心智性质的同样基本的定义性真理，比如石头或者向日葵不可能拥有自由意志的事实——只有拥有心智才能成为具备自由意志的幸运儿，无论自由意志到底是什么。我会尝试着证明，这个关于自由意志的传统问题尽管有其历史渊源，却是一个让人分心而且没有真正重要意义的难题，它转移了我们对周围一些真正重要的、**本该**让我们彻夜难眠的关切事项的关注。由于经验上的复杂因素会使形而上学变得更加错综复杂，所以这些关切事项通常会被抛开不谈，但我要反对这种注意力的转移，并将这些不直接相关的问题提升为主要论题。焦虑使自由意志论题成为哲学课上一直备受关注的焦点，而焦虑的潜在来源才是那个真正的威胁，它源于关于人类处境的一系列事实，这些事实是经验性的，在某种意义上甚至是政治性的：它们易受人类态度的影响。我们对其持什么样的看法确实会产生很大不同。

我们的生活基于一些事实背景，其中有些事实是可变的，有些则坚若磐石。有一些稳定性来自基本物理事实：万有引力定律永远不会让我们失望（只要我们在地球上，它总是会把我们拉向地面），我们可以完全信赖光速，它会在我们所有活动中保持恒定。*还有一些稳定性来自更基本的形而上的事实：2 加 2 总是等于 4；勾股定理成立；如果 A 等于 B，那么 A 为真则 B 为真，反之亦然。我们拥有自由意志的这一想法是我们思考生活的整个方式的另一个背景条件。我们相信这一想法；我们相信人们"拥有自由意志"，就像我们相信被推下悬崖的人会下坠，相信人们需要食物和水来维持生命一样，但这既不是形而上的背景条件，也不是基本的物理条件。自由意志就像我们呼吸的空气一样，无论我们要去哪里，它都无处不在；但它不仅不是永恒的，还是进化而来的，而且至今仍在进化。我们地球的大气层是早期简单生物活动的产物，历经数亿年进化而来，今天它随着数以十亿计的更复杂生物的活动继续演变，而这些复杂生物正是因为有了大气层才得以存在。自由意志的"大气层"则是另外一种环境。它是无所不包、从无到有、塑造生命的关于意向行为（intentional action）的**概念性**"大气层"，规划、希望、承诺，以及责备、愤恨、惩罚和崇敬。我们都是在这种概念性的"大气层"中长大的，我们学会了按照它所提供的术语来生活。它**似乎**是一个非历史（ahistorical）的稳定结构，就如同算术一样亘古不变，但事实并非如此。它是最近才进化出来的人类互动的产物，它最初在这个星球上实现的一些人类活动也可能威胁到它未来的稳定，甚至加速它的消亡。我们地球的大气层不一定会一直存在，我们的自由意志也一样。

为了防止我们赖以呼吸的空气进一步恶化，我们已采取了一些措

施。但这些措施可能太少而且实施得太晚了。我们可以设想进行一些技术创新（巨型空调穹顶，**大地之肺**？），使我们在没有自然界大气层的条件下仍然可以继续生活。生活可能会很不同，很艰难，但也许仍然值得生活下去。但如果我们试想一下，生活在一个没有自由意志"大气层"的世界里，什么会发生呢？那或许也是种生活，但还会是我们的生活吗？我们如果不相信自己能够做出自由、负责任的决定，那么还值得生活下去吗？我们在其中生活和行动的无处不在的自由意志"大气层"是否根本就不是**事实**，而只是某种表象，一种集体幻觉？

有人说，自由意志一直就是一种幻觉，一种前科学的美梦，而我们正在从这种幻觉和美梦中觉醒。我们从来都没有**真正地**拥有过自由意志，而且也不可能拥有。认为我们已经拥有自由意志，充其量也就是一种塑造生活甚至是提高生活质量的意识形态，但我们可以学着在没有自由意志的情况下生活。一些人表示，他们已经这样做了，但他们究竟是什么意思还不明了。其中一些人坚持认为，尽管自由意志是一种幻觉，但这一发现对他们如何看待自己的生活，以及他们的希望、计划和恐惧并没有产生重大影响，他们并不想费心解释这种有点奇怪的不相关的问题。还有一些人为自身说话和思考方式中一直存在的残余信条辩解称，这是他们懒得改掉的基本上无伤大雅的习惯，或者称之为对周围不那么先进的思考者的传统方式所做的策略上的让步。这些从众的人为并非真正自由的"决定"承担"责任"，谴责和赞扬他人的同时，双手合十进行祈祷，因为他们深知一切都不是人们应得的，发生的一切都是从一个庞大的无意识原因网络中衍生出来的，归根结底，这些无意识的原因阻碍了一切事情获得意义。

这些自诩不再抱有幻想的人是不是犯了一个大错误？他们是否在没有充分理由的情况下就抛弃了一个珍贵的视角，被那些对科学的误读搞得头晕目眩，从而接受了一个被削弱的自我形象？这有什么关系吗？人们很容易拒绝考虑自由意志的问题，认为这只是哲学家要解决的另一个谜题，一个人们通过巧妙定义的阴谋制造的难题。你有自由意志吗？"嗯，"一位哲学家点燃烟斗说，"这完全取决于你所说的自由意志是什么意思；现在，一方面，如果你采纳**兼容主义者**［compatibilist］对自由意志的定义，那么……"（那么我们就有的忙了。）要想看出这里涉及更大的风险，看出这些问题确实很重要，让其成为具体的个人问题会有所帮助。那么，回想一下你成年之后的生活，挑出一个真正糟糕的时刻，一个你还能忍受仔细思考其中令人窒息的细节的时刻。（或者，如果这太痛苦，不妨站在那位年轻父亲的角度想一想。）然后牢记这个极其糟糕的行为，你这样做了。要是你没做就好了！

那又怎么样？从更广阔的视角来看，你后悔的意义是什么？它有任何意义吗？或者只是一种不由自主的打嗝，一种无意义的世界引起的无意义的抽搐？我们是否生活在一个奋斗、期望、后悔、责备、承诺、努力做得更好、谴责和赞扬在其中都有意义的宇宙？还是说它们都是巨大幻觉的一部分，受到传统的尊崇但早就应该被揭露出来？

有些人——你可能就是其中之一——可能会对一些结论暂时感到安慰，包括认为他们没有自由意志，认为一切都无关紧要，无论是可耻的违规行为，还是光荣的胜利；这一切都只是毫无意义的发条装置在展开而已。起初，这对他们来说似乎是一种极大的解脱，但随后他们可能会气恼地反思，仍然忍不住去关心，忍不住去担忧、奋斗和期望——然后继续反思，此外，他们会不由自主地被自己不断想要关心的欲望激怒，以此类推，螺旋式下降至一个在动机上类似于宇宙"热寂"（Heat Death）的状态：什么都不动，什么都不重要，什么都没有。

而另一些人——你可能就是其中之一——确信他们拥有自由意志。他们不只是奋斗；他们信奉奋斗，拒绝命运所做的安排。他们设想各种可能性，设法充分利用绝佳的机会，在九死一生中体验惊心动魄。他们认为自己要对自己的生活负责，对自己的行为负责。

　　似乎有这样的两种人，其中一种人认为他们没有自由意志（即便他们大多数时候不禁表现得好像他们相信自己拥有自由意志），另一种人则相信他们确实拥有自由意志（即便这是一种错觉）。你属于哪一类人呢？哪一类人过得更好，更快乐？但是，终究哪一类人是**正确的**呢？难道是第一类人未受蒙蔽，至少在他们反思的时候识破了巨大的幻象？还是说，他们没有抓住重点，成了一些认知幻觉的牺牲品，这些幻觉诱使他们拒绝真相，抛弃赋予生活意义的观念，导致自己丧失能力？［这太糟糕了，但或许他们也无能为力。也许，他们的过去、他们的基因、他们的教养和他们的教育，**决定了**他们拒绝接受自由意志的观念！正如喜剧演员埃莫·菲利普斯（Emo Phillips）的俏皮话所言："我不是宿命论者，但即便我是，我对此又能做些什么呢？"］

　　这或许引发了另一种可能性。也许有两类普通人（暂不考虑那些确有残疾和因昏迷或失常而不可能有自由意志的人）：有些人不相信自由意志，**因此**没有自由意志；而有些人确实相信自由意志，**因此**确实拥有自由意志。像"积极思考的力量"这样的东西真的能产生至关重要的影响吗？这或许不会带来太多安慰，因为你属于哪一类人似乎仍然只是件碰运气的事，无论是好是坏。你可能成为另一类人吗？你想成为另一类人吗？持续关注自由意志的这一奇特方面是极其困难的。如果人们拥有（或没有）自由意志完全就是一个形而上的事实，那么这不会受到"多数裁定原则"或任何与其类似的东西的影响，而你唯一的选择（选择？——我们真的有**选择**吗？）就是，你是否想了解这一形而上的事实，不管它到底是什么。但是人们经常在谈论和写作的时候，表现得就好像他们是为自由意志信仰而**发起运动**，就好像自由意志（不仅是自由意志的信仰）是一种政治条件，而这种政治条件可能会受到威胁，可能会因为人们开始相信的东西而传播开来或消失殆尽。或许，自由意志就像民主一样？政治自由与（**形而上的**——因暂未找到更合适的词来表述）自由意志之间又有什么联系呢？

在本书余下的部分，我将努力终止这些观点的夹杂纠缠，提供一个统一的、稳定的、有良好经验基础以及连贯一致的自由意志观，而对于我将得出的结论，想必你已经了解，那就是自由意志是真实的，但它并不是在我们存在之前就已有的特征，就像万有引力定律一样。它也不是传统观点宣称的那样，是一种神一般（God-like）的力量，可以使自己不受物质世界因果结构的影响。它是一种由人类的活动和信仰进化而成的创造物，就像音乐和金钱等人类的其他创造物一样真实，甚至更有价值。从这一进化的视角来看，传统的自由意志问题可以被分解成一些相当不同寻常的小部分，每个小部分在阐明自由意志的严肃问题方面都有价值，但我们只有纠正了其传统背景下隐含的误导信息后，才能进行这种重新审视。

小飞象的魔力羽毛和宝利娜的危险

在华特迪士尼公司的经典动画片《小飞象》中，关于那只学会了呼扇着大耳朵飞翔的小象有一个关键场景，描述的是小飞象的一群乌鸦朋友在哄骗还在迟疑的（实际上非常害怕的）小飞象，劝它从悬崖上跳下去，向它自己证明它可以飞。其中一只乌鸦想出了一个好点子。这只乌鸦趁小飞象不注意时，从其他乌鸦的尾巴上揪下一根羽毛，然后郑重其事地递给小飞象，告诉它说，这是一根有魔力的羽毛：只要小飞象用它的长鼻子抓住这根羽毛，它就能飞！这一场景极为简洁。没有做任何解释，因为即便是小孩子也无须讲解就能明白：羽毛并不是真的有魔力；它是一种假体装置，一种通过积极思考的力量让小飞象飞起来的信念拐杖。现在，想象一下那个场景的另一个版本。这时出现了另一只乌鸦，是村庄里的怀疑论者，它非常聪明地看透了这套把戏，但又没有聪明到看出这套把戏的好处。就在小飞象紧紧抓着羽毛站在悬崖边上的时候，这只乌鸦想要告诉小飞象真相是什么。**"让那只乌鸦闭嘴！"** 孩子们会尖叫道。快点拦住那只自作聪明的乌鸦，不然它会毁了小飞象的！

在某些人看来，我就是那只乌鸦。他们警告说，"当心"。不管这个人有多么好的用意，他都是在搞什么鬼。他一直在谈论那些最好不要探讨的话题。"嘘！你会打破魔咒的。"这一警告不仅是针对童话故事的，它在现实生活中也相当适用。包含大量事实的关于性唤起和勃起的生物力学专题讨论，在前戏中可能不是一个好的话题，对仪式和服装的社会效用的思考，在葬礼演说和婚礼祝酒词中也是不受欢迎的。有时，我们会明智地转移对科学细节的关注，此时无知便是福。那么这里是否也属于这种情况呢？

小飞象的飞翔恰好取决于小飞象相信自己能飞。然而，这并不是一个必要事实；如果小飞象是一只鸟（或者只是更自信的大象！），它的才能不至于如此脆弱，但作为原本的那个它，它需要精神上的支持，而且是它能得到的一切精神支持，不应该让我们的科学好奇心去干扰它脆弱的心境。自由意志也是如此吗？拥有自由意志是否至少有可能取决于你相信自己拥有自由意志？哪怕只是可能存在这样的情况，我们难道不应该避免提出那些可能会破坏这种信念的学说吗？就算我们不同意闭嘴，我们是不是至少有保持沉默或改变讨论话题的义务？当然，有些人肯定会这么认为。

　　这个问题我已经研究了许多年，在这些年里我逐渐认识到一种模式。我的基本观点是**自然主义**（naturalism），认为哲学研究并不优于或先于自然科学研究，而是与那些寻求真理的事业进行合作，并认为在此背景下，哲学家的工作应该是澄清经常发生冲突的观点，并将其统一为单一的宇宙观。这种模式意味着乐于接受大量脱颖而出的科学发现和理论作为哲学理论建构的原始素材，这样就可以对科学和哲学进行有见地的、建设性的批评。当我展示自己的自然主义成果，我的物质主义（materialist）意识理论（例如，在1991年出版的《意识的解释》中），以及我对创建了生物圈及其所有衍生物（包括我们的大脑和脑力劳动成果）的无意识、无目的的达尔文算法的阐述（例如，在《达尔文的危险思想》中）时，我收到了一些不安的反馈，其中充斥着反对或焦虑的声音，与纯粹表示怀疑的声音完全不同。通常，这种表示不适的声音是被压抑着的，就像远处微弱的隆隆雷声，这种一厢情愿的想法近乎下意识地扰乱了讨论的议程。有些人在对参与对话者提出了所有能提出的反对意见之后，往往会暴露出一直驱使他们持怀疑态度的隐秘动机："这都没问题，但自由意志呢？你的观点不会破坏自由意志的前景吗？"我总是很乐于接受这样的反应，因为它支持了我的一个坚定的看法，即对自由意志的忧虑是大部分抵制一般物质主义特别是新达尔文主义的行为背后的驱使力量。汤姆·沃尔夫和其他人一样深谙时代精神，他在一篇文章中描述了这一主题，文章的标题也起得相当疯狂——《抱歉，你的灵魂刚刚死去》。这篇文章讲述了"神经科学"的崛起，而"神经科学"这个标签是他多少有些糊里糊涂地贴上去的，他认为该学科的主要理论家有爱德华·威尔逊（当然，他根本不是神经科学家，而是昆虫学家和社会生物学家），以及他的支持者理查德·道金斯和我。沃尔夫认为自己看到了不祥之兆：

> 既然意识和思想完全是你的大脑和神经系统的物理产物，而且既然你的大脑在你出生时就已完成印刻［imprinted］，那么是什么让你认为自己拥有自由意志呢？它会从哪里来呢？（Wolfe, 2000, p. 97）

对此，我有答案。沃尔夫就是错了。其中一个原因是，你的大脑并没有"在你出生时就已完成印刻"，但这是对自然主义的广泛抵制背后最起码的误解。自然主义并不是自由意志的敌人；它为自由意志提供了**肯定性**的解释，有些观点试图用一种"晦涩且令人不安的形而上学"（彼得·斯特劳森的精妙措辞）来保护自由意志免受科学控制，自然主义实际上比这些观点更好地解决了这个难题。我在 1984 年出版的《行动余地：值得向往的自由意志之种种》一书中，针对这个问题提出了一种解释。但我发现，人们经常质疑我所说的话是不是真的。他们和汤姆·沃尔夫一样坚信，物质主义**当然**不能为自由意志留有余地，尽管沃尔夫至少有时会尖刻地表示他对此感到欣喜（"我喜欢和这些人交谈——他们所表达的是一种绝不妥协的决定论"），但其他人则不然。例如，布赖恩·阿普尔亚德（Brian Appleyard）就曾通过其著作发出过几次警告，但还有一个危言耸听的人——利昂·卡斯（Leon Kass），按照他的说法，他自己也受到了诱惑：

> 阿普尔亚德不喜欢基因中心论［genocentrist］可能会带来的影响——这相当合情合理——并表示希望能发现它是错误的；他坚持认为，无论如何都要抵制这种想法。但他自己不具备相应的能力，无法证明这个想法在哲学上有问题。更糟糕的是，他似乎

无意中成了这一思想的受害者，被最具还原论色彩的、最浮夸的生物预言家所做的夸大声明所迷惑，这些预言家包括弗朗西斯·克里克、理查德·道金斯、丹尼尔·丹尼特、詹姆斯·沃森〔James Watson〕和爱德华·威尔逊。（Kass, 1998, p. 8）

决定论、基因中心论、还原论（reductionism）——当心这些浮夸的生物预言家，他们就要破坏一切珍贵的东西了！由于经常面对这些谴责（以及我们将会看到的讹传），我已经认识到要通过**辩护**来做些什么。我如此积极地宣扬这些观点，是不是在做不负责任的事呢？

学者们在传统的象牙塔里通常不会特别担心他们要对自己的工作**给周遭带来的影响**负责。例如，关于文字诽谤和口头诽谤的法律不会豁免我们任何一个人的责任，但是我们中的大多数人——包括大部分领域的科学家——在不考虑诽谤的情况下，通常不会提出可能伤害他人的主张，哪怕是间接的伤害。我们会觉得为文学评论家、哲学家、数学家、历史学家和宇宙学家提供职业过失保险是一种很荒谬的想法，这便是检验上述事实的一个简便方法。一位数学家或文学评论家在从事其专业工作时，究竟可能做些什么而需要职业过失保险作为安全保障呢？他可能会不小心在走廊里绊倒一个学生，或者把一本书掉在什么人的头上，但除了这些有点离奇的意外后果，我们的一般活动是无害的。有人会这样认为。但在那些风险更大、更直接的领域，有一个悠久的传统，那就是要格外谨慎，并承担特殊责任以确保不会造成伤害（正如《希波克拉底誓言》中明确承诺的那样）。工程师们知道，他们设计的桥梁可能涉及成千上万人的安危，他们会根据特定的约束条件进行有重点的测试，以便确定，根据目前掌握的所有情况，他们的设计是安全可靠的。当我们这些学者渴望对"现实的"（而不是"学术的")世界产生更大影响时，我们需要采纳这些更实用的学科的态度和习惯。我们需要对自己说的话负责，同时要认识到，如果我们所说的话被采信，可能会产生深远的影响，无论这种影响是好是坏。

不仅如此。我们还要认识到，我们所说的话**可能会被误解**，而且在某种程度上，我们要对自己所说的话可能会被误解负责，就像要对我们说的话所产生的"正确"影响负责一样。原则是我们所熟悉的：工程师如果设计了一个若被误用就会有潜在危险的产品，那么就像要对恰当使用所产生的影响负责一样，也要对误用可能会造成的影响负责，并且必须采取一切必要措施，防止外行错误使用该产品而带来危险。尽我们所能说出真相是我们最大的责任，但只是说出真相还不够。真相可能会造成伤害——特别是当人们误解它的时候，而认为真相足以为任何主张辩护的学者，也许都没有认真考虑过这种可能性。有时，误解人们的**真命题**（或其他误用）的可能性，以及这种误解可能传播的预期危害会非常大，因此最好保持沉默。

我以前的一个学生——宝利娜·埃松格——讲过一个生动的例子，将这个问题从哲学幻境带回到冰冷的现实世界。她曾做过艾滋病（获得性免疫缺陷综合征）方面的研究，深知这一领域面临的各种危险，所以我把她所讲的例子称为"宝利娜的危险"：

> 假设，我"发现"在理想情况下（患者完全配合治疗，完全没有恶心等抑制药物作用的情况发生，完全没有外来病毒株的污染，等等），经过四年的特定治疗就可以根除感染者身上的人类免疫缺陷病毒。而在这方面，我可能是错的。我可能错得非常简单而直接。比方说我算错了什么东西，误读了一些数据，对入组病人做出了错误诊断或者可能推断得太过宽泛，**而由于这些结**

果对周围情况会产生影响，所以即便它们是正确的，我也可能错在将这些结果发表出来。（此外，媒体在对此进行报道时可能会犯错，报道**方式**可能是错误的。但他们的一些责任似乎落在了我身上。尤其是如果我使用"根除"这个词，在涉及病毒的语境下，这个词通常是指使病毒从地球上彻底消失，而非"仅仅"是将其从一名感染者身上清除掉。）例如，一种非理性的掉以轻心的态度可能会在例如男同性恋者中蔓延："艾滋病现在是可以治愈的，所以我不用担心了。"由于这种掉以轻心的态度，这一群体中无保护措施的高危性行为的发生率可能会再次上升。此外，由于周期性出现的患者不配合治疗，广泛使用治疗处方可能会导致耐药病毒在感染人群中急剧传播。（埃松格，私人信函）

最糟糕的情况是，你可能有治疗艾滋病的方法，**知道**自己有治疗艾滋病的方法，却无法以一种负责任的方式将这些知识公之于众。因高危群体掉以轻心或草率行事而愤懑是没用的，指责那些中途放弃治疗的犹豫不决的患者也是没用的，这些是你发布治疗方法将会产生的影响所带来的可预见的、自然的（虽然也是很遗憾的）后果。当然，你应该探讨所有切实可行的方法来防止你的发现被滥用，并计划实施你能采用的一切保障措施，但在最糟糕的情况下，你的发现可能会带来的一切好处也许根本无法实现：你就是无法实现你原本的目标。这将不仅仅是一个严重的困境，更会是一场悲剧。（当然，她假设的情况在某些方面已经成为现实：对即将问世的新疗法持有乐观态度，已经导致西方世界高危人群对安全的性行为抱有危险的松懈态度。）

那么，理论上是有这种可能性的，但当我试图宣扬一种针对自由意志问题的自然主义"疗法"时，是否可能会遇到这类系统性的挫折来源呢？事实上，这样的来源为数不多，但确实令人沮丧。有各种各样的公益卫士，出于好意想**让那只乌鸦闭嘴**！他们准备采取一切措施来劝阻、压制或质疑那些他们认为打破魔咒的人，以免造成更严重的伤害。这些事情他们已经做了很多年，虽然他们的主张早已老掉牙，他们的科学同僚也已将他们那些纯粹的谬论一再揭露出来，但他们活动的残余仍然继续污染讨论的空气，扭曲公众对这些议题的理解。例如，生物学家理查德·列万廷（Richard Lewontin）、利昂·卡明（Leon Kamin）和史蒂文·罗斯（Steven Rose）曾经说过，他们认为自己：

> 是一支消防队，经常在半夜被叫去扑灭刚发生的大火，总是要应对眼下的紧急状况，但从来没有空闲时间为一座真正防火的建筑制订计划。一会儿是智商和种族，一会儿是犯罪基因，一会儿是女性的生物劣等性［biological inferiority］，一会儿又是人性的基因固定性。所有这些决定论的大火都需要用理性的冷水来浇灭，以防整个知识界陷入一片火海。（Lewontin et al., 1984, p. 265）

从来没有人说过消防队必须公平地战斗，这支消防队向他们认为具有煽动性的人喷射的远非仅有理性的冷水。他们并不孤单。来自政治光谱另一极的宗教右翼也已掌握了讽刺性描述（caricature）的手法，他们抓住每一次机会，用耸人听闻的过度简化来取代对演进事实的谨慎表达，然后他们就可以发出警告，让世人当心。我同意左翼和右翼都有的批评者的看法，他们针对的一些人确实有一**些**令人遗憾的夸大和过度简化，我也同意，这种不负责任的做法确实**会**产生有害影响。此外，我并不质疑他们的动机，甚至不会质疑他们的策略；但我认为有些人传达的信息十分危险，如果我遇到这样的人，我不能冒险给对方提供一个解释这种信息的机会，我会至少非常想为了公众利益而故意歪曲它并对它做出讽刺性描述。我想找一些合适的词语来表述，比如**基因决定论者**、**还原论者**或**达尔文原教旨主义者**，然后尽我所能去猛烈抨击那些虚妄的论点。俗话说，这是个脏活，但总得有人来做。我认为他们错在把负责任、谨慎的自然主义者（如克里克和沃森、爱德华·威尔逊、理查德·道金斯、斯蒂芬·平克和我）与个别轻率的夸大其词者混为一谈，把我们一直小心翼翼地否定和批评的观点强加给我们。这是一种聪明的策略：如果你真的认为必须要给什么东西涂上焦油，那么为了安全起见，不妨用一把无须照顾细节的粗大刷子；不要让邪恶的家伙躲在受人尊敬的人质盾牌后面！但它确实会带来一种效果，就是攻击的炮火会误伤一些天然盟友，坦率地说，即便用意是好的，这也是有欺骗色彩的。

我们这些自然主义者面临的"宝利娜的危险"是，每当我们谨慎准确地阐述自己的立场时，这些公共利益卫士中的一些人就会发挥他们的聪明才智，把我们提出的谨慎主张转化为无疑很愚蠢又不负责任的只言片语。例如，我发现，我越是努力使自己表达的信息清晰而有说服力，这些卫士就越会觉得可疑。我稍微改述一下他们的话，他们是这么说的："不要关注所有被花言巧语掩盖的警告和复杂情况！**他真正的**意思是，你没有意识，你没有思维，你没有自由意志！我们都是僵尸，没什么是重要的——这就是他**真正**想说的！"我该怎么处理这件事呢？（郑重声明，这**不是**我真正想说的。）更糟糕的是，在我们一般认为是铁板一块的"达尔文原教旨主义者"阵营中，出现了一些严重的倒戈和分歧。例如，罗伯特·赖特的新书《非零和博弈：人类命运的逻辑》在很多方面对我要在这里提出的许多主题都做了清晰的阐述，但他发现自己无法支持我们立场的核心主张（在我看来）：

显然，这里的问题与一种主张有关，也就是认为意识"等同于"物理上的大脑状态。丹尼特等人越是向我解释他们的意思，我就越是确信，他们真正想说的是意识并不存在。（Wright, 2000, p. 398）

唉，赖特用了几百页文字坚定地揭开了自然主义的神秘面纱之后，退避到德日进的神秘愿景中。[还有一位不那么激进但更令人沮丧的背叛者，就是斯蒂芬·平克（Pinker, 1997），他与意识的神秘主义学说一直暧昧不清，这本身就是一个谜。人无完人。]

显然，风险很大。我们这里的情况看起来就像是一场进化的军备竞赛，双方都在升级。但请注意，我要采取的应对方式并不是讽刺我的对手，而是为我方装配一种不同的武器：我设法在你心里播下怀疑的种子，一些质疑我们的著名批评者内心深处甚至可能知道我们是对的。毕竟，那只乌鸦是对的，但是他们仍然坚持，**让那只乌鸦闭嘴！** 我们会在后面的章节中看到，对自由意志的自然主义解释有一些最普遍的反对意见，而提出这些反对意见是出于恐惧而不是理由。这些恐惧本身相当合情合理；如果你认为给你的盒子可能是潘多拉魔盒，那么在盒子打开之前，无论如何都要让"怀疑"这颗上膛的子弹处于可随时击发的状态，尽你所能提出一切反对意见，否则到那时可能就太晚了。

面对如此强烈的反对意见，为何我还要坚持试着提出我的观点，尤其是在我承认还并不清楚它是否可能会造成伤害的情况下？（当然，批评者们用危险的说法来突出这些观点，通过这种方式夸大了危险；实际上，他们在和我们这些自然主义者玩比试胆量的游戏。）因为我认为，是时候让小飞象戒掉它的魔力羽毛了。它不需要魔力羽毛，而且这件事它越早知道越好。你也许还记得，在动画片中，那根羽毛在小飞象冲向自己厄运的关键时刻从它手中滑落，但在最后一刻，它振作起来，张开大耳朵摆脱了俯冲的险境而拯救了自己。这叫作成长，我认为我们已经做好了成长的准备。为什么小飞象没了魔力羽毛会生活得更好？因为小飞象在没有被欺骗的情况下，依赖更少，更有能力，也更有自主性。我会尝试说明，我们关于自由意志的一些传统观点是完全错误的，而且实际上它们把事情搞反了，给这个星球上自由意志的未来带来严重问题。例如，一种关于自由意志的未受欺骗的观点可以清晰地说明我们对惩罚和罪责的一些看法，并减轻我们的一些焦虑，这些焦虑关系到我所说的"悄悄开脱罪行的幽灵"。（科学会向我们说明从来就没有人应该受到惩罚吗？或者，从来就没人应该受到赞扬吗？）它有助于重新确立道德教育的应有作用，甚至可以解释宗教思想过去在维持社会道德方面所发挥的重要作用，虽然宗教思想已经不再能很好地发挥这一作用了，但我们如果抛弃这些思想，则会自食其果。如果我们坚信错误的观念，如果我们不敢交出它们来换取科学提供的合理替代品，我们可以飞翔的日子便屈指可数了。真相的确会让你变得自由。

第 1 章

自然主义对于我们和我们的心智如何进化而来所做的解释，似乎威胁到了自由意志的传统观念，而对这一前景的恐惧已经扭曲了对这些问题所做的科学和哲学研究。一些人已经意识到，这些关于我们自己的新发现会带来危险，但这些人严重歪曲了它们。经过冷静的审视，我们新发现的关于我们起源的知识所具有的含义，将会证明它支持一种比其必然会取代的神话更强大、更明智的自由学说。

第 2 章

我们对决定论的思考常常被幻觉扭曲，可以通过玩具模型的帮助来消除这些幻觉，在这个模型中，简单的实体可以进化出足以自我繁殖和避免受到伤害的能力。这表明，决定论和必然性之间的传统关联是错误的，必然性的概念属于设计层面，而不是物理层面。

关于资料来源和扩展阅读的说明

读者可以在本书末尾的参考文献中找到正文提到的书籍和文章的完整参考资料。对于每一章所讨论的主题，我还会提供一些其他评论意见和资料来源。

一些读者可能会认为，我在本书的前几页就自相矛盾，开局不利。首先，我否认了除数万亿个机器人细胞之外我们还有灵魂，然后我又愉快地表示，我们是有意识的："既然我有意识，你也有意识，那么我们一定具备有意识自我，这种有意识自我是由这些不同寻常的小部件以某种方式组合而成的。"你可能发现自己非常想要认同罗伯特·赖特的观点，认为我实际上是在宣称意识并不存在。如果这一坚定的主张歪曲了你对本书其余部分的理解，那真的太遗憾了，所以请尽量保留你的看法，对于赖特有可能错了这一点抱有一线希望吧！我对物质主义持有坚定的信念，这确实是我要捍卫的观点中不可或缺的一部分，我要坦然承认这一点，尽管这可能会招致一些人的反对和怀疑，因为他们仍然在渴求对意识进行二元论解释。关于意识的物质理论的说明和辩护可以参考我在上文提到的书目，此外，也可以参考 2001 年 11 月我在巴黎举办的让·尼科德（Jean Nicod）讲座中针对最近各种批评所做的详细说明和辩护，以及在各种期刊和文集中已经发表或即将发表的一系列论文，当然也可以参考我的网站 http://ase.tufts.edu/cogstud。

关于自由意志的哲学文献卷帙浩繁，这里只关注了有关这一主题的一小部分最新文献。本书所讨论的文献将会提供指向其余文献的大量线索。在我为本书做最后润色的那一年，两本并非由哲学家撰著的杰出作品已经问世，对这一主题感兴趣的人都应该读一读：乔治·安斯利的《意志的崩溃》（*Breakdown of Will*, 2001）和丹尼尔·韦格纳的《有意识意志的错觉》（*The Illusion of Conscious Will*, 2002）。我已将对这两本书的几点思考融入了我自己的书中，但这两本书的内容极其丰富，已远远超出了那些思考所能推及的范围。

第 2 章

思考决定论的工具

决定论认为，"在任何时刻，都只有一个物理上可能的未来"（Van Inwagen, 1983, p. 3）。人们可能会觉得，这并不是特别难理解。但难以置信的是，即便是一些心思缜密的作者也常常会完全搞错。首先，许多思考者认为，决定论意味着不可避免（或必然发生）。但其实并非如此。其次，许多人觉得非决定论——对决定论的否定——会让我们的主体获得一些自由、灵活性以及活动空间，而这些恰好是我们在决定论性质的宇宙中无法拥有的东西。其实不然。最后，人们通常认为，在决定论性质的世界里没有真正的选择，选择只是表面上的。这是错误的。果真如此吗？我刚刚反驳的这三个主题都是讨论自由意志的核心，且很少受到质疑，许多读者可能会因此认为我是在开玩笑，或者使用了这些词语的什么深奥含义。不，我要说的是，不经过论证就认同这些内容，这种自满本身就是很大的错误。

一些有用的过度简化

这些都是对自由意志以及更普遍的自由持误解态度所造成的核心错误。因此，在我们能更好地了解（在一个可能是决定论性质的世界里）自由如何进化之前，我们需要配备一些纠偏装置和一些思考工具，这些工具将能让我们在面对制造强大幻觉的塞壬之歌时不那么脆弱。（如果你不喜欢有关决定论、因果关系、可能性、必要性以及量子物理学的非决定论等哲学讨论，可以直接跳到第5章。但这样的话，你必须保证不会相信这三个"显而易见"的观点——无论从直觉上来看它们是多么可信，同时相信我向你做出的保证，相信它们是误导了无数讨论的"假朋友"。然而，我几乎可以肯定，你无法坚定决心。所以，细读我对这些错误的阐释不失为一个更好的选择，这会给你带来回报和惊喜，而且你不需要具备任何专门的背景知识。）

托马斯·品钦的小说《万有引力之虹》中，有一个人物发表了以下这段具有不祥征兆的言论：

> 但你已经有了一种更强大、更有害的幻觉。控制的幻觉。你以为甲可以做乙事，但那是假的，彻头彻尾是假的。没人可以做。事情只是那样发生了。（Pynchon, 1973, p. 34）

品钦笔下的这位讲话者得出的结论是，因为原子不能做任何事情，而人是由原子组成的，所以人也不能**做**任何事情，不能真正地做事。做事和事情直接发生之间存在差别，对于这一点，他没说错。在我们努力理解这一差别的过程中，潜藏着一个有害的幻觉，这点他也说对了，但是他把幻觉搞反了。这并不是错在认为人好像不是由许多**事情不用做便直接发生**的原子组成的（他们是），而是**几乎**倒过来，即把原子当作好像它们是正在**做**事的很小的人（它们不是）来对待。当我们将适于进化而来的主体的范畴过度延伸至更广阔的物理世界时，便会出现这样的错误。**行动**的世界就是我们生活的世界，当我们试图把对这个世界的看法重新强加给"无生命"的物理世界时，我们便给自己制造了一个极具误导性的问题。

弄清楚基础物理学和生物学之间的复杂关系这件事听上去有些令人生畏。但幸运的是，有一种可以用来诠释这种关系的**玩具**模型，这恰好是我们所需要的。如果一件玩具能帮助我们了解那些原本对于我们来说过于复杂难解的事情，那么玩具和工具之间的差别也就变得微乎其微了。在科学领域，充分利用玩具模型的巨大优势是比较常见的。没有人见过原子，但我们都知道原子"看起来是什么样的"：一个微型太阳系，原子核就像一串颗粒密实的葡萄，周围环绕着在其小光环中不断运动的电子。这是我们熟悉的朋友——玻尔原子模型（图2.1），当然这是一个简化和失真的模型，但就许多用途而言，这是一个了解物质基本结构的极好方式。

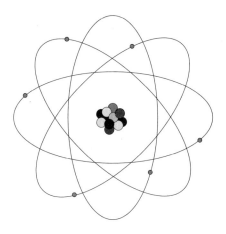

图 2.1　玻尔原子模型（Bohr Atom）

在我们的共同想象中，同样日渐为人所熟知的还有一个有着大量梯级的巨型DNA（脱氧核糖核酸）双螺旋模型，即沃森-克里克模型（图2.2）。它也是一种有用的过度简化。

图 2.2　DNA 双螺旋

近两个世纪前，法国物理学家和数学家皮埃尔-西蒙·拉普拉斯为我们勾勒出了一个有用而又简单生动的决定论形象。自此，这一形象开始塑造我们的想象，进而构建了我们的理论和争论。

　　如果一位智者能够知道某一时刻所有自然运动的力和所有自然构成部分的相对位置，假如他也能够对这些庞大的数据进行分析，那么宇宙中最大的物体到最轻的原子的运动都会浓缩成一条简单的公式：对于这样一位智者来说，没有什么是不确定的，而未来就像过去一般呈现在眼前。（Laplace, 1814）

如果给这位无所不知的智者——通常被称为"拉普拉斯妖"——一张完整的"宇宙状态"快照（图2.3），上面显示出每个粒子在那一时刻的确切位置（以及轨迹、质量和速度），那么拉普拉斯妖就能够根据物理学定律，标绘出下一个瞬间发生的每次碰撞、每次反弹和每次擦肩而过的情形，更新快照以描绘出宇宙的最新状态，以此类推，直到永远。

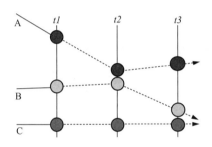

图 2.3　拉普拉斯快照（Laplacean Snapshot）

在图2.3中，这张快照放大了 *t1* 时刻世界上的三个原子，这些原子的轨迹各不相同，而拉普拉斯妖利用这一信息预测，其中两个原子会在 *t2* 时刻发生碰撞并反弹，从而出现在 *t3* 的位置，以此类推。如果存在转换规则（transition rule，物理学定律），可以**精准确定**哪一状态描述跟在某一特定的状态描述之后，那么宇宙就是**决定论性质**的。如果有任何不严谨或不确定性，那么宇宙就是非决定论性质的。

这一简单的设想中包含了太多含糊其词的因素：状态描述必须多

准确？我们是否必须描绘每个亚原子粒子？描述中需要包括粒子的哪些属性？我们可以采用 W.V.O. 奎因（W.V.O. Quine, 1969）提出的另一种简化观点来任意锚定这些飘忽不定的因素，根据这一观点，我们应该把注意力完全集中在简单的假想宇宙上，奎因将其称为"德谟克利特"（Democritean）宇宙，以纪念古希腊最具创造力的原子论者德谟克利特。一个德谟克利特宇宙由一些在"空间"里四处移动的"原子"组成。除此之外，别无其他。德谟克利特宇宙中的原子并不是极具量子复杂性的现代原子，而是真正的（**不可分离、不可切割的**）原子，即没有任何组成部分的微小、均匀的物质点，就像德谟克利特假定的那样。它们所占据的空间也必须通过**数字化**被构造得极其简单。你的电脑屏幕就是个数字化**平面**的极好例子，这一平面是由数百行列的微小**像素**方块组成的二维矩阵，每个像素在每一时刻的颜色取自一组有限的颜色集。如果我们想要将一个三维空间数字化，那么则需要立方体，也就是计算机图形学语言中的**体素**（voxel）。想象一个由微小立方体素的无限网格所组成的宇宙，每个格子要么全空，要么全满（恰好包含一个原子）。每个体素在网格中有唯一的位置或地址，由其空间坐标 (x, y, z) 来指定这一位置或地址。就像每个计算机彩色图形系统都有一定值域（不同深浅的颜色），每个像素可以从中取值那样，在德谟克利特宇宙中，每个非空（值不为 0）体素都包含数量有限的不同类型原子中的一个。把它们想象成不同的颜色或许会有帮助，比如金色、银色、黑色（碳）、黄色（硫）。正如我们可以将所有可能的计算机屏幕图像集合（对于任何特定的像素颜色系统）定义为用限定颜色填充像素的全排列集合，我们也可以将德谟克利特宇宙全部时刻的集合定义为用各种原子填充空间内所有体素的全排列集合。

现在，如果我们想让拉普拉斯妖用一张"完整"快照来工作，我们可以准确地说出我们需要提供什么，那就是**对德谟克利特宇宙的状态描述**，这一状态描述要列出每个体素在某个时刻的值。状态描述 S_k 的片段可能是这样的：

在时刻 t ：
体素（2，6，7）＝银；
体素（2，6，8）＝金；
体素（2，6，9）＝0；
……

我们不必为所做描述的"细粒度"而担忧，因为德谟克利特宇宙界定了一个最小差异，我们可以比较宇宙的任意两种状态描述，并发现占据状态不同的对应体素。只要存在数量有限的不同元素（金、银、碳、硫……），我们就可以按照体素和占据体素的元素的顺序（实际上就是按字母顺序）排列所有状态描述。状态描述 1 是时刻 t 的空宇宙；状态描述 2 中有一个占据体素（0，0，0）的铝原子，除此之外都与状态描述 1 类似；状态描述 3 中，这个铝原子移动到了体素（0，0，1）的位置；以此类推，一直到最后的状态描述（按字母顺序）。在最后的状态描述中，宇宙——其中的每个体素——被锌填满！现在加上时间，也就是第四个维度。假设在下一个"时刻"（instant），状态描述 S_k 中位于（2，6，8）的金原子向东移动了一个体素。那么在 S_{k+1} 中：

在时刻 $t+1$ ：
体素（3，6，8）＝金。

将时间的每一"时刻"想象成计算机动画的一帧，指明每个体素在该时刻的颜色或值。这种空间和时间的数字化使我们能够计算差异和相似之处，并且能够判断出两个宇宙或宇宙的哪些区域以及哪些时期在何时是完全相同的。通过一系列的状态描述（每个连续的"时刻"都对应一个状态描述），我们得出了整个德谟克利特宇宙的历史，不管这个宇宙存续多长时间——从大爆炸到热寂（或在这些想象的世界中，其他方式的开始和结束）。**换句话说，德谟克利特宇宙就像一段或长或短的三维数字视频**。我们可以随心所欲地分割时间；比如每秒 30 帧（就像电影一样）或每秒 30 万亿帧。体素的尺寸是最小的：每个体素最多有一个不可分割的原子。奎因还提出了更进一步的简化：假设原子都是一样的（相当于电子），这样我们就可以将每个体素视为要么空（值 =0）要么满（值 =1）。这种做法就像用黑白屏幕代替彩色屏幕一样，而正如我们所看到的，就某些目的而言，这是一种很好的简化，但并不是必然的。

用颜色（或只用 0 和 1）填充体素有多少种不同的方式呢？就算我们将宇宙的规模控制在有限且极小的水平，其可能的状态数量也会很快变得极为庞大。一个宇宙仅由 8 个体素（构成一个 2×2×2 的立方体）和一种原子（空的或满的，0 或 1）组成，并且仅持续 3 个"时刻"（图 2.4），就已经有 1 600 多万种不同的变化（2^8=256 种不同的状态描述，可以被组合为 256^3 个不同的三元序列）。一块方糖（以每秒 30 帧的**低速率**，并将方糖看作**只有** 100 万个原子宽）所包含的宇宙的一秒，其拥有的状态数量完全超乎想象。

在《达尔文的危险思想》中，我引入了"浩瀚"（Vast）这个术语来指称一类数字，这类数字虽然有限但远远超过天文数字。我用这一术语来描述豪尔赫·路易斯·博尔赫斯虚构的巴别图书馆（Library of Babel，所有可能存在的图书集合）中那些并非真正无限的书籍数

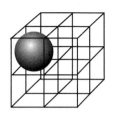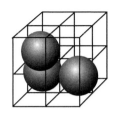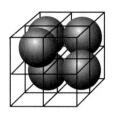

图 2.4　一个 8 体素德谟克利特宇宙的 256 种不同状态中的三个状态

量，自然还可以用该术语来描述孟德尔图书馆（Library of Mendel，所有可能存在的基因组的集合）中那些可能存在的基因组数量。我还创造了一个与之对应的术语——"微渺"（Vanishing），用来描述像巴别图书馆这种地方几乎不可见的**可读**书籍的子集。对于所有可能存在的德谟克利特宇宙的集合——原子在时间和空间上存在逻辑可能性的全部组合，我们不妨就称之为德谟克利特图书馆（Library of Democritus）。就算我们将德谟克利特图书馆极为严格地限定在一组有限的特定参数集（原子类型、持续时间等）之内，它也庞大得令人难以想象。当我们查看图书馆的特定子集时，事情就变得有趣起来。德谟克利特图书馆中的一些宇宙几乎是空的，而另一些则装满了东西；一些宇宙随着时间的推移发生了很大的变化，而另一些则完全不变——相同的状态描述，永远重复。在某些宇宙中，这种变化是完全随机的，犹如五彩纸屑的原子时刻一个接一个，单个原子时而突然出现又时而迅速消失；而另一些宇宙则显示出规律性的模式，因此具有可预测性。为什么有些宇宙会呈现出模式呢？这正是由于德谟克利特图书馆包含了所有在逻辑上具有可能性的宇宙，因此**所有可能存在的模式**都可以在图书馆的某个地方被找到；而唯一的规则就是，每个状态描述都应该是完整和自洽的（一个体素中只有一个原子）。

　　一旦我们开始添加额外的规则，明确规定什么可以和什么相邻，以及不同的状态描述应该如何在时间上相互继续，那么我们就可以得到图书馆中更有趣的子集。例如，我们可以通过设置这样一条规则来阻止"物质湮灭"：规定在时刻 t 存在的每个原子必须在时刻 $t+1$ 存在于某个地方，尽管这个原子可以移动到一个空的新体素中。这确保了宇宙永远不会随着时间的推移而失去一个原子。（更确切地说，我们通过一些手段"阻止"这种情况发生，即忽略不遵守这一规则的数量"浩瀚"的宇宙，并将我们的注意力完全集中在那些确实遵守这一规则的数量"浩瀚"但又"微渺"的子集上："考虑一下始终遵循以下规则的宇宙集合 S……"）我们可以通过添加一些规则来设定一个速度限制（就像光速），例如规定一个原子在下一个时刻只能移动到相邻的体素，或者我们可以允许更长距离的跳跃。我们可以规定，物质**可以**在这样那样的条件下被湮灭或被创造：例如，我们可以规定，每当两个金原子相互叠加时，下一个时刻它们就会消失，同时下面那个体素中将出现一个银原子。这样的转换规则相当于每个虚构的宇宙中所遵循的基本物理定律，我们能以有用的方式观察这些具有相同规则的宇宙集合，暂且不论其他方面还可能存在的区别。例如，假设我们想要"保持物理常数不变"，但改变"初始条件"——宇宙诞生那一刻的状态。然后，我们考虑这样一种宇宙集合，在这种集合中总是遵循一条特定的转换规则或者一组规则，但我们可以随意改变其起始状态的描述。这就好比我们在巴别图书馆中，将全部注意力放在那些用（符合语法的）英文所著的图书上；一些从字符到字符的转换方面的规则（**"i"总是在"e"之前，在"c"之后的情况除外……每个问句都以大写字母开头，以问号结束……**），但涵盖的主题可以多种多样。

博尔赫斯的巴别图书馆和我们的德谟克利特图书馆之间有一个更好的类比。巴别图书馆中藏有数量"浩瀚"的图书，这些书一开始还不错（比如小说、历史书以及化学教科书），但后来突然就退化成毫无意义的"语词杂拌"（word salad）和"铅字版"的胡言乱语。就人们出于享受或为了获得好处可以从头至尾读完的每一本书来说，数量"浩瀚"的书开篇大都还是不错的，符合语法，有正常的词汇、故事情节和人物发展规律等，这些都是**产生意义**的先决条件，但随后，这些书就退化成了没有模式的状态。**逻辑上无法确保**一本开篇良好的书后文会继续保持良好。德谟克利特图书馆也是如此。这是大卫·休谟早在 18 世纪提出的观点，当时他指出，尽管迄今为止太阳每天都在升起，但假设明天会不同，也就是太阳不会升起，**这并不矛盾**。将他的这一观点用于德谟克利特图书馆的情况下就是：请注意，存在一个宇宙集合 A，在这一集合中太阳**总是**升起；还存在另一个宇宙集合 B，在这一集合中太阳也总是升起，**直到（比方说）2004 年9 月 17 日，这时发生了一些其他的事情**。这些世界并不矛盾——它们只是最终没有"遵守"集合 A 中的宇宙始终遵循的物理规律而已。可以这样表述休谟的观点：无论你收集了多少关于你所在宇宙过去的事实，从逻辑上来讲，你永远无法证明你处于集合 A 的一个宇宙中，因为对于集合 A 中的每个宇宙，集合 B 中都有数量"浩瀚"的宇宙在每个体素／时间上与它相同，直到 2004 年 9 月 17 日，这两个宇宙集合以各种惊人的方式或朝致命的方向发生分化！

正如休谟所指出的那样，我们期望到目前为止我们的世界中所遵循的物理规律在未来仍然能够适用，但我们无法用纯粹的逻辑来证明它会满足我们的期望。我们已经在某些方面取得了显著成功，我们发现了我们的宇宙过去所遵循的一些规律，我们甚至还学会了如何进行一些实时预测，预测季节、潮汐和下落的物体，预测如果你在这里挖掘，在那里解剖，抑或加热这个或是把那个与水混合在一起等，你会发现什么。这些转换在我们的经验中是如此常规且毫无例外，以至于我们能够将其编集成典，并且富有想象力地设想其未来的情形。到目前为止，一切都还不错；完全奏效，但我们无法在逻辑上确保它会继续起作用。尽管如此，我们仍然有理由相信，在我们生活的这个宇宙中，这个发现过程差**不多**可以无限进行下去，根据我们观察到的规律，得出更具体、更可靠、更详细和更准确的预测。换句话说，我们可以认为自己是有限且不完美的近似拉普拉斯妖的存在，但我们无法从逻辑上证明，我们还会继续取得成功，除非预先假定这些我们想要确定其普遍性和永恒性质的典型规律是存在的。正如我们将会看到的，得出这样的结论是有一些原因的：我们在预测未来的能力方面存在一些绝对限制。这些限制是否会影响我们作为做出"自由"决定和选择的行动者的自我形象——我们可能要为那些决定和选择承担适当的责任——是我们需要解决的一个问题，但这个问题暗藏危机，所以我们正在小心谨慎地处理它，首先要弄清楚一些更简单的问题。在逻辑上存在可能性的宇宙所拥有的更加"浩瀚"的空间中，我们正在向一个"浩瀚"但又"微渺"的邻近区域靠拢，而通过这种方式，我们正逐渐接近我们的目标——**决定论**。

德谟克利特宇宙的一些集合遵循着具有决定论性质的转换法则，另一些则没有。考虑这样一个宇宙集合，我们在其中明确规定，每当一个原子被空的体素包围时，它有 1/36 的概率直接消失，否则，它会在下一个时刻保持不动。在这样的宇宙中，每当这样一个原子以这种方式被孤立时，就好像大自然掷骰子；如果扔出的是蛇眼[*]，则原子"死亡"；如果不是，它将再存活一个时刻，除非这个原子刚刚有了邻居，否则大自然将再次掷骰子。这是一种**非决定论性质**的物理特征，它没有全面具体地说明接下来会发生什么，而是让一些转换纯粹

---

[*] 蛇眼（snake eyes），掷出的两个骰子均为最小的一点。——编者注

由概率来决定。拉普拉斯妖在继续预测未来之前将不得不等待，看看骰子掷出了什么样的结果；而其他宇宙集合则遵循没有任何偶然性的转换规则，这些规则明确规定了哪些原子将在下一时刻占据哪些体素。这些是决定论性质的宇宙。当然，德谟克利特宇宙的转换规则有无数种不同的方式，使该宇宙既可以成为决定论性质的，也可以成为非决定论性质的。

我们如何**判断**是什么转换规则支配着一个特定的德谟克利特宇宙呢？我们可以**制定**一条规则，然后考虑在遵守该规则的所有可能的集合成员中，有什么是我们一定会发现为真或可能发现为真的，但如果以某种方式给了我们一个特定的德谟克利特宇宙来进行研究，我们唯一能做的事情就是研究其所有体素的整个历史，看看遵循了什么规律（如果有的话）。我们可以将这项工作分成几个自然部分来进行，寻找早期发展中遵循的规律，看看这些规律今后是否能一直适用。我们即便牢记休谟的不祥发现，认为我们永远无法证明未来会像过去一样，我们也仍然可以着手寻找我们能找到的规律，并下一个很大很诱人的赌注（我们有什么可失去的呢？），赌未来**会**像过去一样，赌我们不会处于那种稀奇古怪的宇宙中——这种宇宙在很长一段时间里都是规律的，之后却变得乱七八糟，并以此种方式来欺骗我们，只会令我们失望。

我们现在有了一种方法，可以将德谟克利特宇宙分为决定论性质的、非决定论性质的，以及所有无价值类别（junk）——我们可以将这些根本不存在永久转换规则的宇宙称为**虚无主义**（nihilistic）宇宙。需要注意的是，根据这一解释，**所有那些**是决定论性质的或者非决定论性质的宇宙，总是会展现出某种规律性——要么是具有一种不可排除的概率小于 1 的规律，要么是一种其中完全没有此类概率的规律。换句话说，你不可能声称在每个体素／时刻都完全一样的两个德谟克利特宇宙中，一个是决定论性质的，而另一个是非决定论性质的。[*]

决定论性质的和非决定论性质的德谟克利特宇宙之间的区别现在已经很清楚了，但是要理解它意味着什么（以及它不意味着什么！），最好的方式就是，进一步体谅我们早已不堪重负的想象力，考虑一个更简单的决定论玩具形象。首先，让我们从三维降到二维（从体素到像素），也利用奎因的仅有黑白的选项，以便每个像素在任意时刻都是处于要么打开（ON）要么关闭（OFF）的状态。我们现在已经降落在康威的"生命游戏"的平面上，它在这一平面上展现出了令人惊叹的模式。这个大胆过度简化的决定论玩具模型是由英国数学家约翰·霍顿·康威于20世纪60年代创造出来的。康威的"生命游戏"生动地演示了我们恰好需要的那些想法，这种演示方式既不需要生物学或物理学的专业知识，也不需要最简单的算术以外的数学知识。

从物理学到康威"生命"世界中的设计

一个生命个体的复杂性减去其预测能力（关于它的环境），等于环境的不确定性减去其敏感性（关于这个特定的生命个体）。

——豪尔赫·瓦根斯伯格（Jorge Wagensberg），

《复杂性对不确定性》

---

[*] 事实上，按照定义，不存在每个体素／时刻都完全一样的**两个**德谟克利特宇宙。奎因简化的优点之一是，它让我们像清点书籍的**版本**一样清点宇宙的数量：如果所有相同的元素在相同的时间出现在相同的地方，这就认定了**同一性**。奎因使可能的世界易于控制的提议也避免了这样一种不可靠的想法，即我们在识别不同宇宙中的体素内容时需要知道单个原子的同一性——而非仅仅知道它们的类型，比如碳或金。（专家提醒：这不是标准的关于可能世界的传统说法，它避免了跨世界同一性的常见问题。）

考虑一个二维像素网格，每个像素的状态都可以打开或关闭（满或空、黑或白）。*每个像素有 8 个相邻的方格：东、南、西、北四个相邻的方格与东北、东南、西南和西北四个对角的方格。世界的状态在时钟每次嘀嗒之间依据以下规则发生变化：

生命游戏中的物理特征［Life Physics］：对于网格中的每个方格［cell］，我们都要计算在当前时刻与其相邻的 8 个方格中有几个状态是"开"。如果一个方格周围有两个格子的状态是"开"，那么该方格将在下一时刻保持现有状态（"开"或"关"）。如果一个方格周围有三个格子的状态是"开"，那么无论该方格目前是什么状态，其在下一时刻的状态都是"开"。其他情况下，该方格在下一时刻的状态为"关"。

这就是全部的规则。这个简单的转换规则阐明了"生命"世界中的全部物理特征。从生物学的角度来思考这一奇特的物理特征或许是一根有用的记忆拐杖：把方格的"开"看作新生，把方格的"关"看作死亡，把相继的时刻看作世代。无论是过于拥挤（周围新生方格多于 3 个）还是过于孤立（周围新生的方格少于 2 个），都会导致死亡。但要记住，这只是一根想象的拐杖：这个"二三规则"是"生命"世界里的基本物理特征。下面我们考虑几个简单的起始构形（configuration）是如何运行的。

首先计算新生格。在图 2.5 显示的构形中，只有方格 D 和方格 F 拥有三个处于"开"（深色的格子）状态的相邻格，所以只有它们才是下一代唯一的新生格。而方格 B 和方格 H 各自都只拥有一个处于

---

* 此处对"生命游戏"的介绍改编自我的其他作品（Dennett, 1991A; Dennett, 1995）。

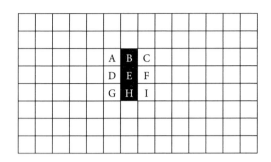

图 2.5　垂直闪光灯

"开"状态的相邻格，所以它们将在下一代死亡。方格 E 拥有两个处于"开"状态的相邻格，所以它将维持原有的状态。那么在下一个时刻，情况就如图 2.6 所示。

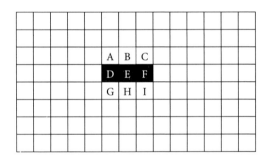

图 2.6　水平闪光灯

显然，图 2.6 中显示的构形将会在下一时刻恢复原状，如果没有新生格以某种方式加入进来，这个小图案将会一直不停地来回翻转。我们把它叫作**闪光灯**或者信号灯。

图 2.7 中的构形将会如何变化呢?

没有任何变化。因为每个处于"开"状态的方格周围都有 3 个

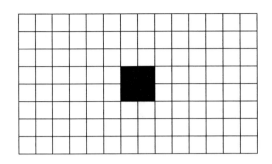

图 2.7 静止的生命方块

处于"开"状态的相邻格，所以这些方格只是继续保持其"开"的状态，不断重生。没有处于"关"状态的方格拥有三个处于"开"状态的相邻格，因此没有其他新生格。这种构形叫作**"静止的生命"**；有很多不同的静止的生命构形，这些构形不会随着时间的推移发生任何变化。

如果严格应用我们这条唯一的法则，人们就可以精确地预测出下一时刻、再下一个时刻……哪些格子处于"开"以及哪些格子处于"关"状态的构形，因此**每个"生命"世界都是一个决定论性质的二元德谟克利特宇宙**。一眼看上去，它完美地契合我们对决定论的刻板印象：机械式不断重复的"开""关""开""关"，永远不会有惊喜，不会有机会，也不会有创新。如果你"倒带"，一遍又一遍地播放任何构形的后续构形，结果总是一模一样。无聊！幸好我们不是生活在那样的宇宙里！

不过，第一印象可能是有欺骗性的，特别是当你离新事物太近的时候。如果我们后退一步来考虑"生命"构形更大的模式，我们定会遇到一些惊喜。闪光灯形成了一个两代的周期，除非有其他构形侵入，否则这种周期性的变化会永远持续下去。**侵入为"生命"增添了趣味色彩**。在周期性变化的构形中，有一些像变形虫一样在平面上游动。其中最简单的就是**滑翔机**，即图 2.8 显示的向东南方向滑行的由五个像素组成的构形：

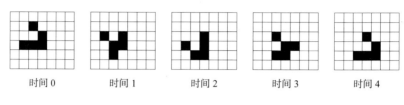

时间 0　　　　时间 1　　　　时间 2　　　　时间 3　　　　时间 4

图 2.8　滑翔机

此外，"生命"世界中还有吞噬者、蒸汽小火车和空间耙等许许多多恰如其名的"居民"，它们在一个新的层面上作为可识别的物体出现。从某种意义上来说，这个新的层面只是基本层面的鸟瞰图，观察的是大块的像素而不是单个像素。但奇妙的是，当我们上升到这个层面时，就得到了那个我所说的**设计层面**的例子；它有属于自己的语言，比人们能够在**物理层面**上给出的乏味描述更加透明而简短。例如：

> 吞噬者将在四个世代后吞噬滑翔机。无论被吞噬的是什么，基本过程都是一样的。在吞噬者和其猎物之间形成连接。在下一个世代，连接区域因过度拥挤而死亡，双方都会失掉自身的一部分。接下来，吞噬者进行自我修复，而猎物通常不能做到这一点。只要猎物的残存部分也像滑翔机一样逐渐消失，那么猎物就被吞噬掉了。（Poundstone, 1985, p. 38）

请注意，当我们转换层面时，我们的"本体"——我们汇编的关于存在物的目录——会发生一些怪异的事情。在物理层面，没有移动，只有"开"和"关"两种状态，而且唯一存在的个体——像素，是按照它们固定的空间位置 (x, y) 来确定的。而在设计层面上，我们突然就看到了持续存在物体（object）的运动；在图 2.8 中，它是一架向东南方移动并不断变形的滑翔机，而且是同一架滑翔机（尽管每一代是由不同的像素构成的）；而在图 2.9 中，当吞噬者吞噬掉它之后，世界上就少了一架滑翔机。

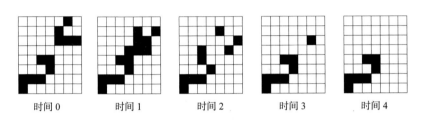

| 时间 0 | 时间 1 | 时间 2 | 时间 3 | 时间 4 |

图 2.9　吞噬者吞噬滑翔机

　　还要注意的是，虽然在物理层面上，绝对不存在一般定律的例外情况，但在设计层面上，我们要做归纳就必须采取一些防范措施：需要给它们加上"通常"（"猎物通常不能"自我修复）或"假如没有别的东西侵入"这样的条件。在这一层面，早期活动残存的零星碎片能够"摧毁"或"杀死"本体中的物体。它们**作为真实事物的重要性**相当显著，但无法保证。死亡因素已经被引入。虽然单个原子（像素）时而存在，时而消亡，其状态或"开"或"关"，不存在任何积累变化的可能性，没有任何历史能够影响其后来的历史，但更大的建造物可能会遭受破坏，结构被修改，以及丢失或获得材料，而这些都可能对未来产生影响。更大的建造物可能也会碰巧获得改进，由于它们发生的一些事情而变得**不那么**容易在以后被解体。历史性是个关键要素。"生命"世界结构中的存在可以生长、收缩、扭曲、断裂、移动……一般来说，**随着时间的推移一直持续**，这打开了设计机会的闸门。

全球有众多对此感兴趣的电脑高手急于探索这些机会，乐于在"生命"平面上设计更精妙复杂的样式，来做一些有趣的事情，以此来测试自己的聪明才智。（如果想要探索"生命"世界，你可以从以下网站免费下载一个精妙的、对用户友好的"生命32"：http://psoup.math.wisc.edu/Life32.html*。它有一个很有意思的构形库，还可以链接到其他网站。我要求我的学生探索"生命"世界，因为我已经了解到，它能够生动而有力地将一系列在其他情况下不具备的直觉呈现出来，并且帮助学生们思考这些问题。事实上，"生命"世界有时会使他们对自己哲学立场的**看法发生改变**，这可以说是奇迹中的奇迹。因此要小心，你可能会沉迷于它的乐趣之中无法自拔，而且它可能会让你放弃与决定论的不共戴天之仇！）要想成为"生命"游戏玩家，你只需要上升到设计层面，采用其本体，然后冒险粗略地预测更大的构形或构形系统的诸多行为，**而不必费心去进行物理层面的计算**。你可以给自己设置一些任务，从设计层面提供的一些"部件"中设计出一些有意思的超系统。只需要几分钟你就能掌握它的窍门，谁知道你能创造出什么来呢。比方说，如果你把一群静止的生命吞噬者排成一排，然后朝它们释放滑翔机，那么你会得到什么呢？如果你已经完成了设计构思，你可以方便快捷地对其进行测试；"生命32"会迅速告诉你设计立场预测中任何被忽视的问题。我曾经从一个杰出的"生命"游戏网站（http://www.cs.jhu.edu/~callahan/lifepage.html#newresults）上摘录了几段话，你可以从中窥见这一设计层面的丰富性。遗憾的是，这个网站已经不存在了，你也没必要费心去搞清楚这些评论；我只是想用它们来说明"生命"游戏玩家们的思维方式和谈话方式。

---

* 此网址已失效，感兴趣的读者可通过以下网址试用类似的程序：http://conwaylife.com/。——编者注

当面包自然地变成一架赫歇尔［Herschel］滑翔机时，它与R 式五格构形产生的所有无用物发生反应，并在一段时间之后奇迹般地再次出现，根本没有留下任何碎片。防止第一架赫歇尔滑翔机撞上正在消失的反应残余物——没有给普通的吞噬者留下任何机会——这一点很有必要。但幸运的是，我们可以用带尾巴的盆和一个方块来代替。

戴夫·白金汉［Dave Buckingham］发现了一种可以不使用保罗·卡拉汉［Paul Callahan］特殊反应的更快的稳定反射器。取而代之的是，迎面袭来的滑翔机撞上了一艘船，制造了一个 B 式七格构形，它被改造成一架赫歇尔滑翔机，并绕过来恢复了这艘船。这里需要 119 步赫歇尔导管的紧凑形式，正如一个处理 64 64 77 导管序列的非标准静止的生命。

这些"生命"游戏玩家在其简化的二维宇宙中扮演了上帝的角色，试图设计出更令人惊叹的模式，这些模式将会在"生命"平面上自我传播、自我改造、自我保护、自我移动，简单来说，就是在这个世界中**做事**，而非仅是来回闪现或者更糟糕的状况，即永远保持不变（除非有什么东西入侵）。正如引文中所揭示的那样，在这个世界上扮演上帝的人面临的问题是，无论你最初的模式有多好，它总是会面临一些风险，比如被湮灭，变成残余碎片，被吞噬者吞噬以及消失得无影无踪。

如果你想让你的创造物持久存在，你就必须保护它们。在物理特征保持不变（不改变"生命"的基本规则）的情况下，你唯一能调整的就是初始状态描述，但是你有那么多种选择！一组只有 100 万像素乘以 100 万像素的"生命"世界就已经给了你 2 的 1 万亿次方个不同宇宙去探索——康威图书馆，这是极其"浩瀚"的德谟克利特图书馆的一个数量"浩瀚"但又"微渺"的分支。其中一些"生命"世界非常非常有趣，但找到它们比大海捞针还难。由于随机搜索几乎是无望的，唯一的办法就是把搜索当作一个设计问题：我如何才能**构造**一个能做 X、Y 或 Z 等事情的生命形式？而一旦我设计出了一个能**做** X 的东西，我如何才能在造出精妙的 **X 行为者**（x-er）之后保护它免受伤害呢？毕竟，我在设计 X 行为者时，已经做了很多研发工作。如果它还没来得及发挥作用就被摧毁了，那就太可惜了。

在时而凶险的"生命"世界里，你怎样才能制造出可以持续存在的东西呢？所有"生命"构形的基本物理学原理都是一样的，但有些构形只凭借其**形状**便拥有了其他构形所没有的**力量**。这是设计层面的基本事实。让这些构形尽可能非人类、无认知以及尽可能不像行动者。如果它们能够持续存在，那么原因是什么呢？"静止的生命"在被撞之前是好好的。然后会发生什么呢？它能以某种方式自我恢复吗？能够灵活移动的东西可能会好些，但它怎么能得到关于导弹即将到来的预警呢？一些能吞噬掉飞来的碎片并从中获益的东西可能会更好。但规则是：任何能行得通的都可以。根据这一规则，在我们看来，有时出现的东西非常像行动者，但这可能更多是我们想象力中偏见的作用，而不是因为它必然如此，我们觉得有些云朵的形状像动物便是由于我们的视觉记忆中有很多动物的"模板"。无论如何，我们都知道一套行之有效的技巧：一套让人强烈联想到我们自己的生物特征的技巧。物理学家豪尔赫·瓦根斯伯格最近辩称，这种与我们所知的生命相似的现象并不是偶然的。他在一篇没有提到康威"生命"游戏的论文中详细阐述了信息、不确定性和复杂性的定义，而根据这些定义，他可以得出"与环境不确定性有关的独立性"的衡量标准，他还用这些标准来说明，复杂的环境中的**持久性**，或者他所说的"保持同一性"，（概率上）取决于保持"独立性"的各种方法——这些方法包括"简化"（如种子和孢子）、冬眠、隔离（躲在防御物和遮蔽物后面）以及庞大身形等"被动"措施，最重要的是，采取需要预期的"主动"措施。"如果一个生物群的新状态更不易受特定环境的不确定性的影响，那么该生物群就会在该环境中发展。"（Wagensberg, 2000, p. 504）

如果一堵墙足够坚固，任何东西都无法击碎它，那么墙有时候也是很划算的。（没有任何东西可以击碎它？好吧，至少使的力比重力小就不行，重力是我们迄今为止向它施加过的最大力量了。）一堵墙只是立在那里挨打，什么也不**做**。另一方面，移动的保护者要么像在营地周围行进的哨兵一样，必须沿着固定的轨迹移动，要么就像随机移动打扫游泳池墙壁的真空吸尘器一样，沿着随机轨迹行动；或者根据其移动过程中所获得的环境信息确定制导轨道并沿此移动。而能够自我修复的墙则有另一种有趣的可能性，但比静止不动的墙更难设计。这些更复杂的设计——能够采取措施来提高其生存概率的设计——可能会代价不菲，因为它们依赖于对其所处环境信息的反应。它们**紧邻**的环境（围绕每个像素的 8 个相邻格）不仅仅提供丰富的信息，它们完全就是决定性的；对于已经开始发生的碰撞，"做任何事情都为时已晚"。如果你想让你的创造物能够**避免**一些迫在眉睫的伤害，就必须将它设计成要么"自动"做正确的事情（它总是做的那些事情），要么可以用某种方式来进行预测，这样它就可以（设计成）被一些先兆引向更好的一条路。

这就是"避免"的诞生；这就是预防、保护、引导、增强，以及所有其他更复杂、成本更高的**行动**的诞生。正是在以上所述诞生的那一刻，我们可以觉察出我们稍后会需要的关键区别：理论上，一些伤害是可以避免的，而另一些伤害——正如我们所说的那样——是不可避免的（unavoidable），或者是**不能避免的**（inevitable）。对于"避免"这个行动来说，预警是个关键要素，而这在"生命"世界里受到了"光速"的严格限制，"光速"是——出于所有现实目的——简单的滑翔机可以沿对角线划过平面的速度。换句话说，滑翔机可能是"生命"宇宙集合中的**光子**、**轻粒子**，而**对滑翔机所做出的反应**可能是一种将仅仅是碰撞或侵入转变为**知会**的一种方式，一种最简单的通知或辨别。我们能够了解到，为什么以"光速"降临的灾难必然——对于它们遇到的创造物来说——都是"出其不意"的；它们确实是不能避免的。原则上，任何能够从即将到来的滑翔机群（或较慢的其他信息源）中获取指导并进行适当调整的"生命形式"，都可以预测到移动速度较慢的问题。它可能会从遇到的其他东西那里获取信息，从而得知即将发生什么事情，但前提是这些模式中**包含了**一些预测信息，可以预测其他地方或其他时间的模式。在一个完全混乱、不可预测的环境中，除了纯粹的运气外，完全不存在任何避免的希望。

请注意，我在这一讨论中融合了两种截然不同的信息收集过程，现在需要更明确地将这两者分开。首先，是我们的玩家上帝的活动，这些玩家可以自由地扫视和思考多种可能存在的"生命"世界，设法搞清楚哪些会起作用，哪些会变得强大而哪些会变脆弱。我们暂时先假设，他们在与"生命"世界进行"奇迹般的"互动时真的就如上帝一般——他们不受较慢的滑翔机速度的限制；他们可以随时进行干预、介入并调整一个创造物的设计，在碰撞过程中停止"生命"世界，消除伤害，回到平面上创造新的设计。**他们**只要能预见可能会造成困难局面的原因，就能给自己设定一个任务，设计一种方法来阻止这种情况发生。他们的创造物受益于玩家上帝的远见卓识，自己却毫不知情又缺乏远见，而玩家上帝的设计正是为了让它们在这样的环境下生机勃勃。不过，玩家上帝也有其自身的局限性，他们会尽可能节俭。比如，他们可能会对这样的问题感兴趣：在 Z 条件下（但不是在 W 条件下），能保护自己免受 X 伤害或者 Y 伤害的**最小的**生命形式是什么？毕竟，即便对玩家上帝来说，收集信息并加以利用也是个费时费力的过程。其次，即第二种可能性是，玩家上帝可能会设计出可以**自行**收集本地信息的构形，收集信息的过程受到其所在世界中物理特征的约束。我们预计，任何利用信息的有限创造物都将是节俭的，只保留它（可能）需要或（可能）可以使用的东西，同时考虑到其相邻格的变化。毕竟，设计它的玩家上帝只想让它在可能遇到的"生命"世界集合中足够强大，从而可以保护自己，而不需要在所有可能存在的"生命"世界中都做到这一点。这样一个创造物，其处境充其量是**表现得好像它知道**自己生活在一个特定**类型**的邻格环境中，保护自己免受特定**类型**的伤害，或者获得一种特定**类型**的好处，而不是表现得好像它确切知道自己生活在哪一个"生命"宇宙中一样。

将这些最小的避免者（avoider）说成好像它们"知道"些什么似的，这需要有不拘一格的想象力，因为它们会像你所能设想的最无知的生命那样——例如，它们比现实世界中的细菌简单得多——但这仍然是一种有效的方式，可以追踪它们已承载的设计，这种设计赋予了它们**做事情**的能力，任何随机组合的大小相似的像素块都缺乏这样的做事能力。[当然，"原则上"——正如哲学家们喜欢说的那样——宇宙意外（Cosmic Accident）可能会产生具有完全相同能力的一模一样的像素群，但这种可能性可以忽略不计。只有耗时耗力设计出来的东西才能做有趣的事情。]

通过将构形描述得好像它们"知道"或"相信"些什么以及

"想要"实现什么目标来丰富设计立场，这就是从简单的**设计立场**上升到我所说的**意向立场**（intentional stance）。我们最简单的做事者（doer）已经被重新概念化为**理性行动者**（rational agent）或**意向系统**（intentional system），这使我们能在更高的抽象层面上考虑它们，同时忽略一些细节，即它们如何设法存储它们"相信"的信息，以及它们如何根据其"相信"和"想要"的东西来"弄清楚"要做什么。我们只是假设，无论它们怎么做，它们都会理性地做——它们会根据已掌握的信息，同时考虑到它们想要的东西，就下一步要做什么得出正确的结论。它让高级设计师的生活变得更加轻松惬意，就像我们大家把朋友和邻居（以及敌人）概念化为意向系统让我们的生活变得更轻松一样。

我们可以在玩家上帝的视角和玩家上帝创造物的"视角"之间来回切换。玩家上帝以他们所采用的方式来设计其创造物自然有他们的道理——无论是好是坏。创造物本身可能对这些原因一无所知，但它们*是*这些特征存在的原因，如果创造物持续存在，则要归功于这些特征。除此之外，如果设计出来的创造物可以收集信息以指导行动，情况就会变得更加复杂。最简单的可能性就是，玩家上帝设计了一套反应技巧，这些技巧往往在它们所遇到的环境中能很好地发挥作用，类似于动物行为学家在许多动物身上发现的先天释放机制（Innate Releasing Mechanism）和固定行为模式（Fixed Action Pattern）。加里·德雷舍（Gary Drescher, 1991）将这种体系结构称为"**情境行为机**"（situation-action machine），并将其与成本更高、更复杂的**选择机**（choice machine）进行对比。在选择机中，个体创造物通过预测各种候选行为的可能结果，并根据它所代表的目标（因为这些目标可能会随着时间的推移而发生变化，以回应收集到的新信息）对这些候选行为进行评估，从而得出**自己做 X 或 Y 的原因**。如果我们问"在什么时候"设计者的理由变成了被设计的行动者的理由，随着越来越多的设计工作从设计者下放给被设计的行动者，我们可能会发现中间步骤是无缝衔接的。意向立场的一个妙处在于，它让我们清楚地看到了在最初的设计过程和被设计的东西所做的努力之间，"认知劳动"（cognitive labor）的分配所发生的这种转变。

所有这些关于作为理性行动者的"生命像素"（Life-pixel）构形的奇谈怪论，或许会让你觉得夸大其词，好像我在明目张胆地蒙骗你。那么我们不妨进行一次理性检查：假如将可辨识的滑翔机和其同类作为设计层面的"分子"，也就是更高层面"生命形式"的基本构件，一个设计的"生命像素"群原则上能够做多少事情呢？起初，正是这个问题激发了康威设计"生命游戏"的灵感，而他和他的学生们得出的答案则非常惊人。他们能够证明，一些"生命"世界（他们已大致勾勒出一个这样的世界）当中存在一台通用图灵机（Universal Turing Machine），这是一台原则上可以计算任何可计算函数的二维计算机。这绝非易事，但他们还是向我们展示了如何利用一些简单的"生命形式"来"构造"出一台可用的计算机。例如，一个滑翔机群可以提供输入或输出的"纸带"，而吞噬者、滑翔机和其他零碎的巨型集合体可以成为纸带阅读机。其中的含义是令人难以置信的：原则上，任何可以在计算机上运行的程序，都可以在"生命"世界中任何一个"通用图灵机"上运行。莲花 1-2-3* 的一个版本可以存在于"生命"世界中；俄罗斯方块或任何其他电子游戏也可以。因此，巨型"生命形式"的信息处理能力相当于我们真正的三维计算机的信息处理能力。任何你可以"放在芯片上"并嵌入三维装置中的能力，都可以被一个类似的嵌入更大二维"生命形式"中的"生

---

* 莲花 1-2-3，美国莲花公司（Lotus）于 1983 年推出的电子表格软件。——编者注

命像素"群完美地模仿。我们知道原则上它是存在的。你要做的就是找到它，也就是说，你要做的就是设计它。

我们能等来天外救星吗？

现在该提出这个问题了：我们是否可以将创造奇迹的玩家上帝从我们的图景中消除，用"生命"世界本身的进化来取代他们绝妙的设计工作。是否存在这样一种"生命"世界，无论大小，在其中可以由自然选择来进行上述那种人类研发活动？更确切地说，是否存在这样的"生命"世界构形，如果你开启其中一个世界，它将最终完成玩家上帝的**所有工作**，逐渐发现和繁衍出越来越好的避免者？转向进化论的视角，带来了一些从我们日常生活的角度看来似乎矛盾或自相矛盾的观点，我们需要努力思考才能适应这两个视角之间的转换。最早批评达尔文的人当中有一位是麦肯齐，他预见到了将会发生什么，几乎无法抑制自己的愤怒：

> 在我们必须探讨的理论中，绝对无知是工匠；这样我们就可以明确阐述整个系统的基本原理，即**为了制造一台完美的机器，没有必要知道如何制造它**。仔细研究后我们就会发现，这个命题可以用简明的形式表达该理论的基本要义，我们用几句话就能表达出达尔文先生的全部意思；达尔文先生通过一种奇怪的倒置推理，似乎认为绝对无知完全能够在所有创造性技能的成就方面取代绝对智慧。（MacKenzie, 1868, p. 217）

麦肯齐认出了他所称的"奇怪的倒置推理"，而不管从哪个方面来说，他都是对的。达尔文革命在某几个方面确实是对日常推理的倒置，正是出于这个原因，它有些奇怪：就像一门外语，对粗心大意的人来说，即便经过相当长时间的练习仍然处处都是陷阱，而语言学家们所称的"**假朋友**"的存在更使这一情况雪上加霜，这些"假朋友"指的一类术语看似和你母语中的术语同源或是同义词，但实则暗藏差异。一个人的**礼物**是另一个人的毒药，一个人的**椅子**是另一个人的肉。（提示：查一查德英词典和法英词典。）从达尔文视角来看，假朋友这个问题更加严重，因为引起混淆的术语实际上彼此密切相关，只是不尽相同罢了。当我们将传统的自上而下的观点倒置，自下而上地去看待创造时，我们看到的是"智慧"中诞生的智慧，"盲眼钟表匠"创造的视觉，"选择"中产生的选择，以及无意识的"投票"中产生的深思熟虑的投票，等等。在接下来的解释说明中将会出现很多引述。接下来我们要讨论一个悖论，我们将会看到整体如何比它的部分更**自由**。

那么，进化过程是否可以取代"生命"世界中玩家上帝的工作呢？这个简单的技术问题具有一些深远的影响。此外，答案中存在一些奇怪的盘根错节之处。在这样的"生命"世界中，必然会有自我复制的实体，我们确实知道它们可以存在，因为康威和他的学生将他们的"通用图灵机"嵌入了这样一个装置中。他们设计了"生命游戏"，实际上是为了探索约翰·冯·诺伊曼关于自我复制自动机（automaton）的开创性思想实验，他们成功地设计出一种自我复制结构，就像培养皿中的细菌一样，复制出更多个"自己"来填充空的平面，而其中每个"自己"都包含一个"通用图灵机"。这台机器是什么样子的呢？庞德斯通经过计算得出，整个结构将占用大约 10^{13} 个像素。

要想显示一个 10^{13} 像素的图案，至少需要 300 万像素宽的显示屏。假设像素是边长为 1 毫米的正方形（按照家用电脑的标准，这算是非常高的分辨率了[*]）。那么这块屏幕的宽度必须达到 3 千米。其面积将是摩纳哥国土面积的 6 倍左右。

从远处看，这个自我复制图案中的像素会小到几乎不可见。当你离屏幕足够远，整个图案都能轻松地进入视野中时，这些像素（即便是滑翔机、吞噬者和枪）都将小到无法辨识。整个自我复制的图案将呈现出朦胧的光晕，就像星系一样。（Poundstone, 1985, pp. 227–228）

换句话说，当你把足够多的碎片组装成（在二维世界中）可以自我复制的东西时，它的体积比它最小的部分要大很多，就像一个生物体比它的原子大很多一样。我们不会对此感到惊讶。虽然还未经过严格验证，但你可能确实无法用复杂程度更低的东西来做到这一点。

然而，只凭自我复制还不够。我们还需要突变（mutation），而增加突变这一点其代价是惊人的。侯世达在《马罗美音》（Le ton Beau de Marot, 1997）中提请读者注意他所称的"自发侵入"（spontaneous intrusion）在创作过程中发挥的作用，无论这种侵入是由人类艺术家、发明家或科学家通过努力实现的，还是由自然选择达成的，都是如此。宇宙中每一次设计增量都始于一个机缘巧合的时刻，两条轨迹意外相交产生了某些东西，回过头再看，其结果不只是单纯发生了一次碰撞。我们已经了解了碰撞探测（collision-detection）怎样成为

---

[*] 在庞德斯通写这段内容的时候（1985），这是个很高的分辨率，但按照现在的标准来看可能就很低了。我的笔记本电脑上的像素只有它的四分之一那么大，所以在这种分辨率下，整个屏幕的宽度应该略小于 1 千米，但这仍然是个很大的屏幕。

生命形式可以利用的一项基本能力，乃至碰撞何以成为所有"生命"玩家面临的一个主要问题，但在我们的"生命"世界中，我们能承受**多少**碰撞呢？当我们开始给"生命"构形的自我复制能力增加突变因素时，这就成了一个非常严重的问题。

计算机模拟进化的例子比比皆是，这些例子向我们展示了自然选择的力量，自然选择可以在各种各样的虚拟世界中于极短时间内创造出极其有效的新奇事物，但毫无疑问，它们总是比现实世界简单得多，因为它们比现实世界**安静**得多。虚拟世界中发生的事情，只是设计者指定让它们发生的。考虑一下虚拟世界和现实世界的一个典型区别：如果你打算建造一座真实存在的酒店，你必须投入大量时间、精力和材料来做很多安排，这样相邻房间的人就不会无意中听到对方的声音；而如果你打算建造一座虚拟酒店，你可以免费获得那种隔音特性。在虚拟酒店中，如果你想让相邻房间的人能够无意中听到对方的声音，你就必须增加**不隔音**的功能。你还必须添加阴影、香味、振动、污垢、脚印和磨损。所有这些非功能性的特征在真实而具体的世界中都是免费的——它们在进化中扮演着至关重要的角色。自然选择产生的进化，其开放性（open-endedness）取决于现实世界的极大丰富性，可以持续不断地提供新的**非设计**要素，而在极为罕见的情况下，这些要素可以偶然地被用于新的设计要素中。举个最简单的例子，世界上是否存在足够的干预来产生适当数量的突变，同时在这一过程中，完全不会破坏整个复制系统？康威"通用图灵机"这一复制系统不含妨碍运行的垃圾信息，每次都可以完美地复制出另一个"自己"。这里根本就没有提供变异，无论它复制出了多少个"自己"。是否可以设计出一个更大、更加野心勃勃的自我复制自动机，让偶尔未被拦截的滑翔机顺利抵达，就像宇宙射线那样，并在被复制的遗传编码中产生一个突变？一个二维的"生命"世界是否含有足够的"**噪声**"来支持开放式的进化，同时又足够"**安静**"而使设计者们可以不受干扰地做好自己的工作？无人知晓。

有意思的是，当你把足够复杂的"生命"世界指定为有望拥有此类功能的候选者时，它们会由于太过复杂而无法模拟运行。"垃圾信息"和碎片总是会被添加到模型中，但其结果是浪费了效率，而正是这样的效率最初让计算机成为如此伟大的工具。因此这里存在一种**稳态**（homeostasis）或自限平衡（self-limiting equilibrium）。我们的模型非常简单，**过于简单**，可能会阻碍它们对我们最感兴趣的东西进行建模，例如模仿人类艺术家或自然选择本身所具有的创造力，因为在这两种情况下，创造力都依赖于现实世界的复杂性。这一点也不神秘，也没什么让人感到费解的，没有丝毫迹象表明出现了什么新的复杂力量或原则上不可预测的东西；这只是日常的实际情况，比如计算机对创造力的建模面临着回报递减的问题，因为要想使你的模型更加开放，你就必须让它更加具体。对于那些现实世界中发生的对事情不利的偶然碰撞，你必须进行更多建模。侵入的确使生活变得越发有趣。

因此，我们不太可能**通过构造**来证明，在"浩瀚"的"生命"平面的某个地方存在着模仿自然选择的完全开放的构形。尽管如此，我们仍然可以零零碎碎地构造这些部分，提供我们所需的重要的存在性证明。是的，存在"通用图灵机"，还有可以自我保护的持续存在者、复制者和有限的进化过程等这样的构形。瓦根斯伯格（以及康威和图灵）式的形式论证让我们超越了构造，填补了不切实际的空白，所以我们可以有把握地说，我们的决定论性质的玩具世界是一个包含了进化出……"**避免者**"所需的所有必要元素的世界。我们正需要这一观点来解决最关键的问题——将决定论与必然性捆绑在一起的认知错觉。但在转换话题之前，让我们从玩具世界回到现实，来看看我们对地球上"避免"这种行为的进化都有什么样的了解，这将对我们有所帮助。

从慢动作避免到星球大战计划

我们知道，在地球上出现生命的早期，也就是在最初的数十亿年里，自我保护式的设计出现了，这要归功于缓慢而且也并非奇迹的自然选择过程。最简单的生命体经过大约 10 亿年的复制，摸索出了基本复制过程的最佳设计，当然，这一最佳设计今天仍然很容易修改。在这个过程中，出现了许多**避免**和**预防**，但是速度太慢，除非我们在想象中人为地加快速度，否则无法觉察出它们的存在。例如，持续的自然选择探索过程偶尔会涌现出产生相反作用的 DNA 序列、寄生基因或**跳跃基因**（transposon，转座子），搭乘早期生命体基因组的便车，它们对这些生命体的健康没有做出任何贡献，只是用自身的额外拷贝（以及拷贝的拷贝）来扰乱这些生命体的基因组。这些寄生物造成了一个问题；必须要**做**点什么。在适当的时候，持续的自然选择探索过程通过几乎彻底的搜索，"找到"了一个（或两个乃至更多的）解决方案：基因组中包含有价值、有益处部分的结构设计，这些设计阻止了这些寄生物过度繁衍，用对其行动的反应来消除其行动产生的影响，等等。寄生基因反过来通过自己的反击对这一新的发展情况做出反应，这种反击的本事是经过数百、数千甚至数百万代才练就的，这一过程就这样一直进行，今天仍在继续。在这里，回避的速度限制不是光速，而是**迭代**的速度。最简单的辨识的"行动"——仅仅"注意到"一个新问题并做好应对的准备——就需要一个世代的时间，而"找出"解决方案的反复试验过程则需要不同谱系的庞大群体的许多个世代为探索付出牺牲。然而最终，好的设计会胜出。这些谱系自我保护的"努力"的另一个结果是谱系消亡，而且这种可能性要大得多。为数不多的幸运谱系碰巧"找到了"好的对策。（它们没有做任何事情，而只是正在发生的事情的一部分——幸运的部分，出现时恰好携带有用的突变。）这些幸运儿拥有后代，他们的后代——也是幸运儿——也拥有后代，以此类推，直到我们出现。我们——幸运的我们——是由这些有用的部件组成的，经过精巧的设计，十分善于促成避免，但现在是发生在一个更快的时间尺度上。

这个过程现在仍在进行。马特·里德利描述了一个经过充分研究的所谓 P 因子的最新案例，这是一种寄生的"跳跃基因"，在 20 世纪 50 年代出现在威氏果蝇（*Drosophila Willistoni*）的实验室谱系中，并传播到它们的近亲黑腹果蝇（*Drosophila melanogaster*）的野生种群中。

> 此后，P 因子就像野火一样蔓延开来，以至于大多数果蝇都含有 P 因子，而那些在 1950 年之前从野外采集到的并在此后一直处于隔离状态的果蝇就不含 P 因子。P 因子是一段自私的 DNA，它通过破坏其跳入的基因来彰显自己的存在。渐渐地，果蝇基因组中的其余基因进行了反击，创造出抑制 P 因子跳跃习性的方法。（Matt Ridley, 1999, p. 129）

这些基因花了多长时间才"发现"问题并"进行反击"？许多代。但请注意，这个过程中没有重要发现者，也没有决定者。发生的只是自然选择中经常出现的事情。P 因子对果蝇各谱系的影响并不完全相同；果蝇基因组存在变异，其中一些果蝇能更好地应对这一新挑战。那些成功应对挑战的果蝇逐渐发展壮大，而其子孙后代中应对得更出色的则更加蓬勃发展，就这样，在适当的时候，这些 P 因子所引发的问题的"解决方案"出现了，并被大自然"发现"和"认可"，也就是我们所说的自然选择。它不可能比在自然界中发生的更快；探索不可能先于问题的提出（这将是进化的预知），此后的每个阶段都需要花上至少整整一个世代的时间。幸运的是，这样的探索可以通过某种方式来利用"并行处理"的优势，即在果蝇的所有实际谱系（尽管不是全部可能的谱系）中同时探索，这样就能相当迅速地解决问题，而就果蝇的这个例子来说，不到半个世纪就能解决问题。

为那些进化论研究者提供的一个标准的（也是迫切需要的）纠偏装置是关于自然选择完全没有远见的老生常谈。当然，这是真的。进化是盲目的钟表匠，我们永远要切记这一点。但我们不应该忽视这样一个事实，即大自然母亲拥有后知后觉的智慧。她的座右铭很可能是："如果我这么短视，为什么我会这么富有？"虽然大自然本身缺乏远见，但她已经成功地创造了一些确实有远见的生物——尤其是我们人类——这些生物甚至开始将这种远见用于指导和撮弄这个星球上的自然选择过程。我偶尔会遇到的一些相当资深的进化论者也认为这是自相矛盾的。一个没有远见的过程怎么可能发明一个有远见的过程呢？我的《达尔文的危险思想》一书的主要目的之一，就是证明这一点是完全不矛盾的。缓慢且没有远见的自然选择的过程创造了加速进化过程本身的过程或现象——在我设想的术语中，是起重机（crane），而不是天钩（skyhook）——直到加速的进化过程最终达到了这样的程度，即单个有机体一生中的探索可能会影响根本的缓慢遗传进化过程，甚至在某些情况下，会取代这一进化过程。

今天，我们人类在一段距离之外便可看到和听见事物，而不需要等待目标悄然靠近。多亏了我们的长距离感觉器官和我们对这些器官的假体扩展，我们可以以接近物理宇宙的最大速度限制（光速）的节奏提出和解决问题。任何比这速度更快的事情都将是预知的，这一点我们肯定做不到，但实际上我们在识别问题和解决问题的能力方面确实可以接近光速。例如，得益于我们所拥有的技术，如果在数千英里*以外有核导弹发射，我们在其发射后的几毫秒内就可以探测到，然后利用这一宝贵的准备时间来制定应对措施，而这些措施能发挥作用的概率并不是零。这是一个令人惊叹的回避壮举，躲避一块朝自己飞来的砖头。（我们真的能够做到吗？我自己不是也经常表示罗纳德·里根的"战略防御计划"及其后续计划——通常被称为"星球大战计划"——是技术专家的幻想而无法系统性地成功实施吗？但如果就像我确信的那样，"星球大战计划"目前无法成功实施，那只是因为它**当今在**避免伤害的能力方面处于军备竞赛的最前沿，而且能迅速想象到的对策似乎占了上风；它们很有可能会成功**阻止**"星球大战计划"实现**阻止**来袭武器的目标，尽管肯定会有许多导弹被成功拦截，这就是我想表达的全部意思。我不是"星球大战计划"的"粉丝"，但我还是很高兴地发现，这个令人难以容忍的成本高昂、不负责任的系统毕竟可以有些用处，哪怕只是被哲学家们用来作为一个示例！）

今天，我们是极有造诣的避免者、预防者、干预者和预先行动者。我们已经成功地让自己的处境变得十分幸福，有足够的闲暇坐下来系统地展望未来，思考下一步该做什么。我们正在尽自己所能从世界上"榨取每一滴"信息，然后将这些信息整合成令人叹为观止的新前景。我们看到了什么？我们看到**有些**事情是不可避免的，但实际上这个清单一周比一周短。过去，我们对潮汐、流感大流行和飓风往

往无能为力（我们还不能阻止它们发生，但我们能够充分预警，这样就可以做好应对准备并将损失降至最低）。过去，一个人如果深夜在远洋从船上掉入水中，那他根本没有生还的希望。但现在，我们可以在导航设备的指引下，驾驶直升机将其从深海中救出，就像希腊戏剧中古老的"天外救星"（Deus ex Machina）创造的虚假奇迹一样。这都是生物发展的近况。在数十亿年的时间里，地球上没有类似这样的东西。过程要么完全盲目，要么充其量目光短浅、茫然无知、被动招架，没有远见和主动性。

正如我们已经看到的，对于我们这些一直都富有想象力的行动者来说，辨识出许多不同时间尺度上的避免和预防模式是很容易的，这些时间尺度的范围是从超声速到冰川表面发生变化的速度。我们如果愿意，便可以轻松地将辨识模式扩展到原子甚至亚原子粒子，将它们也视为微小的行动者——也会担心自己的未来，希望为某项伟大的"运动"贡献自己的力量，在残酷的世界里尽自己最大的努力生存下去。我们如果愿意，还可以想象，原子恰好在预计要发生的碰撞发生之前退缩。这种想法自然是很愚蠢的。原子没有远见，没有兴趣，没有希望；它们只是事情在其中**发生**的微小场所，而不是在其中**做事情**的场所。但这并不妨碍我们通过将它们视为简单而专一的行动者来简化对它们的看法。碳原子牢牢地附着在那两个氧原子上，**防止**它们游离，形成一个稳定的二氧化碳分子——对于碳原子来说，这是一个适当的任务。其他碳原子扮演着更令人兴奋的角色，凝聚成大量原子构成的蛋白质，这样蛋白质就可以做它们的事情了，无论是什么样的事情。

我想，通过将原子和亚原子物理世界中的陌生"居民"视为微小的行动者来了解它们的复杂性是很自然的，因为我们的大脑被设计成在可能的情况下将我们遇到的一切都视为行动者——以防它真的是行动者。在人类文化的早期，也就是在文明的童年时代，你可能会认为，我们发现过度使用这种**万物有灵论**（animism）是有用的，把一切自然视为是由神和仙子、邪恶和仁慈的精灵、小魔鬼和小妖精组成的，认为我们观察到的所有自然过程都是由它们负责的。你可能会说，这完全是意向系统。事实上，自从德谟克利特以来，这种策略已经变得温和而复杂，所以现在我们可以相当轻松地将原子看作无意识的弹跳小颗粒。它们并不会**行动**，但仍然会**做一些事情**——排斥和吸引，在一个地方摇摇晃晃，或者匆匆离去。

我并不是说，最终，在仅仅是发生的事情和做事的事情之间有一个明确的界限，尽管这种对立是有价值的。像往常一样，我们得到了从鲜明到柔和再到隐形的逐级下降的例子，这是一系列概念的适用性的缩减，这些概念与我们作为试图保护自己的行动者的困境相关。毕竟，就像一支四处劫掠的军队一样，一场雪崩可以摧毁一个村庄并夺走人们的性命，即使是简单的氦原子也可以对气球内壁施加推力，使其保持拉紧的状态。是的，酶确实可以成为忙碌的小行动者。事实上，我想，正是我们**无法**用如此熟悉的能动性术语来解释亚原子的活动，才使得亚原子物理学世界成为一个如此陌生和难以想象的活动"竞技场"。正如我们将在下一章中看到的，熟悉的因果概念更适合与我们能动性的宏观世界联系在一起，而不是与微观物理的底层世界联系在一起。

可避免性的诞生

现在该全面审视和讨论一直被我搁置的那些反对意见了。这一章的主要内容是，表明我们需要认真对待"不可避免"这个词的词源。它的意思是不能被避免。奇怪的是，我们并不使用这个词的否定形式，*但是我们很容易就能造出这个词来，并注意到有些事情是有些行动者**可以避免**的，有些事情则是这些行动者不能避免的。我们已经在像"生命"世界这样决定论性质的世界里看到，我们可以设计出一些能比同一个世界里的其他"居民"更好地避免伤害的东西，正是这种非凡的造诣使它们可以持续存在。我们在一个特定的"生命"平面上看到的所有东西中，从现在起10亿个时间步长（time step）后，哪些东西还会存在？避害者（harm-avoider）机会最大。我们可以用一个经过明确论证得出的结论来说明这一章的主要观点：

> 在一些决定论性质的世界里，有避免伤害的避免者。
> 因此，在一些决定论性质的世界里，一些事情得以避免。
> 任何得以避免的事情都是能够被避免的或可避免的。
> 因此，在一些决定论性质的世界里，并不是所有的事情都是不可避免的。
> 因此，决定论并不意味着不可避免性（必然性）。

这个论证似乎有点不对劲，不是吗？这是由于它揭露了关于避免和不可避免性的隐含假设，而这些假设几乎就没被注意到。指出特定的关于避免的例子作为"可避免性"（evitability）的证据似乎很奇怪，因为它与思考不可避免性的典型方式背道而驰：

> 如果决定论是真的，那么无论发生什么，那都是每一时刻存

---

* 《牛津英语词典》将1502年收录的单词"evitable"（可避免）标记为已过时，除非用于否定。

在的一套完整的原因带来的**不可避免**的结果。

这可能是一种熟悉的表达方式，但这是什么意思呢？让我们把它与平淡无奇的正确说法做个比较：

> 如果决定论是真的，那么无论发生什么，那都是每一时刻存在的一套完整的原因带来的**确定**结果。

如果说"不可避免"不仅仅是"确定"的同义词，那么它还表达了什么意思呢？不可避免的结果？对谁来说是不可避免的？对整个宇宙来说是不可避免的吗？这说不通，因为宇宙并不是有意想要避免什么事情的行动者。对所有人来说都是不可避免的？但这是错误的；我们刚刚已经了解到，如何在某些决定论性质的世界里区分技巧娴熟的避免者及其不太有天赋的"亲戚"。当我们说某些特定的结果是不可避免的，我们的意思可能是，对于生活在那一时刻那个地方的所有行动者来说是不可避免的，但这是否真的与决定论无关还要视情况而定。这都需要做进一步分析，你们的申诉专员康拉德则是最好的助手人选。*

> 康拉德：当然，"生命"世界中的构形碰巧（似乎）避免

---

* 康拉德（Conrad）是奥托（Otto）的表亲。奥托是《意识的解释》中一个虚构的人物，对我的意识理论提出各种反对意见和质疑。奥托在评论中常被描述为我的"傀儡"和我的"良知"，但不管是好是坏，他都尽可能生动和富有同情心地表达了我所遇到的关于我对这个问题看法的最常见疑虑。我在本书中所引用的康拉德所说的一切，都是对本书的观点遇到的最常见、最紧迫的反对意见和疑虑的提炼与改进。他经常为我在序言中感谢的那些批评者说话，如果我没猜错，你会发现他经常为你说话。

了这样那样的事情，但那并不是**真的**避免了什么。毕竟，其中的每个构形都"生活"在一个决定论性质的世界里；你把磁带重复播放 100 万次，其中的每个构形都会"做"完全相同的事情——还会发生完全相同的事情——无论那个世界中已经发生了多少"进化"。在"生命"世界进化的"剧情"中，恰好位于其所在平面的每个避免者都会**迎来它注定要迎来的特定命运**——要么在复制之前避免伤害，要么没能避免。如果它在被消灭之前有 1 000 次"避免"的机会，那就是它注定会拥有的生活。你刚才谈到逃避者生存下来的"机会最大"，但是，机会根本不在其中！那些幸存下来的构形幸存，未能幸存的则死亡，而这一切从一开始就是确定的。

在下一章，我们将会看到一个极好的概念，它阐述的是与决定论相容的**机会**，这也是我们用来解释进化论的概念之一。（进化不取决于非决定论。）但同时，你说的这一点是对的，即"生命"世界中的每条轨迹都是完全确定的，但为什么你坚持认为确定的避免就不是真正的避免呢？每个简单的避免者（如果你非要坚持的话，那就称伪避免者好了）成为其一个无意识部分（只是碰巧出现，一切行动都是按照"命运"的安排进行的）的长期过程拥有一种非凡的力量——它逐渐产生越来越好的（伪）避免者，越来越机敏地应对"生命"中的问题，当然，问题也自然会越来越有挑战性；这是一场极为激烈的竞赛。整个过程是确定的，但这一事实并不会损害另一个事实，也就是随着时间的推移，它会产生越来越多对整个世界来说像避免的东西。

康拉德：这可能看起来像避免，但不是**真正的**避免。真正的避免需要把将要发生的事情变成未发生的事情。

我想，这完全取决于你所说的"将要发生"是什么意思。你是不是被"生命"世界中虚构的简单例子误导了？简单的、"固有的"（hard-wired）的避免反应和更复杂的变化之间存在着反差，但你不能用它来比较现实世界的避免和"生命"世界的避免。用瞬目反射（blink reflex）来说明这个问题再好不过了，这种反射在我们体内被设置为一触即发的状态，所以当我们对一个迅速逼近的东西做出眨眼反应时，大多数时候是虚惊一场。毕竟没有朝着我们的眼睛飞来的碎片，没有什么东西需要我们的眼皮变成一堵临时的墙来做出抵抗。在权衡浪费精力以及短暂中断视力和放弃能挽救眼睛的眨眼机会的代价时，大自然"宁愿过于谨慎也不愿冒险犯错"，这可能是由于在采取行动之前获取更多信息的成本（在时间和精力上）急剧上升。一般来说，眨眼是**不由自主的**，而其他反应是可以抑制的。人的大脑用一个精心设计的子系统来分析深度运动：

> 其中占最大一部分的表征空间［representational space］专门用于与头部相交的方向锥。这种表征方案的依据显而易见——我们最"感兴趣"的是那些快速接近我们头部的物体。直觉上，也就是说，你感兴趣的是将要打在你脸上的棒球，而不是即将越过你左肩的球——表征系统则反映了这一事实。（Akins, 2002, p. 233）

不过，棒球"将要"打到你的脸上是什么意思呢？你躲过了它；你之所以躲过它靠的是精心设计的系统，这个系统是进化建立在你体内的，为的是应对特定轨道上迫近的投射物反射的光子。它"永远不会真的将要"准确地打到你，因为它启动了你的避免系统。但这种避免系统比简单的瞬目反射更精密，在能够获得更多信息的时候，它能够对此做出反应，并撤销最初的决定。当你察觉到如果你被飞来的投球击中，你的球队就能赢得棒球比赛时，你就能决定挨这一下。你避免做了这个你本可以做到的避免，而这要归功于（归因于）你所拥有的更广泛背景下的提前信息。如果条件允许，你也可以避免做一些避免要做的避免。这种人类所拥有的开放式的能力与我们在"生命"世界中虚构的躲避伤害的简单构形大相径庭，但如果你禁不住要认为，只有简单的"固有反射"（人们可能会称之为伪避免）才能在"生命"世界中进化，那你就错了。原则上，"生命"构形能够获得我们人类在所有层面表现出的敏感性和思考（reflection）。毕竟，"生命"世界里有"通用图灵机"。

> 康拉德：我明白你的意思，但我仍然认为，"生命"世界中发生的事情，无论多么复杂或精密，都不能算作真正的避免，避免需要真正地**改变结果**。确定的避免并不是真正的避免，因为它实际上并没有真正改变结果。

从什么结果变成什么结果？改变结果的想法虽然很常见，但逻辑不通——除非它意味着改变**预期的**结果，而我们刚刚看到的预期结果正是在确定的避免中发生的事情。**真正的**结果或者说**实际的**结果，就是发生的事情，没有什么能够改变一个确定世界或者一个不确定的世界里**所发生的事情**。

> 康拉德：不过，"生命"世界中那些拥有各种所谓避免能力的实体，**不可避免地**拥有了它们恰好拥有的能力，又**不可避免地**被置于它们恰好存在的世界，这都要归功于那个世界的决定论性质和它的初始位置。

不，这正是我所质疑的"不可避免"的用法。如果你的意思是，其中每个实体必须避免事情的能力是**由过去决定的**，那么你是对的，但你必须要改掉一个坏习惯，这个坏习惯就是将决定论与不可避免性捆绑在一起。**这**是从一开始就该摒弃的想法，因为如果它不适用于你躲避（或不躲避）棒球，那么它也不适用于决定论性质的"生命"世界中更简单的躲避者所表现出的许多显而易见的避免成就。如果我们想看懂生物世界，那么我们需要一种关于避免的概念，它可以广泛应用于地球生命历史上的事件，无论这一历史是不是确定的。我认为，这是关于避免的**恰当**概念，这样的避免才是真正的避免。

　　最后，还需要注意的是，正如可避免性与决定论相容一样，不可避免性与非决定论也是相容的。如果**你**对一些事情无能为力的话，那么它们**对你来说**就是不可避免的。如果一道不确定的闪电把你劈死了，那么回过头来，我们真的可以说，你对此无能为力。你没有得到任何预警。实际上，如果你面临的情况是要穿过一片电闪雷鸣的开阔地带，闪电发生的时间和位置是由某些东西决定的，那么你的处境会好很多，因为对你而言，它们**可能**就是可预测的了，因此是可以避免的。对于那些不喜欢不可避免性的人来说，决定论是朋友，而不是敌人。

　　这应该有助于打破决定论和绝望之间的某种联系，这种联系是传统的，或者也许是习惯性的。还有其他一些我们也应该打破的熟悉的思维习惯，或者至少应该用怀疑的目光来审视它们。在前生物或无生物宇宙中探讨预防或避免，就是将一种超越其原本范畴的概念投射到我们作为行动者的明显影像（manifest image）中，并不总是以虚幻的方式，但至少有可能产生非必要的影响。我们的世界中存在多少阻止呢？我们会谈论重力阻止动力不足的火箭进入轨道，因为这是我们感兴趣的话题。我们不太可能谈论重力阻止玻璃杯中的啤酒在房间里飘浮，但这并不是因为它是一种不太可靠的规律。当你读到这里时，你跳动的心脏正在推迟你的死亡，你对书页的关注正在阻止你看到周围环境中所有其他的事情。你很可能因为此时没有在走路而避免扭伤脚踝，但也会使你坐的那把椅子腐烂速度加快。我们可以轻而易举地想象出这样的情形，其中这些规律被夸张地表述为预防、促成、阻挠、转移、撤销和抵消等情况，这通常是看待这些规律所采取的一个有用的视角，但思维的习惯或策略应该被认为是以人类为中心（或者至少是以能动为中心）的体现。

　　康拉德：好吧。我知道我不能用标准的方式来解释"不可避免"这个词，但我仍然强烈怀疑你是在骗我。我认为，一定存在**某种**意义上的"不可避免"，从这种意义上来说，在一个确定的世界里发生的事情是不可避免的。而在"生命"世界里，我没有看到任何看起来像**我**所说的自由意志的事情发生。

　　有道理。我们会在后面的章节中继续探讨"不可避免"的那种难以捉摸的意义，而对于我在此期间已转移了举证责任这件事，你也表示了认同：如果不能进一步提出支持的论证，就无法从决定论中推断出**任何意义**上的不可避免性。我同意，我们离自由意志这个目标还有很长的路要走。在"生命"世界的物理层面，完全没有看起来像自由的东西。滑翔机和吞噬者根本没有自由，它们每一次所做的事情都是它们必须要做的。似乎合乎情理的是，由这样不自由的部分组成的任何东西都不可能有更多的自由，**整体不可能比其部分更自由**，但如果仔细审视作为抵制决定论最重要的支柱的这种直觉，你会发现，这就是一种错觉。在下一章中，我们将更仔细地审视这种行动者对因果、可能性和机会的看法，以便更详细地了解，为什么不可避免性这一重要问题与决定论这个问题毫无关系。

第 2 章

　　一个决定论的玩具模型向我们展示了，在可能的"物质"构形存在的"浩瀚"空间中，有一些构形比其他构形存在的时间更长，这是由于这些构形的设计使其能够避免被伤害。这些实体出现的过程使用从环境中收集的信息来预测未来可能情况的一般特征，有时甚至是特定的特征，因而得以依据这些信息提供指导。这证明了，在决定论的世界里，可避免性是可以实现的，因此，决定论和不可避免性之间的普遍联系是错误的。不可避免性的概念，就如同它的源概念——避免——完全属于设计层面，而不是物理层面。

第 3 章

　　因果和可能性的概念是关于自由意志的焦虑的核心所在，一项分析表明，我们的日常概念并不具有它们被认为应该拥有的含义：决定论不会威胁我们关于生活中可能性和原因的最重要思考。

关于资料来源和扩展阅读的说明

　　要想了解更多本章所得出的结论的扩展论证，请查阅我的一些文章和著作，包括《真实模式》（1991B）、《达尔文的危险思想》（1995）、《心灵种种》（1996A）以及最近的《碰撞发现、缪斯洛特和涂鸦：关于创造力的一些思考》（2001A）。

保罗·伦德尔（Paul Rendell）已经设计出了可扩展（想象中的而非实际的）为"通用图灵机"的"简单""生命"世界图灵机，读者可以在他的网站上查看和探索：http://www.rendell-attic.org/gol/。他列出的所有部件均由滑翔机、吞噬者和它们的"亲属"制作而成，这是非常具有启发性的：1Gap3、1Gap4、1Gap8、列地址、比较器、控制转换、扇出、有限状态机、输入门、存储单元、变形 II、MWSS 枪、下一个状态延迟、非异或门、输出门、输出整理器、P120 枪、P240 枪、P30LWSS 枪、P30MWSS 枪、弹出控制，压入控制、行地址、置位复位锁存器（a）、置位复位锁存器（b）、信号探测器、堆栈、堆栈单元、取出装置、图灵纸带。

思考决定论

决定论似乎剥夺了我们的机会，似乎让我们的命运在延伸至过去的整个因果链条网中成了定局。对于这种可怕的前景，我们一般会选择无视。我们都花了相当多的时间来思考今天或明年的事情**会**怎样，或者事情要是如此这般，**可能**就已经如何如何了。换句话说，我们似乎假设我们的世界不是决定论性质的。

可能世界

在我们的讨论中，我们很容易区分事情本来可以怎样发展和不可能怎样发展，以及区分事情无论如何都不可能怎样发展和事情很可能会怎样发展，前提是我们选择这么做。正如哲学家们所说的那样，我们经常想象**可能世界**：

在"世界 A"中，奥斯瓦德开枪未射中肯尼迪，而是射中了林登·约翰逊，就此以数百万种方式改变了之后的历史。

我们用这些想象来指导我们做出行动选择，尽管只有哲学家才会这样说：

> 我只是想象了一个和现实世界一样的世界，只是在那个想象的世界里，我并没有吃那个泡芙，所以没有感受到我现在这种遗憾的感觉。

> 在"世界A"中，我向罗斯玛丽求婚；而在"世界B"中，我给她寄去了我正在写的这封告别信，然后我加入了修会。

尽管我们经常有这样的想象，但当我们想要严谨地思考决定论和因果关系时，它经常会捉弄我们。在本章中，我将对一种观点做出论证，这种观点认为决定论与支配我们对"什么是可能的"这一思考的假设是完全相容的。这种表面上的不相容是一种认知错觉，简单清晰。这样的冲突是不存在的。无论是在我们日常思考下一步要做什么时，还是在我们对现象原因进行极为审慎的科学思考时，我们都会采用**必然性、可能性和因果关系**概念，这些概念在"决定论或非决定论是不是真的"这个问题上是完全中立的。如果我是对的，那么数位杰出的哲学家就是错的，所以可能会有一些"重炮"打响——但只是在远处隆隆作响，因为我不会在这里与他们直接交锋。克里斯托弗·泰勒极为清晰地阐述了我对这一主题的看法，并向我说明了如何发起一场更深入、更彻底的运动来支持我早先对此的主张，我们合著的论文（Taylor and Dennett, 2001）中包含了更多技术细节。在这里，我将尝试以更加温和的方式进行论证，并突出主要观点，让哲学家以外的人至少可以了解到争论的焦点是什么，以及我们打算如何解决它们，同时省略了几乎所有逻辑公式。当然，哲学家们应当查阅完整版的论文，看看我们是否真的阐明了那些未交代清楚的问题，填补了这段叙述中未提到的那些漏洞。由于泰勒对接下来的这部分内容做了很大贡献，所以我在此处暂时将作者代词换成了"我们"。

那么，我们的任务是阐明在我们应对世界及其挑战时，在我们的思考、我们的规划、我们的担忧和我们的想象中出现的可能性、必然性和因果关系等**日常概念**。我们可以通过一些方式来简化我们的任务，例如可以将对可能世界进行的思考限定于仅思考奎因的德谟克利特宇宙。众所周知，奎因对于所有严肃讨论可能性和必然性的尝试——**模态逻辑**的主题——都持怀疑态度，他构建德谟克利特宇宙的目的就是提供一个最大限度受控而有序的操作基础，可以在这一基础上探索一些问题。正如我们在前面第 2 章说过的那样，数量"浩瀚"的德谟克利特宇宙中的每一个宇宙都由一群点原子组成，由这些点原子的四维坐标 (x, y, z, t) 指定其在空间和时间中的轨迹。对世界在时刻 t 的完整**状态描述**仅仅是对在时刻 t 占据 (x, y, z) 的位置的详尽编目。我们将所有逻辑上存在可能性的世界集合称为德谟克利特图书馆，那么我们不妨将仅包含物理上存在可能性的世界子集称为 Φ。当然，我们还不知道所有的物理定律，也不确定它们是决定论性质的还是非决定论性质的，但我们可以假装我们都知道。（现在我们已经有了康威的"生命"世界，我们可以随时在康威的"生命"世界中重塑这一问题来检验我们的直觉是否正确，因为我们**确实**非常了解康威"生命"世界中的物理特征，而且知道它是决定论性质的。）

给定一个可能世界，我们有很多方法来对它做出断言。正如我们在简单的"生命"世界中所看到的，人们通常会自然而然地跳出原子层面，以更大的物质块来描述世界。就像我们可以在"生命"平面上追踪某个特定滑翔机从出生到死亡的一段经历一样，我们也可以追踪诸如恒星、行星、生物和日常用品（人类生活中常见的物体）等

"相连的超立体"（connected hypersolid，四维物体）的时空轨迹。柏拉图有一个著名的形象说法，那就是从自然的接合处雕刻自然，而**我们从其入手的接合处**——根据字面意思，就是上一个事物停止、下一个事物开始的所在——其实是一种突出而稳定的模式，足以**让我们**识别（以及跟踪和重新识别）宏观的东西。正如我们在"生命"世界中看到的那样，根本的"物理特征"（状态转换规则）规定了哪些构形随着时间的推移强大到可以形成宏观（而不是微观）规律，当我们思考原因和可能性时，我们可以利用这些构形来锚定我们的想象力。我们可以用我们熟悉的适用于这些实体的**非正式谓语**（informal predicate）系统来描述这种中等大小（middle-size）的原子图案，例如（按照争议程度递增的顺序）"有 1 米长""是红色的""是人类的""相信雪是白色的"。这些非正式谓语引发了大量关于模糊性、主观性和意向性的问题，正是这些问题——当你从原子和空间的基本层面跃升到更高的本体论范畴时出现的问题——使奎因更加怀疑探讨可能性和必然性是否可能有意义。我们认为，通过强调这种移动，并使一切滑移（slippage）集中在从原子物理层面向日常层面的移动中，我们可以将这些问题分开来看，这样它们就不会影响我们的基本方法。然后，小心翼翼地继续进行，假设我们可以初步掌握一些非正式谓语，那么我们就可以问心无愧地提出这样的命题：

（1）有某种是人类的存在。

同时确定它们是否适用于各种不同的可能世界。在任何"生命"世界中都没有人类，因为人类是三维生物，但其中可能有一些酷似人类的二维实体。直截了当地说，如果有一种两足动物可以使用语言、利用技术并创造文化，这些两足动物头上长着羽毛而不是头发，并且还是鸵鸟的后代，那么它们存在的这个可能世界会不会是那个"有某种是人类的存在"的世界呢？或者我们要称这样的生物为非人类的**人**（non-human person）？"人"究竟是生物学范畴，还是如"人文"一词所表明的那样是社会文化范畴或政治范畴？对于如何解释非正式谓语"人"，人们可能会有不同意见。人们经常会遇到边缘世界，在这样的世界里几乎没有无可争议的判断。

需要特别注意的是"是苏格拉底"这种形式的**识别谓语**（identification predicate）。我们假设，"是苏格拉底"适用于可能世界中的任何以下实体，这些实体与现实世界的那位众所周知的居民拥有如此之多的共同特征，所以我们愿意认为这是同一个人。当然，在现实世界中，"是苏格拉底"只准确适用于一个实体；在其他世界中，可能没有这样的存在，或者有一个，而两个乃至两个以上的实体适用于该谓语的情况也可以想象。与其他非正式谓语一样，识别谓语也有模糊性和主观性的问题，但这些令人头疼的问题在特定情况下出现时，我们可以将其分开考虑再进行处理。*

现在我们就可以根据可能世界来界定我们需要的基本概念——**必然性、可能性和因果关系**。像下面这句话：

（2）苏格拉底必然是会死的。

我们可以将这句话变成：

---

* 专家提醒：是的，我们正在回避关于严格指示词（rigid designation）的纷争，我们自担风险。有本事就来抓我们。[严格指示词是克里普克（Kripke, 1972）提出的一个概念，对于它在复兴本质主义方面是否成功，人们看法不一。我们认为不成功，但我们不愿花很多时间为我们自己的观点辩护。]

（3）在每个（物理上？）可能的世界 f 中，"如果有某种是苏格拉底的存在，那么他是会死的"这句话为真。

换句话说，当我们绞尽脑汁苦苦思索所有可能性时，我们发现，没有一个存在不会死去的苏格拉底的可能世界。**这就是说**，苏格拉底**必然**是会死的。在这里，"是苏格拉底"和"是会死的"就是我们刚刚引入的那种非正式谓语。当然，判断这句话是否为真确实有许多挑战，这些挑战在很大程度上是由谓语所具有的不可避免的模糊性引起的：如果一位苏格拉底候选人是会死的，但像超人一样会飞，而另一位苏格拉底候选人生活在地面上，但奇迹般地不受他饮下的那杯毒芹汁的影响，那么后一位候选人是不是比前一位候选人更能配得上"是苏格拉底"这个谓语呢？谁能这么说呢？此外，我们还没有规定 f 变化范围内的可能世界集是整个德谟克利特图书馆（所有世界）还是 Φ（物理上可能的世界）的整个图书馆，甚至是一些更受限制的集合 X。仅靠逻辑是无法解决这个问题的，但逻辑语言确实能帮助我们准确找出此类问题，并更精准地发现我们所面临的模糊类型。

现在我们可以定义**可能性**了。**可能**就是，任何非**必然**不是那样的事，所以：

（4）苏格拉底可能是红头发。

这意味着：

（5）存在（至少一个）可能世界 f，在这个世界里，命题"有某种是苏格拉底的存在，他有一头红头发"为真。

我们需要再次做出决定，我们正在探讨的究竟是物理可能性还是逻辑可能性。如果**在集合 Φ 中有一个存在红头发的苏格拉底的世界**，这在**物理**上是可能的。否则，无论红头发的苏格拉底在逻辑上可能但在物理上不可能的世界中是多么普遍，这一点都被排除在外。

现在我们可以明确阐述第 2 章开始时给出的决定论的定义：**在任何时刻，都只有一个物理上可能的未来**。说决定论是真的，就是说我们的真实世界是在某些世界的子集中，这些世界具有如下有趣的特征：没有两个世界一开始是完全相同的（如果它们开始相同，它们会永远相同——它们根本就不是**不同**的世界），并且如果任何两个世界有完全一样的**任何**状态描述，它们后续的状态描述也会完全一样。"生命"世界明确说明了这一点。它只在一个方向上是决定论性质的；一般来说，你不能像总是推断**下一个**时刻那样去推断**前一个**时刻。例如，在时刻 t，一个"生命"平面上有一个四个方格组成的"静止的生命"（图 3.1），这个"生命"平面的过去是不明确的。下一个状态（以及再下一个状态，以此类推）是完全相同的——除非有什么东西侵入——但前一个状态可能是这五种状态中的任何一种（或者许许多多多多其他的状态，这些状态包含远处逐渐消逝的处于"开"状态的像素）。

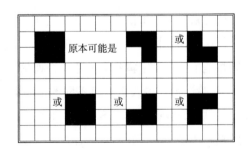

图 3.1　静止的生命和之前可能的状态

因此，如果这样定义的决定论是真的，我们就可以得出以下结论：即使许多不同的过去**可能**使我们有了现在的状态，我们的未来也是由我们的当前状态"固定"的。从这一观点来看，决定论**似乎**与我们标准的设想正好相反，我们设想的是，过去是"固定的"而未来是"开放的"。我们可以规定一种"增强版"（和非标准）的决定论形式，将这种过去非常不明确的情况排除，并排除我所说的**惰性历史事实**（inert historical fact）——关于某种过去情况的事实，这种过去的情况根据所涉及的物理定律可能是这样也可能是那样，但不会产生任何后续影响。宇宙学家们能够"倒放电影"，从而计算出大爆炸发生后的早期事实。这表明，就某些性质而言，我们可以极为准确和深入地从"现在"读出"过去"，但这根本不能说明不存在惰性历史事实。如果有这样一个事实，即我牙齿上的一些金子曾经属于恺撒大帝，或者相反，我牙齿上的金子从未属于过恺撒大帝，这便是一个关于惰性历史事实的貌似合理的例子。

它**实际**上肯定是惰性的。由于我们不会像追踪伦勃朗的画作那样，追踪一点点金子的所有权链条，所以很难想象有哪种对世界原子分布现状的调查能让人弄清楚两句话中哪一句是真的，但其中有一句肯定是真的。

当展望未来时，我们几乎不可能判断出一个**此前一直**为惰性的历史事实是否会对接下来发生的事情"产生影响"。假设决定论是真的，那么我们就像拉普拉斯妖那样完全掌握了物理定律。即便如此，除非我们能**完美且完整地**了解一个宇宙状态描述，否则我们将无法判断出集合 Φ 中数量"浩瀚"的、微观上截然不同的**可能**世界中究竟哪个才是**现实**世界。正是因为我们的知识不可避免地是不完整的，所以从可能世界的角度来思考是一个很好的备选方案。

对可能世界的讨论最有用的一种应用是解释**反事实**句，例如：

（6）如果当初格林斯潘在国会哭泣，市场就会崩盘。

以及：

（7）如果你当时绊了亚瑟，他就会摔倒。

根据大卫·刘易斯（David Lewis, 1973）的观点，当且仅当在每个与我们自己的世界**大致相似的**世界里，**先前发生的事情**成立，**随之发生的事情**也成立时，我们可以（**大致地**）了解到命题（7）为真。换句话说：

（8）以与我们的实际世界相似的世界集合 X 为例：在该集合的每个世界中，如果存在一个你**绊了亚瑟**的实例，那么也会存在**亚瑟摔倒**这样一个实例。

有时，当我们像这样提出反事实的主张时，实际上会发现自己在通过**想象**若干类似的变化来检查它们（"让我们来看看，假设亚瑟穿着一件红色衬衫，**这能阻止他摔倒吗**？假设收音机的声音已经被关小了，假设暖气被关掉了，假设他戴着护膝……不，他还是会摔倒。假设房间里装满了充气的安全气囊，或者整栋建筑是在零重力的情况下自由下落，那么**这就可以防止他摔倒**……但这太不符合现实的情况了，所以不能算"）。在对照实验中，我们不仅仅是想象，我们实际上是在调查变化。我们系统性地改变条件，看看什么会变化而什么不会变。正如我们将会看到的，这并不像它刚开始出现时那么简单明了。

无论我们是否进行任何实际的实验或思想实验，我们提出反事实主张的意思是，这样一些与我们的现实世界类似的世界集合 X 中都具有这种规律性。一般说来，我们可以将（6）或（7）这样的反事实的解释表述为：

（9）在世界集合 X 中，A⇒C。

其中 A 是先前发生的事情，C 是随之发生的事情。

但是，集合 X 中的世界与我们的世界该有**多相似**呢？在这些情况下，为 X 取最佳值并非总是那么容易，但我们可以遵循不那么严格的指导原则：

在像（6）和（7）这样的命题中，X 应该是：
·包含 A 成立、非 A 成立、C 成立以及非 C 成立的世界；
·包含在其他方面与实际世界非常相似的世界（在前述条件允许的范围内）。

因此，在分析（7）时，选择的世界集合 X 包含你绊了亚瑟的世界，你没有绊他的世界，他跌倒的世界，以及他没有跌倒的世界。（请注意，我们是如何使用更高级别的本体将这些相似的世界汇集在一起的。我们**不是**通过计算有多少被填充了铁和金的不同体素来对世界的相似性进行评级，我们使用非正式谓语及其所有含混和模糊性来确定要包括哪些世界。正如我们将会看到的，事实表明，许多关于因果关系和可能性的主张引发的困境的核心在于我们如何选择世界集合 X，也就是附近可能世界的比较集合。）

因果关系

最后，**因果关系**呢？一些哲学家希望有一天能发现一种因果关系的"真正"解释，但考虑到这个术语具有非正式、模糊和经常自相矛盾的性质，我们认为一个更现实的目标是直接开发一个（或若干）正式的类似物，以帮助我们更清楚地思考世界。我们对因果关系已有的直觉将会提供一些指导，但我们不应该相信任何伪装成验证或揭穿特定因果学说[*]"证据"的非正式论点。

（10）比尔绊了亚瑟，这导致他摔倒。

似乎有不少因素支持这一说法。我们按照大致的重要性顺序将这些因素列出：

· 因果必然性。我们认同命题（10）是基于我们确信，如果比尔没有绊亚瑟，那么他就不会摔倒。如果要利用我们刚刚提到的反事实来解释的话，我们选择世界集合 X——与我们自己的世界相似的集合，作为一个包含了诸多世界的集合，其中包括（i）比尔绊了亚瑟的世界；（ii）比尔没有绊亚瑟的世界；（iii）亚瑟摔倒的世界；（iv）亚瑟没有摔倒的世界。我们要进行检查，以确保在 X 这一世界集合中，所有亚瑟摔倒的世界里，比尔绊了他。

---

[*]　当然，这些是在一些哲学家中间挑起争端的言辞。好吧，我们很乐意将举证责任转给他们。如果他们能就因果关系的整体一般概念提出一些没有问题的、无反例的理论，那么我们就会把我们更温和、更粗略的提议与之进行比较，看看我们是否遗漏了什么重要的东西。与此同时，我们可以使用我们对日常概念中最重要方面的部分描述来继续我们的分析。

·因果充分性。很可能的情况是，每当我们肯定（10）的时候，我们之所以这么做，部分原因是我们相信亚瑟摔倒是比尔绊了他的不可避免的结果：在**任何**比尔阻挡他前进道路的世界里，亚瑟都会倒下。（"不可避免"这个词在这里的意思确实是**不能避免**的：亚瑟——出于这样或那样的原因——无法**避免**摔倒，亚瑟的朋友们无法**防止**他摔倒，而且也没有其他东西会**阻止**他摔倒，等等；万有引力在这种情况下不会被违背。）第二种情况在逻辑上与第一种完全不同，但这两种情况在日常思考中似乎被完全弄混了。事实上，正如我们将看到的，困惑往往正是源于此处。下面我们将更详细地讨论这两种条件之间的关系。

·独立性。我们预计 A 和 C 这两个命题在逻辑上是独立的。也就是说，从可能世界的角度来说，尽管不太符合现实情况，但必然存在 A 成立但是 C 不成立的世界，反之亦然。因此，"玛丽的唱歌和跳舞使她跳舞和唱歌"听起来很奇怪。这个条件也有助于排除"1+1=2 导致 2+2=4"的可能性。

·时间上的优先顺序。区分原因和结果的一种可靠方法就是注意原因发生得更早。（专家提醒）

·其他进一步标准。虽然没有前面几点那么重要，但当我们做出因果判断时，其他一些条件可能会提振我们的信心。例如，在教科书上的因果关系例子中，A 经常描述行动者的行为，C 则表示被动对象状态的变化（如"玛丽使房子被烧毁"）。此外，我们经常预计双方在处理其事务过程中会有实际接触。

为了更好地理解这些条件，我们不妨用几个测试用例来试验一下，其中一些用例来自刘易斯（Lewis, 2000）。首先，考虑一下这样的情况，神枪手瞄准了远处的受害者。假设仔细查看神枪手过去的记录后，你发现在这种情况下，成功命中的概率是 0.1；如果你认为这会产生影响的话，我们可能会认为，在中间的空气中，或者在神枪手的大脑中，不可简化的随机量子事件有助于决定结果。让我们假设在目前的情况下，子弹真的击中并杀死了受害者。我们会毫不犹豫地认同，是神枪手的行为**导致**了受害者的死亡，**尽管其间的因果关系不充分**。因此，似乎**至少在这样的情况下**，人们在判断原因时会把必然性置于充分性之上。

尽管如此，充分性确实也有一些相关性。假设国王和市长都对某个持不同政见的年轻人的命运感兴趣；碰巧的是，双方都下令流放他，他就这么被流放了。这是一个典型的关于**过度决定**（overdetermination）的例子。让 A_1 代表"国王发布流放命令"，A_2 代表"市长发布流放命令"，C 代表"持不同政见者被流放"。在这种情况下，对 C 而言，单独的 A_1 和 A_2 都不是必要条件。例如，如果国王没有发布任何命令，持不同政见者仍然会被流放，而这原因在于市长，反之亦然。取而代之的是，充分性"前来救援"，并允许在两者之间做出选择。在这种情况下，A_2 测试失败：很容易想象这样一个宇宙，即市长下达命令，而持不同政见者却逃脱了（只需将国王的命令改为赦免）。另一方面，国王的命令是真正**有效的**；无论我们对宇宙做出什么微小的改变（包括市长命令的改变），持不同政见者被流放都是遵从国王的命令。因此，我们可以将 A_1 称为"真正的原因"（如果我们觉得有必要满足这种渴望）。

最后，考虑一下比利和苏西的故事。两个孩子都在朝一个玻璃瓶扔石头，碰巧的是，苏西扔的石头移动的速度稍微快了一点，先碰到了瓶子然后把它打碎了。片刻之后，比利的石头也恰好到了瓶子原先所在的地方，但是当然只碰到了飞散的碎片。当我们在 A_1（"苏西扔石头 S"）和 A_2（"比利扔石头 B"）之间进行选择时，我们选了 A_1

作为 C（"瓶子碎了"）的原因，尽管这两句话都不是必要条件（如果苏西没有扔石头，瓶子仍然会碎掉，而且是出于比利的原因，反之亦然），而且这两句话都是充分条件（无论小伙伴做什么，比利扔石头都足以产生一个打碎的瓶子，苏西的情况亦如此）。这是为什么？时间上优先顺序的一般概念（上面介绍时间上的优先顺序时，将其同原因和结果的区分联系在了一起）让我们觉得这好像是一个关键的考虑因素。就像科学、艺术和体育领域中优先顺序的争端一样，我们似乎更看重成为创新第一人，既然石头 S 比石头 B 更早到达瓶子附近，我们就把它归功于苏西。此外，尽管如果苏西没有扔石头，瓶子显然还是会破碎，但破碎这件事就会有很大的不同，它会发生得稍晚一些，且不同的石头会使碎片朝不同的方向分散开来。（请注意，这个问题之所以出现，正是因为我们跳到了瓶子和破损的日常本体论，以及它们让人烦恼的同一性条件。此处的问题是，什么才算"同样的影响"，而不是关于已经发生的事情的任何潜在不确定性。）

我们可以选择世界集合 X 来反映这一事实（与指导原则保持一致），让它包含这样的世界：要么（1）瓶子根本不会破碎，要么（2）它破碎的方式与现实中破碎的方式非常相似。那么一方面，对于世界集合 X 中的每个世界：

$$C \Rightarrow A_1$$

成立。不论瓶子破碎发生在世界集合 X 中的什么地方，我们都发现是苏西首先扔了石头。而另一方面：

$$C \Rightarrow A_2$$

很可能在世界集合 X 中不成立；世界集合 X 当然可以包含瓶子

破碎但同时比利没有扔石头的世界。简而言之，A_1 比 A_2"更有必要"，前提是我们要选对世界集合 X。X 的模糊性虽然有时很讨厌，却可以打破僵局。

并不是说总能打破僵局。我们应该冷静地看待这样的前景，也就是无论我们多么努力地寻找，有时都无法找出一些情况下某一事件的单一"真正原因"。经典的法学院谜题就是一个典型的例子：

> 法国外籍军团前哨基地的每个人都讨厌弗雷德，希望他死掉。就在弗雷德长途跋涉穿越沙漠的前一天晚上，汤姆在他的水壶里下了毒。然后，迪克在对汤姆所做的一切完全不知情的情况下，把（有毒的）水倒出来，在里面放了沙子。最后，哈利走过来，在水壶上戳了几个洞，这样"水"就会慢慢流出来。后来，弗雷德醒来，带着他的水壶出发了。就在他发现他的水壶几乎是空的时，一切都太晚了，那时他的水壶里剩下的东西是沙子，不是水，甚至不是有毒的水。弗雷德渴死了。是谁导致了他的死亡？ *

许多人会有这样一种念头，即坚持这个问题及其他类似的问题**必须**要有答案。当然，如果我们觉得有必要的话，我们可以同意通过立法来确定一个答案，而一些立法提案无疑会比其他提案更吸引人、更直观，但我们并不清楚是否有任何事实——有关世界存在的方式，或关于我们的真正意思，甚或关于我们真正**应该**有的意思——可以解决问题。

---

* 这个例子最初有一个更加详细的版本来自麦克劳克林（McLaughlin, 1925），哈特和奥诺雷（Hart and Honoré, 1959）首次做了详细阐述。哈特和奥诺雷的版本少了一处转折："假设 A 正在进入一片沙漠。B 偷偷在 A 的水壶里投了致命剂量的毒药。A 将水壶带到沙漠，C 在那里偷走了水壶；A 和 C 都以为里面有水。最后 A 渴死了。是谁杀了他？"

奥斯汀推杆

现在我们对可能世界有了更清晰的理解，我们可以揭露关于可能性和因果关系的三个主要困惑，这三个困惑阻挠着我们寻求对自由意志的解释。首先是担心决定论会减少我们的可能性。通过考虑约翰·奥斯汀多年前提出的一个著名例子，我们可以看出为什么这一说法似乎是有道理的：

> 考虑这样一种情况，我错失了一次短距离推杆的机会，然后我非常懊恼，因为我本来可以推杆入洞的。这并不是说如果我尝试了，我就能够推杆入洞：我确实试过了，但没有成功。这并不是说，如果条件不同，我就会推杆入洞：当然可能是这样，但我说的是条件完全相同的情况，并宣称我本来是可以推杆入洞的。这就是问题所在。"这次我能推杆入洞"并不是说，如果我试一试或做别的什么，我这次就会推杆入洞；因为我可能试了但失败了，但我并不相信我原本做不到；的确，进一步的试验可能会证明我确实能如我相信的那样在当时推杆入洞，尽管那时我没有做到。（Austin, 1961, p. 166）

奥斯汀没能推杆入洞。如果决定论是真的，他原本能够推杆入洞吗？对可能世界的解读暴露了奥斯汀想法上的错误。首先，假设决定论成立，而奥斯汀未能推杆入洞，假设 H 代表命题"奥斯汀推杆入洞"。我们现在需要选择相关可能世界的集合 X，我们需要对此进行调查，看看他是否能做到。假设集合 X 被选为物理上可能的某些世界的集合，这些世界在推杆进行之前的某个时刻 t_0 与实际世界完全相同。由于决定论认为，在任意时刻都只有一个物理上可能的未来，所以这一世界集合中只有一个成员——现实世界，也就是奥斯汀没能推杆入洞的那个世界。因此，以这种方式选择集合 X，我们得到的结果是，H 在任何集合 X 的世界中都不成立。就此而言，奥斯汀不可能推杆入洞。

当然，这种选择集合 X 的方法（可称为**狭窄法**）只是众多方法中的一个。假设我们承认世界集合 X 中包含这样的世界，它们在时刻 t_0 与现实存在一些难以察觉的细微差别；我们很可能会发现，我们现在已经将"奥斯汀推杆入洞的世界"包括在内，即使是在决定论成立的情况下也是如此。毕竟，这就是关于"混沌"的最新研究所表明的：初始条件即使发生微小变化，我们感兴趣的许多现象都可能会发生根本性变化。因此问题是，当人们争辩说事情是可能的，他们真的是以狭窄法来思考的吗？

假设奥斯汀是一名完全不称职的高尔夫球手，而他在今天四人组中的搭档倾向于认为他本来就无法推杆入洞。如果我们将集合 X 的范围定得太宽泛，那么我们可能会将这样的世界包括在内，即奥斯汀由于接受多年价格不菲的课程培训，最终成为一名冠军球员，而推杆入洞对他来说轻而易举。这大概不是奥斯汀要说的意思。从奥斯汀坚称自己"说的是条件完全相同的情况"来看，他似乎赞同以狭窄法来选择集合 X。然而，从接下来的这句话来看，他似乎又撤销了这一认可，他说"进一步的试验可能会证明我确实能如我相信的那样在当时推杆入洞，尽管那时我没有做到"。有哪些进一步的试验的确会证实奥斯汀能如他相信的那样可以做到这一点？在果岭上进行的试验吗？假设他做好设置并连续十次几近重复地短推杆击球入洞，他的观点会由此得到支持吗？如果这就是他所设想的那种试验，那么他并不像他所声称的那样说的是条件完全相同的情况。为了证实这一点，我们假设奥斯汀的"进一步的试验"包括拿出一盒火柴，并连续点燃十根火柴。"你看，"他说，"我本可以**推杆入洞**的。"我们有充分理由反对这一点，我们认为他的试验与他的主张完全没有关系。十次短推杆击球入洞并不会对他的主张，也就是在狭义上被理解为关于"条件完全相同的情况"的主张产生什么影响。我们认为，如果奥斯汀在与实际情形**非常相似**的情况下推杆入洞，他将满足于认为"奥斯汀推杆入洞"是可能的。我们认为这就是他想表达的意思，而且以这种方式来思考他的推杆是合适的。这是当我们有兴趣理解感兴趣的现象所涉及的因果关系时，开展"进一步的试验"所采取的熟悉、合理和有用的方式。我们稍微改变一下初始条件（通常是系统地改变），看看什么变了，什么没变。这是从世界上收集**有用**信息的方式，以指导我们进一步的避免和强化运动。

奇怪的是，这一点正是由奥斯汀在此处引用的文章中批评乔治·爱德华·穆尔（G. E. Moore）的作品时提出来的，至少是间接提出的。穆尔的例子很简单：猫能爬树，狗不能爬树，而**现在**以 25 节的速度行驶的轮船当然也能以 20 节的速度行驶（当然，并不是**恰好**在现在这种情况下，即在将引擎设定为最大马力全速前进的情况下）。在这些不具争议性的主张中援引的"能"的含义，即由奥诺雷（Honoré, 1964）在一篇重要但被忽视的文章中所称的"能（一般）"的含义，是**需要**我们通过"条件完全相同的情况"的细微变化而不是那些"条件完全相同的情况"本身来研究的。

因而，奥斯汀在讨论可能性时含糊其词。事实上，选择集合 X 的狭窄法并不像他和许多人想象的那么重要。由此可以看出，决定论的真假不应该影响我们的这一观念，即认为某些未实现的事件仍然是"可能的"——从该词**重要的日常意义**的角度来说。我们可以通过"访问"一个狭窄的领域来支持这最后一种说法，在这个领域中，我们确切地知道决定论占主导地位：关于下国际象棋的计算机程序领域。

一场计算机国际象棋马拉松

计算机极好地用实例说明了拉普拉斯、德谟克利特这些决定论的完美典型。让一台计算机执行几万亿个步骤，然后让它回到与之前**完全相同**的（数字）状态，然后看着它一次又一次地执行**完全相同**的几万亿个步骤，这是小事一桩。计算机所处的亚原子世界，以及构成计算机的亚原子部分，可能是决定论性质的，也可能不是，但计算机本身被出色地设计为决定论性质的，在面对亚微观的垃圾信息甚至量子随机性时，通过数字而不是模拟来减轻这些波动带来的影响。通过数字化来产生决定论，其背后的基本思想是，我们可以通过设计来**创造**惰性历史事实。将所有关键事件强制性地分为两类——高与低，开与关，0 与 1——确保坚决地丢弃（不同的高电压、不同的开启方式、略有不同的 0 等之间的）微小差异。任何东西都不可以依赖于它们，它们会消失得无影无踪，关于真实历史变化的事实未对计算机随后经历的一系列状态造成任何影响。

> 康拉德：计算机是决定论性质的？你能让它们一次又一次地执行完全相同的数万亿个步骤？饶了我吧！那为什么我的笔记本电脑经常死机呢？为什么我的文字处理器在我周一使用的时候还运行得好好的，到了周二我做同样的事时它就卡死了呢？

你不是在做**完全相同**的事情。它卡死不是因为它是非决定论性质的，而是因为它在周二所处的状态与周一时**不完全**相同。你的笔记本电脑在那段时间里肯定做了些什么事情，升起了隐藏的"信号旗"，或者调用了你以前从未激活过的文字处理器的某个部分，当你关机时，这个部分在某处稍稍翻转了一下，被保存在了新的位置，现在文字处理器被这个微小的变化绊住了，然后就崩溃了。如果你让它再次回到周二早上的状态，它会再次崩溃。

康拉德：那"随机数发生器"呢？我认为我的电脑有一个根据需要创造随机性的内置设备。

如今，每台计算机都配备了一个内置随机数发生器，在电脑上运行的任何程序都可以随时调用该发生器。它生成的数字序列并不是真的随机，而是伪随机：这一序列是"数学上可压缩的"，也就是说这个无限长的序列可以在有限的特定机制中被捕捉到，而这个特定机制将会大量生成这一序列。每当你通过冷启动运行随机数发生器时——例如，每当你重新启动计算机——它总是会产生完全相同的数字序列，但这个序列**显然**是没有模式的，就好像它是由真正的随机量子波动产生的一样。（它更像是一盘很长的录像带，记录了一个公平轮盘旋转了数百万次的历史。重新启动计算机时，录像带盘总是回到"起始处"。）有时，这很重要；在不同的"选择"点利用随机性的计算机程序，如果通过冷启动一遍又一遍地运行该程序，它仍然会生成完全相同的状态序列，如果你想测试一个程序，看看它是否有小错误或者漏洞（bug），你将会一直测试相同的状态"随机样本"，除非你采取（足够容易的）措施让该程序时不时地到其他地方的数字流中去获取下一个"随机"数。

假设你在计算机上安装了两个不同的国际象棋程序，并把它们跟一个小监控程序连接在一起，让它们进行对弈，一盘又一盘地下棋，无止无休。那么在你关掉电脑之前，它们会不会一遍又一遍地下同样的一盘棋呢？你**可以**这么设置，但这样一来，你就无法了解到关于 A 和 B 这两个程序的任何有趣的东西了。假设在这场多次重复的对弈中，程序 A 击败了程序 B，你也不能由此推断出，A 总体上是一个比 B 更好的程序，或者 A 会在其他对弈中也击败 B，当然你也无法从千篇一律的重复对弈中得知这两个不同程序的优点和缺点。如果想了解更多信息，设置锦标赛是个好办法，这样 A 和 B 就能接连下出不同的棋。这项设置很容易操作。如果其中一个国际象棋程序在其计算过程中调用了随机数发生器（例如，当它在其启发式搜索过程中，没有更好的理由作为下一步走法的决策依据时，它就会通过周期性地"抛硬币"来摆脱这种状况），那么在接下来的对弈中，随机数发生器给出的值将发生改变（除非你让它重新初始化），因此程序会根据不同的指令搜索到不同的备选方案，从而就有了偶尔"被选中"的不同棋路。一场有所变化的棋局将就此展开，第三局将会以不同的方式进行，从而产生一些变化，接下来的一连串对弈就像不存在两片完全相同的雪花一样，也将不存在两盘完全相同的棋局。然而，如果你关机重启，运行相同的程序，则会出现一连串完全相同且花样繁多的棋局。

那么，假设我们建立一个包含 A 和 B 两个程序的象棋宇宙，研究其较长一段时间的运行结果，比方说，1 000 场对弈。我们会发现很多极为稳定的模式。假设我们发现在 1 000 场**不同的**对弈中，A 总是打败 B。这是我们将要解释的一种模式，如果说"因为程序是决定论性质的，所以 A 总是**被导致**击败 B"，这种说法完全不能满足我们非常合理的好奇心。我们想知道的是，什么样的结构、方法、配置使程序 A 在国际象棋的对弈中占有优势。显然 A 拥有 B 所缺乏的技能或能力，我们需要专门研究一下这个有趣的因素。当我们开始研究这个问题时，我们需要采用一个高层次的视角，从这一视角来看，国际象棋决策的"宏观"对象出现了：棋子所代表的内容，棋盘局面，对后续可能出现的情况的评估，关于后续要选择哪一种情况的决定，等等。这也许是一种较低层面上的解释；例如，可能最后我们会发现，程序 A 和程序 B 是**完全相同的**"国际象棋走法"求值器，但是程序 A 的编码效率更高，因此它在相同的机器周期数内可以计算出的走法比程序 B 的多。事实上，A 和 B 这两个程序在国际象棋对弈中"想法完全一样"，只不过 A 的思考速度更快。

其实，如果不总是一个程序赢，那才更有趣。假设 A **几乎**总是打败 B，并且 A 使用了一套不同的原则来评估走法。那我们就要解释一些更有趣的东西了。为了弄清楚这一因果问题，我们需要先研究那 1 000 场不同对弈的历史，以便从中寻找更深层的模式。我们一定能找到许多这样的模式。其中一些模式对国际象棋而言具有普遍性（例如，当后方总是不出车时，B 很有可能会输），而其中有些模式则是作为特殊棋手的 A 和 B 两个程序所特有的（例如，B 总是很早就出它的后）。我们会发现国际象棋策略的标准模式，例如，在相同的局面中，所剩的时间越少，B 能搜索到的博弈树剩余节点就越少。简而言之，我们会发现**解释性**规则的一块丰饶之地，有些没有例外（在我们运行的 1 000 场对弈中），而另一些是统计出来的。

这些宏观模式是决定论缤纷长卷展开过程中的耀眼时刻，而从微观因果关系的角度来看，这些决定论的缤纷长卷几乎一模一样。在我们看来，这是两个处于紧张对弈中的国际象棋程序，我们可以通过"显微镜"（当我们观察流经计算机中央处理器的指令和数据时）看到单一的决定论性质的自动机在以它唯一的方式运行，它的变化已经可以通过检查伪随机数发生器的精确状态来进行预测。它未来的运行中不存在"真正的"分叉或分支，A 和 B 所做的所有"选择"已经被决定了。在这个世界上，除了实际发生的事情外，别的事情似乎都不是真正**可能**发生的。例如，假设在时刻 t，一张杀棋网（mating-net）悄然出现在 B 的上方，但是当 A 时间耗尽，过早地终止了对关键走法的搜索时，杀棋网就这样瓦解了。这张杀棋网**永远不会出现**。（如果仍然对这一点存有疑虑，我们可以用一些方法来证明，比如再花一天时间来运行一场完全相同的锦标赛。我们会看到，就在这一连串对弈的同一时刻，A 将再次耗尽时间，并在完全相同的情况下终止搜索。）

那么，我们该说些什么呢？难道这个玩具世界真的是一个没有拦截与堵塞、没有进攻与防御、没有错失机会、没有真正能动性的攻与守、没有真正可能性的世界吗？不可否认，我们的国际象棋程序就像昆虫或鱼一样，属于过于简单的行动者，不可能成为具有重要道德意义的自由意志的合理候选者，但它们世界的决定论性质并没有剥夺它们利用可获机会的不同力量和不同能力。如果我们想了解那个世界正在发生什么，我们可能（实际上是必须）要来探讨一下它们的知情选择是如何使它们的环境发生变化的，以及它们**能做什么**和**不能做什么**。如果我们想要找出某种**因果规律**，解释我们在那 1 000 盘棋局中发现的模式，我们就必须认真看待这样一种视角，这种视角将世界描述为存在两个行动者——A 和 B，它们试图在国际象棋对弈中击败对方。

假设我们将锦标赛程序做些调整，每当 A 获胜时，铃声响起，而每当 B 获胜时，蜂鸣器响起声音。现在，我们开始进行一场计算机马拉松，但完全不了解这个程序如何运行的观察者可能会发现，铃声经常响起，蜂鸣器几乎就从来没响过。他很想知道怎么解释这种规律性。就算不采取意向立场，我们也可以觉察出 A 击败 B 的这种规律性并把它描述出来，但这种规律性还需要进一步的解释。唯一正确的解释可能是，对于"对方在某种局面下会采用什么样的走法"这件事，A 比 B 产生了更好的"看法"，在这种情况下，我们就**需要**采取意向立场来加以解释。

假设我们发现，在一连串对弈中有两盘棋的前 12 步是完全相同的，但是 A 在首盘棋中执白，在第二盘棋中执黑。在第一盘棋的第 13 步，B"失误"了，从那以后就一直走下坡路。相反，在第二盘棋的第 13 步，A 找到了挽救局面的着数——王车易位——之后不断取得胜利。一名观察员说："**B 原本可以在第一盘棋的那一步走王车易位。**"这种说法符合奥斯汀的观点。真的还是假的？王车易位这步棋在第一盘棋中也是符合规则的，所以从**这个**意义上来说，它也是 B 的"选项"。此外，假设我们发现，除了王车易位，B 还有其他的备选棋着，但实际上，B 对王车易位的后续结果敷衍地探索了一下，可惜在还未发现这步棋的优势时便放弃了。那么 B 原本**可以**走王车易位这步棋吗？我们想要查明什么呢？一遍又一遍地看**完全相同的情况**是根本无法获得信息的，但实际上，研究**相似**的情况是有助于判断的。如果我们发现，在其他情况相似的棋局中，B **确实**稍稍深入地进行了评估，发现了这步棋的优势并采用了这一走法——尽管我们发现，在极少的情况下，随机数发生器中一个比特翻转就会使 B 走王车易位——那么我们（"进一步的试验"）支持观察员的看法，认为 B 原本可以走王车易位。我们认为，事实上，B 没能走王车易位是意外，是随机数发生器带来的糟糕运气。相反，如果我们发现，王车易位这步棋值得走的原因需要太多分析，而 B 在有限的时间内不大可能做到这一点（尽管 A 作为一名更强大的棋手，可以完成这项任务），那么我们就有充分的理由得出以下结论：不是这样的，B 不可能像 A 那样原本就可以走王车易位。我们可能会发现，王车易位是报纸上国际象棋专栏中后边带着"！"的棋步之一，而这个"高超的棋着"不是 B 能使出来的。想象 B 走王车易位需要改变很多现实情况；我们会犯前面提到的那种错误，也就是将集合 X 的范围设置得太宽泛了。

总之，如果我们想要解释展开的数据中呈现出的模式，那么使用狭窄法选择集合 X 是没用的。只有当我们"摆动事件"（wiggling event，正如大卫·刘易斯所说），**不是**看那些"条件完全相同的情况"而是看旁边的邻近世界时，我们才能对这些模式有所了解。如果我们稍微扩展一下集合 X，就会发现，在信息和道德重要性方面（当我们涉及棋盘以外的世界时），B 还有其他选择。许多哲学家在未经明确论证的情况下做出了这样的假设：当我们问"什么是可能的"这个问题时，我们有兴趣且应该有兴趣了解，在**完全**相同的情况下，同样的事件是否会再次发生。我们已经做出了解释，尽管哲学家们传统上认可这一规则，但谨慎的可能性调查者**从未**认可过它，而且不管怎么说它都是缺乏动机的：它**无法**给出一个能满足你好奇心的答案。现在，这一重担落在那些持不同观点的人身上，他们要解释为什么"真正的"可能性需要选择狭窄的集合 X——或者为什么我们应该对这样一个可能性概念感兴趣，而不管它是否具有"真实性"。

因此，对决定论性质的世界而言，支持更广泛、更有趣的各种**可能性**会是一件相当容易的事。实际上，引入非决定论并没有给宇宙增加任何有价值的可能性、机会或能力。假如在我们的决定论性质的国际象棋锦标赛中，程序 A 总是击败程序 B，那么用真正的非决定论性质的装置替换伪随机数发生器，这对程序 B 来说也毫无益处。程序 A **依然**总会获胜。像程序 A 这样的高级算法，在面对一个如此不重要甚至实际上难以发觉的变化时，几乎不会受到影响。虽然伪随机数发生器可能不会产生真正的随机输出，但它们与真正的随机输出非常接近，完全可以用于各种目的而不会有什么影响。但在这样一种环境下，它确实会产生实际影响：密码学。特定伪随机数生成算法的无模式特殊类型最终会被计算机觉察到，在这些特定环境中使用真正的随机数就极为重要。*但是，除非在这种情况下，即你必须担心对手会获取你的特定品牌伪随机数发生器并用它来"读懂你的想法"，否则你从真正的非决定论性质中得不到任何好处。更具体来说，假设宇宙在一个月的偶数日是决定论性质的，而在奇数日是非决定论性质的，那么我们永远都不会注意到人类的机会和能力之间有何差别；10月4日的胜利和可悲的失误将和10月3日或10月5日的一样多。（如果你的星座建议你将任何道德上严肃的决定推迟到奇数天，你就没有理由遵循这个建议，就像它告诉你等待残月时的情况一样。）

决定论性质宇宙中的无因事件

> 当代事件极大的因果独立性保证了宇宙中有充分的活动空间。
>
> ——艾尔弗雷德·诺思·怀特海，《观念的冒险》

决定论是一种关于充分性的学说：如果 S_0 表示这样一个（复杂程度令人难以置信的）命题，它极为详尽地描述了宇宙在 t_0 时刻的状态，而 S_1 则对稍后 t_1 时刻的宇宙状态进行了详尽的描述，那么决定论规定了在所有物理上存在可能性的世界中，S_0 对 S_1 而言是充分的。但是决定论没有告诉我们，什么是产生 S_1 或任何其他命题**所必需**的先决条件。因此，由于因果关系通常以必然性为前提，所以决定论的真实性对我们因果判断的合理性几乎没有影响。

---

* 如果需要，你可以从几处网络来源获得真正随机数序列，例如 www.random.org 和 www.fourmilab.ch/hotbits。

例如：根据决定论，宇宙在大爆炸后第一秒的精确状态（将相应的命题称为 S_0）在因果关系上足以导致约翰·F. 肯尼迪在 1963 年遇刺（命题 C）。然而，我们根本没有理由说是 S_0 导致了 C。虽然因果关系是充分的，但我们没有理由认为，S_0 是必要的。就我们所了解的内容来看，肯尼迪很可能终究会被暗杀，即便在宇宙诞生之初就已有一些不同的条件。那我们如何得知呢？即便我们不能进行实际调查，我们还可以通过想象来调查：想象我们在肯尼迪遇刺的那一刻拍下了一张宇宙快照，然后对这张照片稍加改动（比如将肯尼迪向左移动了 1 毫米）。命题 C，即"约翰·F. 肯尼迪于 1963 年（在迪利广场，乘坐轿车随车队行进时……）被暗杀"仍然是真的，但在使其为真的原子条件方面存在着微观差异。然后，从我们对 1963 年的状态描述稍加修改开始，并遵循相反的（决定论性质的）物理定律，我们来制作一部一直追溯到大爆炸发生时的影片，同时获得了一个 S_0 因微妙差异而不成立的世界。存在一些肯尼迪被杀但 S_0 不成立的极为相似的世界，所以 S_0 所描述的宇宙状态并**不是**肯尼迪被暗杀的原因。对这一事件而言，更合理的原因可能包括"一颗子弹沿着朝向肯尼迪身体的弹道轨迹飞行""李·哈维·奥斯瓦尔德扣动了他的那支枪的扳机"。引人关注的一点是，这份列表中没有对事件发生前数十亿年的宇宙进行微观上的详细描述。那些宣称根据决定论，S_0"引起"或"解释"C 的哲学教授并没有抓住因果研究的要点，这是第二个重大错误。

事实上，决定论与"某些事件根本没有原因"这一观点是完全兼容的。思考一下这句话，"卢比贬值导致道琼斯平均指数下跌"。我们理所当然要质疑这一说法；对于在附近的宇宙中道琼斯指数只在那些卢比先贬值的宇宙中下跌这件事，我们真的如此确定吗？我们是否甚至想象过每一个卢比贬值的宇宙都经历了股市抛盘？难道不会是有几十个加起来足以导致市场暴跌的因素汇集在一起，但其中没有一个因素本身是必要的？也许，在某些日子里，华尔街的市场变化有现成的解释；但至少我们经常怀疑没有特定的原因在起作用。

用公平地抛硬币的例子来说明产生**无因**结果（比如正面朝上）的事件很常见。之所以没有原因，是因为无论我们如何选择集合 X（忽略奥斯汀让我们考虑条件完全相同的情况这个错误的建议），我们都无法找到某种特征 C，这种特征是正面朝上的必要条件或反面朝上的必要条件。你是否想过使用抛硬币作为随机事件的发生器会有什么明显的矛盾？当然，抛硬币的结果是作用在硬币上所有力的总和产生的**决定论性质**的结果：影响旋转的释放速度和方向、空气的密度和湿度、重力的影响、与地面的距离、温度、地球自转、在那一时刻到火星和金星的距离等。是的，但是这个总和没有可预测的模式。这就是像抛硬币这样的随机化装置的意义所在，通过使结果易受变量的影响，让人无法从可行的有限条件列表中选出一个作为原因，从而使结果变得不可控。这就是为什么我们要求将硬币抛得很高，同时有力地旋转，而并非仅仅是在桌子上方 1 英寸*处从手上掉落：我们启动了一连串事件，这些事件实际上确保了没有任何原因导致其落地时正面朝上或反面朝上。要注意抛硬币的策略如何利用数字化来确保其结果是无因的（如果做得公平的话）。它实现的是与计算机数字化正好相反的情况：它不是减弱宇宙中所有的微小变化带来的影响，而是放大它，确保此刻难以想象的巨大作用力会使数字化仪进入两种状态中的一种，正面朝上或反面朝上，但无论哪一种状态都没有显著的必要条件。

---

* 1 英寸＝2.54 厘米。——编者注

在受控实验中"摆动事件"的做法是现代科学的伟大创新之一，正如朱迪亚·珀尔（Judea Pearl）所指出的，它依赖使用像抛硬币这样的办法来**打破**我们希望分析的事件之间可能存在的因果联系：

假设我们想研究某种药物对患有某种疾病的患者疗效如何……在非受控条件下，由患者自己决定是否接受治疗，而且这一决定可能取决于患者的社会经济背景。这就产生了一个问题，因为我们无法判断治愈率的变化是缘于治疗还是那些背景因素。我们希望做的是比较具有相似背景的患者，而这正是罗纳德·费希尔［Ronald Fisher］爵士的**随机实验**［randomized experiment］所要达成的目的。他是怎么做的呢？这个实验实际上包括两个部分，随机化［randomization］和干预。

干预意味着我们改变个体的自然行为：我们将被试分成两组，称为治疗组和对照组，并说服被试遵守实验原则。我们对一些在正常情况下不会寻求治疗的患者进行治疗，然后给那些原本会接受治疗的患者提供安慰剂。在我们的新词汇表中，治疗的意思就是**做手术**——我们正在切断一个功能性联系，并用另一个联系来取代它。费希尔所提出的深刻见解是，将新的联系与随机抛硬币结合起来，这可以**确保**我们想要打破的联系实际上被打破。原因是，随机硬币被认为不受我们在宏观层面上可以衡量的任何东西的影响——当然，包括患者的社会经济背景。（Pearl, 2000, p. 348）

我们在这种情况下的做法与一个似乎被广泛采用（但很少乃至没有被研究过）的背景假设相矛盾：假设一个事件没有原因的唯一

方法是，无论这个事件多么分散、复杂和普通，它都要完全不确定，要没有充分条件。这可能会严重扰乱一个人的科学进程：第一次世界大战的原因是什么？当然，如果我们想要成为优秀的科学解释者，我们就需要找到原因！宣布爆发第一次世界大战**没有**原因，是不是无异于宣布，它要么违反了自然规律（是某种奇迹！），要么（量子物理学出手相救了）是非决定论性质的量子过程的结果？不，不会的。**可能的**情况是，无论历史学家如何在附近的可能世界中"摆动事件"，以便寻找爆发第一次世界大战的必要前件（antecedent），他们都会发现，那些发生第一次世界大战的宇宙中并没有任何共同的、必要的前件。例如，假设在宇宙 A 中，斐迪南大公被暗杀，第一次世界大战随后爆发。那么，前者是后者的原因吗（正如我们中的一些人在学校"学到"的那样）？也许不是；也许在宇宙 B 中，斐迪南大公幸存了下来，但第一次世界大战还是发生了。类似地，对于历史学家 X 提出的任何"原因"，历史学家 Y 都可能会想象出这样一个世界，其中第一次世界大战发生了，而在这之前并没有发生可能作为其原因的事件。这场战争可能只是一个偶然事件，那么坚持关于"原因"的争论不仅是徒劳的，而且几乎一定会出现一些编造的错误说法，表示存在一些值得进一步探究的隐秘原因。寻找这类必要条件是合理的，只要我们提醒自己，在任何特定情况下都**可能**找不到任何东西。*

那么，人们可能会想，为什么因果必然性对我们如此重要呢？让

---

* 有种偏见倾向于不仅要寻找而且要找到原因，这种偏见并非没有意义，正如马特·里德利在他对尚未找到病因的克罗伊茨费尔特–雅各布病（Creutzfeldt-Jakob disease）的讨论中指出的那样："这违背了我们的自然决定论，因为在自然决定论中，疾病必须有病因。也许克罗伊茨费尔特–雅各布病只是以每年百万分之一的比例自发地发生。"（Matt Ridley, 1999, p. 285）

我们暂时回到国际象棋程序 A 和 B。假设一个 B 获胜的罕见棋局吸引了我们的注意力，我们想知道这场令人吃惊的胜利的"原因"是什么。认为 B 的胜利是由计算机的初始状态"引起"的这种没什么价值的说法，完全不能提供任何信息。当然，玩具宇宙在之前时刻的总体状态已为胜利的发生提供了**充分条件**；我们想知道哪些特征是**必要条件**，从而了解这些罕见事件有什么共同之处。我们想要发现这些特性，如果缺少这些特性，那么最直接的后果就是 B 失败——默认的结果。也许我们会在 A 的控制结构中发现一个此前未被怀疑的缺陷，一个刚刚显露出来的小错误。或者，我们可能会在 B 的技能中发现一个闪光点，一旦我们找到了这个闪光点，我们就能知道未来什么情况可能会让 B 再次取得这样的胜利。或者，也许这场胜利是各种条件造就的极为罕见的巧合，而 A 无须就此做出改进，因为 B 再次取得胜利的可能性基本为零。最后一种可能性，也就是在相关意义上，B 获胜根本就没有原因——这只是一个偶然事件——在这样一种简化的背景下这是很容易理解的，但在现实世界中，似乎很难得到认可。

合理性（rationality）**要求**我们，评价必要条件至少要像评价充分条件一样审慎。假设一个人掉进了电梯井里。虽然他并不确切地知道他实际上处于哪个可能世界，但有一件事他是清楚的，那就是他在这样一个世界集合 X 中，在其中**所有**世界里，他都会很快掉到井底。重力会确保这一点实现。因此，掉到井底对他来说是**不可避免的**，因为这件事发生在每一个符合他认知的世界里。但也许死亡不是不可避免的。也许在他掉到井底的一些世界里，他活了下来。比方说，这些世界不包括他头先着地或四肢伸展着地的世界，但可能包括他屈膝以脚先着地并幸存下来的世界。有一些活动空间。他可以根据有可能生存下来的假设来理性地规划行动，即使他无法**找到**可以确保其生存下来的充分条件，也至少可以通过采取任何必要行动来提高生存概率，因此，如果运气好的话，他会发现自己身处于可以存活下来的数量"浩瀚"的一个可能宇宙中。

> 康拉德：问题还是，这种关于**提高**他的生存概率的讨论有什么意义呢？我们在这里将决定论设为前提。他不可能**改变世界**。他只是在其身处的世界中，在现实的世界中，在这个世界中，他要么活下来要么死去，这就是结局！

然而，这与决定论无关，与他行为的合理性问题无关。假如我们让这个人在下落过程中暂时悬浮于空中，让他仔细阅读巴别图书馆的"浩瀚"角落，那里面有以他的名字命名的人物传记，传记中记载了他的容貌、个性和迄今为止的历史记录——一个人意外掉进了电梯井，然后发现自己面对着数量超乎想象的藏书，据称每本书写的都是他真实的生活史。在其中一些书里，他活了下来；而在另一些书里，他死了（还有，这可是"巴别图书馆"，在其中一些地方，他变成了一盏金色的茶杯，被一只巨大的蜗牛扔向了克娄巴特拉）。问题是，尽管他可以根据自己所了解的有关世界如何运行的常识来排除那些荒诞的书，但他无法从那些载有关于他跌倒后存活或死亡的书中辨别出哪本书是真实的。假设决定论是真**或是假**，都对他这种大海捞针似的行为没有什么帮助。面对"哪本书讲述了真相"这一不可避免的不确定性，他的最佳策略是，寻找可预测的显著性的一般模式——原因和结果——并以这些模式推荐给他的预测为指导。但是他要怎么做呢？这不是问题：亿万年的进化已经将他设计成会这样去做了。如果他没有这些才能，他就不会出现在这里。他是一种设计过程的产物，这种设计过程创造了一个"预测者和避免者"物种，对于这些

"预测者和避免者"而言，这种技能是第二天性。他们并不完美，但他们做得比全凭运气要好很多。例如，比较一下通过两种不同方式来赢取百万美元的人的未来，一种方式是抛硬币猜正反面，另一种方式是将两个骰子掷出蛇眼。他们中的一些人可能会以宿命论的方式推断说："我选择哪种方法都没什么区别，我掷出蛇眼的概率不是 0 就是 1，我不知道哪种命运是已经确定了的，让我猜硬币正反面的情况也是这样。"而其他人则是基于这样的信念，即猜中硬币正反面的概率为 1/2，这要比掷出蛇眼的概率（1/36）大得多，于是选择了抛硬币。这样被设计的人比宿命论者表现得更好就不足为奇了。从历史的角度来看，宿命论者是有设计缺陷的。

未来会像过去一样吗？

现在，我们终于准备好面对思考决定论过程中的第三个主要错误了。一些思考者曾提出，决定论如果是真的，那么可能暗含以下一种或多种令人沮丧的观点：所有趋势都是永恒的，性格基本上是不可改变的，一个人不太可能在未来改变自己的行为方式、命运或基本的天性。例如，泰德·洪德里奇坚持认为，决定论会以某种方式压制他所说的"我们生活的希望"：

> 如果一个人的事情进展顺利，那么基于"他或她的整个生活路径都是固定的"这一假设，他或她对接下来发生的事情会抱有更多希望……如果事情进展不顺利，或者没有想象的那么顺利，那么基于"人的生活不是固定不变的，而是与我们的活动相关联的"这一假设，人们会抱有更大的希望也不是没有道

理的……考虑到我们合理性的乐观前提，我们有理由认为，我们不倾向于认同"一个人的未来是固定不变的"这种想法。（Honderich, 1988, pp. 388–389）

显然，这种焦虑源于一种隐约的感觉，即觉得真正的可能性（比如说，改善境遇的可能性）在决定论的条件下消失了。但这是错的。拥有开放性未来的东西和拥有封闭性未来的东西之间的区别与决定论完全没有关系。一般来说，观察到某些现象**被确定**为可变、混乱和不可预测，这并不矛盾，这是一个明显的重要事实，奇怪的是这个事实被哲学家们忽视了。洪德里奇发现有一种想法令人非常不安，即我们可能有"固定的个人**未来**"，但这个想法的含义与具有"固定的个人**天性**"的含义是完全不同的。一个人"固定的"（也就是确定的）个人**未来**可能会与多变的**天性**相伴，对"自我的活动"做出积极回应。个人未来的整个集合，无论是不是"固定的"，都包含了各种各样令人愉快的情形，包括战胜逆境、克服软弱、改造性格，甚至改变运气。你**可以**教一只老狗学会新把戏，这和你不能教它学会新把戏一样，可以是确定的事实。那我们要问了：老狗是你可以教它们学会新把戏的对象吗？如果它们不是，我们就不想像老狗那样。我们理所当然会关心那些未来的轨迹不一定会重复过去模式的实体，而决定论的一般论点对这些问题根本没有任何影响。

考虑一下简单的决定论性质的"生命"世界。在某一层面上，什么都不会改变；像素遵循简单的物理规则，一遍又一遍地重复做同样的事情。而在另一个层面上，我们看到了不同种类的世界。如果仅仅从宏观的视角来看一些世界，它们就像在原子层面上一样毫无变化，比方说，包含"静止的生命"和"闪光灯"的一片永远闪烁的区域。没有戏剧性，没有悬念。其他世界不断地"进化"，永远不会再一次回到同一状态，这些世界要么以一种有模式的方式"进化"，可预测地增长，创造出比方说由等间距的相同滑翔机组成的一串稳定的滑翔机，要么以一种明显没有模式的方式"进化"，而像素群不断地增长、移动和发生碰撞。在这些世界里，未来像过去一样吗？是的，但也可以说不是。物理特征是永恒不变的，所以微观事件总是一样的。但在更高的层面上，未来可能是多样化的：它可能包含一些类似于过去的模式，也可能包含完全新奇的其他模式。在一些决定论性质的世界里，也就是说，有些东西的**性质**会随着时间的推移而发生改变，所以决定论并不意味着性质是固定不变的。这是一个微小但令人振奋的事实。后面还会有更多惊喜。

一些"生命"世界中会有竞赛，即便拉普拉斯妖确切地知道每一场竞赛的结果，但对于不像拉普拉斯妖那么有智慧的人来说，可能会有真正的戏剧性和悬念，这些人无法通过其有限的视角得知比赛的结果。例如，考虑一下这样的"生命"世界，其中有一台"通用图灵机"在运行我们的程序，即 A 和 B 在国际象棋比赛中对弈的程序。国际象棋是一种"完全信息"的游戏；在这一点上，它与纸牌游戏不同，在纸牌游戏中，你不让对手知道你拥有的牌（在这种游戏中，对手不会知道下一张牌会是什么）。因此，A 和 B 掌握着关于正在进行的象棋比赛状态和未来可能性的全部共同信息。然而，它们拥有一串好不容易得到的不同预期，预测的是对手和自己接下来可能的走法。这场竞赛是利用共享信息来产生专有信息，以此为基础选择接下来的走法，而至于 A 为什么打败了 B（如果 A 赢了，当 A 赢的时候），相关解释必定和 A 的一种卓越能力有关，这种能力使 A 得以生成和使用关于（从它的角度来看）不确定而开放的未来的信息。每一个有限的信息使用者都有一个认知视野；它不会了解自己所处世界的所有事情，这种不可避免的无知确保了它拥有一个**主观**上开放的未来。对这样的行动者而言，悬念就是生活的一个必要条件。*

　　但是，先抛开主观的悬念以及天性的改变。那**改进**是怎么回事呢？在一个决定论性质的世界里，是否可能存在不仅是改进而且是**自生成**（self-generated）的改进这种事情？在一个决定论性质的世界里，一个行动者能够希望在现实中改善自己的命运吗？还是那句话，这个问题的答案与决定论无关，一切都与**设计**有关。程序员已经演示了决定论性质的计算机算法如何能让自己适应环境的变化，并从错误中吸取教训。由于不想分散对正在讨论的其他问题的注意力，我们当时没有讨论国际象棋程序 A 和 B 运用学习能力的问题，那么现在考虑一下，如果我们使其中一名参赛者拥有了从经验中学习的能力，那么会发生什么呢？如果最初平凡的 B 拥有学习能力，而 A 没有，那么我们最终可能会发现 B 取得了胜利。你可能会说，B 与 A 竞争的历史产物之一——也是它自身的劳动成果——可能是 B 进化出的一种结构，这种结构使它拥有了可以改进的能力，继而使其命运得到了改善。B 从一个常年的输家变成一个"常胜将军"。假设 B 在决定论性质的世界中有这样的学习结构，它令人羡慕的能力**根本**不会因为引入真正的非决定论性质的随机数发生器而得到改进。如果 B 缺乏这种学习能力，那么给宇宙增加非决定论性质也无助于 B 开拓未来。

　　这种自我改进（非奇迹地）发生的条件正是另外一些情况发生的条件，在这些条件下，某种存在觉察到了胜利的原因，并安装了一些

---

* 拉普拉斯妖的例子具体说明了一个有趣的问题，这个问题首先由图灵提出，赖尔（Ryle, 1949）、波普尔（Popper, 1951）和麦凯（MacKay, 1960）对其进行过讨论。任何信息处理系统都不可能对自身有一个完整的描述——这是项狄式问题（Tristram Shandy's problem），即如何表示最后一点的表示的表示的表示……因此，即使是拉普拉斯妖，也有一个认知视界，它不能像预测宇宙的下一个状态那样预测自己的行动（它一定是在宇宙的外部）。

设计来提高这些原因在未来恰当的时间出现的可能性，而这种存在要么是玩家上帝，要么是进化，要么是 B 的导师，要么是 B 本身。因而，设计一个从经验中学习的程序有一个我们熟悉的理由：它可能会在未来遇到类似的情况，然后发生的事情可能会受到它现在所学东西的影响。这是因为那时发生的事情将取决于它当时的决定；比方说，在某种重要意义上，是否走王车易位将**取决于它**。国际象棋的规则是否保持不变，这不取决于它，对手如何走棋也不取决于它，然而，在某种重要的意义上，它自己如何走棋取决于它：如何走棋将是**它自己**探索和反复斟酌的结果。

同样，我们来比较一下这两种情况，一条鱼面对着有饵的鱼钩，而另一条鱼则面对着一张迅速靠近的网，第一条鱼是否上钩取决于这条鱼本身，但第二条鱼是否入网可能就不是如此了。那么，鱼有自由意志吗？在重要的道德意义上，它们没有，但它们确实拥有能做出生死攸关"决定"的控制系统，这至少是拥有自由意志的必要条件。在第 4 章中，我们将讨论是否存在关于"取决于"的另一种更重要的意义，这种"取决于"适用于我们（如果我们是道德行动者），但不适用于决定论性质的下国际象棋的计算机——以及鱼。

我们生活在一个主观上开放的世界。我们被进化设计成了"食信息者"（informavore），求知欲强烈的寻求信息者，无休止地寻求改善我们在这个世界上的支点（purchase），从而更好地为我们主观上开放的未来做出决定。月球的组成物质与我们的组成物质是一样的，虽然和我们遵循同样的物理定律，但它的性质与我们的**不同**，它的性质是固定不变的。此外，还有一点也和我们不一样，即它的性质对它来说无关紧要。它完全不具备照顾自己的能力。我们和月球的差别不是物理上的差别，而是更高层次的设计上的差别。我们是大规模、竞争性设计过程的产物，而月球不是。这个设计过程，也就是自然选择，以"随机"变异作为其终极多样性生成器而闻名。我们已经看到，计算机程序（以及更普遍的受控实验）利用这种多样性生成器实现了大致相同的效果：促使探索过程进入新模式，并摆脱旧模式。但我们也看到，这种受欢迎的多样性来源并不需要在**非决定论**意义上真正随机。

说如果决定论是真的，那么你的**未来**就是固定的，这就是在说……废话。说如果决定论是真的，你的**天性**就是固定的，这就是错话。我们的天性并不是固定不变的，因为我们已经进化成了一种**被设计而成**的实体，可以改变自己的天性以回应与世界其余部分的互动。正是拥有固定**天性**和拥有固定**未来**这两者之间的混淆，错误地激发了人们在面对决定论时产生的痛苦感。混淆发生在一个人试图同时持有看待宇宙的两种视角时：一种是"上帝之眼"视角，能够看到铺陈在眼前的过去和未来；另一种则是宇宙中行动者的参与视角。从永恒的"上帝之眼"视角来看，什么都不会改变——整个宇宙的历史都是"一次性"展开的——即使是一个非决定论性质的宇宙，也只是一棵静态的轨迹分支树。从参与行动者的视角来看，事物会随着时间的推移而发生变化，而行动者也会进行调整以应对这些变化。当然，并不是**所有**改变对我们来说都是可能的。有些事情我们能改变，有些事情我们不能改变，一些我们不能改变的事情是可悲的。我们的世界有很多问题，但决定论不是其中之一，即便我们的世界是决定论性质的。

这样，抛开了对物理决定论的恐惧之后，我们就可以把注意力转移到生物学层面，在这个层面上，我们可能会真正地做出解释，说明当我们的世界中由与我们同样的物质构成的其他实体根本就没有自由的情况下，**我们**是如何能够拥有自由的。和往常一样，当主题是生物学时，我们会发现有各种不同类别和等级的自由。生活在"生命"

平面上的下国际象棋的电脑的自由，不过就是一个玩具，是我们感兴趣的那种自由的卡通素描。但我们对这种自由有兴趣，而且从其最简单的可想象的模型入手，并确定它与决定论是兼容的，对我们是有帮助的。

　　康拉德：好吧，你已经证明奥斯汀错了。但这只是表明，他对**真正的**可能性一点也不感兴趣，他感兴趣的是他的推杆游戏！你是对的，查证这一点的方法是多进行几次推杆击球，然后看看击进了多少个球。就像你解释的那样，有一种意义有关能力，有关**可以做事**的本领，这种意义同样适用于人类行动者和下国际象棋的电脑（就此而言，还有开罐器）这样的装置。但所有这些都表明，回答这类问题甚至没有涉及我感兴趣的问题：奥斯汀**那次**原本可以做到推杆入洞吗？在决定论性质的世界里，这个问题的答案一定是"不能"。

好吧，如果你坚持这样认为的话。也许有一种关于"可能"的意义，从这个意义来说，如果决定论是真的，奥斯汀原本就不可能做到推杆入洞。那么我们究竟为什么要关心你的问题呢？除了无聊的形而上学的好奇心外，对于奥斯汀原本是否可能做到推杆入洞这个问题，**在你看来**我们还应该关心什么呢？

不兼容论者确实能回答这个问题，在我们可以从容地回到进化论相关讨论之前，我们应该给他们一个机会，展示一下这个答案。在下一章中，我们会专门探讨他们迄今为止提交出的最好答案。如果你认为决定论已经不是问题了，那你可以直接跳过第4章，但你会错过有关我们自由性质的一些偶然发现，这些发现与揭示它们的对非决定论的追求基本无关。

第 3 章

我们对可能性、必然性和因果关系的日常思考似乎与决定论相冲突，但这只是一种错觉。决定论并不意味着，无论我们做什么，我们原本都不可能做别的事情，也不意味着每个事件都有原因，或者我们的天性是固定不变的。

第 4 章

带着同情的态度来审视雄心勃勃的非决定论性质的决策模型，会揭示困扰遵循这一道路的理论家的动机和问题。自由意志论者振振有词地宣称必需的东西，可以在没有非决定论的情况下得到，而非决定论不会产生任何可能产生道德差异的差异。

关于资料来源和扩展阅读的说明

我在编写本书的终稿时发现了朱迪亚·珀尔的《因果论：模型、推理和推断》（*Causality: Models, Reasoning, and Inference*, 2000）这本书，书中对我和泰勒从可能世界的角度看待事物的方式提出了质疑，同时提出了其他诱人的解释。理解这些内容并在必要时重新阐述我们的结论，这并不是一件轻松的事情，而我们认为这些结论没有直接受到质疑。这是未来的工作。

关于可能性的更多内容，请参阅《达尔文的危险思想》第

5 章"可能的和实际的",特别是"可能性自然化"（pp. 118–123）。另见思维实验（"两个黑匣子"，pp. 412–422），从这个实验中我们可以了解到，科学家可以对这一现象中发生的（决定论性质的）微观因果过程有**全面的了解**，但对他们观察到并希望解释的宏观因果规律却全然不知所措。

关于伪随机数及其在控制和自由意志中的用途，想要了解更多的话，请参阅《行动余地：值得向往的自由意志之种种》（pp. 66–67 等处）。

《项狄传》是劳伦斯·斯特恩的一部喜剧小说，于 1759 年至 1766 年间出版了 9 卷，书中声称这是一部自传，却陷入了思考、反应和元反应的递归循环中，这一循环成了一项未完成也无法完成的任务。

第 4 章

听听自由意志论的解释

传统的自由意志问题是由这样一种观点引入的：**如果决定论是真的，我们就没有自由意志**。这种观点表达的是一种**不兼容论**（incompatibilism），初听起来似乎很有道理。许多人经过一番苦苦思索之后仍然认为它就是真的，所以我们暂且先不直接否定这种观点，我们先来体验一下，看看它到底有何吸引力，看看它的优点是什么，缺点又是什么。

自由意志论的吸引力

如果我们接受这种观点，那么我们就有两条路可以走，而具体选择哪条路要看我们认同的是哪一半观点：

严格决定论［hard determinism］认为，决定论是真的，所以我们没有自由意志。冷静务实、具有科学精神的人有时会宣称他们接受这一立场，甚至声称这是理所当然的。其中许多人还补充道：即便决定论是假的，我们**也**没有自由意志——我们在任何情况下都没有自由意志，而且自由意志是一种不合逻辑的概念。但如果决定论确实是真的，这些人为什么还要坚持用道德观念来指导他们的生活呢？对于这个问题，这些人往往会避而不谈。这让我们怎么办呢？如果决定论是真的，那么人类的奋斗、赞誉和指责还有什么意义呢？在第 1 章中，我们遇到了在这一时刻可能出现并将我们推入危险深渊的向下螺旋。我们还有其他什么稳定的方案可以替代这种面临威胁的道德虚无主义［moral nihilism］吗？［读者中那些严格决定论者可能会在随后的章节发现，你们**深思熟虑后的**观点其实是：尽管自由意志（按照你们对这一术语的理解）确实不存在，但某种**类似**自由意志的东西的确存在，这正是支撑你们的道德信念最需要的东西，使你们能够做出需要做出的区分。严格（"硬性"）决定论者的这种软着陆可能只是表示其与**兼容论**使用了不同的术语罢了，后者认为，自由意志和决定论终究还是兼容的，这也是我在本书中要捍卫的观点。］

自由意志论［libertarianism］认为，我们的确拥有自由意志，所以决定论一定是假的，非决定论是真的。如今，得益于量子物理学家们的研究成果，科学家们普遍认为（在亚原子层面，也就意味着在各种可指定条件下的更高层面上）非决定论是真的，这似乎是一个圆满的解决方案，但还有一个小问题：怎样才能利用量子物理学的非决定论，来清晰连贯地描述人类行动者如何实践这种奇妙的自由意志呢？

顺便说一下，**自由意志论**这个术语在此处的含义与其政治意义无关。为这种自由意志论辩护的左翼哲学家可能比右翼哲学家要多，但这只是因为，一般来说，左翼哲学家的数量可能更多而已。认真考虑过这一观点的右翼政治人士可能往往会支持自由意志论，它对宗教保守派人士可能也很有吸引力，哪怕只是因为他们厌恶所有其他选项，但自由意志论者在国家相对于公民的权力这个问题上并未明确表达任何特定观点。他们一致认为，自由意志基于非决定论，但他们在刚才提到的那个小问题上却存在很大分歧：亚原子非决定论究竟是如何产生自由意志的？其中一部分人干脆表示，这是其他人要解决的问题，或许是神经科学家或者物理学家的分内之事。他们所关心的只是我们可以称之为自上而下的道德责任约束：如果人类行动者要对所做的事情承担相应责任，那么行动者选择这一行动必定不是由选择之前就已经存在的全部物理条件决定的。"我们这些哲学家负责为自由行动者设定**规格**［spec］，把按照这些规格**进行具体操作**的问题留给了神经工程师。"而另外一小部分人已经意识到，这种分工不见得总是个好主意；如果人们在尝试按照自由意志论者制定的这些规格进行具体操作时遇到困难，这些规格的条理性就会受到质疑。此外，设法为非决定论性质的人类选择寻求一种肯定性的解释是有益处的，而这种益处无须假设非决定论为真。

到目前为止，罗伯特·凯恩在他 1996 年出版的《自由意志的重要意义》(*The Significance of Free Will*)[*] 一书中就这方面做出了最好的尝试。凯恩表示，只有自由意志论的描述才能提供我们（至少是我们中的一些人）所渴望的那种特征，他称之为终极责任（Ultimate Responsibility）。自由意志论始于一个我们都颇为熟悉的说法：如果决定论是真的，我所做的每个决定（比如我的每次呼吸）归根结底都

---

* 随后，罗伯特·凯恩在《责任、幸运和机遇：关于自由意志和决定论的思考》("Responsibility, Luck, and Chance: Reflections on Free Will and Indeterminism," 1999)一文中对他的批评者做出了回应。

是那些可以追溯到我出生之前的因果链条产生的结果。在上一章，我对"决定不同于因果关系"这一点进行了论证，说明了我们即便知道一个系统是决定论性质的，也无法看出系统内发生的事件之间有什么值得关注的因果关系——或者说**缺少**因果关系；但这是个颇具争议的结论，与悠久的传统观念背道而驰。有些人可能认为，这只不过是个有点古怪的建议，告诉我们应该如何使用"原因"这个词，所以我们不妨暂且把它放到一边，看看如果我们坚持传统观点，即认为决定论就是指事件的每个状态都会**导致**后续状态这样一种论点，会发生什么。那么，就像许多人所说的那样，如果我的决定是由可追溯到我出生前的事件链（chains of events）引起的，我就可以对我的行为结果负**因果**责任，这就好比暴风雨中倒下的大树枝可以对被它砸到的人的死亡负因果责任，但大树枝原本就长得这么粗壮，或者风刮得如此猛烈，又或者大树离人行道太近，这些都不是大树枝的**错**。要承担道德上的责任，我所做的决定的终极原因必须源于我，而只有在早期的影响不**充分**确保结果的情况下，这才是真的，这种结果才是"真正地取决于我"。哈里·杜鲁门曾在白宫椭圆形办公室的办公桌上放了块牌子，非常有名，上面写着："责无旁贷。"（The Buck Stops Here.）凯恩说，人的心智也必须"责无旁贷"，而只有自由意志论才能提供这种自由意志，这种能赋予我们"终极责任"的自由意志。心智是"意愿（选择、决定或努力）"的舞台，而且：

> 如果这些意愿又是由其他因素引起的，那么解释链可以进一步追溯到遗传或环境、上帝或命运，那么终极性［ultimacy］将不在于行动者，而在于其他因素。（Kane, 1996, p. 4）

自由意志论者必须找到一种方法，在行动者做决定时打破其身上这些不祥的因果链条，凯恩也承认，如果列出自由意志论者迄今为止设计出的种种模式，你会发现这就好像是一座关着绝望怪物的动物园。"自由意志论者援引了超越经验的权力中心、非物质自我、本体自我、非偶发性［non-occurrent］原因，以及一长串运作方式还未解释清楚的其他特殊能动性。"（Kane, 1996, p.11）他进而开始纠正这一缺陷。

然而，在探讨他所做的尝试之前，我们需要注意的一点是，一些自由意志论者并不认为这是个缺陷。顽固的二元论者和其他一些人实际上乐于接受"自由意志若要存在，得出现某种奇迹"这样的观点。他们凭直觉确信，自由意志——真正的自由意志——在物质主义者、机械主义者和"还原论者"的世界里根本不可能存在，而且物质主义者对其的看法尤其糟糕！比方说，有一种被称为"行动者因果关系"的学说。作为当代对这一古老观念进行重新诠释的主要人物，罗德里克·齐硕姆对此做了如下定义：

> 如果我们负有责任……那么我们就拥有了一项特权，一项会被某些人视作专属于上帝的特权：在我们行动时，我们每个人都是不动的第一推动者［prime mover］。在做我们所做的事情时，我们引起某些事件发生，没有任何东西或任何人促使我们引起这些事件发生。（Chisholm, 1964, p. 32）

"我们"是如何引起这些事件发生的？如果不存在某一事件（可能发生在行动者中）作为引起某种结果的原因（并且其本身也是较早原因引起的结果，以此类推），那么**行动者**是如何引起这种结果的呢？行动者因果关系是一种非常神秘的学说，它假定的一些东西是我们在化学反应、裂变和聚变、磁吸、飓风、火山等因果过程中，以及新陈代谢、生长、免疫反应和光合作用等生物过程中所发现的东西都无法比拟的。真有这样的东西吗？当自由意志论者坚持认为一定存在这种东西时，对于另一边的严格决定论者来说，这正中其下怀，他们乐得让自由意志论者提出的这种毫不妥协的自由意志定义来确定辩论条件，这样他们就可以在拥有科学这位盟友的情况下宣称，自由意志的处境变得更糟糕了。我发现，那些认为自由意志显然只是个幻觉的人往往会从激进的行动者–因果关系类型中得出他们对自由意志的定义。

这种两极分化可能是不可避免的。如果风险很大，人们就应当小心谨慎，但过度谨慎又会导致立场更加强硬，并且对"逐渐被削弱"疑神疑鬼。常言道，如果你不能解决问题，你就会成为问题。他们会得寸进尺，所以要保持警惕、遏渐防萌，以免滑向深渊。然而，谨慎也可能会导致一种无意中的自我讽刺。有时，人们会为了保护珍贵的东西而决定把城壕挖得极深，认为比起冒险防御不足，过度防御要安全得多。但结果是，他们最终努力捍卫的是一些站不住脚的东西，执意坚持一种极端立场，而这种极端立场过于夸大其词，实际上十分脆弱。无论在什么情况下，绝对主义都是哲学中的一种职业性危害，因为激进、犀利的立场更容易说明，更令人印象深刻，也往往会吸引更多关注。没有人会因为拥护普世混合主义（ecumenical hybridism）而成为著名的哲学家。在自由意志这个主题上，传统本身放大并维持了这种倾向：正如 2 000 年来哲学家们所说的，我们要么有自由意志，要么没有；要么完全拥有，要么根本没有。因此，各种折中的方案——如决定论至少与**某些**种类的自由意志兼容的建议——都被认为是糟糕的交易，会破坏我们的道德基础，因而遭到抵制。

自由意志论者长期以来坚持认为，我所描述和捍卫的自由意志，也就是**兼容主义者**认为的自由意志，根本就不是真正的自由意志，甚至算不上真正自由意志的替代品，用伊曼努尔·康德常被引用的那句话来说，这只是一种"拙劣的诡计"。我们双方大可以玩这种相互贬低的游戏。看好了。在我们这些兼容主义者看来，**自由意志论者**似乎认为，只有当你能够进行我们所说的**道德悬浮**（moral levitation）时，你才能拥有自由意志。能够悬浮，然后只凭一时兴起就能迅速朝任何方向奔去，这难道不是一件很棒的事情吗？我倒是很想能做到这一点，但我做不到。这是不可能的。没有像悬浮者（levitator）这样神奇的存在，但有一些相当不错的近似悬浮者：蜂鸟、直升机、飞艇和悬挂式滑翔机都是这样的近似悬浮者。然而，对于自由意志论者来说，近似悬浮还不够好，他们实际上是这样说的：

> 如果你的脚踩在地上，这其实并不是你的决定，而是地球的决定。这个决定不是由你做出的，它只不过是在你身体中纵横交错的诸多因果链条的总和，而你的身体就是地球表面一个移动的凸起物，承受着各种影响带来的冲击，并受到重力的约束。真正的自主，真正的自由，需要选择者以某种方式悬停，与这些原因的推拉纠缠保持距离，以便在做决定时，除你之外，没有其他东西会引起这些决定！

这些都是讽刺性描述。它们有它们的用途，但现在，我们要认真考虑一下凯恩的勇敢尝试——填补空缺并提供了一个关于负责任决策的自由意志论模型。凯恩承认"**自由是一个具有多种含义的术语**"，他还承认"**即使我们生活在一个确定的世界里，我们也可以有意义地将那些没有身体约束、成瘾或神经症，没有受到胁迫或政治压迫等的人与出现这些状况的人区分开来，而且我们可以接受，即使在一个确定的世界里，这些自由相对于其对立面也更值得选择**"（Kane,

1996, p. 15）。因此，一些值得追求的自由与决定论是兼容的，但"人类的渴望超越了"这些自由；"**至少有一种**自由是与决定论不兼容的，它是**一种值得追求的重要自由**"。它是"一个人成为自己目的或目标的最终创造者和持续者的力量"（p.15）。

　　人们通常认为，在一个决定论性质的世界里，没有真正的选择，只有表面上的选择。我已经在前两章中证明了这是一种错觉，但即便如此，它依旧有很强的适应力和很大的吸引力。如果决定论是真的，那么在任何时刻都只有一个物理上可能的未来，所以既然每个选择都已经被决定好了，所有的生命只是在演绎宇宙诞生之初就已经确定的剧本。没有真正的选择，一个生命的整个历史轨迹没有分支点，在这样的情况下，你可能很难成为自身行为的**创造者**；你更像是一出戏中的演员，非常坚定地说着自己的台词，优雅或笨拙地犯下自己的"罪行"，而无论犯下哪一项"罪行"，那都是舞台指示中早已规定好的内容。很有说服力，不是吗？但这是错的。要想解释清楚"这完全是错的"——这是一种决定论的前提根本无法证明其合理性的恐慌反应——这个令人惊讶的结论，最好的办法可能是给对方充分的机会，让他们说说看，到底什么**会**给我们带来真正的选择。凯恩所面临的挑战是要说明我们**表面上**的决策如何能成为**真正的**决策，他希望在不假设存在任何超自然实体和神秘的能动性形式的情况下做到这一点。他和我一样，也是自然主义者，认为我们都是自然秩序的产物，我们的思维活动依赖我们大脑的活动。自然主义的这一要求提出了一些非常值得思考的问题。（在后面的章节中，我们会进一步仔细研究当代认知神经科学和心理学对决策的看法，看看当我们变得更加雄心勃勃并尝试增添更多细节时，会发生什么有趣的事情。）

我们应将急需的空缺置于何处？

一篇富有传奇色彩的书评开篇写道："这本书填补了一个急需的空缺。"不管这篇书评的作者是否原本就是这个意思，凯恩肯定都需要一个空缺，一个决定论的缺漏，他想把它安置在他所称的大脑中的**实践推理能力**中。他以输入、输出以及输入输出的过程中有时会发生什么来描述这种能力（图 4.1）。凯恩根据**意志**的三种意义区分了这三种现象：

（1）**渴求或渴望的意志**：我**想要**、**渴望**，或**偏好**去做的
（2）**理性意志**：我**选择**、**决定**，或**打算**去做的
（3）**奋斗意志**：我**尝试**、**努力**，或**尽力**去做的（Kane, 1996, p. 26）

粗略地说，第一类意志为实践推理能力提供了输入，如果一切进展顺利，它会产生第二类意志作为输出。如果该机制有了某种压力，我们会得到第三类意志，这种类型的意志总是意味着存在阻力，从而产生奋斗或更大的努力。这一切听起来相当熟悉，而且都是正确的。在我们尚未做出决定时，我们会用能想到的任何相关偏好或渴望来激发我们的心智（第一类），提醒自己注意相关的事实或信念，然后认真思考。我们的思考，无论是容易的还是费力的（第三类），最终都会以决定（第二类）告终。"在我看来，如果自由意志中存在不确定性，那么它一定发生在输入和输出之间。"（Kane, 1996, p. 27）

凯恩举了一个例子，以便我们看到这样一个系统是如何运作的：考虑这样一种情况，一位女商人"要去参加一个对她的职业生涯至关重要的会议，在途中，她目睹了巷子里发生的一起袭击事件。继而，她的内心陷入了挣扎，是该听从自己的道德良知，停下来寻求帮

渴望、偏好……

输入

实践推理

（奋斗意志）

输出

决定、打算……

图 4.1　实践推理能力

助，还是应该以职业抱负为重，不能错过此次会议呢"（Kane, 1996, p. 126）。凯恩提出了一个大胆的想法：这样的挣扎可能会建立两个"相连的递归神经网络"——每个网络对应问题的一个方面。这两个相互连接的网络为彼此提供反馈，以各种各样的方式相互作用，相互干预，通常情况下，其中一方会在这场激烈的竞争中胜出，这时系统会安定下来，输出决定。

这样的网络使冲动和信息在反馈环中循环，在大脑的复杂认知过程中发挥作用，我们可以认为人类的深思与该过程有关。此外，递归网络是非线性的，因此（正如最近的一些研究结果显示的那样）可能会出现**混沌活动**［我加的强调——丹尼特］，这将有助于人类大脑在创造性地解决问题时表现出可塑性和灵活性（用于实际目的的深思就是一个例子）。其中一个递归网络的输入包括这位女性的道德动机，它的输出是返回小巷这个选择；

另一个网络的输入是她的职业抱负，其输出是继续去参加会议这个选择。这两个网络是联系在一起的，因此，对于她是否会依道德行事这件事，**使其不确定的非决定论性质**［我加的强调——丹尼特］来自她要做相反的事情的意愿，反之亦然——就像我们所说的，非决定论性质是由于意志上的冲突而产生的。（Kane, 1999, pp. 225-226）

在展开进一步讨论之前，我们需要先将此章节中放在一起讨论的两个问题分开。凯恩在这里提到的"混沌活动"是**决定论性质的**混沌，也就是某些种类的现象在**实践上**的不可预测性，这些现象在普通的牛顿传统物理学中是可描述的。正如凯恩认识到的那样，两个无序互动的网络本身并不会产生非决定论性质，所以如果有任何"使其不确定的非决定论性质"，那一定是来自其他地方。这一点非常重要。凯恩并不是唯一看到混沌在决策中具有重要性的人，但给混沌**补充**一点量子随机性这个想法则是他提出的，在这一点上，他和许多人一样，追随罗杰·彭罗斯（Roger Penrose, 1989, 1994）的想法。我们需要考虑的问题是，凯恩所说的额外因素是否在做什么重要的工作，为此，我们需要更清楚地了解什么是混沌现象。

以"海亚特新出发滚珠轴承"（Hyatt New Departure Ball Bearing）展览为例。多年来，芝加哥科学技术馆（Museum of Science and Technology）一直陈列着这样一个玻璃展柜，里面不断地上演着神奇的一幕。这件展品由通用汽车公司的一个分公司捐赠，展示了一连串小钢珠不断从展品背面的一个小洞里滚出来，下落几英尺*，落到一个经过高度抛光且加工精美的圆柱形钢质"砧子"的顶部，然后高高弹起，

---

* 1英尺＝30.48厘米。——编者注

穿过一个圆环，这个圆环就像硬币在桌面上那样快速旋转（因此，通过旋转环的跳跃时间必须非常精确），然后从第二个钢砧上弹跳到这个玻璃柜后面一个小洞里，这些小钢珠都精确地通过这个小洞，完美退场：弹跳，弹跳，嗖嗖，弹跳，弹跳，嗖嗖。每小时进行数百次。展柜的说明牌上写着："这台机器展示了滚珠轴承中所有钢珠的制造精度和物理特性的一致性。"如果对这两个钢砧加以适当调整，这台机器就可以连续运行几天的时间，每颗钢珠都精确地沿着前一颗钢珠的轨迹运行，这是一个完全可预测的、可靠的以及决定论性质的展现，有力地证明了物理特性可以决定一个人的命运——至少，如果一个人相当于一个小钢珠的话。然而，只需将钢砧的数量增加一倍（在这种情况下，每个钢珠在退场之前必须反弹四次），并将钢砧侧翻，这样钢珠就必须从圆柱体的弧形外壁而不是其极为平坦的顶部反弹，如此一来，钢珠的可预测性就可能会被打破。加工制造钢珠和调整钢砧的误差值将缩减至几乎为零。*仅仅是玻璃展柜另一侧参观者的存在，就会产生足够的可变**引力**干扰（gravitational interference），打乱最精确的计算，并导致许多钢珠错过它们最终的目的地！

这种混沌是决定论性质的，但并不会因此就失去了吸引力；正如凯恩所言，它确实可能"有助于人类大脑……表现出可塑性和灵活性"。近年来，这种混沌的力量以及更广泛的"非线性"力量，已经在凯恩提到的许多模型中得到了探索和充分的证明。其中部分研究已被批评者称作人工智能的丧钟，或者更具体地说，为一种被称为"有效的老式人工智能"（GOFAI）的符号运算技术（Haugeland, 1985）敲响了丧钟，而且许多人都产生了这样的印象，觉得比起那些

---

* 物理学家迈克尔·贝里（Michael Berry, 1978）曾对弹球机中钢珠弹离圆柱的轨迹进行计算。三次反弹就超出了我们可计算的范围。

算法程序笨拙又脆弱的计算机，非线性神经网络拥有它们无法企及的惊人力量。但许多神经网络的"粉丝"忽略了这样一个事实，他们为了证明自己的观点所展示的那些模型正是**计算机**模型，它们不仅是严格的决定论性质的模型，甚至在重要的决策部分（engine room）也是算法模型。它们只有**在最高层面上**才是非算法的。（整体能比其"部分"更自由吗？这里有一种方法可以做到。）即使像保罗·丘奇兰德这样精明的评论者也可能会落入这个诱人的陷阱。罗杰·彭罗斯试图利用量子物理学来对抗可怕的人工智能算法，丘奇兰德恰如其分地对这一做法进行了抨击，他这样写道：

> 若想找到一个丰富的非算法过程的领域，不一定要把目光投向量子领域那么遥远的地方。在**硬件**［我加的强调——丹尼特］神经网络中发生的过程通常是非算法的，它们构成了我们头脑中的大部分计算活动。直截了当地说，它们就是非算法的，因为它们并不取决于一系列根据一组存储的符号操作规则指令连续遍历的离散物理状态。（Paul Churchland, 1995, pp. 247-248）

注意这里插入的词语——"硬件"。如果没有它，丘奇兰德所说的就是错的。事实上，他讨论的所有结果［NETTalk*、埃尔曼（Elman）语法学习网络、科特雷尔和梅特卡夫（Cottrell and Metcalfe）的 EMPATH† 等］都不是由"硬件神经网络"产生的，而是由标准计算机上模拟的虚拟神经网络产生的。因此，在较低的层面上，其中展示的每一项都**确实**"取决于一系列根据一组存储的符号操作规则指

---

* NETTalk 是一个可识别字母、辨认单词并将其朗读出来的程序。——编者注

† EMPATH 是一个用于识别人脸表情和性别的系统。——编者注

令连续遍历的离散物理状态"。当然，在这个层面上无法解释它们的力量，但这是算法层面。这些程序所做的事情都不会超出图灵可计算性的限制。就像我们在第3章中必须进入国际象棋对弈层面来解释程序A和程序B之间的力量差异一样，我们必须进入神经网络建模层面来解释这些模拟网络所拥有的非凡力量，但在这两种情况下，微观层面上发生的都是一个决定论性质的、数字的和算法的过程。从可计算性限制的角度来看，丘奇兰德讨论的那些对其有利的模型都是以计算机程序——算法的形式——实现的。因此，除非他想否认自己喜欢的例子，否则他必须承认，算法过程还是可以展现出他认为对解释心智至关重要的力量的。但是，他声称，**硬件**神经网络是非算法的，即便这是真的，也无法解释它们所展现出的力量——因为其算法近似物拥有全部所需的力量。*

我们在第2章中讨论的简单"生命"世界中的行动者以及在第3章中讨论的计算机国际象棋程序都是数字的，也是决定论性质的，因此，虽然计算机模拟的非线性神经网络拥有额外的力量，但那同样是数字的和决定论性质的。丘奇兰德指出的额外因素——用硬件取代虚拟计算机软件——并没有增加神经网络的力量。哪怕它确实能加强神经网络的力量，也还没有人提出能让我们认同这种想法的理由。†那么凯恩指出量子层面的非决定论性质这一额外因素还有其他作用吗？

---

* 本段摘自登斯莫尔和我的有关作品（Densmore and Dennett, 1999），有所改动。

† 可能存在一个理由，暗含在第2章我就碰撞在创造力中的作用所进行的讨论中。这可能是因为，没有任何可行的计算机模拟——没有任何虚拟世界小到可以模拟，可以将开放性创造力所需的噪声与安静混合在一起。这与丘奇兰德关于神经网络的说法并不相关，但这可能是真的。汤普森（e.g., Thompson et al., 1999）在进化电子学方面的工作从另一个角度表明，在探索设计空间方面，软件并不总是能取代硬件。汤普森已经创造出了硬件芯片，其能力不依赖于软件处理能力，而是依赖于可以由人工进化选择的微物理层面的非设计交互。

要回答这个问题，我们需要做些细致的研究。凯恩应该将其想要的非决定论性质置于何处，并如何安置呢？

凯恩的非决定论性质决策模型

实践推理能力应该做些什么，又应该怎么做呢？用工程师的话来说，这款决定装置（deciding-device）的规格是什么？凯恩告诉我们，这款装置应该以某种方式了解提供给它的各种原因和偏好的权重，对行动者起决定性作用的原因占较高权重，"他或她更想根据这一原因采取行动，而非根据其他任何原因（采取其他行动）"。他还补充了附加条件，这种能力发挥作用的最佳案例或成功案例不应是胁迫或强迫的结果（Kane, 1996, p. 30）。这种能力是以决定论的方式发挥作用吗？对于这个问题，凯恩特意从一开始就没有给出明确答案，因为他想要证明的是，为了让自由意志论的自由意志从能力中显现出来，就必须配备这种非决定论性质的额外特征。在考虑实践推理能力的规格时，超越凯恩的最低条件并考虑一些你不希望你的能力表现出的某种**无能**，这都是有益处的。

（1）它根本没有输出——它就是坏了。你无法思考下一步该做什么。

（2）它的带宽太窄（它不能同时处理你所有的需求、渴望或偏好，并且会产生巨大波动，无法消化其海量的输入）。

（3）对于你生活的世界来说，它给出的输出太慢。

（4）它有"哈姆雷特式的难题"（无限循环），无限期延迟输出。

（5）它对特定**类型的**输入（来自母亲的建议，爱国主义、性别或终身教职等考虑因素）失效。

（6）它对输入给出了**错误的**输出（例如，在时刻 t，你肯定**更愿意**选择人权而不是吃一个冰激凌，但你的能力让你**决定**买一个冰激凌，而不是捐给有需要的人）。

最后一个例子提出了一个有趣的问题，这个问题关于自由意志的弱点以及凯恩提出的第三类意志——奋斗意志，当遇到阻力且不得不付出的时候就会出现这种意志。这个机械装置的**离合器**在哪里呢？是在能力的外部还是内部呢？

（6）中给出的例子把离合器放在了能力内部，允许输入和输出**之间**存在不需要的滑动：你做出了不需要的决定。不过，显然还有另一种情况：你能顺利进行实践推理，所以你确实**决定**把钱捐出去，但（真讨厌）离合器在你做出决定**后**滑动了一下，最终，你还是买了冰激凌，而不是做了**你决定做的**事情（图 4.2）。这真的是两种不同的情况吗？如果是的话，有什么不同？又为什么很重要呢？什么情况下的决定才是真正的决定呢？这不是唯一的有关边界的问题，我们在后面还会遇到此类问题。

如果你的实践推理能力对完全相同的输入给出了不同的输出，那会怎样呢？这会是一个缺陷吗？通常我们希望系统是可靠的，也就是说，我们相信这些系统总是能够对每项可能的输入给出相同的输出——无论这项输出是什么，总之是**最佳输出**。手持计算器就是这样一个例子。然而，有时无法定义什么是最佳输出，或者我们特别希望系统将"随机"变化引入周围的超系统中，在这样的情况下，我们很乐意让它为完全相同的输入提供不同的输出。要实现这一目标，标准方式是在系统中加入伪随机数发生器，它起到的作用就相当于掷硬币（每次被询问都会生成一个 0 或一个 1），或者掷一个普

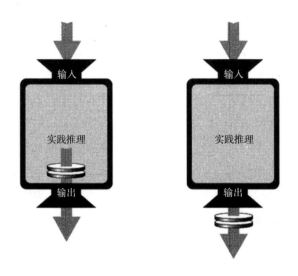

图 4.2　离合器的位置，内部和外部

通的六面骰子（每次被询问都会生成一个介于 1 到 6 之间的数字），
抑或转动一个幸运大转盘（每次被询问都会生成一个介于 1 和 n 之
间的数字）。凯恩想要的是比伪随机性更好的东西。他想要真正的
随机性，他建议通过假设在神经元中存在某种量子波动放大器来得
到真正的随机性。正如我们在上一章中看到的，这并不会让他的模
型变得更加灵活、更开放、更有能力自我完善或学习。如果凯恩的
系统通过引入伪随机数发生器无法获得某些机会，那么采用量子波
动放大器也无济于事，但这不是重点。重点是这是形而上学的，而
不是实践的。

　　你是否**应该**希望你的实践推理能力在任何情况下都会对完全相同
的输入给出不同的输出？在这里，我们面临着另一个边界问题。我们
把什么算作输入？能力是否包含了其之前活动的历史？或者它仅仅是
个无内容的加工厂，一个必须从外部记忆获得（部分）历史信息的处

理器？（图 4.3）

你不会希望你的实践推理如此死板僵化，以至于每天都做出同样的决定——例如，总是决定午餐吃火腿三明治。但如果我们在输入中加入记忆中的可用事实，那么**今天**的输入中有一项就会是，你已经连续吃了两天火腿三明治，这就使今天的情况变成了一种新情况，与昨天的情况有了不同，尽管它是被决定的。由于人们拥有丰富的记忆和知觉敏感性，他们不会有两次完全相同的状态，所以他们只要输入更多关于其当前状态和环境的各种信息，就能在实践推理能力的输出中获得大量的可变性。你的实践推理系统可以像手持计算器那样可靠，对每个 i 值的"输入 1"总是能**确定地**给出"输出 1"，但仍然不会做出两次相同的决定——原因很简单，因为时间在流逝，系统在两种情况下不会面临完全相同的输入。俗话说，"此一时，彼一时"。就像我们在第 3 章中看到的那样，两个对弈的计算机国际象棋程序如果不调整**它们的**实践推理能力的话，就永远不会下两盘相同的棋，所有

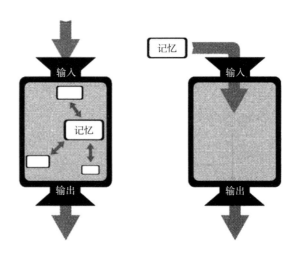

图 4.3　记忆的位置，内部和外部

的变化都是其输入随着时间的推移发生改变的结果。你可以完美地保持一致，又可以多种多样，前提是你要让各种情境特征影响你的决策。

　　现在我们准备好面对凯恩的核心观点了。假设你的实践推理能力与刚刚描述的决定论性质的安排不同，它"介于输入和输出之间"且具有非决定论性质。这是一个小错误还是一个特征呢？我们该如何对此做出猜想呢？我们是否应该认为这种实践推理能力包含了一个或多个决定论性质的推理模块作为子系统，同时也拥有一些非决定论性质的内部结构呢？如果我们把一个随机数发生器放在实践推理能力外部（图 4.4），那么它产生的随机数必然会被认为是对该能力的输入，该能力也应将其作为一种输入来看待；如果它是可靠的，那么它应该产生由该输入**确定的**输出。或者，我们把一个随机数发生器放在实践推理能力的内部，解放实践推理能力处理其输出的方式，那么该能力的输出将**不是**由其输入决定的——但我们所做的只是将边界划在了不

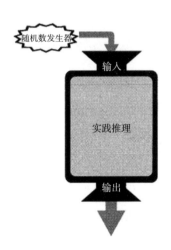

图 4.4　随机数发生器在外部

同的功能位置。

凯恩说，不确定性应该在输入和输出"之间"，但我们很可能想知道，为什么不确定性不能**作为输入的一部分**呢。这会有什么影响呢？我向凯恩提出了这个问题（在讨论本章初稿时），他对此做出了一个有趣的回答：

> 它介于输入和输出之间而不仅仅作为输入的一部分，这是有原因的。这个原因就是，假设在输入和输出之间进行的是行动者的行为或行动（以做出选择的实践推理和努力的形式）。输入（以意向、信仰和渴望等形式）并不是行动者此时此刻可以控制的，尽管其中一些可能是早些时候进行的推理、努力或选择的产物……仅仅处于输入阶段的非决定性并不能赋予我们强有力的责任。非决定性必须是这样一种**因素**，它不仅仅是"想到了"什么，而且是行动者实际在做什么（推理、付出努力、做出选择），才能充分获得自由意志论意义上的责任。如果输入是我们行为的结果，那没问题；但如果它们只是发生在我们身上或者只是出现了，即便是偶然的，那也不够好。（凯恩，私人信件）

凯恩希望这种非决定性是"我们行为的结果"，而不是输入中"只是发生"的随机性。这很容易做到：让实践推理能力在发挥作用的过程中，每当遇到它认为是某种障碍物的东西，即关于转向哪条路或下一步该考虑什么这类难以衡量的选择或元选择（meta-choice）时，就**发出信号，以获得一些随机性**（图4.5）。

这样一来，由于这种随机性是由实践推理能力的具体活动"要求的"，所以它不会无缘无故地出现。此外，通过要求而得到的随机性的用途将由实践推理能力本身的建设性活动决定。（如果我决定通

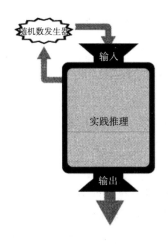

图 4.5　发出信号，以获得随机性

过掷硬币来决定今晚在哪里用餐，它还是我的选择；我决定让它来决定我的选择。)但还是那句话，我们只是在重新划定边界；内载的随机性来源可以提供的东西都可以在输入中由可随时调用的外部随机性来源提供。正如我们开始看到的，这个容器的隐喻对凯恩来说还需要做很多工作。

　　然而，为了便于讨论，我们不妨假设凯恩能想出一个很好的理由，将随机性的内部来源与外部来源区分开。我们把不确定性安置在实践推理能力的内部，按照凯恩提出的规范，将其置于输入和输出之间，然后再将该能力安置在行动者内部。它在日常生活中是如何运作的？凯恩指出：

　　　　选择或决定通常会终止仔细思考或实际推理的过程，但它们不必总是如此。我们不需要排除不假思索、一时冲动或仓促做出决定的可能性，这也解决了无法做出决定［indecision］的一些情况，不过只伴有极少的事先推理，或是没有事先推理。然而，尽管可能会出现冲动或仓促的决定，但对于自由意志来说，它们不如那些终止仔细思考过程的决定重要，在这些仔细思考的过程中，备选方案都经过了认真审视。原因在于，在后一种情况下，我们更有可能觉得自己可以控制结果，以及"本来可以不这样做"。（Kane, 1996, p. 23）

因此，我们了解到这样一种情况，**偶尔的**刻意选择（deliberate choice）行为是道德上的重要转折点——"它们起着关键作用"（Kane, 1996, p. 24）——确立了一些此后采取行动所依据的习惯和意向，即便不假思索就据此采取行动，那也是负责任的。下面我们举个例子来说明仓促决定。我的妻子问我能不能在上班路上顺便去趟邮局帮她寄个包裹，我几乎立刻回答说不行，因为我约了一名学生见面，这样一来我就赶不上见面时间了。我是否仔细思考了这个问题呢？我是否进行了实践推理呢？这并不是一个责任重大的道德决定，但道德（和不道德）生活主要就是由这类东西构成的：经片刻考虑就做出决定的成百上千个小选择点，而这些决定通常有不言而喻以及难以言喻的合理背景。如果我这样回答该有多么奇怪："既然你是我的妻子，我们曾立下誓言要互相帮助，而且我想不出你的请求中有什么缺陷或问题——比如，你没有要求我做一些实际无法做到的事，或者是非法的事，又或者是自毁的事情——那么我确实有充分的理由回答，'能，亲爱的'。而另一方面，我已经告诉一名学生，我会在上午9点半和他见面，考虑到交通状况，如果要满足你的要求，那至少会让他空等半小时。我当然可以试着打电话给他，并请他允许我重新安排见面时间，但我可能联系不上他，此外，更难的问题是，我这么及时赶去邮寄包裹是不是一件足够重要的差事，可以作为给他带来不便的正当理由。我做了这个约定就相当于是对他的承诺，虽然这并不是一个违背了就不可原谅的承诺……"我们可能会惊讶地发现，所有这些考虑因素（还有更多！）确实**在某种程度上**促成了我的仓促回答。怎么会这样呢？那么，如果我的妻子让我在上班路上去勒死牙医，或者把我的车开到悬崖边上，我会不会未经考虑就做出一个仓促的判断，无论这个判断是肯定的还是否定的？如果我之前只是告诉我的学生，我打算在上午9点半到办公室喝咖啡（没有做出任何承诺或暗示），或者更灵活地安排约定时间，或者在我妻子问我的那一时刻我正在和他通电话，这肯定会对我的仓促判断产生影响。即便是一个仓促的判断，它也可能对我的世界中的无数特征极为敏感，而正是这些特征随着时间的推移共同创造了我现在的倾向状态（dispositional state）。

凯恩愿意接受这样一种复杂的倾向状态，而几乎从我小时候起，这种倾向状态就不断在我身上形成，它可能会**决定**我在未经仔细思考的情况下，会如何对这样一种情况或其他情况做出反应。但同样，边界问题再次悄然出现。我们是应该认为仓促的判断**来自仔细思考的**能力（但只是迅速和毫不费力地，所以细节仍然并未明示），还是应该认为仓促的决定更直接地来自一些"较低层面的"能力或子系统，而仔细思考的能力则作为备用手段，以应对偶尔出现的重要任务？我认为，最好是划出界限（毕竟，这些界限只是哲学家的分析界限，不是有待发现的解剖学边界），这样一来，就能由实践推理能力在其内部轻松地做出判断，即便这种判断是仓促的判断。因为正如我们将要看到的，凯恩认为，尽管应将非决定论的空缺置于实践推理能力内部（介于输入和输出之间），但该能力并不总是必须利用非决定论。它有时可以按照决定论的方式运作，甚至在处理事关重大的道德决定时也采取这样的方式。（我要勒死牙医吗？当然不会。）

出于这样几种原因，凯恩对决定论在道德行动者的生活中偶尔扮演的角色感到满意。首先，这让他能够切合实际地处理这些仓促判断的情况。有一种想法是完全不合理的，即坚持认为一生的习惯——产生的决定是可预测的，以至于你可以将生命托付给它们——只不过是非决定论性质的（除了从有限的意义上来说，它们也存在具有决定论性质的可能性，只不过这种可能性极小）。想想你在高速公路上开车的意愿，面对着对面车道上以远超 100 英里的时速驶来的汽车。你的性命就取决于那些汽车司机**不会**像他们可以自由决定的那样，突然转向你的车道，只为了看看会发生什么。你在高速公路上保持镇定则表明，你认为这些完全陌生的人是多么可预测。他们**可能会**在毫无意义的、**无缘无故的**自杀式行为中杀了你，但你也不会为了在冒险出门之前有机会清除所有迎面驶来的汽车而付出一美元甚至一分钱的代价。其次，凯恩需要决定论的帮助，以便能应对我在《行动余地：值得向往的自由意志之种种》中对自由意志论提出的一个更强烈的反对意见：马丁·路德的例子。

> "这就是我的立场，"路德说，"我别无选择。"路德声称他别无选择，声称他的良心使他**不可能**放弃这一立场。当然，他可能错了，或者故意夸大了事实。但即便他确实是这样——也许尤其在他确实是这样的情况下——他的声明也证明了这样一个事实，那就是我们完全不会因为我们认为某个人只能这样做，就免除这个人因这一行为而受到的谴责或赞扬。无论路德在做什么，他都不是想逃避责任。（Dennett, 1984, p. 133）

凯恩承认，路德的决定绝不可能是仓促判断，这完全是一个在道德上负有责任的判断，并且路德对此所说的很可能是真的：他别无选择；他确实**在当时被他的实践推理能力决定**去坚持立场。路德的这个情况并不罕见，也不是无关紧要。我们将会在后面的章节中看到，做出恰当的安排，当时机成熟时，让自己被决定做正确的事，从而为艰难选择做好准备，这种策略是成熟责任感的标志之一，凯恩认同这一看法。事实上，他对自由意志的描述正是基于这样一个观点：对于我们每个在道德上负责任的行动者来说，在我们的生活中必然存在这样一些不那么经常发生的情况，在这样的情况下，我们会遇到相互冲突的渴望，从而产生他所说的第三种意志，也就是奋斗意志。在其中一些情况下，我们决定采取"自形成行动"（self-forming action，SFA），这可能会对我们随后的行为产生决定论性质的影响，而只有这些"自形成行动"才需要是实践推理能力中真正非决定论性质过程的结果：

> 像路德这样的行为，尽管是由他的意志决定的，但他仍负有终极责任……**因为从中产生这一行为的自由意志是他自己制定的**意志，从这个意义上来说，这是他"自己的"自由意志……终极责任行为，或者按照一个人自己的自由意志做出的行为，构成的行动类别比那些"自形成行动"更广泛，这些"自形成行动"必须不是被决定的，这样行动者就有了其他选择。但是，如果没有任何行动是以这种方式"自形成"的，我们就不会对我们所做的任何事情负**终极**责任。（Kane, 1996, p. 78）

如果我用石弩向敌人发射一块巨石，一旦巨石飞走，它的轨迹就不再是我所能控制的了，它不再受我的意志约束，但它落地后产生的影响则是我的责任，无论这中间延迟了多长时间。如果我把自己投入某种轨道，经过细致安排，此后我将无法对该轨道做出任何改变，同样的结论显然也是成立的。这样的思考使得一些自由意志论者能够接受以下观点：他们想要安置的自由可能必须集中在少数几个具有特殊性质的机会窗口。［例如，彼得·范因瓦根（Peter van Inwagen）在这一点上同意凯恩的观点，但与凯恩不同的是，他认为这样的窗口可能非常罕见。］但现在的问题是，这些特殊性质会是什么呢？凯恩说，"自形成行动"必须满足条件 AP：

> （AP）在时刻 t，行动者**可以**（有**力量**或有**能力去**）做 A，也**可以**（有**力量**或有**能力去**）不做 A，从这个意义上来说，关于在时刻 t 的行为 A，行动者有**其他的可能方案**（或可以不这么做）。（Kane, 1996, p. 33）

注意"在时刻 t"在这个公式中的作用。有些哲学家不愿意说简单的事情，比如"假设一条狗咬了一个人"。他们觉得有必要这样说，"假设一条狗 d 在时刻 t 咬了人 m"，由此表明，他们坚定不移地致力于实现逻辑严谨，即便他们并没有进一步操作任何涉及 d、m 和 t 的公式。谈论时间 t 在哲学定义中似乎无处不在，但很少被用来做重要的工作。然而，在此处，它扮演着一个十分重要的角色。这个定义讲的是时间上每一个时刻的情况：它**要求我们考虑瞬间的可能性**（possibilities-at-an-instant）。凯恩（Kane, 1996, p.87）引用了威廉·詹姆斯的一段洋溢着热情的赞美之词：

> 很重要的一点……是，可能性实际上就在**这里**……在那些命运的天平似乎在颤动的饱受煎熬的时刻，……［我们承认］这个问题只能于**此时此地**被决定。**这就是给我们的道德生活带来悸动并令其刺痛的东西**……有着如此奇特和复杂的兴奋感。（James, 1897, p. 183）

现在，我们来更仔细地研究一下这些颤动的天平。想象一下，你的实践推理能力配备了一个刻度盘，上面有个指针会随着思考的进行，显示天平当前向哪边倾斜，在"去"（Go）和"留"（Stay）之间摇摆不定（假设这是你目前正在考虑的选项），来回摆动，甚至可能是颤动，在两个值之间快速往返（图 4.6）。假设在任何时刻你都可以通过按下"**现在!**"这个按钮来结束仔细思考的过程，锁定你的选择，无论选择的是"去"还是"留"，这个选择就是恰好在那个时刻得到仔细思考青睐的一边。我们暂且假设，你的实践推理能力的所有处理都是决定论性质的；它通过其迄今考虑过的所有输入的某个决定论性质函数来"加权求和"，每时每刻产生一个在"去"和"留"之间摇摆的值，具体数值取决于对考虑因素进行处理以及根据进一步仔细思考对这些因素进行再处理的顺序。

在这种情况下，条件 AP 是否能得到满足？要回答这个问题，我们应该寻找什么呢？假设我们观察最后**一分钟**的仔细思考过程，注意到在这段时间里，指针来回摆动了至少有十几次，大约有一半的时间，指针指向"去"，还有一半的时间，指针指向"留"。在这个时间尺度上，这两种选择看起来肯定都是**开放的**（例如，与指针在整个时间范围内牢牢地停在"留"上面相比较）。但对凯恩（和詹姆斯）

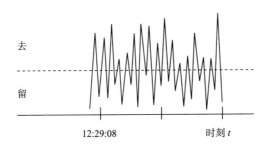

图 4.6 指针在"去"和"留"之间颤动

来说，这还不够好。因为要想有真正的自由意志，这两种可能性在**时刻** t 都必须是开放的，这个时刻 t 就是"**现在！**"这个按钮被按下去的那一刻。如果我们随后放大那个时刻，注意到在时刻 t 之前的最后 10 毫秒内，指针稳定地指向"留"这一边，这也是按下"**现在！**"这个按钮时记录下来的决定，那么我们似乎有充分的证据表明，在时刻 t，"去"这个选项是不可用的（图 4.7）。

啊，但是有一个漏洞。我想，**你**必须得按下"**现在！**"这个按钮。我们能不能通过让按下按钮的确切时间"取决于你"来引入不确定性？那么，我们假设，虽然思考过程本身是完全确定的，但不确定的是按下"**现在！**"这个按钮的确切时间。在接下来的 20 毫秒内的某个时刻，这个按钮将会被按下，但确切的**时间**完全是（量子）不确定的。那么如果"去"和"留"之间的颤动发生的频率足够高，可以将"去"和"留"的周期都放进这个 20 毫秒的窗口中，那么启动"**现在！**"这个按钮做出的实际决定将是不确定的，而且从机会窗口开启时对宇宙的完整描述来看，实际决定是公开显示完全不可预测的（图 4.8）。

遗憾的是，由于 AP 定义中存在一个缺陷，也就是那个让人讨厌的"在时刻 t"，所以它依然无法满足条件 AP。但我们仍然可以预测：

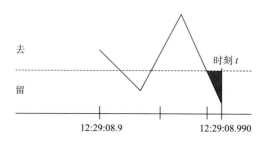

图 4.7 图 4.6 的放大图，显示 10 毫秒周期

如果决定是在（比方说）5毫秒时产生的，那么这将是一个"去"的决定；而如果决定是在17毫秒时产生的，那它将是一个"留"的决定。事实上，对于机会窗口中的任何时刻t，在那一瞬间会做出什么决定都是确定的；不确定的是，究竟在什么时候会做出这个决定。对于**任何**t值，行动者在**时刻**t都没有"去"或"留"的自由。但只要选择的瞬间是不确定的这一点，还不够好吗？一个很吸引人的建议是，对条件AP稍加改动，从而接受我们的简单模型：让时刻t填满整个20毫秒的时间窗口，而不只是瞬间，这样我们就大功告成了，因为"去"和"留"这两个选项可以在被拉长的时刻t共存——20毫秒算不上是很长一段时间。

可以肯定的是，表盘上的指针和按钮让这个模型看起来非常"机械化"，但这是凯恩自己要求的。他想成为一名**自然主义的**自由意志论者，所以他希望他的模型在科学上是有价值的，是大脑可以实现的东西，表盘和按钮正是帮助我们将相关神经复杂性的底层状态生动直观地呈现出来的装置。**某种**物理上可实现的神经状态必须实现当前的权重，而**某种**状态转换必须实现一个决定（产生输出）；我们可以假设表盘转换了前者，而按钮触发了后者。因此，该模型说明了一种方式——一个系列的方式——以这种方式，亚原子量子不确定性可以被

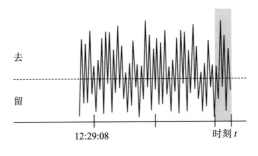

图 4.8 机会窗口

放大，从而在决策中发挥至关重要的作用。此外，该模型似乎满足了凯恩对"自形成行动"的终极要求：

（U）对于每个 X 和 Y（其中 X 和 Y 代表事件发生和／或状态出现），如果行动者对 X 负有个人责任，并且如果 Y 是 X 的一个**本原**（arche）*（或充分的理由、原因或解释），那么该行动者还必须对 Y 承担个人责任。（Kane, 1996, p. 35）

翻译过来就是：只有当你对作为一件事情充分条件的一切都负有个人责任时，你才能对这件事负有个人责任。按照凯恩的说法：

"自形成行动"在行动者的生命历程中是非确定性的、阻止退行的自愿行动（或克制），而这些自愿行动是满足 U 所必需的。（Kane, 1996, p. 75）

如果两个选项都在被略微拉长的机会窗口中颤动，那么按下"**现在！**"按钮的非决定论性质的时间安排可能会使决定本身具有非决定论性质；在任何更早的时刻，都不会有任何充分条件让你做出"去"或"留"的决定，所以你可以对"去"（或"留"）负有个人责任，而不必担心对"去"（或"留"）的任何较早的充分条件负责。当然，我们仍然需要找到某种方式来理解按下一个具有非决定论性质的按钮"**取决于你**"，而不仅仅是一次**外部的**随机输入。

---

* "arche"是亚里士多德用以表示"本源"（origin）的术语。

"如果你让自己变得非常渺小，你就几乎可以将一切外部化。"[*]

我们又一次遇到了边界问题，这次它是个重大问题：凯恩如何才能让量子不确定性**进入**相关系统？为了明白其中的困难，我们假设，就在你正要按下"**现在！**"这个按钮的时候，一位旁观者大喊了一声，吓你一跳，从而让你提前 5 毫秒按下了按钮，也就是说，旁观者大喊**导致**你按下了按钮。现在这个决定不再是你的决定了吗？毕竟，原因的关键部分，也就是决定"去"或"留"的部分，本身就是由旁观者大喊引起的（旁观者大喊是由海鸥飞得太近引起的，而海鸥飞得太近是由渔船队提早返回引起的，而渔船队提早返回是由再次出现的厄尔尼诺现象引起的，而再次出现厄尔尼诺现象……则是由早在 1926 年一只蝴蝶扇动了它的翅膀引起的）。即便蝴蝶扇动翅膀确实是非确定性的，是它小小的大脑中量子跃迁产生的放大效应，这个非决定论的时刻也是**在错误的时间和错误的地点**。这只蝴蝶在 1926 年的自由时刻并不是今天给予你自由意志的东西，对吧？凯恩的自由意志论要求他打破行动者**身**上以及**在**做出决定时的因果链条，打破威廉·詹姆斯振振有词说到的"此时此地"的要求。如果它真的像自由意志论者认为的那么重要，那么我们最好保护你们的仔细思考过程免受所有这些外部干扰。我们最好在你周围设置隔离墙……这样，外部力量就不会干扰你"在自己的内部厨房制成"的决定，并只用**你**允许进入厨房的材料。

---

[*] 这可能是《行动余地：值得向往的自由意志之种种》（Dennett, 1984, p. 143）中最重要的句子了，我犯了一个愚蠢的错误，那就是把它放在了括号里。从那以后，我一直在我的工作中纠正这个错误，揭示了将点状自我（punctate self）这种观念抛弃之后的许多影响。当然，我用讽刺的表述强调的是相反的内容：如果你让自己变得庞大，你会对你能内化多少东西惊讶不已。

自我退避到一块有围墙的飞地（enclave），所有严肃的创作都必须在此完成，这就类似于另一种向大脑中心的退避，也就是通过各种拙劣的论证和思考方法通向我所说的笛卡儿剧场（Cartesian Theater），这是一处位于大脑中心的虚构场所，在这里，"所有的一切汇集在一起"以形成意识。**根本没有这样的地方**，如果有什么理论默许存在这样的地方，那就应该立即将其搁置到一边，因为这是一条错误的路线。笛卡儿剧场中虚构的小人*所做的一切工作必须**在时间上和空间上分布于大脑中**。这对凯恩来说是个更加复杂的问题，因为他必须想办法让这个非确定性的量子事件不仅**发生在你的身体中**，而且也**属于你**。他首先希望这个决定"取决于你"，但是如果这个决定是非确定性的——自由意志论的决定性要求——它就不是由你决定的，无论你是什么，因为它不是由任何东西决定的。无论你是什么，你都无法**影响**这个非确定性的事件——量子不确定性的关键在于这样的量子事件不受任何东西影响——所以你将不得不以某种方式**拉拢**它或与它**联合起来**，以某种隐秘的方式充分利用它，它就像是一件"**现成艺术品**"（objet trouvé），而你以某种方式有意义地将它融入**你的**决策中。但要做到这一点，你还必须拥有更多的东西，而不仅仅是某个确定无疑的点（mathematical point）；你必须成为**某个人**；你必须拥有一部分记忆、计划、信仰以及渴望，这些都是你一路走来所获得的东西。然后，所有这些来自过去、来自外部的因果影响纷纷涌入，污染了工作坊，抢占了你的创造力，篡夺了你对决策的控制权。这是一个严重的进退两难的境地。

我想你应该还记得威廉·詹姆斯已经清楚地认识到的那个问题，

---

* 在丹尼特所说的笛卡儿剧场中，"小人"（homunculus）是一个内部观察者，负责理解场上呈现的信息并由此形成意识，进而发出命令来指导行动。——编者注

当时他问道："如果'自由'行动是一种完全新奇的事物，它并非**源于我**，不是来自之前的我，而是**来自虚无**，只是将其自身附加在我身上，那么**我**，之前的我，怎么能对此负责呢？"凯恩提出了"多元理性"的观点来回答这个反问句，取得了一些有用的进展（Kane, 1996，第7章）。我们不希望我们的自由行为是毫无动机的、莫名其妙的，以及无缘无故突然发生的。我们希望它们是有理由的，我们希望这些理由出自**我们，而且**（如果我们是自由意志论者）我们希望它能满足条件AP，希望它们从以下这种意义上来说是自由的——"在时刻 t"，我们"还有其他选择"。有一种做法可能会让这种情况出现，即你自己花时间和精力来编制两套（或更多）**相互矛盾**的理由。然后，由你自己**就地**对这两套理由进行整理、设计、修改、打磨和润色。虽然你可能从外部借用了一些作品和想法，但你已经把它们变成了你自己的东西，所以这些确实是你**自己动手做**的理由。而且，每一套理由至少都得到了你的初步认可。（如果其中一套理由没有得到你的初步认可，也没什么好大惊小怪的，不是吗？你会迅速甚至仓促地做出决定，支持另一方。）因此，当仔细思考终止时，无论你决定支持哪一方，那都是你自己非常认真对待的一方，以至于你即将认可它。你的行为就相当于最终意见，一份使你成为你所是的那种人（是"留下者"还是"离去者"）的声明——**就在那时**，你就有了其他选择。

多元理性——或凯恩最近所称的"并行处理"（Kane, 1999）——的重点是，它建立在我们一直拥有的一种直觉之上：你可以有充分理由对包含偶然性或非确定性因素的行为结果负责，**如果该行为结果是你设法要达成的**。侥幸从远处击中了首相的企图行刺者并不会基于"他击中目标只是偶然"这样的理由被赦免，即便这种偶然是真正非决定论性质的。通过建立一个对立的过程，让两种不同的企图相互竞争（例如，那位女商人在"要做正确的事"和"促进自己的事业"之间的两难境地），凯恩保证，如果其中一种企图失败，另一种就会成功，但无论是哪种情况，她都有充分理由承担责任，因为**这是她试图完成的事情之一**。这一事实——她试图同时完成两件互不相容的事情——并不意味着，当她成功地完成了其中一件事情时，她**没有**试图去完成它！

因此，凯恩声称，这种做法——将非决定论性质嵌入相互冲突的原因形成的旋涡中（在这样的情况下，行动者实际上是在**努力**获得正确的结果，也就是在**尝试**第三种类型的意志，即奋斗的意志）——避免了让结果成为意外事件或纯粹的偶然事件。每个成年行动者都会面临这样的两难境地——无论是道德上的还是需要审慎考虑的两难境地，并且会受到它们的深刻影响。

> 在这种情况下，行动者选择一种或另一种方式，将会加强其道德或审慎的品格，或者强化其自私或鲁莽的天性，当然，这要视情况而定。他们以某种方式来"做"自己或"形成"自己的意志，而这种方式并不是由过去的品格、动机或者环境决定的……这正是因为，他们的努力是对某些内在冲突的回应，而这些冲突根植于这些行动者的先前品格和动机之中，所以他们的品格和动机可以解释冲突以及为何要做出这样的努力，而不需要解释冲突和努力的结果。无论从两条路中选择哪一条，先前的动机和品格都为其提供了理由，但这并不是解释行动者必然会走哪条路的决定性原因。（Kane, 1996, p. 127）

有一种观点认为，一个经受过实践推理严重困境的考验、绞尽脑汁解决诱惑和窘境的人，更有可能成为"他自己"或"她自己"，成为一个比那些一生随遇而安的人更加负责任的道德行动者，这是一个大家都熟悉的观点，也很有吸引力，但这个观点基本没有引起哲学家们的注意。在大多数关于自由意志的描述中，发生在行动者生命历程中的艰难选择并没有起到明显的作用，实际上，它们基本上是被忽视了，可能是因为它让人们注意到了那个令人尴尬的极限情况：布里丹之驴（Buridan's Ass），据说这头驴最后饿死了，因为它在面对距离相等的两堆食物时，想不出一个向左走而不是向右走（反之亦然）的理由。人们在中世纪就已经注意到了这种"中立的自由"（liberty of indifference），而面对这样的僵局，采用抛硬币的办法做出决断一直是一个公认的解决方案。有人可能会说，这是一种有用的意志假体，但它看起来不像是一个好的自由意志模型。如果我们这些理论工作者发现自己几乎要认同这样一种观点，认为我们唯一的自由选择是那些我们也可以抛硬币做出的选择，那么我们就一定是走错了路。赶紧掉头回去。因此，这个主题就被忽略了。但凯恩的说明相当令人信服，他表示，逐步形成的品格塑造**可能**（也可能不是）源于人一生认真对待的艰难选择，而这种逐步形成的品格塑造确实增加了"值得拥有的各种自由意志"。但是，它有一个很大的问题：它并不需要启发了其创造的非决定论性质。此外，它不能以任何使其与决定论性质有所区别的方式来利用非决定论性质，因为"此时此地"的要求不仅理由不充分，而且就像我们将会看到的，还可能缺乏连贯性。

当心"原初哺乳动物"

> 基本观点是，终极责任在于终极原因之所在。
>
> ——罗伯特·凯恩，《自由意志的重要意义》

你可能认为自己是哺乳动物，认为狗、牛和鲸也都是哺乳动物，但实际上根本就没有哺乳动物——不可能有！有个哲学论证可以证明这一点（改述自 Sanford, 1975）。

（1）每只哺乳动物都有一只同样是哺乳动物的母亲。

（2）即便真的有哺乳动物的话，那么哺乳动物的数量也是有限的。

（3）但哪怕只有一只哺乳动物，那么根据第一条可知，也必定存在无数只哺乳动物，这与第二条相矛盾，所以不可能存在任何哺乳动物。这种说法自相矛盾。

既然我们非常清楚哺乳动物是真实存在的，那么我们就把这个论证仅作为一项挑战来认真对待，以便发现其中潜藏着什么谬误。有些东西必须舍弃。我们大体上知道要舍弃什么：如果你在任何哺乳动物的谱系树上一直往回追溯，你最终会遇到兽孔类（therapsid），这是一种早已灭绝的有些奇特的过渡物种，介于爬行类和哺乳类之间。在从明确的爬行类逐渐过渡到明确的哺乳类的过程中，有许多难以归类的中间形态。如果要在逐渐变化的连续谱系上划出一条条分界线，我们应该怎么做呢？我们能找到一只没有哺乳动物母亲的"原初哺乳动物"（Prime Mammal），从而否定前提（1）吗？理由是什么呢？不管这些理由是什么，我们都无法将这些理由与另外一些理由——那些我们也可以用来支持这只动物不是哺乳动物的理由——区分开，毕竟，那只动物的母亲属于兽孔类。我们该做什么呢？我们应该克制自己划界的欲望。我们不需要划界。我们可以坦然面对这一平淡无奇的事实：所有这些逐渐产生的变化经过千百万年的积累，最终产生了不可否认的哺乳动物。

哲学家们往往偏爱这样的观点：通过发现**那个**一定会阻止退行的东西来解除所面临的无限退行的危险。在这里，这个阻止退行的东西就是"原初哺乳动物"。这往往会让他们深陷神秘或至少是迷惑的学说中，当然，在大多数情况下，这会让他们陷入本质主义（essentialism）。（"原初哺乳动物"必定是哺乳动物集合中最先拥有全部哺乳动物**本质特征**的那一只哺乳动物。如果不能对**哺乳动物**的本质做出界定，我们就有麻烦了。进化生物学告诉我们，并不存在这样的本质。）

凯恩的自由意志理论特别需要"阻止退行"的特殊情况——"自形成行动"。

> 若要避免无限退行，那么在行动者生命历程中的某个地方必然存在某些行动，而对于这些行动，行动者的主要动机和行动者采取行动所依据的意志，**并不是已经被设计好的一种方式**。（Kane, 1996, p. 114）

人们可能会停下来问，这些重要时刻往往会多久发生一次。平均每天一次，还是一年一次，或者十年一次？它们通常是在人们出生时就开始发生，还是在人们 5 岁或者到了青春期的时候才开始出现？这些"自形成行动"看起来很像"原初哺乳动物"。令人担忧的是，尽管这些重要时刻是所有道德行动者生命中的重大事件（可能有人会说，这是标志着成为负责任成年人的自然成人仪式），但实际上这些重要时刻是不可能被找到的。我们没有办法将真正的"自形成行动"与"伪自形成行动"区分开。"伪自形成行动"是一种冒牌推理，这种推理从来都没有**真正地**利用过量子非决定论性质，只是生成了一个伪随机的，因此具有决定论性质的结果。无论我们使用多么复杂精密的观测仪器进行观察，从里面看，它们似乎都是一样的，从外面看也是如此。保罗·奥本海姆曾向我提议说，将凯恩提出的"自形成行动"与进化中只能通过追溯来进行识别的**物种形成**事件进行比较是有帮助的。每个谱系中每一次个体出生都是一个潜在的物种形成事件，因为后代都至少有些微小的差异，这些差异使它们成为独一无二的个体，而任何差异都可能是最终发展成物种形成的开始。时间会说明一切。即使一次个体出生最终发展成了物种形成事件，在其出生时，也并没有什么**特别之处**。*同样，人们可能会怀疑是否需要存在这样一种事件———一种"自形成行动"———它具有一些特殊的、固有的和局部的特征，这些特征使其有别于最近的亲属，并解释了它发现重要事物的能力。一个没有经历过一个或多个非常特殊的事件（但经历过差不多的"伪自形成行动"）的行动者完全不用对所做的任何行为负责，这能说得通吗？"是的，这些长着皮毛、温血的存在**看起来**很像哺乳动物，闻起来和听起来也都像哺乳动物，它们还能与哺乳动物杂交繁殖，但它们缺乏那个隐秘的本质；它们根本不是哺乳动物，不是真正的哺乳动物。"

关于这方面的问题，可以考虑一下路德的例子。凯恩说："如果他最终要为他现在的行为负责，那么至少这些早先的选择或行动中有一些必然是这样的情况———对于这些选择和行动，他本来还可以采取

---

* 一些当代神创论者承认，所有生物都拥有数十亿年前生命树的血统从而联系在一起，他们还承认，物种内部历代的所有转变都是通过盲目的达尔文自然选择来完成的，但他们仍然希望，这些分支事件，也就是物种形成本身，即便不是奇迹，也需要某个智能设计者（或专有名词"智能设计者"———他们声明对同一性问题保持中立）的特别帮助。对一些思想家来说，这种将所有的特殊性凝聚成一个神奇时刻（或者全部汇集在一处）的过程，是一个不可抗拒的主题。最明显的例子是迈克尔·贝希（Michael Behe, 1996）；对相关谬误的讨论，见我的其他有关文献（Dennett, 1997C）。

其他做法。如果不是这样，那么他本来可以做的任何事情都不会对'他是什么'产生任何影响。"（Kane, 1996, p. 40）这样一来，有人可能会认为，仔细研究一下路德的传记是有意义的，看看他有什么样的成长环境，有什么强大的影响让他受到束缚，他经历了什么灾难，等等。但是，事实上，我们能发现的关于这些宏观细节的任何东西，对了解路德在此期间是否有真正的"自形成行动"这个问题**根本没有任何帮助**。我们当然可以发现在各种场合发生的一些冲突和反省的经历，我们甚至可以确定，这些场合在一些神经网络中建立了"混沌的"对立过程，而他的决定最终就是从这些神经网络中产生的。然而，我们无法发现的是，这些拉锯战是否受益于真正的随机性，而不是仅仅作为可变性来源的伪随机性。自由意志论者（在时刻 t）将他们亚原子交易中的关键时刻隔离在大脑中某个私密的地方，他们对此要付出的代价是，他们让这些极其重要的关键点难以被察觉，无论是日常传记作者还是装备齐全的认知神经学家，都察觉不到它们的存在。人们可能会认为，路德甲（在青少年时期被关在牢房里 5 年并被洗脑）与路德乙（基本正常地度过了喧闹世界里苦乐参半的青少年时期）之间的差别可能会影响到（今天的）路德所做决定的起源中是否存在"自形成行动"。然而，如果凭直觉来看，这些显著的环境差异确实影响我们对路德的道德选择能力做出评估，但这些差异绝不是"自形成行动"存在与否的征兆。（它们与路德身上是否发生了"自形成行动"这个问题无关，就像奥斯汀演示十次推杆与他是否被决定在时刻 t 错失推杆这个问题毫不相干一样。）而当我们拿出超级显微镜，观察神经元中的亚原子活动时，我们所看到的任何东西同样不能提供有关"自形成行动"的任何信息。

不过，这种难以捉摸的终极责任难道不是每个理论都面临的问题吗？正如凯恩所说：

如果一个年轻的杀人犯正在受审，我们调查他儿童时期遭受虐待和承受同辈压力的经历，那么我们就必须对相关问题做出判断，确定他现在这种导致其产生犯罪行为的恶毒性格中，有多少是他自己造成的，又有多少是他无法控制的外部影响造成的。无论依据何种理论，这些问题都关系到判定他有罪还是无罪，以及量刑的轻重。无论你对自由意志持什么样的观点，这些都是非常难回答的问题。（凯恩，私人信件）

目前来说，这是对的。正如凯恩所说，生命历程中的变化确实会影响到当前要承担责任的大小，而且不管基于什么样的理论，要调查这些情况都是很困难的。但凯恩的自由意志论观点还需要进行一项额外调查，而开展这项调查很困难，在我看来，根本无法进行。我们从统计学的角度来研究一下这种情况：我们将 100 名杀人犯按照其各自背景进行分类，从最贫苦的到最幸运的，看看应该对哪些人减轻处罚，或者完全免除处罚（我们稍后会对这里涉及的政治问题进行讨论）。假设我们发现了以下情况：有**明确的**证据表明，其中 60% 的人经历过相关类型的严重贫苦，因此完全可以对其减轻处罚；10% 的人则处于难以定夺的分界线上——有证据显示他们经历过很大程度的贫苦，但究竟多少才算是太多呢？而证据表明，剩下的 30% 的人则拥有"从正常到卓越"的成长经历，同时完全没有大脑损伤的迹象，等等（图 4.9）。这些经历了淘汰过程最后留存下来的幸运的人，在我们认为是责任必要条件的所有宏观特征（正是那 60% 的人所没有的特征）方面，实际上没有区别。他们**显然**都是有责任能力的成年人。他们的这些经历就是我们经常听到的那些社会上的成功故事——我们将他们培养成人，弥补了他们的不足，给予他们平等的机会，等等。

大自然并不一定要有明确的界限，但有时**我们**必须划出一条政

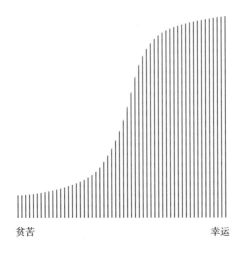

图 4.9 杀人犯的分布情况

治政策的界限，这只是因为我们必须有一些看起来比较公平的实际方式来处理具体的情况：在美国大多数州，未满 16 周岁不能开车，未满 21 周岁不能饮酒，无论相对你的年龄而言，你的心智有多么成熟。面对图 4.9 所示的一系列情况，我们不得不以某种不那么严谨的方式，在界限不明的 10% 处划一条分界线，对于哪些因素应该增加权重而哪些因素应该被忽略的问题，自然会有不同的意见。（如果曲线变得更加陡峭，我们自然能轻松地发现一个在此处雕刻自然的明显接合处；但如果曲线更加平缓，我们划出政治界限的任务则更加艰巨。）但凯恩认为我们需要保留相关的判断，不仅要保留针对处于减轻处罚分界线上的那 10 个人所做的判断，还要保留对卓越成长的那 30 个人做出的判断。最终可能被认定**完全**无责任的人，其数量是不确定的——可能是卓越成长的全部 30 个人，因为其生活历程中所有明显的"自形成行动"其实都是"伪自形成行动"。毕竟，凯恩认为，其系统中只安装了一个伪随机数发生器的机器人**根本**不能承担责任，然而这样的机器人可能会完美地通过人类所有的宏观测试。（与"斯戴佛的妻子们"*不同，这类机器人得益于其实践推理能力中伪随机数发生器的抖动——这将使其永远拥有"开明的思想"——不会因为对某项政策的盲目投入而暴露出它是个机器人这一属性。）事实上，根据凯恩的观点，处于分界线上的那 10 人小组中，有些人完全有理由承担责任，因为尽管他们有贫苦的经历，但他们过去也有数量不多的真正"自形成行动"；而与此同时，在那 30 人的幸运群体中，有一些人根本不能承担道德责任。

试想一下这样的情形，第一被告（我们假设他是亿万富翁的儿子，因为他需要一个收费不菲的律师和科学家团队！）设法在宣判前在法庭上提交证据，"证明"他的大脑缺乏承担责任所需的量子不确定性，尽管他有堪称典范的成长经历，智力高于平均水平，等等。想让人们接受这个说法可不太容易。为什么终极责任的**形而上学**特征（假设凯恩定义了一种逻辑清晰的可能性）要比一些宏观特征——其定义与量子非决定论的问题无关，而且是充分解释行动者拥有或缺乏决策能力的理由——更重要呢？我们甚至有这样的疑问，为什么形而上学的终极责任对任何事情都应该重要呢？如果它不能作为以不同方式对待人们的理由，那么人们为什么要认为它是一种值得追求的自由意志呢？正如凯恩自己所说的那样，"总而言之，如果仅从物理学的角度来说明，**自由意志看起来就像是偶然**"（Kane, 1996, p. 147）。无论这种偶然是真正非决定论性质的，还是仅仅是伪随机的或者是混沌的，看起来似乎都完全一样。

---

* 《斯戴佛的妻子们》（又名《复制娇妻》）是 1975 年上映的一部科幻电影（根据艾拉·莱文的小说改编而成），由布赖恩·福布斯指导，影片描绘了一个小镇，在这个小镇上，真正的妻子们逐渐被无头脑的机器人复制品取代，"她们"把所有的精力都花在了打扫房间和照顾自己的丈夫上。

自由意志论者就像生物学中的本质主义者一样，对边界——特别是划定"此地"和"此时"的边界——非常着迷。但这些边界，其中一部分可以相互界定的边界，在任何情况下都是漏洞百出的。假设你的实践推理能力中的非决定论性质的神经元死亡，让你今后都无法再做出任何"自形成行动"。但假设，幸运的是，你的大脑健康部分的合适位置可以植入一个假体装置，而这个非决定论性质的假体装置可以替代你大脑中的受损部分来发挥作用。将真正的量子非决定论性质引入物理装置有一个好办法，那便是用一点衰变的镭和一个盖革计数器，但在你的大脑中植入这样一个镭随机数发生器可能会影响你的健康，所以我们可以把它放在实验室里，周围用铅屏围起来，让这个随机数发生器生成的结果通过无线链路随时输入你的大脑〔就像我在《头脑风暴》（Dennett, 1978）里面所讲的"我在哪里"那个故事一样〕。把随机数发生器放在实验室里显然不会造成什么影响，因为**从功能上来说**，它还是在系统内部；无论它在地理上处于什么位置，它所发挥的作用都与过去受损神经元的作用完全相同。但也许有一种更便宜、更安全的方法可以获得完全相同的效果：我们可以使用来自深空的光的真正随机波动作为触发器，将其直接发送到植入你大脑中的那个收发器上。由于这个信号是以光速到达的，所以我们无法预测下一次的波动会是什么，即使这些信号的随机来源是一颗距离我们以光年计的恒星。但是，既然从遥远的星球获得你的不确定性没有问题，那么起初为什么坚持让它**现在**就发生呢？我们可以用镭随机数发生器**记录**一个世纪以来的一系列随机波动，然后将这些过去的记录作为伪随机数发生器安装在你大脑中的某个地方，以便在需要时调用。

在《行动余地：值得向往的自由意志之种种》里，我曾特别提到有两种彩票之间的区别并不重要：一种是在所有彩票都售出**之后**（随机）选出中奖彩票，另一种则是在彩票售出**之前**选出中奖彩票存根。这两种彩票都是公平的，都给所有购买者提供了一个公平的中奖机会。

> 如果我们的世界是确定的，那么我们体内就有伪随机数发生器，而不是由盖革计数器作为随机数发生器。也就是说，如果我们的世界是确定的，那么我们所有的彩票都在亿万年前就被一次性抽出来，装进一个信封里，并在我们一生中需要的时候发给我们。（Dennett, 1984, p. 121）

凯恩曾向我提出建议（私人信函）："不确定性产生机制必须对行动者自己意志中的动态做出响应，而不是凌驾于这些动态之上，否则就是这个机制而不是行动者做出决定。"他担心的是，一个遥远的随机性来源会威胁到你的自主性，并有可能控制你的思维过程。从某种意义上来说，把随机数发生器放在你的体内，就在你的监视之下，这样不是更安全也因此更能负责任吗？不是的。随机性就是随机性，它不是**潜入的**随机性。程序员通常会在他们的程序中插入对随机数发生器的调用，并不担心它会失控，或者在不需要的地方制造混乱。假设我们在"去"或"留"这个例子中将大脑的动态进行可视化，把它想象为在决策场景中的一个鞍形图，在这个地方，"决策探险者"最终将滑下山坡，要么进入北部的"去"山谷，要么进入南部的"留"山谷（图 4.10）。

场景中撒了一地香蕉皮——每当决策探险者经过它们，就会激活一次对随机数发生器的调用。这使得探险者始终处于移动状态，防止出现"布里丹之驴"，所以探险者永远不会被卡在平坦的鞍背上，没有做出决定就死去。然而，这些滑溜溜的香蕉皮是无害的，因为探险者一旦开始做出朝向一个山谷或另一个山谷的决定，遇到一块不必要

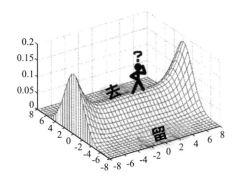

图 4.10　决策场景中的鞍形图

的香蕉皮只会暂时让这个决定者向上退回一点点，让已经确定的下滑稍稍延迟一会，或者相反，让人加速下滑，不管怎样，就是无法推翻这个决定。我们也可以使用另一个在建模者中很受欢迎的生动形象来进行说明：随机数发生器只是不断地"摇晃"或"晃动"场景，所以任何东西都不能停在鞍部——但场景的形状一点都没有改变，所以没有什么不祥的东西"接管"。

怎么可能"取决于我"呢？

有一段拥有许多不同形式的论证很受欢迎，它宣称要证明决定论和（道德上重要的）自由意志不兼容，具体如下。

（1）如果决定论是真的，那么我的"去"或"留"完全就由自然规律和遥远的过去的事件决定。

（2）自然规律是什么，或者在遥远的过去发生了什么，这都不取决于我。

（3）因此，我的"去"或"留"完全由不取决于我的情况所决定。

（4）如果我的一项行动不取决于我，它就不是自由的（从道德上重要的方面来说）。

（5）因此，我的"去"或"留"行为不是自由的。

这段论证很有说服力，而凯恩从他的自由意志论角度对此做出的回应是，将自由主义自由意志的非决定论性质在"时刻 t"隔离在少数几段关于可能性的重要经历中，他希望在时间上和空间上将这些经历都设置在行动者的身体内，这样一来，行动者的选择就可以"取决于"行动者。但是，一旦他允许这些经历在道德上的相关影响在时间上广泛分布（就像在路德的例子中那样），那么容器的边界还有什么用呢？如果路德童年时期的一些事件可以在路德成年后做出"不放弃"这一重大决定的责任方面起到至关重要的作用，那么他母亲在怀着他的时候，其生活中发生的事情不也可以起到这样的作用吗？大概因为，这些事件不是发生在路德身上而是发生在其外部环境中——无论这些事件多强烈地将自己强加在他身上——所以它们并不"取决于路德"。是的，但如果"三岁看到老"，那么年轻的路德对于成年路德来说不就是外在的吗？那为什么路德年轻时的性情，甚至他后来对自己年轻时有意识的片段记忆，本身并没有受到遥远的"来自外部"的影响呢？这是我们在本章开始时遇到的那个问题的延伸，当时我们在纠结，是应该将记忆放在实践推理能力的内部，还是将它留在外面，然后在需要时将其一部分"输入进去"。我们划的界限对我们好像没什么帮助。我们将在后面看到，我们自己的道德能动性往往非常依赖我们的朋友提供的一点帮助，而不会因此被削弱。如果把"自己动手做"这个理想推向绝对主义的极端,就成了一种迷信。的确,如果你让自己变得非常渺小,你就几乎可以将一切外部化;而对于那些把所有重要事情都推入单一时刻以及原子中心某处的模型来说,情况就更糟糕了。如果说有什么理由能够支持自由意志论,那也一定是来自某个尚未探索的领域,因为迄今为止凯恩在这方面做出了最好的尝试,但最终还是走进了死胡同。经过进一步审视,我们发现,他的终极责任要求最终给自由行动者的**规格说明**增加了条件,从而加重了负担,而这些条件既无理由又无法被察觉到。你完全可以要求给一辆车安装两个方向盘,并在油箱里安装一个指南针,但这并不意味着它值得拥有。

那么,对于不兼容论者的论证,我们应该如何做出回应呢?在哪里能找到可以让我们拒绝接受这个结论的错误呢?现在我们知道了,不兼容论者的论证与"哺乳动物不可能存在"的这段论证犯了同样的错误。**很久**以前的事件确实不"取决于我",但我现在选择"去"还是"留"则取决于我,因为其"父母"——比如我**最近**做出的选择等最近发生的一些事件,取决于我(因为**它们的**"父母"取决于我),以此类推,虽然不是无限的,但也回溯得足够久远,让我的**自我**能够在空间和时间上充分扩展,这样就有了一个做出我的所有决定的**我**!不兼容论者的论证并没有让道德的"我"的真实性比哺乳动物的真实性更加可疑。

在结束对自由意志论这个话题的讨论之前,我们应该再问一次,它可能有什么意义?在我们做出最重要决定的那一刻,出现一个不确定性的火花不能让我们变得更灵活,不可能给我们带来更多机会,也不可能以任何可以**从内部或外部**觉察出来的方式让我们变得更加自食其力或更自主,那它为什么对我们来说很重要呢?它怎么会是一种产生了差别的差别呢?嗯,相信这样的火花就像相信上帝一样,可能会（难道不是吗？）全然改变你对这个世界和你在其中的生活的看法，即便你永远不会知道（在这一生中）这是不是真的。是的，相信行动中非决定论性质的理由必定会被归结为类似的东西。但其中有一个重要的区别。即便你永远无法知道，永远无法从科学上证明上帝是存在的，也不难解释为什么信仰一个至高无上的仁慈的存在守护着你，可能会给你带来慰藉，给予你道德力量和希望，等等。信仰上帝不像信仰 Gog（一个围绕着我们的光锥外的一颗恒星运行的巨大铜球，铜球表面上醒目地印有"GOG"字样）。任何人都可以信仰 Gog——如果这能让他们感觉良好，但为什么会这样呢？而我要提出的批评是，自由意志论者把对各种值得追求的自由意志的完全合理的渴望，夸大为对象与 Gog 进行交流那般不值得渴望的种种自由意志的追求。但无论这种渴望多么具有误导性，对它做出干预都是不明智的，这也是事实。或许，在找到合适的替代品之前——或者除非找到合适的替代品，否则——我们应该小心翼翼地避开对这种非理性和无动机的渴望做出进一步批评。（**让那只乌鸦闭嘴！**）但如果正是这样，现在再把秘密藏起来已经太晚了。我们还是看看有什么办法可以帮人们摆脱妄想吧。

第 4 章

对自由意志论最佳支持性案例进行审视后我们发现，我们无法在一个负责任行动者的决策过程中为非决定论找到一个合理的位置。既然非决定论无法成为其决定性要求的动机，我们就可以把它抛在脑后，考虑对自由更现实的要求，以及这些要求是如何演变的。

第 5 章

40亿年前，由于我们这颗星球上没有生命，因而没有自由。自生命起源以来，究竟进化出了什么样的自由呢？而进化的原因，也就是大自然的原因，是如何逐步发展成我们的原因的？

关于资料来源和扩展阅读的说明

我在《行动余地：值得向往的自由意志之种种》一书中提请哲学家们注意混沌的重要性。最近一位表示认可混沌所起到的作用的兼容主义者是马特·里德利（Matt Ridley, 1999, pp. 311–313）。关于"责无旁贷"这部分的内容，可参见《行动余地：值得向往的自由意志之种种》（p. 76），书中还讨论了关于牛顿式混沌（pp. 151–152）以及标志着意志薄弱和自欺欺人之间区别的可移动离合器的相关内容。

关于实践推理能力中仓促判断的讨论是从我在《脑力劳动

成果》（Dennett, 1998A, p. 86）中提出的有关"听懂笑话"的讨论中衍生而来的：信念的复杂倾向状态决定了一个人是否会被笑话逗笑，而这种状态取决于这个人在听笑话时自己补充了多少细节。把引发人们不由自主地咯咯笑的潜意识过程称为**仔细思考**可能有些奇怪，但不管怎样，这都是一个复杂的信息转换过程。

大卫·威尔曼的《当人们在行动时发生了什么？》（David Velleman, 1992）一文中探讨了齐硕姆的行动者因果关系的学说，以及将其简化为自然主义者更容易接受的因果关系的可能性，这也是本书第 8 章讨论的一个主题。

很少有理论工作者明确支持笛卡儿剧场，但暗藏的"笛卡儿主义者"会在被挑衅后暴露出来。我最新的关于意识的书籍和文章中展示了一组这样的例子，并附有评论。为了写作而孤立起来的类似情况，启发并扭曲了一些哲学家对**理解**的思考。请参阅我在《脑力劳动成果》一书中有关"自制理解"的部分，其中讲述了弗雷德·德雷特斯克（Fred Dretske）试图将真正的自制理解从可以廉价购买和安装的预制模拟物中拯救出来。（根据这一设想，机器人**似乎**是产生了理解，但这不是**它们的**理解，因为它们没有自己制造理解。）

关于凯恩提出的"并行处理"的观点，在一篇题为《给自由意志论者他们声称自己想要的东西》的文章（Dennett, 1978）中，我提出了大致相同的建议，其中用了这样一个例子（pp. 294–295）：一位女性必须在接受芝加哥大学的一份工作还是接受斯沃斯莫尔学院的工作之间做出选择；这两个决定都是理性的——即使这个选择尚未确定——无论她做出什么选择，都有充分的理由，这就是**她的**理由。但我并没有把这个想法看得太重要，只是把它当作扔给自由意志论者的"面包屑"。然而，凯恩表明，我低估了这一点。

关于哺乳动物：近些年来，已有不少关于模糊性及如何处理模糊性的文献。我特别推荐戴安娜·拉夫曼（Diana Raffman, 1996）；她说服了我，但如果她的讨论不能让你信服，你可以根据她的参考书目参考其他作品。

罗伯特·弗伦奇（Robert French, 1995）的 Tabletalk 模型对于这里描绘的那种随机决策过程是一个非常令人满意的架构——一个没有道德意义但充满洞察力的玩具世界。可参见我为他的书所写的序言，转载于《脑力劳动成果》。

凯恩提出了他所称的"伊壁鸠鲁"和"非伊壁鸠鲁"版本的非决定论之间的区别（Kane, 1996, pp. 172–174）。"伊壁鸠鲁"非决定论世界由"历史岔口"组成，这些岔口大量分布在具有"确定"属性的事物和事件之间；而在"非伊壁鸠鲁"的世界里，"既有物理性质的不确定性，又有历史岔口的可能性"，这会有什么影响呢？"在过去完全确定的情况下发生了不确定事件的'伊壁鸠鲁'世界——一个没有不确定性的偶然的世界，将仅仅是一个偶然的世界，而不是自由意志的世界。可以说，自由行为不会有不确定的'酝酿期'；它们只会以某种方式从一个确定的过去中突然冒出来，而没做任何不确定形式的准备——制造紧张、斗争和冲突。"（p.173）但那些非线性、混沌的、循环反馈的拉锯战的计算机模型又是怎么回事呢？它们有**明显**的"酝酿期"，蕴含着你喜欢的不确定性（数字近似物），但它们以"伊壁鸠鲁"的方式获得它们的（伪）不确定性——伪随机数发生器将它们的输出散布在决定论性质的子程序中。你无法两者兼得：如果你赞同保罗·丘奇兰德的观点，想要称赞在其非象征性、非刚性、自由的整体开放性中发现了非线性、递归网络的力量，那么你就得承认，"伊壁鸠鲁"算法足以提供这种力量，因为工作模型就是由这种算法构成的。

第 5 章

所有这些设计都从何而来？

"打扰一下，先生，您能告诉我怎么去波士顿交响音乐厅吗？"

"练习，练习，练习！"

众所周知，波士顿交响乐团有个惯常做法，就是会为难其客座指挥，直到他们证明自己。有一位年轻的指挥家，即将与乐队登台首演，他非常清楚乐团的这种做法，于是决定设法走个捷径，以便能尽快获得尊重。按照安排，他将指挥乐团演奏一首初次公演的曲目，一首听上去和谐悦耳的当代作品。就在审视乐谱时，他忽然灵机一动，想到了一个绝妙的主意。他发现前面的乐章中有这样一个渐强片段，整个乐团在演奏这段乐曲时发出的是尖锐高亢的声音，许多不同音高的音符互不相让、争相发声，同时他还注意到，乐团里发出最柔和的一个声音的是演奏原 B 调的第二双簧管。他拿起第二双簧管部分的乐谱，小心翼翼地在上面加了个降调符号——第二双簧管现在就应该演奏降 B 调了。第一次彩排时，他轻快利落地指挥乐队演奏了那段被修改的渐强部分。"不！"他突然大喊一声，让乐队停了下来。

然后，他眉头紧锁，若有所思地说道："有人，让我看看，是的，一定是……第二双簧管。你本来应该演奏原 B 调，但是你演奏了降 B 调。""见鬼，不是的，"第二双簧管演奏者说，"我演奏的就是原 B 调。有个白痴在上面写了个降 B 调符号！"

早期岁月

我们不妨从生物学的角度来研究一下这一现象。波士顿交响乐团迄今已有百年历史，乐团成员不断更替，财务状况时好时坏，保留曲目不断增加和调整，老套的曲目"功成身退"，新的曲目开始"崭露头角"。在许多方面，这个有着悠久历史的杰出机构像是一个生物，个性鲜明，拥有特别的成长史，经历疾病和健康，经历学习与遗忘，游历世界并返回故土，由新成员替换疲惫不堪的老"细胞"，不断调整自己的行为来适应生态位的变化，以便能继续在其中蓬勃发展。从这种生物学视角做出的解释是有说服力的，也很有用，但它忽略了这一现象最惊人也是最重要的特征。如果来自另一个星系的生物学家发现了波士顿交响乐团，让他们印象最为深刻的应该是乐团与动植物的不同之处，而不是它们的相似之处。一个生物体是由一大群细胞组成的，但没有一个细胞会对蒙羞的前景感到焦虑。没有一个细胞能学会演奏双簧管，也没有一个细胞能负责从野心勃勃的年轻候选人名单中挑选出当年的客座指挥。没有一个细胞能推断出双簧管演奏者的反应可能会产生的影响，也无法预料到这件事会给这名年轻指挥家为获得尊重而开展的活动带来的灾难性后果。

波士顿交响乐团（以及其他许许多多人类机构和实践活动）的不凡之处在于：一方面，它们拥有如此杰出的设计和严密的组织形式，能够自我维系；而另一方面，它们由形形色色**独立自主**的个体组成，这些个体拥有不同的国籍、年龄、性别、性情和抱负。乐团成员来去自由，因此董事会必须努力确保乐团提供的工作条件和薪水能够成为激励乐团成员的有效手段。就拿小提琴声部来说。20位演奏者都很有才华，但各有不同。有的人才华横溢但是懒惰，有的人则过度追求完美；有一个人很无趣，但做事认真，另一个人则痴迷音乐无法自拔，还有一个人做着白日梦，想和旁边那位可爱的大提琴手发生关系。但他们在演奏时都能整齐划一地拉动琴弦，齐声演奏，这是一种稳固叠加在千变万化的人类意识之上的模式。为实现这种协同行动创造条件的是一个庞大的文化产品综合体，音乐家、观众、作曲家、音乐学院、银行、市政当局、小提琴制造商、票务机构等都深入共享这一文化产品。在动物世界中，不存在任何能与这种复杂性相提并论的东西。人类的心智中装有数以千计的预期、评估、项目、计划、希望、恐惧和记忆，并因此受到困扰。但即使是我们最近的亲戚——类人猿——它们的心智中也完全没有这类东西。这个充满人类理想和人工制品的世界，赋予了人类个体与地球上任何其他生物都截然不同的能力和倾向。

鸟类想飞到哪里就飞到哪里，这无疑是一种自由，与水母随波漂浮那种自由相比，这确实是种进步，但也不过是我们人类自由的一个"穷亲戚"。我们把鸟鸣和人类的语言做个比较。你会发现，这两者都是自然选择的伟大产物，而且都不是什么奇迹，但是人类的语言彻底改变了生活，在鸟类无法企及的维度上开启了生物世界的大门。人类的自由在一定程度上是语言和文化革命的产物，它与鸟类自由的区别就好比语言和鸟鸣的区别一样。但要理解这一更加丰富的现象，就必须先理解它不那么复杂的组成部分和前身。所以，为了理解人类的自由，我们必须做的就是遵循达尔文的"奇怪的倒置推理"，回到生命诞生之初，那个没有自由、没有智力、没有选择，只有原始自由、原始智力和原始选择的时候。我们已经大致回顾发生了什么：简单的细胞最终产生了复杂的细胞，复杂的细胞最终产生了多细胞生物，而多细胞生物最终产生了我们在其中生活和行动的复杂宏观世界。现在，我们必须回过头来看看这个过程中的一些能说明问题的细节。

假设你只是想在地球上活下去，那你都需要些什么呢？从分子层面开始，你不仅需要 DNA，还需要所有分子工具——蛋白质——来完成 DNA 复制的许多步骤。你需要一种蛋白质来启动这个过程，需要另一种蛋白质来解开螺旋，还需要一种蛋白质来结合单链 DNA……使超螺旋结构变得松弛，分割／包装染色体，等等。其中没有一项是可有可无的，它们全部都是必需的。如果你缺少其中任何一种蛋白质，那你就不走运了。这些构件本身需要经过一段时间才能被设计出来。我们今天与地球上所有生命共享的整套工具已经经过几十亿年的组装和完善，取代了我们更简单的祖先所拥有的更简单的工具包。我们依赖我们的工具包，它们也依赖它们的工具包，但我们比它们拥有更多可能性，因为我们工具包的改进为实现更高级的聚合创造了条件，而这些聚合为更加迂回地与世界上其他事物发生碰撞创造了条件，并利用了这些碰撞的结果。生命之旅启程时，只有一种生存方式。要么做 A，要么死亡。现在，有了很多选择：做 A、B、C、D 或者……死亡。

要想生存，你就需要能量。生命最初利用的能量是来自太阳，还是来自地球深处的热源？这个问题目前尚无定论，许多关于生命起源的诱人假说都在争相证实能量到底来自哪里。无论最初是如何开始的，生命——至少大部分生命——最终都会依赖太阳的能量。为了生存和繁衍，你必须漂浮在海面上或者靠近海面，沐浴在阳光下。一些沐浴阳光者（basker）发生突变时便产生了重大创新，这些沐浴阳光者由此"发现"，与其自己动手做事，不如吞噬和拆解它们的部分邻居，把它们当作一个已经建好的便利仓库，用来储藏一些复杂的备用零件。正是有了侵占，生命才如此有趣。侵占者和被侵占者开启了一场军备竞赛，这场军备竞赛使双方都产生了新的种类。很快——大约10亿年后——出现了许多"谋生方式"（就像理查德·道金斯所说的那样），但这些方式永远只是在逻辑上存在可能性的"浩瀚"空间内一根"微渺"的现实细线。几乎每一种构件组合都是无法存活的方式。

在这场竞争性设计的军备竞赛中，最重要的创新之一是被称为真核革命（eukaryotic revolution）的意外事件，它发生在大约10亿年前。地球上最早的生物是原核生物，这是一种相对简单的细胞，它们占据了地球大约30亿年，直到其中一个细胞被一位邻居入侵，而由此产生的"两人组"比它们未受影响的亲戚更健康，进而蓬勃发展、不断繁殖，并将它们这种团队合作的方式传给了后代。这就是一种早期的合作——共生（symbiosis）。它指的是这样一种情况：X与Y发生碰撞，其结果既不是X摧毁Y，或者反过来Y摧毁了X，也不是全都自我毁灭这种更糟糕的情况（在这个艰难世界中发生碰撞后的常见结果），而是X与Y联合起来共同创造了Z，一种更大的、拥有更多技能的新的存在，同时也拥有一些更好的选择。当然，这在原核生物世界中可能已经发生了很多次，但是一旦发生，对后来的所有生命来说，地球已经被改变了。这些超级细胞——真核生物——与它们的原核亲戚生活在一起，但由于搭便车者的存在，它们比这些原核生物更复杂、更"多才多艺"，也更有本事。当然，这是一种无意中进行的合作。真核小组对它们所参与的团队合作毫不知情。它们不理解，也不需要理解使它们在竞争中拥有优势的"自由浮动的理由"（free-floating rationale）。早期的真核生物本身并不是多细胞的，但它们为多细胞生物开辟了设计空间，这是因为它们拥有足够多的备用零件，可以将自己打造成不同种类的"专家"。（要理解小提琴家和双簧管演奏家，以及波士顿交响乐团的那种团队合作，任重道远，但我们已经开始上路了。）

真核革命让我们注意到这样一个事实：即使在生物进化的过程中——达尔文恰当地称之为"经过改变的继承"——也很有可能会出现**水平传递的设计**。最初那个被共生访客"感染"的原核生物宿主得到了一个"能力大礼包"，这些能力都是**在其他地方设计而成的**。这就是说，它们所拥有的能力并非都是从其祖先那里**垂直继承**而来的，比如继承其父母或者祖父母的能力等等。换句话说，它们所拥有的能力并不都来自它们的基因。然而，它们确实通过自己的基因将这份礼物传给了子子孙孙，因为入侵者的基因开始与宿主的核基因"同呼吸、共命运"，一并进入下一代，也可以说，下一代一出生就被自己的共生体感染了。今天，在所有多细胞生物身上——包括我们在内——这种双重路径的痕迹依然非常明显。在我们每个细胞中有一个转换能量的微小细胞器，叫作线粒体（mitochondria），它们就是这类共生入侵者的后代，它们也拥有自己的基因组，拥有自己的 DNA。你的线粒体 DNA 仅来自你的母亲，与你的核 DNA（你的基因组）一起，存在于你的每一个细胞内。（有性繁殖是后来才出现的，你父亲的精子在受精过程中没有提供他的线粒体。*）

水平传递的设计能够充分有效地利用信息，这是人类文化的关键特征，无疑也是我们这个物种成功的秘诀。我们每个人都是受益者，我们拥有的很多设计是由许许多多不是我们祖先的生物完成的。我们

---

* 2018 年有研究者发现，在特殊情况下，线粒体有时也能来自父亲，见 Luo, Shiyu et al., 2018, "Biparental Inheritance of Mitochondrial DNA in Humans," *Proceedings of the National Academy of Sciences of the United States of America*, 115:51, pp. 13039–13044。——编者注

每个人都不必"重新发明车轮"，或者发明微积分、钟表或十四行诗。有时，有人会宣称，这种文化传递是在与基因无关的个体之间进行的，这表明，人类的文化不能被解释为受新达尔文主义理论原则支配的进化现象。事实上，正如我们刚刚看到的，优秀的设计元素在不相关的个体之间的水平传递被认为是早期（单细胞）生命进化的一个重要特征，越来越多的例子已经证明了这一点，这是当代进化生物学的核心内容，而不是困境。

真核革命不是一朝一夕完成的；进化过程必须历尽艰辛为许多问题找到解决方案，这场革命才有保障。在第2章中，我们遇到了寄生性跳跃基因，这是一种必须阻止其造成有害影响的叛逆基因。解决这些基因组内冲突的过程说明了达尔文学说（Darwinian）的几个重要主题：研发是代价不菲的，必须为每项设计"付费"，进化总是在为新的目的重复使用早先（已付费和复制）的设计。简单的原核生物可以用相对简单的基因读取设备，让它们的基因得到**表达**。也就是说，不需要很高的技术，就可以按照原核生物的基因"配方"，创造出一个后代原核生物。然而，更复杂的真核细胞——更不用说我们这种由这些更复杂构件组成的多细胞生物——需要一个包括各种中间步骤、制约与平衡的极其复杂的系统，以便在适当的时候通过其他基因产物的间接作用来开启和关闭基因，等等。一段时间以来，生物学家们一直有一个经典的"先有鸡还是先有蛋"的难题要解决；这种复杂的基因调控机制是如何进化而来的？在这种昂贵机制大部分能发挥作用之前，多细胞生命甚至不可能开始进化，但显然，对原核生物来说，这种机制并不是必需的。是什么为所有这些研发买了单？现在新出现的答案是，买单的是一场内战，这场战争在早期原核生物中持续了大约10亿年。这是一场基因组内的军备竞赛，参战的双方分别是"好公民"基因和跳跃基因——坐享其成者，它们在基因组中不断复制自己，而不会给整个生物体带来任何好处。由此便产生了许多措施和对策，如沉默机制（silencing mechanism）和孤立-挫败机制（isolation-defeating mechanism）。（这些机制的细节，就像在真核革命中使基因组实现共生统一的机制的细节一样已经开始出现，而且令人十分着迷，但这不是本书要探讨的内容。）就像现代的军备竞赛一样，其结果是一场代价高昂的僵持局面，但研发的成果随后可以用来铸剑为犁：制造多细胞生命形式所必需的高科技机器（McDonald, 1998）。由此看来，我们自己就是某种"和平红利"，就像计算机、特氟龙（Teflon）、全球定位系统，以及在我们的税款资助下由军工复合体开展的军备竞赛中出现的其他高科技副产品那样。

囚徒困境 *

这些军备竞赛究竟是如何进行的呢？哪些因素支配或制约着这些竞赛中不同"阵营"的攻与守呢？在自然界中，某些情境下会出现类似**合作**的关系，如何解释这种现象？（合作很可能始于一次愉快的意外事件，但无法作为愉快的意外事件一直持续下去，否则情况就好得令人难以置信了。）此时，我们需要的是博弈论视角以及它的经典例子——囚徒困境。这是个简单的二人"博弈"，我们这个世界的许多不同情境中都有它的影子，其中有的不仅明显还令人吃惊。囚徒困境的基本场景是这样的。你和另一个人被监禁，等待审判（比方说，因为一项莫须有的罪名），检察官分别给你们两个人提供了减刑甚至

---

* 这一节的部分内容选自《达尔文的危险思想》（Dennett, 1995, pp. 253-254），有所改动。

脱罪的机会：如果你们两个人都硬扛到底，既不认罪也不揭发对方，你们都将被判处短期徒刑（公诉方并没有确凿的证据）；如果你认罪并揭发对方但对方拒不认罪，你就可以逃脱惩罚，而他将被判终身监禁；如果你们两个人都认罪并揭发对方，你们两个人都将被判中期徒刑。当然，如果你拒不认罪，而另一方认罪并检举你，他将获得自由，而你将被判终身监禁。你会怎么做？

如果你们两个人都能硬扛到底，拒不认罪，这对你们两个人来说，会比两个人都认罪要好得多，所以你们就不能答应对方硬扛到底吗？（用囚徒困境的标准术语来说，这种硬扛到底的选择叫作**合作**——当然，是与另一名囚犯的合作，而不是与检察官的合作。）你们当然可以做出承诺，但你们双方都会受到诱惑——不管是否照做了——从而选择"**背叛**"，从那时起，你就自由了，但遗憾的是，这会让那个容易受骗的傻瓜深陷困境。由于这一博弈是相对应的，另一个人自然也会受到同样的诱惑而选择背叛，让你成为那个上当的傻瓜。你会冒着被判终身监禁的风险而相信另一个人会信守承诺吗？背叛可能是一种更安全的做法，不是吗？如果选择背叛，你就完全可以避免最坏的结果，甚至有可能获得自由。如果这真的是个好主意，另一个人当然也能想到，他很可能也会谨慎行事，选择背叛。在这种情况下，如果想避免灾难，你就**必须**选择背叛（除非你非常圣洁善良，不介意为了拯救那个背信的人在监狱里度过余生），所以你们最终很可能都会选择背叛，然后被判处中期徒刑。要是你们两个人都能克服这种推理论证而进行合作就不会这样了！

重要的是这一博弈的逻辑结构，而不是这个特定的情境，这个特定情境只是用来激发生动想象力的一个有效工具。我们可以用积极的结果（比如，一个可以赢得数额不等的现金或产下后代的机会）来替换监禁判决，只要回报是对称的，并且是有序的，获得的回报由高到低的顺序依次是：单独背叛的人高于相互合作，相互合作高于相互背叛，而相互背叛高于只有一方受到背叛的人。（在正式的情境中，我们还加入了一个条件：受背叛者和相互背叛的回报平均值不得高于相互合作的回报。）**每当世界上出现这一结构的具体实例时，就会出现囚徒困境。**

从哲学、心理学到经济学和生物学，许多领域都开展了关于博弈论的研究。在进化博弈论（evolutionary game theory）中，回报是以后代来衡量的，这种模型用来研究在什么样的条件下，"合作的"设计能够固守自己的阵地，同时比其余那些总是受青睐的自私背叛者拥有更多子孙后代。为什么背叛是默认的制胜策略？图 5.1 展示的是一个回报矩阵。可以看到，无论博弈方 Y 做什么，如果博弈方 X 选择背叛，它都会比合作有更好的表现。据说，在基本情况下，背叛是一项占**主导地位**的策略。这对博弈方 X 的后代在下一代群体中所占比例的影响可以用数学方法推导出来，并且能够轻而易举地在模拟环境中得到证明，在模拟环境中，各种简单的背叛者-行动者与各种简单的合作者-行动者两两配对。它们依照自己的类型（背叛者总是背叛，而合作者总是合作）相互作用，并对许多世代的结果（以后代数量计）进行统计与求和。可悲的是，如果没有特殊的特征来防止这种情况发生，背叛者很快就会淹没合作者。这种不可避免的趋势是所有合作的进化过程都必须对抗的"盛行风"。在将博弈论思想应用于进化论的诸多尝试中，约翰·梅纳德·史密斯提出的**进化稳定策略**（evolutionarily stable strategy，ESS）的概念是最有影响力的，这可能不是可以想象到的最佳策略，但在那种情境下，没有任何备选策略可以颠覆它。在大多数可以想象的情况下，所有人总是选择背叛的肮脏世界就是一个进化稳定策略，因为一些先驱合作者如果被扔进这样一个种群中，很快就会由于被骗而死。然而，在某些情况下，还有其他更令人振奋的结果，从这种令人沮丧的默认策略中摆脱出来就是通向我们的阶梯的步骤。

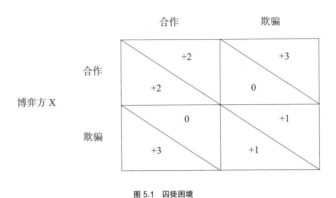

图 5.1　囚徒困境

　　毫无疑问，博弈论分析适用于进化论。例如，为什么森林里的树这么高？而出于**同样的原因**，全国各地的商业街上，大量花哨的招牌争相吸引我们的注意力！每棵树都为自己着想，努力获得尽可能多的阳光。要是那些巨杉能够聚在一起，就合理的分区限制达成一致，不再相互争夺阳光，它们就可以省去建造那些可笑又昂贵的树干的麻烦，成为低矮而节俭的灌木，并获得和以前一样多的阳光！但是它们不能聚在一起。在这种情况下，背叛任何合作协议都必定会得到回报，因此，如果无法提供取之不尽、用之不竭的阳光，树木就会陷入"公地悲剧"（Hardin, 1968）。当"公共"或共享资源有限的时候，个体会禁不住为了自己的利益从中取走比其应得份额更多的资源——比如海洋中的食用鱼类——这时就会出现"公地悲剧"。除非能够达成非常具体的可强制执行的协议，否则最终的结果往往是资源被破坏。正是可强制执行的制衡机制的进化，使得合作的基因能够抵御背叛的跳跃基因，这是最早的"技术"创新之一，目的是克服充斥着普遍自私、普遍背叛的乏味简单的世界。

合众为一？（E Pluribus Unum）*

多细胞性的出现是由合作中的另一项创新带来的：在细胞层面上解决群体团结性问题。我在第 1 章开头曾指出，我们每个人都是由数万亿个机器人细胞组成的，每个细胞都有自己完整的一套基因，以及一系列令人印象深刻的内部生命维持机制。为什么这些个体细胞会如此无私地同意服从整个团队的利益？当然，它们已经**变得**极度依赖彼此。除非是在其通常栖居的环境中，否则它们无法独立存活很长时间。但它们是如何做到这一点的？†从"基因视角"来研究进化问题有一个优点，它让人们意识到这是一个严重的问题。细胞群体的团结在自然界中随处可见；毕竟，在肉眼可见的每一种生物中，我们都可以找到盲目忠诚的细胞。因此，它是"自然存在的"，但仍然是一个重要的设计成果，而不是生物学家所认为的那种理所当然的东西。然而，要吸取的教训很棘手，因为构成我们的细胞分属于两个截然不同的类别。

构成多细胞"我"的细胞都有一个共同的祖先；这些细胞隶属单一谱系，是形成"我"的那个受精卵的卵子和精子的子细胞

---

* 本节载有《达尔文的危险思想》第 16 章中同名一节内容的修订版本。

† 请注意，我已经接受了生物学家谈论生物类型（或血统或物种）的标准方式，就好像我在谈论个体一样。我们的细胞已经"变得具有依赖性"，但**我的**细胞中没有一个**变得**具有依赖性；它们生来就是这样的。在漫长的岁月里，长颈鹿的脖子越来越长，织巢鸟花了成千上万年的时间才"学会"如何筑巢。如果你专注于个体，那么这里的"成长"和"学习"都将是不可见的。正如我们在第 2 章中看到的"避免"的出现一样，即便每个个体的生命轨迹都是被决定好的，更大的过程也可以产生变化、改进和增长。一些哲学家对这种双重视角持怀疑态度——我在《达尔文的危险思想》中用"诱饵与开关"来说明他们的怀疑所拥有的特征——但这是了解所有进化研发如何发生的关键。

（daughter cell）以及孙细胞（granddaughter cell）。它们是**宿主细胞**。而其他细胞，也就是**共生体**，都属于同一类——它们本身就是真核生物和原核生物，但它们被算作外来者，因为它们来自不同的谱系。（这就是第二代共生；共生创造了你的真核细胞，然后这些细胞又成为大批新入侵者的宿主！）

宿主与入侵者的差异产生了什么样的影响？答案是，尽管谱系通常是预测未来能力的有效指标，但最重要的还是未来的能力，而不是谱系，同时，这个答案也适用于我们更高层面上的人类社会生活。例如，你的免疫系统是由宿主团队中有足够资格的细胞组成的，但它们的职业生涯始于一支入侵军队，这支军队在很早以前侵入你的祖先体内，逐渐被笼络，变成了一支雇佣军，它们将自己的遗传同一性（genetic identity）与它们并入的谱系更古老的遗传同一性合并在一起，这是水平传递设计的另一个例子。要理解这些转变所遵循的模式，关键在于将所有这些机器人细胞视为微小的行动者个体，以及每个个体都有一点点"理性"决策能力的意向系统。采用意向立场，从原子组件的物理立场，经由简单机械的设计立场，跃升至简单能动性的意向立场，是一个会获得丰厚回报的策略，但必须谨慎使用。人们太容易忽略这样一个事实：在这些不同的行动者和半行动者以及半半行动者的发展历程中，有一些关键时刻，出现了"决定"的机会，然后又消失了。

构成我身体的细胞有着共同的命运，但有些细胞有着比其他细胞更紧密的共同命运。我的手指细胞和血细胞中的 DNA 处在一个基因的死胡同里；这些细胞属于**体细胞系**（身体）的一部分，而不是**种系**（性细胞）。正如弗朗索瓦·雅各布（François Jacob）曾说过的那句话，每个细胞都拥有变成两个细胞的梦想，但我的体细胞注定"膝下无子，孤独终老"——除了偶尔会产生一些细胞来替代在行动中死亡的邻居——除非无性繁殖技术取得了重大进步。由于这条死胡同是在早些时候就已经确定好的，所以就不再有任何压力，不再有任何普通的机会，也不再有可以调整其意向轨迹（或其数量有限的后代的轨迹）的"选择点"。你可能会认为，它们是弹道（ballistic）意向系统，它们的最高目标和宗旨已经被一次性确定好，没有机会重新考虑或者再进行指导。它们是对自己所构成的身体的至善（summum bonum）完全尽职尽忠的奴仆。它们可能会被来访者利用或欺骗，但在一般情况下，它们自己是无法反抗的。就像"斯戴佛的妻子们"一样，它们拥有的单一的**至善**，是已经在它们身体内设计好的，即不让它们"总是谋求自身利益"。相反，它们天生就是团队成员。

它们促进这一**至善**的方式本身也是设计好的，它们在这方面与那些"同舟共济"的其他细胞——"我"的共生体访客——有了根本区别。良性共生者、中性共栖者以及有害寄生生物共同拥有一个载体——"我"——其中每种生物都拥有自己的**至善**设计，这种设计是为了促进其各自谱系的发展，而不是我的。幸运的是，在某些情况下，各方可以维持友好关系，毕竟大家都在"同一条船上"，而它们不合作就能有更好表现的情况是有限的。但它们确实有"选择"。这对它们来说是一个问题，而对宿主细胞来说通常不是。

为什么？是什么使得（或要求）宿主细胞如此尽职尽忠，并放任访客细胞在有机会时进行反抗？当然，这两种细胞都不是会思考、能感知和有理性的行动者；而且，这两种细胞中，不存在一方的认知能力明显高于另一方的情况。这并不是进化博弈论的支点所在。巨杉也不是特别聪明，但它们处于竞争的条件下，这种竞争迫使它们选择背叛，从而造成了（从**它们**的角度来看！）一场浪费的悲剧。如果它们之间达成了一项合作协议，根据此项协议，它们都将放弃长出高大的树干，放弃想要借此获取超过其所需份额的阳光的徒劳尝试，但这种协议在进化上是无法得到执行的。

创造一项选择的条件是**差异繁殖**的无意识"投票"。正是这种差异繁殖的机会，让我们访客的谱系通过"探索"备选策略，"改变主意"或"重新考虑"它们所做的选择。然而，在日后发育成"我"的那个受精卵开始形成时，我的宿主细胞仅通过一次投票就被一次性地设计好了。假如因为产生了突变，**它们**有了支配性策略或自私的策略，它们将不会蓬勃发展（相对于其同一代细胞），因为几乎没有机会进行差异繁殖。（癌症可以看作一种自私的、破坏载体的叛乱，这种叛乱是通过改动允许差异繁殖的正常环境来实现的。）

布赖恩·斯科姆斯曾指出（Brian Skyrms, 1994A, 1994B），这一多细胞策略（这是创造了所有基因读取机制的内战所产生的另一个良性结果）与约翰·罗尔斯的不朽著作《正义论》（Rawls, 1971）之间有着奇妙的相似之处。在体细胞系的细胞所拥有的紧密共同命运中，进行常规合作的前提条件类似于罗尔斯提出的"原初状态"中的情况。"原初状态"是罗尔斯开展的一个思想实验，关于理性行动者如果必须从他所称的"无知之幕"（the veil of ignorance）背后做出选择，他们会如何选择设计一个理想的公正状态。斯科姆斯贴切地将其称为"达尔文主义的无知之幕"。你的性细胞（精子或卵子）并不是通过正常的细胞分裂或说有丝分裂形成的。你的性细胞是通过**减数分裂**这样一个完全不同的过程形成的，这一过程随机构建了**半个**基因组候选组（与来自你的配偶的半个基因组候选组结合），其具体方式是，首先从"A列"（你从你母亲那里获得的基因）中选择一点，然后从"B列"（你从你父亲那里获得的基因）中选择一点，直到构建出一组完整的基因（但每个基因都只有一个拷贝），并安插在一个性细胞内，准备在重大的"交配彩票"中试试手气。但你最初的那个受精卵的哪些子细胞最终会进行减数分裂，而哪些要进行有丝分裂呢？这也是件要碰运气的事。

那它是随机彩票呢，还是伪随机彩票？据我们所知，它就像抛硬币一样，是由不知从哪里来的某种神秘的、无模式的碰撞巧合决定的，因此原则上可以被拥有**无限智慧**的拉普拉斯妖预测到，但无法被那些高度敏感和基础广泛的选择性力量预测到，这些力量形成了"盲眼钟表匠"盲目但有效的摸索。由于这种机制的存在，（你体内的）父源基因和母源基因通常无法提前"知道自己的命运"。它们的种系后代是能够在未来大量繁衍子孙，还是为了构成身体的所有成员（body politic）或这个整体（corporation，想想词源）的利益而被放逐到体细胞系奴隶所在的生育绝境中，这个问题是未知的，也是不可知的，所以即便这些基因之间展开自私的竞争，也不会有任何好处。至少通常的安排就是这样。然而，在一些特殊情况下，"达尔文主义的无知之幕"被短暂地拉开，"减数分裂驱动"*或"基因组印记"†便是这样的例子［Haig and Grafen, 1991; Haig, 1992, 2002；讨论内容见《达尔文的危险思想》（Dennett, 1995，第9章）］，在这些情况下，基因之间被允许展开"自私"竞争——而且确实出现了这种竞争，它的出现还导致军备竞赛不断升级。但在大多数情况下，基因的"自私时间"受到严格限制，一旦死亡（或选票）已注定，这些基因就会一直搭便车，直到下一次选举。E.G. 利（E.G. Leigh）可能最先注意到了这一相似之处：

---

* 减数分裂驱动（meiotic drive），在减数分裂过程中出现异常，导致配子或杂交子代的分离比违背正常规律的现象，常由分离失调基因（segregation distorter）造成。——编者注

† 基因组印记（genomic imprinting），来自亲代的同源染色体或等位基因未按正常规律表达同一性状，而是根据来源出现差异性表达的现象。——编者注

这就好像我们必须与基因议会打交道：每个基因都是为了自身的利益行事，但如果它的行为伤害了其他基因，它们就会联合起来压制它。减数分裂的传递规则演变成越来越不可侵犯的公平竞争规则，这是一部旨在保护基因议会免受一个或几个基因的伤害行为的宪法。然而，在位点上，与分离失调基因紧密相连以至于"沾光"的好处超过其弊病可能造成的危害，选择往往会增强失调效应。因此，一个物种必须有许多条染色体，这样一来，当分离失调基因出现时，大多数位点上的选择有利于对它进行压制。就像一个议会如果太小，很可能会被玩弄阴谋的小圈子颠覆破坏一样，如果一个物种只有一条紧密相连的染色体，那它很容易成为分离失调基因的猎物。（Leigh, 1971, p. 249）

我们不妨试试不用意向立场来说明自然界中的这些深层模式！慢动作模式在基因层面上是具有预测性的，这不禁让人联想起（实际上是预演了）心理和社会层面具有预测性的模式：机会，洞察力和无知，找到在竞争中脱颖而出的最佳举措，避免和反击，以及选择和风险。进化研发中的举措和反制举措都是有理由的，尽管这些理由不是由什么人或什么物明确思考出来的。这些就是我所说的"自由浮动的理由"，它们比我们表达出来的思考过的理由早出现了几十亿年。其中就包含了"避免伤害"这一最基本的原则，这个原则在两个领域是相同的：如果你完全不知道自己将会有什么样的命运，你就不能利用自己的自由选择。

这是使人们无法获得机会的另一种方式：让他们对此一无所知。我们可以把这样一个未被认识到的、没有想到过的机会称为空机会［a bare opportunity］。如果我从一排垃圾桶旁边走过，而其中一个垃圾桶里面恰好有一个装满钻石的钱包，那么我就错过了一个可以致富的空机会……空机会非常多，但还不够多；当我们说想要机会或者需要机会来改善我们的境遇时，我们想要的其实并不只是空机会。我们想要觉察出机会，或者从某处得知出现了机会，以便及时采取行动。（Dennett, 1984, pp. 116–117）

斯科姆斯说明了，当一个群体（无论是整个有机体还是其部分）中的个体元素是近亲（克隆体或近似克隆体）或者能够互认和选型"交配"时，背叛策略总是占主导地位的简单囚徒困境并不能恰当地为这种情况建立模式。这就是为什么我们的体细胞不会选择背叛——它们是克隆体。这是群体（比如，我的"宿主"细胞群体）能够拥有和谐与协调的条件之一，而这样的和谐与协调则是这类群体作为一个"生物体"或"个体"表现稳定所需要的。在我们欢呼三声并准备将其作为如何构建公正社会的样板时，我们最好先停下来并注意一下，还有另一种看待体细胞和器官这些模范公民的方式：它们所拥有的无私的特殊标志是狂热者的无条件服从，表现出一种极端排外的群体忠诚，这很难说是人类想要效仿的典范。

组成我们的那些细胞在弹道轨迹上，但我们不是；我们是导弹，能够随时改变航向，放弃目标，转换阵营，形成阴谋小集团然后再背叛它们，等等。对我们来说，时时刻刻都要做决定。为此，我们一直都面临着种种社会机遇和困境，博弈论为这样的机遇和困境提供了博弈场和博弈规则，但还没有解决方案。对于社会中的人们来说，生活比那些构成他们的细胞复杂多了，在我们到达波士顿交响音乐厅之前，我们还有许多研发工作要做——"练习、练习、练习！"

不过，有一个令人振奋的消息，那就是我们发现，我们面临的这些问题有通过反复试错最终得到解决的先例。否则，也不会有今天的我们。反复试错是一个极为有效的过程，即便是机械式的反复试错，在保留部分进展的情况下，也是有效的。它创造了世界上真正的新事物；它已经解决了重大问题，克服了难以克服的障碍。试错是有用的，所以**尝试**自然也是有用的：至少有一种尝试已经取得了成就。当我们看到这些先例是何等成功时，我们所做的各种各样的尝试在决定论面前可能就不会显得那么软弱无力了。构成我们的细胞，正是那些曾经必须要解决合作这一重大问题并取得成功的细胞所产生的直系后代。

题外话：基因决定论的威胁

我们在上文中讨论了关于细胞和基因的不祥前景，在将这一讨论与小提琴家和双簧管演奏家的讨论并列在一起之后，或许该让人们放宽心了，对此，提出"基因决定论"的"幽灵"并将其一次性驱逐是个不错的办法。按照斯蒂芬·杰·古尔德的说法，基因决定论者相信：

> 如果我们天生就这样，那么这些特征就是不可避免的。我们充其量只能引导它们，但我们无法通过意志、教育或文化来改变它们。（Gould, 1978, p. 238）

如果这就是基因决定论，那我们都可以松口气了：没有基因决定论者。我从来没有遇到过有人声称意志、教育和文化不能改变我们许多（即便不是全部）基因上的遗传特征。我戴的眼镜将我的近视遗传倾向抵消了（但我确实不得不想戴上它们）；许多本来会患上这样或那样遗传病的人，可能因为接受了关于特定膳食重要性的教育，或者得益于某种处方药的**文化传播**（culture-borne）而无限期推迟了症状的出现。如果你带有苯丙酮尿症（phenylketonuria）的致病基因，你要做的就是停止吃含有苯丙氨酸（phenylalanine）的食物，以防止产生不良后果。正如我们已经看到的，不可避免的事情并不取决于决定论是否占主导，而是取决于我们是否可以根据我们及时获得的信息采取措施，以避免可预见的伤害。有意义的选择有两个先决条件：信息和信息引导的路径。如果缺了其中一个，那另一个也就毫无用处，甚至会产生更糟糕的结果。在当代遗传学研究方面颇有造诣的马特·里德利（Matt Ridley, 1999）曾以亨廷顿病（Huntington's disease）这个令人心酸的例子清楚地阐明了这一点。亨廷顿病是"绝对的宿命性质，不受环境变化的影响。优渥的生活、良好的医疗条件、健康的饮食、相亲相爱的家庭和巨大的财富都对此无能为力"（P. 56）。这与同样不受欢迎的遗传倾向形成了鲜明的对比，因为对于遗传倾向，我们还**可以**采取一些措施。正是出于这个原因，许多（根据其家族史来看）有可能带有亨廷顿病相关突变基因的人选择**不**做检测，尽管这个检测一点都不复杂，而且还能基本确定其是否带有这种突变基因。但需要注意的是，如果将来有办法能为这些带有亨廷顿突变基因的人提供治疗，那他们会立刻冲上去接受检测。

古尔德等人已宣称坚决反对"基因决定论"，但我想，应该不会有人认为我们的遗传禀赋可以无限修改。由于我的 Y 染色体，我几乎不可能有生育能力了。我无法通过意志、教育或文化来改变这一点——至少在我有生之年是无法改变的（但谁知道下一个世纪的科学又能实现什么呢？）。因此，至少在可预见的未来，我的一些基因确定了我命运的某些部分，且不存在被豁免的可能性。如果这就是基因决定论，那我们都是基因决定论者，包括古尔德在内。一旦抛开这些讽刺性描述，剩下的充其量就是一些坦诚的意见分歧：究竟需要多少干预才能抵消某种遗传倾向，更重要的是，这种干预是否合理。这些都是重要的道德和政治问题，但往往几乎不可能以冷静和合理的方式进行讨论。恢复头脑清醒的第一步是要认识到（作为一条有用的经验法则），每当你遇到"基因决定论者"的"指控"时，这很可能只是"让那只乌鸦闭嘴！"的例子，没有必要再讨论，至少在这些方面不需要再讨论了。况且，基因决定论会有什么特别不好的地方呢？**环境**决定论不也同样可怕吗？我们不妨来考虑一下环境决定论的相似定义：

> 如果我们是在特定的文化环境中长大并接受教育的，那么这种环境强加给我们的特征就是不可避免的。我们充其量可以引导它们，但我们无法通过意志、进一步教育或采纳不同的文化来改变它们。

耶稣会会士们有句常被引用的谚语（我不知道有多准确）："七岁看老。"（Give me a child until he is seven, and I will show you the man.）这自然有些夸大其词，但毫无疑问，早期教育和童年时期发生的其他重大事件会对我们日后的生活产生深远影响。例如，有研究表明，像在一岁之前被母亲嫌弃这样的严重事件会增加你实施暴力犯罪的可能性（e.g., Raine et al., 1994）。再强调一次，我们绝不能犯"把决定论等同于不可避免性"这样的错误。我们需要进行实证研究的是，无论这些影响有多么深远、多么巨大，我们能否采取一些措施来避免这些不良影响——在环境背景和遗传背景下所造成的不良影响可能会有很大的不同。有一种痛苦叫作"一句中文都不会"。我就承受了这样的痛苦，这完全要归因于童年早期的环境影响（我的基因与此无关，更准确地说，没有直接关联）。但如果我搬到中国，凭借自己的努力，我很快就能"被治愈"，尽管在此生余下的时光里，我无疑会一直带着深深的又无法改变的生涩迹象，很容易被以汉语为母语的人察觉。但我的汉语水平自然可以好到某种程度，足以让我在自己遇到的中文使用者的影响下，对我可能采取的行动负责。

凡事不是由基因决定，那就一定是由我们的环境决定的，这难道不是真的吗？还有别的吗？有先天（Nature），还有后天（Nurture）。是不是还有某种 X，某个进一步促成了"我们是什么"的因素？还有机会。运气。我们在第 3 章和第 4 章中已经了解到，这种额外因素很重要，但不一定要来自我们原子的量子最深处，也不一定非要来自遥远的星系。它就在我们周围，在我们充满喧嚣的世界中无理由地"抛硬币"，自动填补了那些没有具体指明的空白，那些我们的基因以及我们环境中的重要原因没有确定的空白。这一点在我们大脑中的细胞之间形成的数万亿种连接方式上，表现得尤为明显。多年来，人们已经认识到，人类的基因组虽然规模很大，但远未大到足以（在其基因"配方"中）**明确规定**神经元之间建立的所有连接。情况是这样的，基因明确规定了一些过程，这些过程会引发神经元大量增长——这些神经元的数量比我们大脑最终使用的神经元多出许多倍——然后这些神经元随机地（当然是伪随机地）伸出探索性分支，其中许多分支**恰好**会与其他神经元相连，但前提是要**发现**连接方式是有用的（这是通过机械式的大脑精简过程实现的）。这些成功的连接往往会存活下来，而那些未能成功建立的连接将会死去，然后被拆除，以便这些被拆除的部分在几天后的下一代神经元有望的增长中被循环使用。大脑中的这种选择性环境（特别是在胎儿大脑内，早在其遇到外部环境以前）与基因一样，都不能**明确规定**最终的连接；基因和发育环境中的重要因素都会影响和削减神经元的增长，但仍然存在很多机会。

最近发布的关于人类基因组的数据显示，我们"仅"有大约 3

万个基因（根据目前确定基因和计算基因的方法推测），而不是一些专家猜测的 10 万个基因。得知这一消息时，新闻媒体界的反应有点可笑，都松了口气似的。啊！"我们"并非仅是我们基因的产物；本来由那 7 万个基因"确定的"所有规范，现在要由"我们"自己来提供了！可能有人会问，我们要怎么做呢？我们不也同样面临着来自可怕的环境、糟糕的传统教养（"后天"）及其潜藏的说教技巧所带来的威胁吗？当"先天"和"后天"各尽其责，完成了自己的工作后，还会剩下什么成为"我"吗？（如果你让自己变得非常渺小，你就几乎可以将一切外部化。）

如果我们的基因和我们的环境（包括机会）以某种方式瓜分了战利品并"固定了"我们的性格，那么二者之间的权衡是怎样的还重要吗？或许，环境是个比较良性的决定来源，毕竟，"我们可以改变环境"。这话没错，但我们无法改变一个人过去的环境，就像我们不能改变其父母一样，未来的环境调整可以像消除之前环境的限制一样，大力解决之前的遗传限制。如今，我们马上就能够像调整未来的环境一样，轻而易举地调整基因的未来。我们假设，你了解到这样一个事实，你所有的孩子无一例外都会出现一个问题，而这个问题可以通过调整其基因或环境来缓解。无论支持哪一种疗法，可能都有许多合理的理由，但其中有一种应该根据道德或形而上学的理由排除在外，这当然不是显而易见的。我们不妨虚构这样一个案例——尽管这个案例可能很快就会被现实超越。假设你是一个坚定的因纽特人，相信唯有北极圈内的生活才值得过，然后有人告诉你，你的孩子不具备生活在这种环境里的基因条件。你可以搬到热带地区，在那里他们会过得很好——代价是放弃他们的**环境**遗产——你还可以调整他们的基因组，让他们可以继续生活在北极世界，但代价是（如果这算是一个代价的话）失去他们某个方面的"先天"基因遗产。

问题不在于决定论——无论是基因决定论还是环境决定论，或两者兼而有之；问题在于无论我们的世界是不是决定论性质的，**我们可以改变什么**。贾雷德·戴蒙德在他的巨著《枪炮、病菌与钢铁》（*Guns, Germs, and Steel*, 1997）中就遗传决定论这个被误导的问题提出一个非常吸引人的观点。戴蒙德提出并主要回答的问题是，为什么"西方"人（欧洲人或欧亚人）征服、殖民或以其他方式统治"第三世界的"人，而不是反过来。例如，为什么美洲或非洲的人类群体没有通过入侵、杀戮和奴役欧洲人来建立世界性的帝国呢？这个答案是……**遗传**？科学是否在向我们证明，西方统治的最根本来源是我们的基因？初次遇此问题，许多人——也包括见多识广的科学家在内——会草率地得出结论：仅仅因为戴蒙德在解决这个问题，他就一定抱有某种可怕的种族主义假设，认为欧洲人具有基因上的优势。这种怀疑让他们非常慌乱，以至于他们很难接受这样一个事实（他必须费尽心思地把这个事实讲清楚），也就是他所说的正好相反：这个秘密的解释并不在于我们的基因，也不在于**人类**的基因，但它又确实在很大程度上在于基因——某些植物和动物的基因，而这些植物和动物是人类农业中所有驯化物种的野生祖先。

监狱长有一条经验法则：如果能发生，就一定会发生。意思是说，任何安全上的漏洞，任何无效的禁令或监视，或者屏障上的弱点，都很快就会被囚犯发现并充分加以利用。为什么？意向立场解释得很清楚：囚犯是聪明、足智多谋又有些受挫的意向系统；因此，他们相当于提供了大量的知情欲望，并且有许多空闲时间来探索自己的世界。他们的搜索程序几乎是详尽无遗的，他们能够判断出哪些行动是最优的，而哪些是次优的。戴蒙德利用了同样的经验法则，假设世界各地的人们总是和其他地方的人几乎一样聪明、节俭，善于抓住机会，守纪律，有远见，然后说明了人们确实总是能发现那些可以被发现的东西。大致来说，**所有可驯化的野生物种都已被驯化**。欧亚人之所以在科技上占得先机，是因为他们在农业上占了先机，而他们之所以在农业上占得先机，是因为 1 万年前他们附近的野生动植物中有非常适合被驯化的对象。有些草的基因与超级植物的基因极为相似，而成为超级植物或多或少有些意外成分，它们仅仅发生了几个突变就成了谷粒更大、更有营养的谷物。还有一些具有群居属性的动物，它们的基因与易于在圈养条件下繁殖的可聚集动物相近。（玉米在西半球的驯化时间更长，部分原因是它与其野生前身的遗传距离更远。）当然，在近代农学出现之前，涵盖这一领域的选择活动的关键部分是达尔文所说的"无意识选择"——那些对自己在做什么和为什么这样做只有最局限看法的人，其行为模式中隐含的基本上是无意的并且肯定是不知情的偏见。

生物地理学的意外事件，因而也是环境的意外事件，是主要原因，人们无论生活在哪里，可以得到的机会都被这些制约因素"固定了"。由于欧亚人几千年来一直都生活在各种驯养动物的附近，他们对从动物宿主传给人类宿主的各种病原体产生了免疫力（人类基因在此发挥了重要作用，这一点是毋庸置疑的），而当得益于技术的发展，他们能够长途跋涉并遇到其他人群时，他们带去的细菌造成的破坏比他们的枪支和钢铁造成的损害高了许多倍。

关于戴蒙德和他的论点，我们该怎么说呢？他是可怕的基因决定论者，还是可怕的环境决定论者？当然，他两者都不是，因为这两种妖怪都像狼人一样是虚构的。通过增加相关信息来让我们更好地了解限制我们当前机会的各种制约因素，他增加了我们避免我们想要避免的事情，阻止我们想要阻止的事情的能力。了解我们基因的作用，以及我们周围其他物种的基因，这并不是人类自由的敌人，而是它最好的朋友之一。

自由度与对真理的追求

对于（例如，寄生细胞或巨杉的）谱系所做的"决定"，只有恰当地眯起眼睛才能看到。你必须对其稀奇古怪的整体采取意向立场，把时间调成**快进**，从堆积如山的数据中寻找显现出的更高层次模式，这样的模式确实会浮现出来，而且具有令人满意的可预测性。更容易辨识出的决定是由小型突出个体实时做出的，这些决定必须等待运动的诞生。是的，树木可以"决定"，春已到，是时候含苞吐蕊了，而蛤蜊如果感觉到有什么东西撞了自己的壳，便会"决定"闭合，但这些选择都是非常初级的，近乎简单的开关，只是出于礼貌才称其为决定。但是，正如工程师们所说，即便是一个简单的开关，由于一些环境变化而开启和关闭，也标志着一种**自由度**，因而也需要以某种方式加以控制。当存在这样或那样的可能性集合时，系统就有了一种自由度，而在任意时刻其中哪一种可能性会成为现实，则取决于控制该自由度的功能或开关。开关（开／关或多项选择）可以串联、并联或者结合串并联的阵列形式进行连接。随着阵列的激增，形成了更大的开关网络，自由度则以极为惊人的速度倍增，控制问题也就变得很复杂且非线性。任何配备了这样阵列的谱系都会面临一个问题：在一个多维的可能性空间中，**应该**调整什么信息以通过这种分叉路径阵列的通道？这就是大脑的作用。

拥有大量感觉输入和运动输出的大脑是一个局域化设备，用于挖掘过去环境中的某些环境信息，随后可以从这些信息中"提炼出"对未来美好期望的"黄金"。然后，这些来之不易的期望可以用来调整你的选择——能比你的同类更好地调整自己的选择。速度至关重要，因为环境总是在变化，而竞争对手比比皆是，但准确性也很重要（因为在竞争对手的选择中，有像伪装这样的策略），此外，节俭也是个重要因素（因为一切皆有成本，从长远来看，都是要付出代价的）。这些关于进化的条件产生了一系列权衡，重视快速、高保真和高相关度的感觉注意。面向未来的产出之间的军备竞赛确保了每个物种都将忽视其环境中的某些东西，而忽视这些东西要付出的代价是它们能够承担的。这是一项危险的策略，如果未来其环境中一个一直以来都平淡无奇的变量突然具有致命的相关性时，这一方针会使其遭受意外打击。

对于充满无法预测但又具有相关性的新事物的环境，其更高层次的前景带来了另一个权衡问题：投资于**学习**是否会给这一谱系带来回报？这需要付出相当大的间接成本：必须安装相应机制，以便在单个生物自身的生命周期内能够实时重新设计开关网络，这样一来，它就可以根据在世界上检测到的新模式来调整其控制功能。不妨回想一下我们在第 2 章中提到的德雷舍（Drescher, 1991）提出的"情境行为机"和"选择机"之间的区别。情境行为机是一个相对简单的开关集合，每个开关都体现了某种环境规则：**如果你遇到条件** C，**就做** A。对于那些行为早已被规定好的相对简单的生物来说，这是划算的。"选择机"则有另外一套机制，这种机制体现的是预测：**如果你遇到条件** C，**那么做** A **则会产生结果** Z（**概率为** P）。它们产生几个或许多这样的预测，然后（使用它们拥有的或发展出的任何价值规范）对其进行评估，这种安排对于那些被设计成终其一生进行学习的生物来说是划算的。一个生物体的"工具箱"里面可以同时装有"情境行为机"和"选择机"，依靠前者做出暂且应急的救命选择，依靠后者认真思考未来——这是一种初级实践推理能力。

只有在学习机会足够多的情况下（当然，这些学习往往是要形成新的好习惯，而不是新的坏习惯），这种复杂的学习机制才能收回成本。那有多少学习机会才算够呢？自然是要视情况而定，但毫无疑问，往往是不够的。"用进废退"这句箴言广泛适用于动物世界。例如，驯养动物的大脑比它们的野生近亲的大脑要小得多，这不仅仅是肉畜选择拥有发达肌肉的副产品。驯养动物可以承受"愚蠢"这种代价，但仍然会有许多后代，因为它们实际上已经将许多认知的次要任务外包给了其他物种，就是我们人类，而它们已经成为我们的寄生者。就像绦虫"决定"相信我们，让我们来处理它们所有的移动和觅食任务，这样它们就可以极大地简化它们不再需要的神经系统；驯养动物在没有人类宿主可以依靠的情况下，处境会相当艰难。它们不是寄生于我们体内的**内寄生物**（endoparasite），但仍然是寄生生物。

我们离发现鸟类自由的奥秘越来越近了，就是它们想飞到哪就飞到哪的那种自由。它们为什么想要飞到它们想飞去的地方呢？鸟类自然是有理由的。其理由就体现在鸟类大脑中所有开关的设置中，而且从长远来看，鸟类能持续生存也证明了这一点。通常，它所关心的想收集相关信息的事情是对其切身利益最重要的事情。其祖先近来承受的来自狡猾的竞争者的压力越大，它投资昂贵的设备来应对这一系列威胁的可能性就越大。当水手们乘着大帆船首次抵达太平洋上的偏远岛屿时，他们发现岛屿上栖息的鸟类——其祖先已有数千年没有见过捕食者了——对他们如此漠不关心，如此不害怕靠近它们的大型物体，他们可以大摇大摆地直接上前抓住它们。这些鸟类拥有很出色的飞行技术，但人们不需要偷偷靠近就可以捕捉它们。它们想飞到哪就能飞到哪，但它们没有精明的需求；理由近在眼前，它们却了解得太少而无法发现。它们有很多可以自救的空机会，但缺乏采取行动所需的信息。当然，这些鸟类现在基本上已经灭绝了。

捕食者和猎物之间的军备竞赛，同类物种之间争夺配偶的竞争，以及食物、住处、领地和当地地位等争夺配偶手段的竞争，给我们的生物圈带来了数亿年的研发，这种研发需要同时在数百万个物种之间进行范围广泛的并行处理。此时此刻，地球上数万亿个生物正在玩一场捉迷藏的游戏。但对这些生物来说，这并非只是一个游戏；这是生死攸关的问题。**把事情做好**，不犯错，这对它们来说很重要（事实上，这是最重要的），但它们通常认识不到这一点。它们是一些设备的受益者，这些设备都是精心设计的，用于把事情做好，但当它们的设备出现故障并且把事情弄错时，它们通常没有资源能用来发现这一点，更不用说痛惜了。它们就这样在不知不觉中继续前行。事物的表象和真实情况之间的差异对我们来说是致命的鸿沟，对它们来说亦是如此，但它们基本上对此浑然不觉。**认识到表象和现实之间的差异**是人类的一项发现。而少数其他物种，像一些灵长目动物、鲸目动物，甚至一些鸟类，都可能会表现出一些迹象，表明它们认识到了"错误观点"也就是**搞错了事情**的现象。它们对其他动物的错误表现出了敏感性，甚至可能对自己的错误表现出一些敏感性，但它们缺乏思考这种可能性所需的思考能力，因此，它们无法利用这种敏感性来仔细思考如何设计修理或改进自己的搜寻设备或隐藏设备。这种弥合表象和现实之间鸿沟的能力，只有我们人类才拥有。

我们人类是发现了"怀疑"的物种。那里储存了足够过冬的食物吗？我是否计算错误？我的伴侣是不是对我不忠？我们应该搬到南方去吗？进入这个洞穴安全吗？其他生物往往会因为自己对这些问题不确定而明显感到焦虑不安，但因为它们实际上无法**问自己这些问题**，所以它们无法清楚地向自己说明自己面临的困境，也无法采取措施来更准确地了解真相。它们被困在一个表象的世界里，尽其所能地利用事物的表象，很少担心（也可能从不担心）事物的表象是否真实。只有我们人类因怀疑备受折磨，也只有我们被这种认知渴望所激发，去寻找补救办法：更好的求真方法。为了更好地了解相关事物的动态，比如食物供应、我们的领土、我们的家庭、我们的敌人，我们发现了与他人讨论和提问以及传授知识的好处。我们发明了文化。

正是文化提供了支点，我们可以充分利用这个支点让自己进入新的领域。文化还提供了一个有利的切入点，我们可以从中看到如何改变我们基因的盲目探索所奠定的延伸至未来的轨迹。正如理查德·道金斯所说，"重要的一点是，认为基因带来的影响会比环境影响更加不可逆转的这种观点，没有一般性理由的支持"（Dawkins, 1982, p. 13）。但为了扭转这种影响，你必须能够认识和理解它。只有我们人类才拥有远见卓识，这些知识能够帮助我们识别从而避开那些我们缺乏远见的基因所设计的道路上的陷阱。共享知识是我们从"基因决定论"中获得更大自由的关键。我们还没到交响音乐厅，但我们就快到了。

第 5 章

要理解多细胞生物设计内所蕴含的智慧，采用意向立场来看待整个进化过程是最好的办法。从这个角度我们可以看出非零和博弈中合作"选择"的自由浮动的理由，这些理由将进化研发过程导向越来越复杂的理性行动者，提高了生物识别机会并根据机会采取行动的能力。抛开具有误导性的"基因决定论"这个令人头痛的问题，我们可以看到自然选择产生的进化如何提供了越来越大的自由度，但这仍然不是人类能动性的自由。

第 6 章

人类文化既不是奇迹，也不是为增强自身的健康而对基因提供给我们的工具箱的直接补充。为了理解一个人如何既是文化的产物又是文化的创造者，我们需要探索文化和人类社会性产生的多阶段进化过程。

关于资料来源和扩展阅读的说明

《达尔文的危险思想》一书中载有对本章提出的观点所做的进一步说明，本章中的一些段落就摘取自这本书。约翰·梅纳德·史密斯的《博弈、性与进化》（ *Games, Sex and Evolution*, 1988，特别是第 21 章和第 22 章）对进化中的博弈论做了初步解释，内容非常出色。理查德·道金斯的《自私的基因》（ *The*

Selfish Gene, 1976）修订版也对相关内容做了极好的阐释。布赖恩·斯科姆斯的《社会契约的进化》（Evolution of the Social Contract, 1996）载有基于最新的研究所做的阐述。此外，读者还可参阅罗伯特·赖特的《非零和博弈：人类命运的逻辑》（2000），书中有关于本章所探讨的趋势的概述，引人入胜。

我们对这里描述的进化过程，特别是可以采取意向立场来描述的基因之间的冲突的理解程度，正在以较快的速度提高。今天的许多具体主张（例如人类基因组中的基因数量）很可能明天就会失效，但将进化生物学结合在一起的理论和证据的框架是非常坚实和有弹性的。梅纳德·史密斯与埃尔斯·绍特马里（Eörs Szathmáry）的《进化中的重大转变》（The Major Transitions in Evolution, 1995）是一部杰出著作（尽管读起来比较难），研究了从最简单的生命体到人类社会的转变步骤；他们在 1999 年出版的《生命的起源：从生命的诞生到语言的起源》（The Origins of Life: From the Birth of Life to the Origins of Language）是一个更简单的版本。如果想要了解 2000 年年底左右的知识状况，请参阅安德烈斯·莫亚（Andrés Moya）和恩里克·方特（Enrique Font）主编的《进化：从分子到生态系统》（Evolution: From Molecules to Ecosystems），这本书就当时的知识状况做了权威概述，书中载有对一系列主题所做的研究，涉及多细胞进化，线粒体基因与核基因尽管大致拥有同样的命运但仍然可能出现的冲突，共生的成本效益权衡，以及许多其他引人入胜的主题。

德雷舍对"情境行为机"和"选择机"所做的区分，有效地阐明了（并且部分超越了）我对斯金纳式生物和波普尔式生物所做的区分（Dennett, 1975, 1995, 1996A）。

第 6 章

开放性心智的进化

　　人类不仅仅是聪明的野兽，在这个危机四伏的世界里只为自己考虑的足智多谋的行动者；人类也不仅仅是群居动物，为了自己无须理解的相互利益无知无觉地挤在一起生活。我们的社会性是个多层次现象，充斥着涉及相互认识（的认识的认识……）的混响，因此，许多人类特有的活动都有很多机会发生，例如，许下诺言和违背诺言、尊崇和诽谤、惩罚和荣耀、欺骗和自欺欺人等等。正是这种环境的复杂性驱使我们的控制系统、我们的心智形成了它们自己的多层次复杂性，这样我们才能有效地应对周围的世界——如果我们是正常的。有一些不幸的人出于各种原因无法做到上述这一点，他们不得不以一种"低等"地位生活在我们中间，顶多像宠物一样得到照顾和尊重，必要时还会受到制约，以自己有限的方式被爱和爱，但他们不是人类社会的完全参与者。当然，他们缺乏在道德上具有重要意义的自由意志。他们与我们其他人之间值得怀疑的界限，以及当个人要被考虑晋升或降级时出现的极大难题，这些都是下一章的主题，但为了提前打好基础，我们需要更深入地研究人类社会和心理的这些独特的复杂性是如何进化而来的。

文化共生体如何将灵长目动物转变成人

> 蜘蛛进行的活动与织工的活动相似，蜜蜂建筑蜂房的本领使人间的许多建筑师感到惭愧。但是，最蹩脚的建筑师从一开始就比最灵巧的蜜蜂高明的地方，是他在用蜂蜡建筑蜂房以前，已经在自己的头脑中把它完成了。

——卡尔·马克思，《资本论》

> 文化让事情变得更容易——或者让事情有了发生的可能。而且文化的一些变化似乎比其他变化更近乎不可阻挡（"具有进化性"）。

——约翰·梅纳德·史密斯，《文化与遗传变化的模型》
（"Models of Cultural and Genetic Change"）

有些物种会在产卵后离开当时的场所，从不与其后代共享环境，在这样的物种中，基因几乎是垂直传承或遗传的唯一途径。几乎是这样，但也不尽然，我们可以举个简单的例子来说明这一点：以一种蝴蝶为例，这种蝴蝶通常在某种特定植物的叶子上产卵，那么当一只雌性蝴蝶偶然将卵产在了另一种叶子上会发生什么呢。很可能出现的情况是，负责（最大责任）这一产卵习惯的基因通过让后代对孵化时首先观察到的那种叶子产生"印刻"而起作用。这只行为反常的蝴蝶的后代会重复它的"错误"，本能地将卵产在与其出生地那片叶子相似的叶子上。如果它的错误碰巧是一次幸运的意外，它的谱系可能会"枝繁叶茂"，而其他谱系则会消亡：新的叶子偏好将是一种**在没有遗传变化的情况下产生的适应**。

这个例子强调了基因配方中采用的那种参考所涉及的**指示功能**

（deixis）或"指向"。蝴蝶后代的基因实际上是这样说的：把你的卵产在看上去像**这样的**东西上（小指随便一伸，落在生物体"看"手指指向的那个方向时那里的随便什么目标上）。一旦明白了这个原理，人们就会发现应用这一原理的现象随处可见，特别是在依赖"细胞记忆"的各种各样的发育过程中。雌蝴蝶不只是在那片叶子上放置了 DNA，还在上面产了卵，这些卵细胞包含了遵循 DNA 配方所需的所有读取机制和初始原材料。这种读取机制也包含了制造后代表型（phenotype）所需的关键信息，而且这些信息并不是在基因中编码的；基因实际上只是"指向"那些要素，并告诉读取机制：用**这个**和**那个**来制造下一个蛋白质并将其折叠。*如果我们做出安排，在基因读取过程的直接环境中改变这些要素，我们便能够让产出发生一些变化（就像蝴蝶后代改变择叶习惯）；如果这个变化恰好——就像那个习惯——能保证同样的改变往往会在下一代的基因读取环境中重现，我们就制造了表型突变（产物中的突变，这里的产物指的是面对自然选择的载体），而基因型（那个配方）未发生任何突变。厨师们都知道，不同国家的面粉和糖的质地有一些微妙差异，这些差异会对按照他们喜爱的食谱做出的食物产生极大影响。他们严格遵照食谱，伸手去拿**这里被称为面粉的东西**，结果得到了一块陌生的蛋糕。但是，如果这个新蛋糕还不错，那么这份食谱可能会被许多厨师复制和遵照使用，创建一个全新的蛋糕系列，与其祖先及其原产地的同代蛋糕截然不同。（我相信，哲学爱好者们会注意到，这一点与哲学上那个庞杂的

---

* 当然，这些基因确实通过编码信息来指导创建下一代读取机制，并为下一代的厨房储备原材料，但正如我们刚刚看到的，其他来源也可以有助于实现这一规范。

"孪生地球"*研究领域有相似之处。没看懂这句话的人可以认为自己是幸运的。)

大自然并不是"基因中心论者"（gene-centrist）。也就是说，当同样的信息（大体上）可以由世界上其他一些规律性的东西同样可靠地、更廉价地提供时，自然选择的过程并不赞成通过基因来传递信息。有物理定律（重力等）提供的规律，也有可以有把握地"预期"会持续下去的环境拥有的长期稳定性（海洋的盐度、大气的成分、可以作为触发器的东西的颜色……）。由于这些条件几乎是不变的，所以基因配方可以默认它们为预设条件而无须"提及"。（请注意，用于制作蛋糕的盒装混合配料通常会针对高海拔烹饪规定不同的烘焙温度，或在烹饪时增添面粉或水，这是一个有关差异的例子，这种差异使配方不得不提及它原本可以省略不提的事情。）

基因配方可以预设的规律中，有一些是通过社会学习代代相传的。虽然这些规律也是一些可预期的环境规律，但它们更重要，因为这些规律本身可能也会受到选择删减的影响（例如，不像重力）。一旦信息传递路径被建立起来，并成为**基因**做一些搬运工作所"依赖"的途径，它就会受到自身设计改进的影响，就像亿万年来那些加强了 DNA 编码、复制、编辑和传输过程的种种改进一样。例如，对于倾向于延长亲子接触和互动的基因变化，可以通过给予它们更多的活动时间来提高这些社会学习途径的可靠性，然后可以进化出注意偏向（看妈妈！），以进一步调节信息传递。小径（这条路径）变大道，一

---

* "孪生地球"（Twin Earth），哲学家普特南提出的思想实验。假定有一颗星球与地球几乎一模一样，只有一个地方不同：凡地球上由 H_2O 组成的部分，在那颗星球上都由一种不同的化学物 XYZ 组成。二者从外部形态到功能性质等方面均无明显差别，那里的人对 XYZ 的理解与地球人对 H_2O 的理解也完全相同，都称其为"水"，但二者其实是不同的物质。普特南由此得出的结论是，意义不在头脑中。——编者注

条变成公路的大道，一条由自然选择**设计**的信息通道，用以加强依赖它的谱系中的研发工作。

有些物种的亲代会与子代共同生活一段时间，在这样的物种中，存在一条可以垂直传递而不是通过基因传递有用信息或"传统"（Avital and Jablonka, 2000）的广阔途径。正如我们已经看到的，**基因传递设计**的水平传递，即与你的后代或父母以外的生物体共享有用的基因，从进化早期就一直存在，并且在进化取得的许多最辉煌的进步中发挥了关键作用，但它们似乎是幸运的意外，而不是为传递设计而设计的路径。非基因信息的水平传递是配备了感知系统的多细胞生物（简而言之——"动物"）中的一项新近发明。它的力量在我们这个物种中表现得最为明显，但我们并不是唯一的受益者。人们对日本一座岛上的猴子进行的研究发现，这些猴子通过模仿或观察学会了一项很有名的技能，就是将扔在海滩上的小麦清理出来，这些猴子采用的方法是把混着小麦的一把沙子扔到海里，然后从海面上捞起漂浮的麦粒；我们也有理由认为，成年海狸传给后代的筑坝技术可能包括一定程度的观察和模仿学习——如果不是正式指导的话。就像在生物学中常见的那样，有一些中间示例可以很好地说明这种差异。雪羊（mountain goat）会在自己的领地踩踏出一个最佳路径网络，打造出像人类道路系统一样整洁有益的环境，它们将这一环境留给子孙后代的同时，也留给了所有经过这一地区的其他生物。这是**文化传递**吗？是，也不是。保持动物们所依赖的这种一致性，取决于雪羊个体的重复动作，这些个体必须能够看到其他雪羊正在做什么。这是模仿吗？**被复制**的究竟是什么？很难说。

然而，有一个物种——智人，已经将文化传递作为信息高速公路，产生了拥有众多分支的文化实体大家庭，并通过由文化传递的习惯使其成员发生转变，这种习惯就是，在年轻群体能够汲取文化的情况下，尽可能多向他们灌输。这种水平传递的创新是如此具有革命性，因此，作为其"宿主"的灵长目动物应该有一个新名字。如果我们想要个专业术语，不妨就称其为真灵长类（euprimate），或超级灵长类（superprimate）。我们也可以用白话，将它们称作人（person）。人是大脑被感染的人科动物，是千百万个文化共生体的宿主，而这些共生体的主要促成者是被称为语言的共生体系统。

语言和文化哪个先出现？就像大多数类似于"先有鸡还是先有蛋"的难题一样，只有当你过于简单地看待这个问题时，它才显得自相矛盾。的确，只有先出现一种群落，其中拥有规范、传统、对个体的认可和相互理解的角色，成熟的语言才可能作为一种制度在一个物种的成员中蓬勃发展。因此，我们有理由认为，有某种文化先于（也必须先于）语言而存在。黑猩猩群落有着规范和传统（勉强算是），有对个体的认可，也有相互理解的角色（勉强算是），但是没有语言。它们也展现出了一些适度的文化传递：一些传统或"技术"，像敲碎坚果、钓取白蚁，以及从难以触及的水源中汲水。它们甚至还有一些原始符号（proto-symbol）；至少在一个黑猩猩群落中，如果雄性黑猩猩隐秘而轻佻地摩挲着一根拔下的草叶，这对在旁边看到这一幕的雌性黑猩猩来说，意思明显就是"好性感！"（Va-va-voom!）或者提出了一个约会邀请——"你不想来我这里看看吗？"在梳理毛发的仪式上，有不同的握手姿势，这似乎是通过文化传递的，而不是基因。回顾我们自己的进化史，有证据（仍存在激烈争论）表明，人科动物控制火的历史可以追溯到 100 万年前，这必然是一种通过文化传递的做法（而不是通过基因传递的，就像泥蜂挖巢的做法一样），而语言很可能是一项更晚近的发明，估计在距今几十万年到只有几万年之间形成。

文化和文化传递可以在没有语言的情况下存在，而且这不仅发生在我们人属中，也发生在与我们亲缘关系最近的幸存物种黑猩猩身上。但正是语言打开了文化传递的闸门，让我们有别于其他物种。迄今为止，复杂的语言文化在地球上显然只进化出过一次。（尼安德特人可能有语言，所以地球上可能曾一度有两个使用语言的物种，但如果是这样的话，他们的语言很可能都是从他们共同的祖先那里继承来的。）为什么其他物种没有发现这一系列卓越的适应性变化呢？对于智人独有的一系列特征，我们其实并不陌生，例如，控制火、农业（但不要忘了真菌培殖蚁）、复杂的工具、语言、宗教、战争（但要记住蚂蚁）、艺术、音乐、哭泣和笑声……这些专长是按照什么样的顺序出现的，以及为什么？历史事实虽已久远，但也不是完全惰性的；它们确实留下了化石痕迹，今天人类学家、考古学家、进化遗传学家和语言学家以及其他人可以对这些遗留下来的痕迹进行研究。将所有对数据的解读结合起来并主导正在展开的辩论的，是达尔文主义思想（Darwinian thinking）——而且这不仅是关于基因的。有时根本就与基因无关。**语言**只进化出过一次，但自从第一个使用语言的群体分裂成几个子群以来，诸多语言就一直在不断进化，尽管对语言的出现肯定有遗传方面的回应（大脑已经在结构上发生了进化，这使其能成为更好的文字处理器），但像在芬兰语和汉语或者纳瓦霍语（Navajo）和他加禄语（Tagalog）之间进化出来的**任何**差异，都不太可能是由以这些语言为母语的人类群体之间（通过复杂的统计分析）可觉察出的任何细微遗传差异带来的。就我们所知，任何人类婴儿都可以同样毫不费力地学会其接触到的任何人类语言，因此，语言的进化与基因的进化并不是直接相关的，但它仍然受达尔文主义的约束：所有的研发都是昂贵的，每种新设计都必须以某种方式赚回成本。比方说，某种语法的复杂性一直存在，那一定是有理由的，因为生物圈中的**一切**时时刻刻都面临着更新、修改或撤销。风俗习惯就如同物种一样，注定会灭绝，除非有什么东西让它们继续存在。复杂的创新——语言或其他人类实践的创新——并不是偶然发生的，它们的发生是有原因的。

问题是：谁的原因？就像律师们问的那个问题——"谁受益？"（Cui bono?）要想恰当地回答这个问题，我们需要大胆地发挥想象力——在没有魔力羽毛帮助我们的情况下。你会发现，就在你要发挥想象力的时候，一群情绪激动的旁观者吵嚷着警告你不要这样做，恳求你不要接受这个危险的想法。我们即将引入的这个话题拥有一种空前的力量，会让传统的守护者们焦虑不安，并提高他们的批评声量，而不是提高其准确性。我们要探讨的是**模因**的前景，这是一种类似于基因的文化复制因子（replicator），而许多研究过模因前景的人都很讨厌它。我们不妨先试着了解一下，看看它是不是真的那么令人讨厌。我会尽我最大的努力生动地说明它被厌恶的理由，以免有人指责我从现在开始就粉饰一个有害的想法。

我们看到，一只蚂蚁费力地爬上一根草茎。它为什么要这么做？为什么这是适应性的？这样做对蚂蚁有什么好处呢？这问了个错误问题。对蚂蚁一点好处都没有。那么，这是一个意外？事实上，那真是一个意外：一只吸虫*！这只蚂蚁的大脑受到了柳叶吸虫（学名"支双腔吸虫"，*Dicrocoelium dendriticum*）的入侵，这是一群微小寄生蠕虫中的一种，这种寄生虫需要进入羊或牛的肠道才能繁殖。（鲑鱼逆流而上；而这些寄生蠕虫驱使蚂蚁爬上草茎，以增加它们被路过的反刍动物食入的机会。）受益的不是这只蚂蚁的繁殖前景，而是吸虫

---

* 吸虫（fluke），双关语，亦指意外。——译者注

的繁殖前景。[*]

理查德·道金斯在《自私的基因》中指出，我们可以把一些文化项——他称之为**模因**——也视为寄生虫。它们将人类的大脑（而不是羊的胃）作为它们的临时居所，从一个大脑跳到另一个大脑以进行繁殖。它们就像柳叶吸虫一样，在协调这一复杂循环方面做得越来越好（这是由于模因之间为了争夺大脑中的有限位置而展开的所有竞争），而且，也像柳叶吸虫一样，它们不需要知道自己是如何做到这一点的，也不需要知道为什么要这么做。它们是设计巧妙的信息结构，在不知不觉中利用思想者，但它们本身并不是思想者。它们没有神经系统，甚至没有通常意义上的身体。它们实际上更像是一个简单的病毒，而不是蠕虫（Dawkins, 1993），因为它们总是轻装上路，并没有制造出一个巨大的身体四处移动。大体上说，一个病毒只是一串"个性鲜明"的核酸（一个基因）。[它也穿了一件外套——衣壳；而**类病毒**（viroid）甚至连这种衣壳都没有，是一种更加裸露的基因。]同样，一个模因也是一个"个性鲜明"的信息包——做一些文化相关的配方或指导手册。

因此，模因与基因类似。那模因是由什么组成的呢？它由信息组成，而且这些信息可以由**任何**物理介质承载。基因，也就是遗传配方，其全部内容都写在了 DNA 这种物理介质中，使用单一的规范语言，这种语言的字母表中包含 C、G、A 和 T 四个字母，它们分别代表胞嘧啶、鸟嘌呤、腺嘌呤和胸腺嘧啶，由其中三个字母构成的

---

* 严格地说，受益的是吸虫基因（或吸虫的"群体"基因）的繁殖前景，正如索伯和威尔逊（Sober and Wilson, 1998）在使用柳叶吸虫作为利他行为的例子进行说明时指出的（p.18），实际上驱动大脑的吸虫是一种敢死队飞行员，它死时没有任何机会传递自己的基因，但这对存在于那只蚂蚁其他部分的其（无性繁殖的）近似克隆体来说是有利的。

三联体（triplet）则形成了氨基酸密码。而模因，也就是文化的配方，其持续存在同样依赖于某种物理介质（它们不是魔法），但它们可以从一个介质跳到另一个介质，从一种语言被翻译成另一种语言，就像……制作食物的配方！就拿一个巧克力蛋糕的配方来说，不管是用英语把它写在纸上，还是在录像中用意大利语把它讲出来，或是将其存储在计算机硬盘上的图表数据结构中，都可以使这同一个配方被保存、传输和复制。谚语说"布丁好坏，只有尝了才知道"，也就是说实践才是最好的检验，所以配方得以复制出任何物理副本的可能性（主要）取决于这个蛋糕有多成功。蛋糕在什么方面有多成功？——在让宿主再复制一份配方并把它传递下去这个方面。**谁受益？**通常是吃蛋糕的人受益，这就是他们珍视这份配方、复制并将它传递下去的原因。但是，**无论**这些"宿主"**是否**受益，只要这份配方能以某种方式鼓励他们将其传递下去，这份配方本身就会受益，而且是以对配方唯一重要的方式受益：被复制，从而延长其谱系。（我们可以想象，比方说，这个配方可能用来制作一种实际上含有剧毒的蛋糕，但同时其中含有一种强力的致幻剂，会让吃了蛋糕的人产生一种难以抗拒的强烈欲望，想要复制出更多份配方，并与朋友们分享。）

在模因领域，最终受益者，也就是最终成本效益计算必须对其适用的受益者，是模因本身，而不是它的携带者。这并不是一个大胆的经验性主张，排除了（比方说）人类行动者个体在设计、了解和保护文化项的传播和延续方面所发挥的作用。相反，我的观点是，我们可以采用这样一种视角或观点，从其出发，能够比较各种不同经验性主张——包括传统主张，相关证据也得以在不会预判这些问题的中立背景下得到考虑。乍一看，这种文化观似乎是不祥的，而不是充满希望。如果这是一种自由的话，那么它似乎确实是一种奇怪的自由，而且一点也不比鸟类那种想飞到哪儿就飞到哪儿、虽然无忧无虑但全然无知的自由更好。在与吸虫的类比中，我们被要求将一个模因视为一只寄生虫，这只寄生虫为了其自身的复制利益而征用一个生物体，但我们应该记住，这样的搭便车者或共生体可以被划分为三个基本类别：寄生者（parasite），其存在降低了宿主的适应性；共栖者（commensal），其存在是中性的（虽然该词的词源提醒我们，它们"共享一张桌子"）；互利共生者（mutualist），其存在同时增强了宿主和寄居者的适应性。由于这些种类的排列是连续性的，我们没有必要给它们之间划分特别明确的界限；益处恰好降为零或转为变得有害的那个点则是任何实际测试都无法直接衡量的，虽然我们可以在模型中研究这些转折点产生的后果。我们可以预期，模因也有这三种类型。有些模因必然会增强我们的适应性，让我们更有可能拥有很多后代（如卫生保健、育儿和食物制备的方法）；还有一些模因则是中性的，但在其他更重要的方面可能对我们有好处（如读写能力、音乐和艺术）；而有些模因对我们的遗传适应性肯定会造成伤害，即使它们在其他对我们更重要的方面对我们也是有好处的（生育控制技术就是个典型的例子）。显然，持续存在的模因，将会是那些自身作为复制因子适应性更强的模因，无论它们对我们的适应性会有什么影响，或者无论从哪个意义上来说，对我们的福祉确实产生了什么影响。因此，**假设**一种文化特征的自然选择总是"有原因的"——总是因为它为**其宿**主提供了一些被觉察到的（甚至是被错误地觉察到的）好处——是错误的。我们总是可以问宿主——作为**载体**的人类行动者——是否觉察到了一些好处，并且（出于此种原因，无论是好是坏）有助于保存和复制我们之前所说的文化项，但我们必须做好准备接受否定的答案。换句话说，以下这种假说可能是真实存在的情况：人类宿主，无论是个体还是作为一个群体，对某个文化项要么漠不关心，要么认为其不可知，甚至坚决反对，而这些文化项仍然能够利用其宿主作为载体。正如乔治·威廉斯所说：

在一个社会中，模因可能确实会提高其携带者的幸福感或适应性，也可能不会。如果其水平传递的速度超过其携带者能够复制它的速度，那么携带者的适应性基本就变得无关紧要了。吸烟的历史进程导致的死亡人数不比感染克隆螺旋体（a clone of spirochetes）所导致的死亡人数少。（Williams, 1988, p. 438）

关于模因，还有许多悬而未决的问题，也有许多异议。模因视角能变成一门关于模因论（memetics）的真正科学吗？还是说它"只是"一个生动想象力的延伸器，一个哲学工具或玩具，一个无法用字面意思来表达的隐喻？现在下结论还为时过早。被用来反对模因论科学的大多数论据，是被误导的或者基于错误的信息，它们流露出一股明显的不真诚或绝望的气息。当那些明显不理解这些论据的人转述它们时，这一点体现得尤为明显，因为他们在没有理解的情况下如实地复制了那些以某种方式进入了种系的小错误！在这些糟糕的反对意见中，我最喜欢的一种意见是认为，文化进化是"拉马克式的"（Lamarckian），所以它不可能是"达尔文式的"，这个经常被提及的说法有几种变体，都非常欠考虑，而且没有一种能站得住脚。*但听上去还挺有道理的，不是吗？它听起来像是一个复杂的反对意见，必定会真正击中那些讨人厌的极端达尔文主义者（ultra-Darwinian）的要害。（**让那只乌鸦闭嘴！**）目前正在进行的开创性研究可能会发展

---

* 简而言之，拉马克学说是认为获得性状可以通过基因传递的"异端邪说"，是谁的获得性状——是模因的还是其宿主的？宿主总是会把获得性寄生虫（acquired parasite）遗传给其后代——这里没有拉马克学说，而且由于模因没有种系／体细胞系的区别，所以模因的突变和获得性状之间没有明确的区别。如果"文化进化是拉马克式的"指的是这两种情况中的任何一种，那么它与模因论就没有冲突；如果它意味着其他情况，那么它还没有从烟幕中浮现出来。

成一门模因论的重要新学科，并证明这些批评者是错误的。（**吃掉那只乌鸦！**）它们也可能不会。我们还有一些重大障碍要克服，还有一些反对意见要解决。（参见本章末尾关于扩展阅读的内容。）正如我之前说过的那样，现在下结论还为时过早，但这对我们的目的来说并不重要，因为我们在这种情况下需要模因做出的主要贡献实际上"只是"哲学上或概念上的——而且对于以下这一点同样有价值：模因视角让我们**认识到一种可能性**，如果没有这样的视角，我们很难认真对待这种可能性。就像我们在第4章讨论关于自由意志论的内容时所说的那样，许多思想者抱有一种强大的信念，认为我们如果想要拥有在道德上具有重要意义的自由意志，就必须以某种方式从我们残酷的生物遗产中解放出来。我们既不能进行神奇的道德悬浮，也无法让量子带我们超越生物学，因此我们不得不到别处去寻找我们的自由。理查德·道金斯在《自私的基因》一书末尾处发表了一个强有力的声明，为这本书画上了句号：

> 我们有能力对抗我们与生俱来的自私基因，必要时，我们还可以对抗我们头脑中被灌输的自私模因……我们被制造成基因机器，被培养成模因机器，但我们有能力反对我们的创造者。我们，在地球上只有我们人类，能够反抗自私复制因子的专制统治。（Dawkins, 1976, p.215）

不过，"我们"如何才能做到这一点呢？道金斯没有说，但我认为，模因视角实际上正好打开了我们要实现其主张所需的新局面。要实现这种主张需要不少步骤。第一步很简单：我们可以认识到，获取模因——无论是好的、坏的，还是中性的——确实会对人类产生某种影响，打开原本关闭的想象力世界的大门。逆流而上产卵的雌鲑鱼可能百般狡猾，但它连考虑一下不同的前景都办不到：在这种前景中，它会放弃生殖计划，转而决定研究海岸地理或努力学习西班牙语来度过余下的日子。在我看来，创立一整套新**观点**是真灵长类革命最引人注目的产物。尽管其他所有生物都被进化设计为对照繁殖成功的至善来评估所有选项，但我们可以像变色龙变色一样轻而易举地用这种追求来换取上千种其他追求中的任意一种。鸟类、鱼类甚至其他哺乳动物都对**狂热**（fanaticism）相当免疫，狂热是我们人类特有的文化传染病，让我们深受折磨，但具有讽刺意味的是，文化让我们对目的和手段持**开放**态度——这种方式是其他动物无法做到的——从而使我们对此类疾病易感。

当一个行动者或意向系统在综合考虑所有因素后，就哪一个是最优行动方案做出决定时，我们需要知道这种最优性是从谁的角度来判断的。至少在西方世界，尤其是在经济学家中，有一个几乎被默认的假设是，将行动者视为一种点状的、笛卡儿式的福祉中心（Cartesian locus of well-being）。这对**我**有什么好处呢？理性自利。虽然在自我角色中必须有某种东西，某种为此处提及的方针制定者确定"谁受益？"这个问题答案的东西，但这种常见的默认处理却没有必要。一个"作为最终受益者的自我"原则上可以是无限分布的。例如，我可以关心其他人或更大的社会结构。并没有什么东西将"**我**"限定为一个与"我们"形成对照的"我"。（如果你让自己变得非常渺小，你就几乎可以将一切外部化。）

有一种传统会在这里说到"无私"关怀，但这会带来更多的问题，而不是解决问题：追求"真正的"无私是一项注定会失败的使命。它注定会失败不是因为我们不是天使（我们的确不是天使，但问题不在于此），而是因为真正无私的定义标准是毫无体系、难以捉摸的，我们会在下文说到这一点。更好的做法是将人类重新思考自己至善的能力看作扩展自我范畴的可能性。我仍然可以承担追求"自身利益"（Number One）的任务，然而，这里的"自身利益"所涵盖的内容，不仅包括我自己的身体，还包括我的家人、芝加哥公牛队、乐施会……凡是你能想到的都包含在里面。以这样的方式看待自我有一个很好的理由：假设我作为一个行动者处于讨价还价的情形中，或处于囚徒困境中，或面临强制要约，又或者面临敲诈企图。可以说，如果我所保护的"自我"不是我真正的自我，如果我不只是想保全自己，那么我的问题就没有得到解决，也没有减轻，甚至没有得到显著调整。如果一个敲诈者或捐助者了解我真正在意什么，那么无论对我来说重要的是什么，他们都能在对我重要的地方设局击中我。

　　我们已经来到交响音乐厅的门口，但还有许多问题有待研究。如果我们采取行动时持有这样的信念，认为**在重要的道德意义上**，我们常常可以自由地做我们决定的任何事情，那么我们就必须了解文化的进化——有时与生物进化密切合作——**如何**产生了构成我们在其中呼吸的概念"大气层"的社会条件。

达尔文主义解释的多样性

　　伦理观念、政治观念、宗教观念和科学观念——所有这些观念和体现它们的制度都是在晚近的生物学时间出现的，而不是靠什么魔法。文化并不是在某一天像一团空气传播的细菌一样，突然就降临到一群人科动物头上的。要了解文化传播的观念如何扩大我们自我的范畴，我们必须看看这些行动者祖先在其中活动的那个环境拥有什么样的结构。如此一来，我们会看到各种基本上未经探索的达尔文假说，这些假说要在我们对历史所做的调查中进行验证,这些历史创造了我们的文化遗产及其各种组成部分出现的理由。

当文化环境发生变化时,一种通过文化传播的习惯可能在一夜之间就消失得无影无踪,这可能会引发选择性环境出现连锁反应,从而形成一个强大的反馈循环,加速进化过程,而且往往是朝着我们可能会后悔的方向进化。我们来举几个例子。华特迪士尼公司的动画片《小鹿斑比》于 1942 年上映,在短短几年的时间里就改变了美国人对猎鹿的态度(Cartmill, 1993)。如今,在美国部分地区,鹿的数量已成为一个严重的公共卫生问题,曾造成一次小规模的莱姆病流行,这种疾病是由鹿蜱传播的,鹿蜱叮咬了喜欢在野外徒步行走的人类,从而造成疾病的流行。在一代人的时间里,铝锅取代了非洲维多利亚湖沿岸马松佐(masonzo)文化中的传统苏库马(Sukuma)篮子:

> 这些不透水的篮子是妇女们编的,在庆祝活动中被用来盛装大量的非洲栗酒[pombe]——一种用小米酿造的啤酒……用锰染色的草叶编成具有象征意义的几何图案。人们并不是总能弄清楚这些图案的含义,因为玛莎白希[mazabethi]的到来标志着马松佐文化的终结。玛莎白希是以伊丽莎白女王的名字命名的铝制餐具,在英国统治时期被大规模引进。我曾与一个小村庄里的一位老妇人交谈过,她在 30 多年后,仍然对玛莎白希感到愤怒……。"我们女人,过去常常一边围坐在一起聊天,一边编篮子。我不觉得这有什么不对。每个女人都尽了最大努力做最漂亮的篮子。玛莎白希结束了这一切。"(Goldschmidt, 1996, p. 39)

更可悲的是,据报道,委内瑞拉的帕纳雷(Panare)印第安人使用了钢斧。

过去，使用石斧的时候，大家都聚在一起，共同努力砍树，以便清理出一个新园子。然而，随着钢斧的引入，一个人自己就能清理出一个园子……协作不再是必需的，也不再是特别频繁的。（Milton, 1992, pp. 37–42）

这些人丢失了他们传统的"合作相互依存网络"，现在他们还丢失了大量的知识，那是他们几个世纪以来积累的关于自己世界中的动植物的知识。他们的语言也往往会在一两代人之后就消失了。这样的事情会发生在我们身上吗？有没有来自技术或科学的礼物会对我们的文化环境造成严重破坏，就像钢斧给他们带来的那种浩劫一样？为什么不会呢？我们的文化和他们的文化是由同一种东西构成的。（**让那只乌鸦闭嘴**！——也许只有现在，我们才都能发现，可能真的有充分的理由让那只乌鸦闭嘴。）

这些例子表明，文化维持的特征极不稳定，而且在某些条件下容易被消除，这很令人不安，但也是充满希望的。对于文化毒瘤——像奴役或虐待妇女这样的传统——如果采取一些切实的调整措施，有时可以使其在短时间内消失。并不是所有的文化特征都如此脆弱。一种文化**强制**的习惯可能会在其用处消失后继续存在，而这种持续存在则是文化成员施以惩罚的结果，这些成员可能不知道或者只是模糊地了解"从习惯转变为传统"的最初理由。比方说，禁止吃猪肉这项禁忌，最初确立这项禁忌时可能有一个完全合理的理由（无论它是不是自由浮动的），这个理由很久以前就失效了，但维持这项禁忌已不再需要这个理由。如果一个特征是在基因上固定下来的，那么从这个特征的存在理由终止到其消亡之间，可能长达数百代。举个老生常谈的例子，我们喜好甜食（sweet tooth）这一点在狩猎采集时代是非常有意义的，那个时候，收集能量是生死攸关的问题。现在，糖在我们的环境中无处不在，它成了一个我们必须用各种文化传播的对策来破除的诅咒。（所有认为这不可能的基因决定论者，请举手——嗯，我没看到有人举手。）

遗传和文化（以及其他环境）因素之间复杂的相互作用有多种可能性。单是时间尺度上的差异就确保了这一点。例如，我们可以考虑针对达尔文学说所描述的宗教的各种可能性进行一项不完全调查。[*]宗教在人类文化中无处不在，尽管其成本高昂，但仍然蓬勃发展。任何明显超出功能范围的现象都迫切需要做出解释。如果一种生物执着地用鼻子在土里翻掘，我们不会感到惊讶，因为我们认为它在寻找食物；然而，如果它经常停下来翻跟头，我们就想知道为什么了。推想一下（不管对错），这一额外活动会带来什么好处呢？从进化的观点来看，宗教似乎是一种无处不在的最复杂的翻跟头嗜好，因此它需要一个解释。我们不缺假说。宗教（或宗教的某种特征）可能类似于：

金钱：这是一种精心设计的文化附加物，其普遍性很容易解释，甚至是合理的：这是一个人们可以指望它一次次被重新发现的"好把戏"［Good Trick］，一个趋同社会进化的例子。受益的是社会。（这有点像群居性昆虫为协调同伴的活动而留下的信息素痕迹——它的效用只有在群体背景下才能被理解，引出了与群体选择相关的所有问题。）

传销：这是一个设计巧妙的骗局，由一代代精英（在文化上）传递下去，精英用这个骗局利用其同类。只有精英受益。

珍珠：这是一种僵化的基因控制机制对不可避免的刺激所做反应的美丽副产品，生物体由此保护自己免受内部损害。

造园鸟的亭子：这是某种类似于失控的性选择的产物，搭上

---

* 接下来的几段摘自我的其他有关文献（Dennett, 1997A），有所改动。

正反馈自动扶梯的精雕细琢的生物策略。

打寒战：这种似乎毫无意义的身体颤抖实际上起到了良性的作用，通过提高体温来维持体内平衡。在大多数但不是所有的打寒战情况下，打寒战者受益。

打喷嚏：入侵的寄生物征用了生物体，并驱使其向有利于它们的方向发展——不管这会对生物体造成什么影响，就像蚂蚁大脑中的吸虫一样。

关于宗教的真相很可能就是其中几个假说或其他假说的混合体。但是，即使是这样——尤其如果真的是这样的话，我们也不会对宗教为什么存在有一个清晰的认识，除非我们能明确地区分这些可能性，并对每一种可能性进行检验。它们并非全部伸往一个方向，但它们都是达尔文主义思想的例子。所有的假说都试图通过揭示一些益处，一些为支付成本所做的工作来解释宗教，但它们对"谁受益？"这个问题的回答存在显著差异。是群体受益，还是精英受益，或者单个生物体受益，抑或是一种各方都必须以最快的速度奔跑才能保持在同一位置的"红皇后效应"（red queen effect），又或者还有其他的进化受益者？所有这些假说都没有提到"宗教基因"，尽管基因在为宗教的某些方面设定一些可能的前提条件方面发挥了重要作用。

当然，实际上**可能**存在宗教基因这样的东西。例如，狂热"笃信宗教"是某种形式的癫痫的典型症状，而众所周知，癫痫是有遗传易感性的。文化环境——一系列传统、习俗和期望——**可能会**成为某些罕见的表型的放大器和塑造者，往往会让他们成为萨满、祭司或先知，这些人传递的信息就是当地的信息——不管这些信息是什么（就像你学习自己的母语一样）。"预言天赋"实际上仅通过这样一种方式就可以"在家族中遗传"，就像有近视的基因和高血压的基因一样，也会有"预言天赋"的基因。（是的，是的，我知道；"严格来说"，并没有这种近视的基因和高血压的基因；这些所称的基因只是这些疾病的诱因。**让那只乌鸦闭嘴！**）就算存在宗教基因，它其实也是达尔文主义可能性中最无趣同时信息量最少的一种。更重要的是，这些疾病表型的进化（以及在面临灭绝时的维持）可能会被放大，这几乎可以肯定不是由基因控制的。这是文化的进化。

在我抵挡对达尔文主义思想的讽刺性描述时，我不如就发出一个警报，提醒大家注意其中的另外一个，我将其称为裸体主义谬论（nudist fallacy）。我记得，《美国日光浴者》（*The American Sunbather*）杂志（在我年轻的时候，我曾看过其中几期）针对裸体本质的**自然性**大做文章。这是我们赤身裸体的动物遗产的回归，是我们可以了解到"大自然希望我们成为的样子"的方式。胡说八道。不是关于大自然意图的部分——我很乐意为这个生动的说法辩护，如果将其用作一种简称来指代进化发现和认可的设计背后的自由浮动理由的话。认为大自然的意图**本身**（现在对我们来说）就是好的这个观点才是胡说八道。只要你愿意，你大可以脱光自己的衣服，但不要错误地认为，通过采取这样的做法而变得"自然"，你就能在某种程度上改善你的状况。（事实上，衣服对于我们这个物种来说，就像借来的贝壳对于寄居蟹来说一样自然，而对于寄居蟹来说，赤身裸体四处乱跑是最不明智的。）近视是自然的，但还好我们有眼镜。大自然想让我们吃我们能吃到的所有甜食，但这不是我们顺应本能的好理由。人类生活中许多文化进化特征显然是对某种过时的"本能"的纠正措施，而且这种纠正措施是具有成本效益的（Campbell, 1975）——而一些其他特征，正如我们将会看到的，是对这些纠正措施的纠正，以此类推。达尔文式过程是由基因组里等位基因之间的潜在竞争**启动**的，但在我们人类这一物种中，种种适应将启动台远远抛在了后面。

好工具，但你还得用才行

在环境的轻轻推动下，我们的观点在不经意间就进行了自我修正。我们沉稳坚定地告诉它们，不，我现在对改变不感兴趣。但是，终止的观点是不存在的。这些观点不在乎我们是否想要持有它们，它们只是做它们必须做的事情。

——尼科尔森·贝克（Nicholson Baker），
《思想的尺寸》（*The Size of Thoughts*）

在过去的几十年里，我们每个人都读过或看过不计其数专门讨论自恋文化、怀疑文化、欲望文化或其他文化的书。这些书里的论点总是一样的：你认为你有充分依据的信仰或偏好，到头来不过就是你的"文化"隐含假设给你植入的一组反射。你对宗教持怀疑态度，不是因为你不相信挪亚与方舟的故事，而是因为你是怀疑文化的一员。

——亚当·戈普尼克（Adam Gopnik），
《纽约客》（1999 年 5 月 24 日）

为了能在如此紧张的情况下顺利进行下去，我们需要先揭示并消除抵制达尔文主义思想的另一个来源。有一种观点一直对达尔文主义思想有着很深的误解，这种观点认为，每当我们从基因或模因的角度对人类的文化现象做出进化解释时，我们都是在否定人们思考！这种观点有时是基因决定论讽刺性描述的副产品，其假想的追随者说："人们不思考，这都是因为人们有很多不思考的本能。"但我们在文化进化理论家的讽刺性描述（我必须承认，有时是自我讽刺性描述）中也能看到这种观点，这些理论家其实是在说"我的模因让我这么做的！"——就好像模因（比如微积分或量子物理学的模因）在不需要这些人类宿主进行任何思考的情况下，就能在其中完成自己的工作一样。模因将人脑作为其栖居之所；人类的肾脏或者肺不能作为替代场所，因为模因**依赖**其宿主的思考能力。**参与思考过程**是模因接受"性能"测试和自然选择检验的一种方式，就像**遵循蛋白质配方并让其产物来到世界上**是一种测试基因的方式一样。如果模因是思考工具（许多最好的模因就是思考工具），那么我们就必须利用模因才能让它们的表型效应显现出来。你还是得思考。

一个好的达尔文主义思考模式与传统模式看上去肯定不一样。我们确实需要把老旧的笛卡儿模型换掉，这个糟糕的模型是一个中心的、非机械的**思维之物**（res cogitans，字面含义为**思想物**——thinking thing），这种思维之物从事严肃的精神方面的工作。笛卡儿剧场，这处位于大脑中心的为了意识（和思考）"将一切都汇集在一起"的虚构场所必须被拆除，所有的思考工作都必须分配给不那么神奇的行动者。在下一章，我们将更详细地研究以下事实：我们的思考任务被外包给相互竞争的半独立神经分包商，但思考还是要完成，而无论思考是在哪里完成的，**人们都会出于自己的理由来做事情**。

因此，这不是**模因与理由对决**的问题，甚至不是**模因与好理由对决**的问题。合理的达尔文主义方法并不排除那些通过引用思考的行动者所做的推理来阐明各种事情的解释。远非如此。在关于原因的立场中，唯一与模因论相抵触的是那种几乎没有逻辑的立场，这种立场假设，原因在完全没有生物学支持的情况下以某种方式存在，挂在笛卡儿的天钩上。一段拙劣的模仿将揭露这一谬误："波音公司的人有一种非常荒谬的误解，认为他们已经根据合理的科学和工程原则**弄清楚**了其飞机的设计，并严格证明了这些设计就应该是这样的，而**事实上**，模因理论告诉我们，所有这些设计元素不过是在那些飞机制造商所属的社会群体中幸存下来并传播的模因。"当然，这些模因在这些圈子里表现得非常出色，但在计划周密、组织严密和实施良好的合理研发方面，并不与良好的老式解释相竞争。它补充了那样一种解释。

为什么会有人不这么想呢？除了一些未来的达尔文主义者偶尔会对这一点感到困惑，以及一些讽刺性描述外，还有一个更有趣的原因。有时，自诩的模因学家似乎否认思考有任何作用，因为他们偶尔会模仿群体遗传学家（population geneticist）通常采用的观点，这些遗传学家故意忽略表型的实际操作，而这些表型成功的差异繁殖则决定了被研究的基因的命运。群体遗传学家倾向于回避所有关于身体、结构和以某种方式构成了选择事件的现实世界事件的讨论，而只是谈论某个假设的变化对基因库（gene pool）的影响。这就好比狮子和羚羊并没有真正地在生活，而只是根据它们身体的健康得分，要么生育，要么不生育。想象一下，在一场网球锦标赛中，参赛选手只需脱光衣服，运动医生和教练两两一组对其进行仔细检查，然后由他们投票决定每对选手中的哪一位选手会进入下一轮，直至最后决出冠军。群体遗传学家会理解这种奇怪做法的意义，但也会承认，既然裁判的标准应该以实际比赛的激烈竞争为基础，那么最好还是让选手努力比赛，让他们通过实际比赛来决定获胜者。尽管如此，他们仍会坚持认为，你不需要观看。以下是标准理由的表述：

> 只要近似机制产生可遗传的变异，适应就会通过自然选择进化。在某种意义上，特定的近似机制并不重要。如果我们选择果蝇中的长翅膀并得到了长翅膀，那么谁还会关心具体的发育途径呢？如果脑包虫已经进化到为了使其群体能够最终进入奶牛的肝脏而牺牲自己的生命，那么谁会在乎它在钻进蚂蚁的大脑时如何（或是否有）思考或感觉呢？（Sober and Wilson, 1998, p. 193）

同样，大脑中模因之间的争斗**可以**被忽略（毕竟，这种争斗如此混乱和复杂），我们可以袖手旁观，只列出最终的赢家和输家，但我们不能忘记，竞争确实还在继续。思考会发生，而思考如何发生会影响哪些模因表现出色。

达尔文进化论的算法是**底物中性**（substrate-neutral）的。它们不是关于蛋白质或者 DNA 的，甚至也不是关于碳基生命的；它们与随变异而产生的差异复制的影响有关，不管变异是在哪里发生的，在何种介质中发生的。当我们将讨论方向转向道德的进化问题时，这一点尤为重要，我们马上就要开始讨论这个问题了。为了解这种中立性，不妨考虑一下对另一种独特的人类创造物——音乐——的幻想。我们智人很可能对音乐有某种遗传倾向。但不管这是不是可能的，为了做一个思想实验，我们就先假设如此。假设，我们对音乐的热爱、我们对音乐的反应和我们对音乐的天赋等等，部分是某些基因传递设计特征的产物。我们不妨再假设，这使我们与聪明的"火星人"（某种非人类但在文化方面十分擅长交际的物种）区别开来，它们完全没有人类这种在基因上与生俱来的喜爱音乐的怪癖。一个火星人研究小组造访地球。其中一个火星人以一种求知的方式对地球音乐产生了兴趣，并努力将人类音乐爱好者的所有鉴别力、偏好、习惯等融入自己的感知能力和倾向中。虽然一个普通的人不需要做这些工作，而且实际上是天生的音乐爱好者，然而对我们虚构出来的火星人来说，音乐无疑是一种后天养成的爱好。但是，假设火星人通过勤奋学习和自我训练养成了这样的爱好。现在我们把火星人是否**真的**能像"我们人类那样"欣赏音乐这个（根本上就是无聊的）问题先放在一边。考虑一个更有趣的问题：区分伟大的音乐与良好的音乐、平庸音乐与糟糕音乐的模式是什么。

比方说，如果这位火星人想要成为一名颇有素养的音乐评论家，那么它必须开始了解哪些模式？这些模式正是达尔文主义音乐理论家最渴望揭示的，它们与智人奇特的基因史密切相关，但又是可独立描述的。假设我们的"火星先驱者"把地球音乐带回了火星，其他火星人随后也喜欢上了这项充满异国情调的新消遣，并在其先驱者的引领下，努力给自己灌输必要的（但基于文化传播的）看法和倾向。当**它们**表演、欣赏和批判莫扎特的作品时，对其倾向的来源所做的解释将是文化上的，而不是基因上的，但那又如何？（从一些重要的角度来看）一个人是"天生的"（基因设计的）音乐家还是"人造的"（文化设计的）音乐家，其实并不重要。关于构成莫扎特音乐、巴洛克音乐或地球音乐的那些关系、结构和模式的问题，都将是底物中性的。此外，如果（似乎很有可能）"火星流行歌曲排行榜"上开始出现一些永远不会受到地球人喜爱的作品，那么对火星人和地球人音乐反应方面的差异（二者音乐品味的差异正是由此而来的）做出的解释，在其基因起源或文化起源方面都将是中性的。现在，如果火星人根本不能获得这些品味，那么它们将永远不会表现出可能延续这一现象的偏好和习惯模式；火星人毫无乐感，音乐不适合它们。但是，如果它们能够获得音乐品味，那么它们是如何获得的就不重要了：在它们的成长过程中，先天和后天力量的总和可能会通过许多不同的途径得出相同的结果——都是达尔文主义的。这个思想实验虽然是科幻的，却提醒了我们一个关于人类音乐家之间差异的重要事实。那些拥有音乐天赋的人和那些必须通过内化大量理论来灌输音乐才能的人之间存在着巨大的差异。然而，宣称只有前者才是真正的音乐家，只有前者在**真正地**演奏音乐，这是一种近乎种族主义的说法。我怀疑，最终我们将能够识别出"诱发"音乐天赋的基因，但音乐理论对于这些基因来说是中立的，而且应该是中立的。

解释道德的理论也应如此——对于我们的道德态度、习惯、偏好和倾向是基因还是文化的产物这个问题，它应该是中立的。一个重要的实证问题是，我们在多大程度上"天性善良"——就像弗朗斯·德瓦尔（Frans de Waal, 1996）在谈到黑猩猩时所说的那样；以及我们在多大程度上生来就是"扭曲的"并需要文化来加以矫正——就像康德在谈到我们自己时所说的那样："人性这根曲木，绝然造不出任何笔直的东西。"关于道德是如何产生的以及为什么它具有它所具有的特征这两个问题，无论哪种情况，其解释都必须是达尔文主义的。文化和基因的传递途径只有从中立的角度才能进行相互作用。

即便是基因相同的群体，由于文化机制的存在，它们在表型层面也会有巨大差异，而这些差异在对自然选择过程唯一重要的意义上，是可以遗传的。文化本身可以提供自然选择过程所需的成分，这一事实赋予了文化那种生物决定论批评者所强调的地位。（Sober and Wilson, 1998, p. 336）

解释音乐为什么存在，以及为什么具有它所具有的那些属性，这是一项几乎还没有开始进行的工作。解释道德为什么存在，以及为什么它具有它所具有的属性，则是另外一项工作，已经取得了一些进展，这也是我们将会在下一章讨论的内容。一些具有指导意义的见解来自已经在第5章讨论过的关于进化博弈论的工作。近年来，越来越多的各学科研究人员一直在探索"合作"或"利他主义"或"群体性"或"美德"的进化。无论结果被称为社会生物学或进化心理学，还是达尔文经济学、政治学或伦理学，或者仅仅是进化生物学的一个有趣分支，这种方法都描述了一种在任何这样的冲突环境中都必须存在的模式——无论它是体现在基因、模因，还是其他一些文化规则中。

最近出现了几本探析和解释这一研究的优秀作品，在其他人已经做得非常好的情况下（参见下一章末尾的"关于资料来源和扩展阅读的说明"），我不会再去尝试撰写另一本入门书。我将退一步，提供一些解释来引导这项工作符合我们的目的，并对困扰这项研究的大量误解进行一些必要的纠正。

第 6 章

达尔文主义的人类文化研究方法使我们能够勾勒出一条解释路径，来阐明我们与我们最近的动物近亲之间的主要差异。文化是进化史上的一项重大创新。它为智人这一物种提供了思考的新主题、思考的新工具，以及思考的新视角——因为文化媒介为文化复制因子的出现创造了可能性，而且它们自身的适应性与我们的基因适应性无关。

第 7 章

支撑我们道德能动性的社会条件、个体实践和看法的稳定性需要做出分析，并已开始由进化理论家进行分析。进化理论家认识到文化本身必须服从自然选择进化的约束。与一些批评者提出的可怕警告相反，这种做法并没有颠覆道德理想，而是为自然选择进化提供了急需的支持。

关于资料来源和扩展阅读的说明

埃坦·阿维塔尔（Eytan Avital）和伊娃·雅布隆卡所著的《动物传统》（*Animal Traditions*, 2000）是对动物传统这一尚未得到充分研究的主题进行的一次出色的调查。另外，可参阅我将发表在《进化生物学期刊》（*Journal of Evolutionary Biology*）上的作品《对埃坦·阿维塔尔和伊娃·雅布隆卡〈动物传统〉的评论》(Dennett, forthcoming B)，以及马泰奥·马梅利发表在《生物学和哲学》(*Biology and Philosophy*, 17:1, 2002 ）上的评论。

想更了解"孪生地球"的人，可以参考安德鲁·佩辛（ Andrew Pessin ）和桑福德·戈德伯格（ Sanford Goldberg ）的选集《孪生地球编年史》(*The Twin Earth Chronicles*, 1996)，或者我在《意向立场》(Dennett, 1987)中的文章《超越信念》（ "Beyond Belief" ）。

关于模因，参见布莱克摩尔（ Blackmore, 1999 ）、安杰（ Aunger, 2000, 2002 ）的研究作品和我即将出版的作品《从拼写错误到思维错误》(Dennett, forthcoming C)，以及关于思想流行因素的《一元论》(*The Monist*)特刊（ Sperber, 2001 ）。除了《达尔文的危险思想》和我在安杰（ Aunger, 2000 ）和斯珀伯（ Sperber, 2001 ）研究作品中的文章外，我还在其他地方发表过一些关于模因的文章，如《评价者的进化》(Dennett, 2001C)，对沃尔特·伯克特（ Walter Burkert ）的《神圣的创造：早期宗教中的生物学轨迹》的评论（ Dennett, 1997A)，以及 M. 帕格尔斯（ M. Pagels ）主编的《进化百科全书》中的一篇综述文章《新的复制因子》(Dennett, 2002A)。

帕斯卡尔·博耶（ Pascal Boyer ）的《宗教解释：宗教思想的进化起源》(*Religion Explained: The Evolutionary Origins of Religious Thought*, 2001)对宗教为什么存在的问题进行了极好的探讨。

格雷和乔丹（ Gray and Jordan, 2000 ）发表的一篇关于太平洋语言传播的优秀文章，使用了分支分类方法分析语言进化。

马克·里德利（Mark Ridley, 1995, p. 258）对柳叶吸虫有过描述，索伯和威尔逊（Sober and Wilson, 1998）进行了更详细的讨论。克洛克（Cloak, 1975）与道金斯（Dawkins, 1976）在文化项"谁受益？"这个问题上的观点不谋而合："文化教学的生存价值与其功能相同，这是它自身或其复制品的生存／复制的价值。"

关于将达尔文主义解释与理由对立起来的错误的讨论，可参考我在《当代人类学》（Dennett, 1998B）上对詹姆斯·L. 布恩（James L. Boone）和埃里克·奥尔登·史密斯（Eric Alden Smith）所写的《对进化考古学的一个批判》这篇文章所做的评论。

第 7 章

道德能动性的进化

> 我认为道德是生物过程意外产生的一种能力，尽管这个过程
> 极其愚蠢，而且通常与这种能力的表达是相对立的。
>
> ——乔治·威廉斯，《宗教与科学期刊》（*Zygon*）

> 如果基因和细胞群落可以进化出一套规则体系，使它们能够
> 起到适应性单位的作用，那么个体组成的社群为什么就不能这样
> 做呢？如果它们也能这样做，群体就会变得像个体一样，而这正
> 是我们要确立的观点。
>
> ——埃利奥特·索伯和戴维·斯隆·威尔逊，
> 《奉献：无私行为的进化和心理》

自然所奉行的是个体主义（individualistic）还是集体主义（commu-nal）？人们普遍认为——尤其是那些害怕将进化论思想引入伦理学中的人认为，既然在达尔文主义看来，"大自然是残酷无情的"（nature red in tooth and claw），那么它只会破坏我们的道德理想或者使其遭受质疑，而绝不会提供新的见解、新的基础予以支持。这绝非事实。

有益的自私

> 我们必须同上沙场，否则就得分赴刑场。
>
> ——1776 年 7 月 4 日，在《独立宣言》签署仪式上，
> 本杰明·富兰克林对约翰·汉考克说的话

本杰明·富兰克林的这句箴言流传至今，在微风中泛起红白蓝三色涟漪，弥漫着苹果派的香气，这句高尚又鼓舞人心的至理名言出自我们的英雄之口，对吧？不过，且慢。狡猾的老本（Ben）难道不是在向其怯懦、自利审慎的听众发出呼吁吗？清醒点吧，你们这些懦夫，注意你们面临的实际困境：要么联合，要么死亡。这究竟是在呼吁利他主义（altruism）和自我牺牲呢，还是在呼吁人们要知道究竟怎么做才对自己有利？我看我们还是承认吧，这还不是**对真正的利他主义**（我们稍后会探讨真正的利他主义可能是什么，以及它**是否大量存在**）的吁求，而是表达了一种同样相当美妙的东西：对某种特定类型的**有远见的**自利的吁求，一种往往会在竞争中失利的审慎，因为众所周知，进化是缺乏远见的，它要求所有创新必须立即获得回报。我们不妨就把这种特定类型的有远见的合作行为称为**有益的自私**（benselfishness），以纪念本杰明，同时也暗含这样一个事实：这虽然是一种自私，但它是一种**好的**自私。要不是偶然发现富兰克林这么能言善辩，我可能会给它起个别的名字，比如叫**好的自私**（euselfishness）。

真正的或者说纯粹的利他主义是一个难以捉摸的概念，一个看似触手可及的理想，但当你伸手要去抓它的时候，它就消失不见了。到底什么才算是真正的利他主义目前还没有定论，而围绕真正的利他主义，一直存在着悖论。假设有这样一个世界，那里有且只有一名利他

主义者，其他人都是自私的。利他主义者和一个自私的家伙被困在了一个岛上，岛上有一艘划艇，但只能容纳一个人。利他主义者应该怎么做呢？他是应该自愿死在岛上，还是选择更好或者说更利他的做法，也就是强占划艇，让那个自私的家伙留在岛上自谋生路，这样他就可以回到大陆去帮助几个自私的人？一个利他主义者不应该在毫无回报的情况下愚蠢地牺牲自己——那是真的愚蠢。利他主义者在利用他人达到自己的利他目的时能有多狡猾呢？想想飞机上向旅客提供的法定安全说明：如果您携带儿童旅行，当氧气面罩脱落时，请先戴好您自己的面罩，然后照顾您的孩子。家长们似乎可以问心无愧地遵循此项建议，因为首先照顾你自己，你才更有可能照顾好你的孩子，而孩子的福祉对你来说是头等大事。那你就是一名利他主义者。埃利奥特·索伯与戴维·斯隆·威尔逊在其合著的《奉献：无私行为的进化和心理》中表示，"在我们看来，利他主义的论点是，某些人至少在某些时候将他人的福祉作为自己的目的"（Sober and Wilson, 1998, p. 228）。当然，这完全要看目的本身是什么。如果你是一个耽于幻想的自私者，喜欢沉浸在对你孩子美好前程的憧憬中——如果你喜欢这样做胜过一切，并且会采取一切必要措施保护你的孩子，以便维持这些幻想的可信度，那么你就和冒死拯救宝箱免于沉入海底的守财奴没什么两样。如果你在思考自己如何为孩子牺牲一切时犯了这样的错误，把对自己内心安宁的自私关心当成了对孩子的利他关心，那你就不是真正的利他主义者。你所做的一切不过是为了让自己感觉良好而已。

诸如此类，一种节节败退形成的螺旋，我们都对此十分熟悉，因为在每年的哲学导论课上都会讨论这样的问题。我们在探讨苏格拉底那个有名的主张（在《美诺篇》中），即无人自愿求恶时，这种螺旋就开始出现，苏格拉底的这个说法显然是错误的，除非我们给它补充一些内容，比方说，对于**从各方面看都为恶的东西，无人明知如此**而求恶。补充了内容的版本就是对的了吗？这是**不可能的还是几乎不可能**？如果有人在明确知情的情况下仍然追求从各方面看都为恶的行动过程，那他是不是可能活不到生育后代？

骡子不能生育是因为它们父母的基因，但不是由于它们从父母那里继承了"不育基因"，因为根本就没有这样的基因。[*]不育是条死胡同，一个谱系的终结，而不是可以遗传的东西。那么就这点来看——多少有些偶然地将各种特征汇集在一起，虽然完全**有可能**出现，但不太可能系统性地靠自己长期存续下去——利他主义者是不是更像骡子？我们要牢记一点，尽管骡子没有后代，但在其他物种（比如一些智人，这些人也是英国骡子协会的成员，我也是从他们那里获得了一些关于骡子的详细信息）的间接影响下，骡子的数量确实在某些时间、某些地点有所增加。事实上，有些生物种群乍一看是被系统性地排除了，但进化可以通过多种方式来维持这样的生物种群。在某些情况下，利他主义（至少是有益的自私）并不是遗传上或者文化上的死胡同，越来越多的理论模型都揭示和阐明了这些情况。

过去几十年中开发出了许多进化博弈论模型，只需大致调整一

---

* 骡是公驴和母马的后代（通常情况是这样——母驴和公马的后代被称为驴骡）；驴有 62 条染色体，马有 64 条染色体（32 对），骡子有 63 条不能配对的染色体。骡子有生育能力的情况非常罕见。在某些条件下，可能存在一种类似于不育基因的东西。例如，可能有这样一种基因，它以单剂量（杂合子——来自母亲或者父亲的单份拷贝，而不是来自父母双方的双份拷贝）存在时能带来很大好处，因此即便携带双剂量基因的个体（纯合子）是不育的，这种基因也会持续存在。这是一种自我限制的可能性，因为随着携带单一拷贝基因的个体比例增加，父母双方携带单一拷贝基因并同时将其传给后代的可能性也会增加，因此不育后代的比例也会增加，但它们是该基因的终结。这种非常熟悉的现象，也就是杂合子优势，最著名的例子是单剂量基因会提供对疟疾的抵抗力，而这种基因以双剂量出现时会导致镰状细胞贫血。

下，就可以把它们编组成类似于模型谱系树的东西，从原种（original seed）开始，这些原种拥有后代，后代也拥有后代，以此类推，这棵谱系树大致显示出两种密切关联的趋势：亲代模型比子代（下一代）模型更简单，这种越来越复杂的模型不仅增加了现实性（模型反映出越来越多现实世界的实际复杂性），还带来了乐观的前景！在最简单的模型中，利他主义似乎在劫难逃。除了自然界中偶尔出现的短命怪胎，进化论的基本原则似乎把利他主义者排除在外了，就像我们熟悉的永动机一样，都是不可能存在的。这是一个充满激烈竞争的残酷世界，好人**不可避免地**会排在末位，从而被淘汰出局。然后，当我们添加一些现实内容时，某些可能会发展成利他主义的东西会在特定条件下出现并蓬勃发展，如果再加上更多层次的复杂性，似乎会产生更多版本的似利他主义（quasi-altruism）、伪利他主义（pseudo-altruism）或其他种类，无论你想叫它什么。（我想把它叫作"有益的自私"。）随着我们的模型和理论越来越接近现实世界的复杂性，我们或许最终可以揭开真正利他主义的神秘面纱，现实世界中的一种真正的可能性。这种乐观的前景是一种错觉吗？这个自下而上的计划会不会就像要建一座通天塔那样无望？反达尔文主义的怀疑论者会说，这个办法行不通，甚至试都不用试。或者，有没有可能怀疑论者也搞糊涂了，他们坚持的是一种被夸大的利他主义设想，而通过这种自下而上的路径无法实现这样的设想，理由只有一个，就是它被夸大了——一个被热空气（夸夸其谈）高悬在空中的天钩。

不管怎样，所有模型都显示了有益的自私何时以及如何能够蓬勃发展，而且还没有任何一个模型能将有益的自私和"真正的"利他主义区分开，当然前提是可以对"真正的"利他主义的特点加以描述。这些模型都显示出了这样的情况：有机体在进化的短视刮起的恒风中逆风前行，由于进化的**设计**，这些有机体开始能够相互合作，或者更准确地说，进化将它们的行事方式设计成倾向于选择群体的长期福祉而不是眼前的个人福祉。

这棵模型树的种子始于囚徒困境所说明的问题。在这些模型中，背叛的作用就相当于热力学第二定律在物理学中的作用。物理学家们一直在提醒我们，事物（things）会出问题，事物会变得混乱，事物往往**不会**自行修复，除非有些特别的东西进行干预，比如一个生物（a living thing），一个局部熵战者（entropy-battler）。经济学家们也在不断提醒我们，"天下没有免费的午餐"。进化论者也持同样的思路提醒我们，吃白食者（freeloader）终将出现，当它们出现时，如果不采取一些措施加以阻止，那么它们很快就会在局部繁殖竞争中获胜。无论进行的局部竞争是什么，也无论**群体**（必须共享空间、资源并共担风险的在局部互动的种群）的成本效益如何，如果有可能共享集体行动带来的收益，而个体不需要付出自己那份成本（也可以叫作"应缴款"），那么走上这条自私之路的个体会比没走这条路的个体表现得更好。道理非常简单，做个减法就一目了然：**净收益**（收益减去"应缴款"）必定小于**毛收益**，按照定义，吃白食者享受的就是这种毛收益。如果没有采取某种预防措施，那么这一切必定会真的发生。假设从一开始，有这样一个快乐的合作者种群（为了便于说明，假设它们都拥有合作者基因），它们都能正常繁殖，但如果在某一子代中出现了一个吃白食者突变体，那么接下来会发生什么呢？这个吃白食者会像合作者表现得那么好，甚至会更好（因为它们不必付自己那份"应缴款"），因此它们的后代会远超平均数量。很快，吃白食者群体不断壮大，无论这个群体整体上表现得有多出色或者多糟糕（表现很可能会变差，因为它可能会被所有吃白食者拖累），在这个群体中，表现最好的当属吃白食者，它们逐渐开始占据主导地位。

当然，可能会有一些干预措施来防止出现这种可悲的退化。如果你愿意，不妨假设吃白食者往往不育，或者杀婴。对合作者来说，这是多么幸运的事情啊！或者，你也可以想象，宙斯喜欢向吃白食者投掷闪电，通过这项消遣活动使它们的数量保持在较低水平（谢天谢地）。你可能想知道，除了一厢情愿的幻想，是否能**自然地进化出**什么东西，产生阻止吃白食者控制局面的系统效应，当然，我们必须假设吃白食者最终会控制局面是默认趋势。正如我们已经看到的，在地球上生命诞生之初，这个问题就已经出现了，具体来说，出现在基因组内优良基因和吃白食的寄生性基因之间的冲突中，而且已经通过进化出能够控制吃白食者的抵消机制得到了解决。当然，达尔文无法看到生命出现早期以及亚微观层面的问题，但他自己也意识到了社会性昆虫（social insect）所涉及的问题，这些昆虫对其所属群体的极度奉献是对自然选择理论的一项重大挑战。威廉·汉密尔顿（William Hamilton）在其关于"亲缘选择"（kin selection）的著名论文中说明了社会性昆虫（以及其他高度社会性物种）是如何进化出这种合作本能模式的，理查德·道金斯则从自私基因视角重塑了汉密尔顿的模型。在这种自我牺牲行为的极端案例中，我们必须深入基因层面去寻找"谁受益？"这个问题的答案，因为就像斯蒂尔尼和格里菲斯生动阐述的那样，"或许一只知更鸟选择不产下所有它能产下的卵是精明的，但一只蜜蜂如果以它自己的生命为代价蜇了入侵者，那就算不上是未雨绸缪了"（Sterelny and Griffiths, 1999, p.157）。

为了简单起见，早期模型假设了一个"合作"基因和一个"背叛"基因，而且这些基因被视为**在行为的生物学层面上以决定论的**方式发挥作用。（请记住：这与物理学的决定论或非决定论无关，只与**设计**有关。在这些模型中，生物个体被明确规定为学不会新东西的"老家伙"，一辈子要么是合作者，要么是背叛者。）如果你讨论的是昆虫的问题，那这个模型并不算过度简化，因为昆虫的行为习惯相对固定并具有向性［或者说是**泥蜂式的**（sphexish）——这是侯世达根据**泥蜂**（sphex）创造的术语］，尽管在某些情况下，即便是社会性昆虫，也可能极具兼性（facultative），比方说，如果蜂群出现状况，需要重新部署时，雄蜂就会在一夜之间变成工蜂。

这些模型表明，背叛者往往确实做得很好，尽管它们可能会"污染自己的巢穴"：随着吃白食者的比例不断增加，它们往往会在一次次代价高昂的相互背叛中更频繁地相遇，而且周围也没有足够多可供其利用的合作者来补足差额。于是，合作者开始卷土重来，但只要吃白食者周围的合作者数量又多到可以进行"捕食"的时候，吃白食者便会再次兴旺起来。但这些模型也显示出了一些奇怪的结果，形成了一种并不符合我们预期的平衡状态，从而增加了这样一种可能性：模型中的行为至少有一部分是人为的，是过度简化的意外副产品，而不是对现实世界中某种东西的反映。［更清晰的说明，参见斯科姆斯的有关作品（Skyrms, 1996）。］这颇像那个神话般的发现：根据你的空气动力学模型，大黄蜂不会飞。那一定是你的模型有问题，因为大黄蜂明明就在空中飞。这个模型一定是太简单了，一定是忽略了某个复杂的问题，而这个问题实际上是大黄蜂明显成功的关键。这些进化博弈论模型的一个简化之处是其超抽象性（super-abstractness）。个体只是一个集合中的成员，被随机配对进行互动，从而确定它们接下来的命运，而不考虑它们在某个世界中的相对空间位置。这就像是生物个体生活在互联网上，无论是与地球另一端的个体互动，还是与隔壁的个体互动，可能性都是一样大的。（当然，实际上，互联网上的可相互访问性是高度有序的；有些人比其他人"更远"——更难访问，所以这些模型甚至会将万维网"地球村"严重过度简化。）第二批模型则强行加上了简化的空间性，具体方法是通过一个"黏度"（viscosity）系数来调整相遇的可能性（想象空间的黏度越高，你就越有可能与你近处的人互动），这个简单的变化为合作的进化带来了新机遇，同时也消除了那种尴尬的平衡状态。事实证明，"邻里"会产生很大影响。（侵占才是让生命变得有趣的原因。）"邻里"使你更有可能与自己的同类进行互动，因此你会从自己参与的所有合作行为中获得更好的平均回报，因为这些合作行为得到回报的可能性更大。

然后，如果我们让行动者个体变得更复杂一点，让它们在一定程度上可以**选择**与谁互动（首先，只是允许它们在某些条件下拒绝参与互动），它们栖居的简单空间（就像"生命"世界中的平面一样）便开始有了某种结构：许多行为相似的行动者开始自组装，形成了各具特色的群体。合作者往往会寻找它们的合作者同伴，而背叛者也往往不得不与其他背叛者打交道。当然，这都很有启发性，但要想了解利他主义，我们仍然任重道远。例如，真正的利他主义者难道不会避免使用"寻找志同道合的利他主义者同伴进行互动"这样的自私策略吗？一名真正的利他主义者难道不会费尽心思成为自私群体中唯一的利他主义者吗？比起与其他利他主义者伙伴在一起"尽情享乐"，似乎这才是最需要它的地方。它不过就是个有益自私者啊！此外，这些模型中的行动者仍然被认为是头脑简单的老家伙，配有几个预置开关的情境行为机，通过应用一项简单的规则来决定它们在各种相遇情境下的"选择"。这些行动者到底有多简单呢？早在原核生物开始出现的时代，大分子层面的基因组内冲突中就已经使用了这些模型中呈现出的自我隔离和排斥的策略，这生动地说明了这些模型中的行动者的简单程度。一个不需要对大分子和成年人类公民做出区分的模型，其抽象程度自然令人吃惊。

如果我们让行动者拥有更大程度的兼性和可塑性，让它们能够从自己的经验中学习，根据它们已经遇到的情况调整其与生俱来的规则，事情就会变得更加有意思。一个群体被吃白食者占领的不可避免性——注意这个术语——通常是基于这样一种假设：群体中的每个成员都毫不知情；无论是什么样的个体，都没有能力注意到正在发生的事情，并发出警报，表示强烈反对，提出制裁措施，组建治安维持团体，或者给吃白食者打上烙印或进行惩罚。一旦我们把这种反应性（reactivity）的简单版本加进去，它就会带来一批新的复杂性。许多看似不可避免的糟糕情况，现在被证明是可以预防的，这要归功于群体成员及时并且有针对性地使用信息。有益自私者现在可以名正言顺地去惩罚那些过于纯粹的"利他主义者"——那些总是任由吃白食者剥削的笨蛋或者懦夫——理由就是这些软弱可欺者（pushover）"帮助"吃白食者蓬勃发展。因此，只要是能让有益自私者将自己和那些软弱可欺者区分开的突变都会受到青睐，但这样一来，任何能将自己伪装成有益自私者的吃白食者或软弱可欺者往往都会蓬勃发展，直到进入军备竞赛的下一个阶段。一个群体对其成员的监管能力的进化——通过采取惩罚成员中的违反者这样的处置方式（无论这个群体的其他策略是什么）——为各种局部规范的社会进化或文化进化打开了闸门。罗伯特·博伊德和彼得·里彻森在一篇关于文化进化的经典论文中指出，如果惩罚的成本**相对**较低（只要出现这样的做法，即惩罚那些从不惩罚别人的人，那么几乎就可以确保这一点），这就产生了一个促进群体遵守规范的原动力，其范围和拥有的力量显然都是不受限制的。这篇论文的标题便是点题之句——《惩罚有助于实现大型群体中合作（或其他）的进化》（Boyd and Richerson, 1992）。

那么，到目前为止，我们讲述的这些进化故事说明了各种各样的条件，在没有天钩或者其他什么奇迹的情况下，这些条件可能会使我们拥有一种谨慎的合作倾向，并通过一种与其他公民共享的倾向得到加强，也就是倾向于"惩罚"那些不合作的公民，但这仍然是一种冷漠的、机器人式相互制约的互不侵犯。正如艾伦·吉伯德所说：

人类行为方面的自然倾向是由某种东西——在后代中繁衍自己的基因——塑造的，而认为这种东西本身有价值则很愚蠢。尽管如此，有各种协调措施帮助我们的祖先将他们的基因传下来从而形成我们，这种种协调措施还是值得渴望的——出于更好的理由。达尔文主义的力量塑造了我们所知道的关切事项和感受，其中一些大体上是道德的。（Gibbard, 1990, p. 327）

大体上是道德的，并非完全是道德的。例如，目前还没有将他人的福利本身作为目的的迹象。或许理应如此，因为我们还没有在模型中加入任何具有人类特色的东西，我们对道德的最初直觉中相当认同的一点是，尽管像弗朗斯·德瓦尔所说的那样，非人类动物可能是"天性善良"的，但正如罗伯特·赖特所言，它们还不是"道德动物"。尽管如此，由于这种自我维持的社会结构可以被看作真正利他行动者长期繁荣的必要前提，所以几乎不需要预设什么条件就能让它得以进化和自我维持，这是多么令人欣慰的事情；将吃白食者与好公民区分开的能力以及"惩罚"的倾向都非常简单和相对僵化，这表明，就文化的**这**一特征而言，其出现时间可能早于语言、习俗和仪式。我们在这里讨论的不是陪审团审判和公开谴责；我们说的是一种未经审慎思考的"蛮横"倾向——对群体中被识别出的违反规范者展开某种冒险的攻击。在比如狼群或猴子和猿类群体中寻找证据，证明存在这种长期维持的当地"习俗"，这可能是有道理的。无论我们是否发现，在人类文化走向充分发展的道路上，这个位置显然是被其他物种占据了，它在某种程度上都会把我们从怀疑论中解脱出来——一个**可能是**"原来如此"的故事（Just So Story），让我们从不过是蜜蜂和蚂蚁所具有的那种社会性的动物，逐渐发展成喜欢文化传递和文化灌输的动物，乐于关注赞成和反对的细微差别，乐于暂时加入执法队，乐于选择被接纳带来的舒适感而不是被群体谴责带来的威胁。通过这种转变，群体就成了一个有效的储存库，保存着新近发现的"知识"，如果有了什么"好办法"，不必等着通过遗传进化在整个群体中传播从而使其固定下来，因为通过群体遵守规范能够更快地进行传播。为了获得这种更快的发现"节奏"，有一个非常值得我们付出的代价，那就是容易受到神话、局部**错误**发现之类的东西影响，然而这些东西在系统性遵守规范的群体中也很受欢迎。

为了让自己看起来像个好人而做个好人

> 耶稣要来了。要看起来忙一点！
>
> ——保险杠贴纸

> 良心是一种内心的声音，它警告我们，有人可能正在看着我们。
>
> ——H. L. 门肯（H. L. Mencken），《偏见》（*Prejudices*）

背叛带来的恐惧笼罩着我们，这是进化的原罪，它还不断用这样的观点来诱惑我们：在这样的情况下背叛怎么可能不合理呢？如果其他人都背叛（或者如果"每个人都背叛"），就你一个人不背叛，那你就成了替罪羊；而如果其他人都不背叛，只有你背叛，你就会赚得"盆满钵满"。如果大家都知道这一点，又怎么会有人愿意合作呢？如果回报是短期的，进化怎么可能忽视它们呢？而如果我们认为生命是短暂的，我们自己又怎么能忽视这些回报呢？害怕被惩罚和渴望被接纳将会通过改变预期回报让我们顺利通过容易的关卡。正如思想家们早在几个世纪前就已经认识到的那样，不难理解，为什么当"老大哥"*看着我们的时候，选择合作是合理的。如果一个社会非常幸运地拥有这样一种信仰，相信一个警觉的、无处不在的上帝——这位上帝在来世施加的惩罚预计将会超过任何局部收益——那么这个社会的公民一定会按照上帝的命令行事，即便是在其他公民没有看到的情况下依然会这样做。请注意，要让这一神话出现并广泛传播开来，并不需要有什么聪明的创作者明白其中的理由，就像对于在减数分裂中进化出的确保让潜在的竞争基因遵守规定的策略，并不需要什么聪明的发布者。人类可能在不知不觉中成了这一群体适应的受益者，而与此同时，也没人明白其"自由浮动的理由"是什么。但正如自尼采之后的批评家们所坚称的那样，建立在对上帝的敬畏基础上的"道德"并不像我们所希望的那样高尚，也不像我们所希望的那样稳定。如果在一个社会中，这个有用的脚手架开始垮塌，或者压根就不存在，那么这个社会将会发生什么呢？难道这个社会的成员们就没有办法进化出稳固的合作习惯吗？

如果人们确信自己的欺骗行为完全能够瞒天过海，那么对于这些困难的关卡，我们要如何通过呢？在遇到这样的情况时，我们会听到诱惑的声音，娓娓讲述着惊人的合理性：**没人会知道的，想想你能得到什么！**如果我们进入这样一个世界，在其中做决定时必须抗拒极大的诱惑，并在我们与这些诱惑做斗争的时候能够进行各个层面的无限思考，那么我们就已经把鸟类的那种自由意志甩在了身后，开始探索人类自由意志这个棘手的领域，而这也是唯一具有道德重要性的自由意志。传统让一位虚构的负责人来承担这样的道德重要性，就是那个不朽的、创造奇迹的无形灵魂，但是当我们更深入地研究人类

---

* "老大哥"（Big Brother），英国小说《1984》中的独裁者。——译者注

控制系统的进化先例时，我们就能对这个灵魂实施逆向工程（reverse-engineer），看看它的某些部分为什么会以这样的方式发挥作用。

根据萨卢斯特（Sallust）的说法，加图确实是个高尚的人——**"他愿意做一个真正的好人，而不是看起来像个好人"**（Esse quam videri bonus malebat）。如果罗伯特·弗兰克是对的，那么加图就是那些先驱灵魂（advanced soul）之一，这些先驱灵魂成功地将最初使我们变得有道德的策略进行了倒置：我愿意做个好人，**为的是看起来像个好人**（Malo esse bonus ut videar）。弗兰克在《理性中的激情：情感的策略作用》（*Passions within Reason: The Strategic Role of the Emotions*）一书中指出，我们的祖先第一次面对他所说的**承诺问题**并学会如何解决时，便进入了自由进化过程中的下一个稳定期。"当一个人做出有约束力的承诺符合其个人利益，而这一承诺要求他以一种日后看起来违背其自身利益的方式行事时"，承诺问题"便会出现"（Frank, 1988, p. 47）。我们已经在囚徒困境中遇到了承诺问题的基本结构：是否存在虚假合作者或虚张声势者会对合作者和背叛者进化的命运产生极大影响。这就造成了"能否发现虚张声势"的选择压力，并引发了一场暴露和隐藏战略的军备竞赛。当这个竞技场的"自由浮动的理由"在人类行动者的灵活控制系统中被捕捉到时，节奏就会加快，问题也会发生变化，从非个人问题（在当前这些情况下，哪一类行动者会表现得更好，合作者还是背叛者？）转变为个人问题（在这些情况下，**我**该怎么做，合作还是背叛？）。当进化终于创造出能学习、会思考并可以理性地考虑下一步该怎么做的行动者时，这些行动者就会面临一个新版本的承诺问题：如何承诺某件事，**并且让别人相信你已经做到了**。在一个理性行动者都警惕着别人耍花招的世界里，就算你戴着一顶写着"我是合作者"的帽子，也不会走得更远。在弗兰克看来，我们在进化过程中"学会了"如何利用我们的情感来完成防止我们变得过于理性的任务，并且（同样重要的是）让我们赢得了并非过于理性的名声。弗兰克称，正是我们超过必要限度的短视或局部理性使我们如此容易受到诱惑和威胁，当我们面对电影《教父》中"教父"所说的"我们无法拒绝的提议"时，我们又是如此容易动摇。成为一个真正负责任的行动者、一个好公民的部分条件，就是让人们能够相信你相对不会受到这些提议的影响。

　　首先，你为什么要有这样的名声呢？如果你有这样的名声，黑手党就会放过你，因为他们将会算计出他们的威逼胁迫可能对你不起作用，所以何必要浪费一个好马头 *？更重要的是，你的名声对你那些爱挑剔的群体伙伴会很有吸引力，他们非常清楚被一名背叛者欺骗会面临什么样的风险，他们也会四处寻觅他们认为可以信赖的能抗拒诱惑的人。我们在上一节指出，合作者往往会与合作者打交道，背叛者也往往会与背叛者混在一起。弗兰克发现，"承诺问题比比皆是，如果合作者能找到彼此，便可从中获得实质性的好处"（Frank, 1988, p. 249），而且成为一群合作者中的一员有很多优势，这些优势已经在许多进化模型中得到了证明。如果你很幸运地发现自己已成为一群合作者中的一员，这只是靠运气吗？如果合作者群体有准入测试，那就不只是靠运气了。不过，你是否只是幸运地拥有了让你通过测试的合作天赋呢？也许吧，但幸运地拥有天赋也比只是幸运要好。（关于运气，我在后面还会做更多解释。）

　　想有个极好的名声就是有益的自私，可你究竟要怎么做才能建立起这种好名声呢？光说很容易，被问到的人都会把手按在一摞《圣经》上，发誓说他们永远都不会选择背叛。除非有其他某种能够从背叛者中识别出合作者的方法，否则要想建立稳定的**理性**合作者群

---

* 电影《教父》中的情节。——译者注

体，可能性微乎其微。（记住：组成你身体大部分的体细胞系合作者是**弹道**意向系统，这是相当可靠的机器人式的系统，而且即使面对诱惑，也能不为所动，但我们现在讨论的不是构建一个身体，而是一个团体，一个由非常理性的个体组成的团体，比如我们之前提到的波士顿交响乐团。）要想有一个值得信赖的判断可靠性的信号，这个信号就得像阿莫茨·扎哈维（Amotz Zahavi, 1987）所说的那样，必须是个昂贵的信号——某种无法以较低成本伪造的东西。手按《圣经》发誓是个**不能**传达有用信息的空洞仪式，因为如果开始把它作为一个判断可靠性的信号，立刻就会有不可靠的人仿效和使用它，从而使其失去可信度，继而被废弃。你可能想通过举行更加隆重的仪式来挽救它，比如，我手按**两本**《圣经》发誓，或者我手按一**摞**《圣经》发誓，但这句习语巧妙地暗示了这种隆重是徒劳无益的，我们虚构的这个范例说明的是证明可信度的一次失败尝试。*因此，主要问题在于：不仅仅是你如何能让自己成为一个在承诺问题上可信的行动者，还包括你如何才能令人信服地宣传你是如此值得信任的这个事实。

有时，一个问题可以通过另一个问题来解决。如果遇到问题的是大自然这位机会主义大师，那情况更是如此。我们有一个关于自我控制的问题，这个问题确实很难解决，要付出的成本也很高。在弗兰克看来，解决这一问题要付出很高的成本其实是件幸运的事，并不是诅咒。尤利西斯和塞壬海妖的故事恰好可以说明这个问题，在这个例子中，诀窍就是想办法把你自己绑在桅杆上，用蜡封堵住水手们的耳朵，这样你就不能按照自己当下最强烈的意愿行事。（诀窍就是做好

---

* 那么，为什么手按《圣经》宣誓的做法依然存在呢？因为，这种做法在今天与宣誓者对神惩的信仰完全无关，它标志着一个人有意进入了犯伪证罪的危险中，承担着可变但风险仍然很大的世俗报应。

安排，让你的意志"在时刻 t"完全不起作用。）尤利西斯非常清楚，当塞壬海妖唱着天籁般的诱人歌曲时，采取回避策略能长期受益，但同时他也知道，在许多情况下，他倾向于高估即时回报，而且他预计，当时刻 t 到来之时，一种略有畸形的偏好结构本身会强行对他施加影响，所以他需要保护自己免受这种影响。他了解自己，也知道进化为他提供了什么，即一种略微次等的理性能力，这种能力将使他获得即时回报（当他投入塞壬海妖的怀抱时，他会说，"我不能不这么做"）——除非他现在就采取措施，让其决策过程得以发生在更有利的时间和持有更有利态度的背景下。如果他有充裕的时间为其回避行动做准备，那么被塞壬海妖诱惑并非**不可避免**。正如弗兰克所说：

> 需要强调的一点是，实验文献资料并没有表明即时回报在所有情况下都会被赋予**过高**的权重。这些资料只是说，即时回报总是被赋予**很高**的权重。总的来说，在我们进化的环境中，这可能是一件好事。当选择造成很大的压力时，当前的回报往往就是唯一重要的东西。毕竟，现在是走向未来的必经之路。（Frank, 1988, p. 89）

尤利西斯的问题并不是一个道德问题，而是一个关于长远考虑的问题，那些最自私、最不利他的行动者会饱受这种问题的折磨。对自私的行动者来说，这是一个如何避免被短期自私回报蒙蔽双眼而不惜牺牲长期自私回报的问题，是一个为追求更加长远的成功生活而控制好自己的问题。弗兰克就如何通过解决这一关于长远考虑的问题将我们一路带到道德之所在做出了解释，但在开始讨论弗兰克所做的解释之前，我们还需要更详细地研究一下诱惑的问题。

学会处理你自己的问题

时际谈判［intertemporal bargaining］似乎是一个相当人为的过程，不太可能在低等动物中出现。正是人类极大地扩展了个体选择的范围，也正是人类发现，自由选择往往还不如纯粹的需要对我们更有用。

——乔治·安斯利，《意志的崩溃》

一位缅因州老农在上完室外厕所后提起自己的工装裤时，一枚25美分的硬币从口袋里滚了出来，掉进了洞里。"见鬼！"他说，然后从钱包里掏出一张5美元的钞票扔进了洞里。"你到底为啥要这么做？"有人不解地问道。"你觉得我会为了25美分就下到洞里去吗？"他回答说。提高我们自己的赌注改变了我们所面临的自我控制任务。我们往往都经不起诱惑，有几个简单的问题清楚地揭示了这一点：

（1）你会选哪一个：**现在就得到1美元还是明天得到1美元**？如果你和大多数普通人一样，你会选"现在就得到1美元"，这没什么好解释的，其中的原因显而易见。越早拿到钱，你就能越早使用它，未来会发生什么谁也说不准。但如果你不走寻常路，完全不在乎选择在什么时间得到1美元，无论是现在、明天、下周或者明年，我们倒是会觉得，你没有**为未来贴现**［discount the future］。为未来贴现显然是理性的，但贴现到什么程度呢？

（2）你会选哪一个：**现在就得到1美元还是明天得到1美元50美分**？如果你选择明天得到1美元50美分，那要是1美元 25 美分呢？你还这么选吗？如果是 1 美元 10 美分呢？我们会发现，在某个时候，有这样一个对你来说完全无所谓的选择，它将会确定曲线上的两个点，而这条曲线就是你对未来的贴现曲线〔discount curve〕。我们可能会收集大量这类数据，以便在你那条特定曲线上绘制出许多点，并用钱作为一个便利的测量系统（代表你更广泛偏好的集合：你会选哪一个，是今天没有痛苦，还是今后一周内没有痛苦？你会选哪一个，是明天就成名还是明年成名？）。假如你不在乎第二个问题，无论是今天得到 1 美元还是明天得到 1 美元 50 美分，这在你看来都是可取的。那么，我们来研究下一个问题。

（3）你会选哪一个：下周二得到 1 美元还是下周三得到 1 美元 50 美分？这和上一个问题是一样的，只是距离现在的时间更长一点。但你很可能会发现，你给出的答案不一致。如果你和大多数人一样，那你很难为了明天得到 1 美元 50 美分而放弃现在就得到 1 美元，却相对容易出于长远考虑而同意下周三得到 1 美元 50 美分而不是下周二得到 1 美元。如果你倾向于选择现在就得到 1 美元而不是明天得到 1 美元 50 美分，但同时又倾向于下周三得到 1 美元 50 美分而不是下周二得到 1 美元，那么这就出现了冲突；你会发现，你的偏好从现在到下周二的某个时间点上发生了改变，一种只是由时间的流逝引起的改变。

我们对这些时际冲突（intertemporal conflict）的敏感性是我们作为决策者或选择者基本能力中的一个小故障、一个小缺点、一种异常现象，也是精神病学家乔治·安斯利提出的关于人类意志的卓越理论的核心，他在《意志的崩溃》一书中对此做了通俗易懂的解释。人们可能会以不同的比率为未来贴现，而究竟应该以多高的比率为未来贴现这个问题没有正确答案，但无论你的比率是多少，如果你能理性地应用它，那么你会用它防止出现时际冲突：你现在为明年做出的冷静选择和到了明年你会做出的选择是一样的。**抵抗不住诱惑**就会让你偏离自己的理性策略（无论这一策略是什么），而且是以一种你尽可能想要避免的方式发生偏离。你的贴现曲线应该是什么形状的？图7.1 显示了叠加在一起的两种基本类型的曲线：渐变的指数曲线和深度弯曲又陡然上升的双曲线。

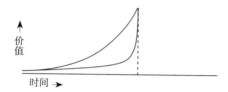

图 7.1　对应同一回报的一条指数曲线和一条（更弯的）双曲线。随着时间的推移（沿水平轴向右），被试目标的动机影响——价值——逐渐接近其由垂直线表示的未贴现的大小（Ainslie, 2001, p. 31）

可以看出（如图 7.2 所示），指数贴现率无法产生这些异常，但双曲线贴现率（图 7.3）由于曲线的尾部陡峭，所以能够产生这样的异常。

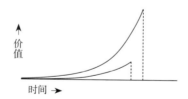

图 7.2　对应两种回报的常规（指数）曲线，这两种回报大小不同且获得的时间也不同。在被试可能评估较早和较晚获得回报的每一个时间点，它们的值都与其目标大小成正比（Ainslie, 2001, p. 32）

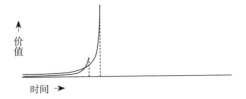

图 7.3 对应两种回报的双曲贴现曲线，这两种回报大小不同且获得的时间也不同。较小的奖励在可获得之前的一段时间内暂时是首选，从图中可以看到，较小奖励的曲线对应的价值有一部分超过了较晚获得的较大奖励的曲线对应的价值（Ainslie, 2001, p. 32）

较小回报双曲线的一端短暂地穿过较大回报曲线的突出地方，便是你的诱惑之窗开启之处：较小回报似乎比较大回报更有价值的一个短暂时期。在许多条件下进行的大量测试表明，我们和其他动物一样，天生就有双曲线贴现率。"人类进化出了一条非常规则但极度弯曲的贴现曲线来评估未来。"（Ainslie, 2001, p. 46）安斯利指出，这是一种错觉，与米勒-莱尔错觉（Müller-Lyer Illusion）颇为类似（图7.4）。

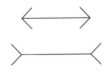

图 7.4　米勒-莱尔错觉

对图中的两条线段进行测量之后，我们会发现，它们其实是一样长的，但这并不能阻止幻觉对我们施加强大影响力。我们可以学会补偿这种天生的错觉结果，通过刻意地、有意识地纠正来推翻它。同样，效用理论（和测量）可以让我们相信指数贴现率是正确的，然后我们就能学会补偿我们与生俱来的双曲线贴现率。这是一种非自然的行动，但也是一种非常值得人们学会如何去开展的行动。我们当中的一些人有相对更出色的表现。

我们至少隐约意识到，按照指数曲线对我们的行为做出合理解释是可取的，但我们究竟要如何做到这一点呢？否定我们自己本能的力量（oomph）又从何而来？传统观点认为，它来自某种被称为**意志力**（willpower）的精神力量，但这只是给这个现象取了个名字，并将做出解释这件事向后推迟了。"意志力"在我们的大脑中是如何实现的？根据安斯利的说法，我们从一种竞争环境中获得了意志力，在这样的环境中，"利益"参与了他所称的"时际谈判"。这些"利益"算是临时行动者，代表着各种回报可能性的"小人"。

> 对回报采取双曲线式贴现的行动者并不是简单的价值评估者——指数贴现的行动者应是这样的评估者。相反，它是一连串得出不同结论的评估者：随着时间的推移，这些评估者之间的关系会发生变化，在为了实现一个共同的目标而进行合作与为了达成相互排斥的目标而展开竞争之间转换。尤利西斯在针对塞壬海妖制订计划时，必须将听到塞壬诱惑歌声的自己当作另外一个人，如果可行，就对后者施加影响，如果不行，就预先阻止他。（Ainslie, 2001, p. 40）

这些"寻求回报的过程小组"所进行的"权力谈判"是一个自平衡的过程，这个过程"不需要自我、法官或者其他哲人王，也不需要具有统一性或连续性的机构，尽管这个过程会预测出这样一个机构可能是如何运行的"（Ainslie, 2001, p. 62）。安斯利对这个现象进行了说明，他表示，这是一场选择的竞争，竞争者可以拉拢对方，也可以相互利用，这正是（我猜想）凯恩大致设想的"奋斗意志"中涉及的对立过程。事实上，它确实对人类选择的不可预测性做出了重要贡献，但并非像凯恩所希望的那样是通过利用量子随机性实现的，而是内置了一个系统性阻碍预测的递归特征：我们做选择时，**通过深入思考的方式利用我们的选择来预测我们未来将会做出的选择**；我们对自己所做选择的自我意识创造了一个递归循环，这种递归循环使我们的选择对进一步要考虑的因素极度敏感。

> 传统效用理论所描绘的有序内部市场变成了复杂混乱的自由竞争，在这种情况下，一种选择要想占上风，不仅要比其竞争对手做出更多承诺，还必须采取有策略的行动，以防止竞争对手在之后的竞争中翻盘。（Ainslie, 2001, p. 40）

安斯利分析了这些"小人"所采取的微观策略，解释了这些策略如何将回报捆绑在一起，从而产生了一个大概的指数贴现率，并生成"规则"和决议，这些规则和决议又会为极少数的例外情况（如果我对自己要求不太严格，我会更容易按照规定饮食摄入热量，所以——因为今天是我的生日——我会奖励自己一小块蛋糕……）提供正当理由，而这又会产生进一步的行动和对策，内部挑战造成的混乱滚雪球似的迅速增大。例如，"一旦我有了这样的预期，认为每当我产生强烈冲动时就能找到一种例外情况，那么我就不再拥有可选择整个系列的后续回报这样一种可靠的前景，比方说，我坚持按照规定饮食摄入热量累积的好处。通过这种方式，双曲贴现曲线将自我控制问题变成了一种自我预测问题"（Ainslie, 2001, p. 87）。

> 一位正在恢复健康的嗜酒成瘾者可能希望自己能够忍住不饮酒，但她的这一期望竟然落空了，而且当她注意到这一点时，她

就对自己的期望失去了信心；如果她的期望降到不足以对抗她的渴望，她的期望落空往往就会变成一个自证预言。但如果这一前景在成为首选之前，其本身就足以令人生畏，那么她就会在渴望变得更强烈之前，寻找其他的激励措施来对抗它，从而提升她对于不饮酒的期望值，以此类推——这一切都发生在她实际喝下一杯酒之前。她的选择无疑是事先就确定好的，这就好像所有的事件都有精确的原因，而这些原因也有原因；但直接确定其选择的是各种要素的相互作用——即便这些要素本身是已知的，当它们以递归的方式互动时，也会让结果不可预测。

双曲贴现使决策成为一种群体现象，而该群体则是由个体在一段时间内连续的选择倾向组成的。每时每刻，她都会做出在她看来是最好的选择；但其中起到了很大作用的是她对以后自己会如何做出选择的期望，而这一期望主要建立在她之前如何做出选择的基础之上。（Ainslie, 2001, p. 131）

安斯利的意志理论为一直困扰着其他理论工作者（或者只是被他们有意忽略了）的几种现象提供了解释，这些现象涉及的主题包括成瘾和强迫、"过早满足"、自我欺骗和绝望、"墨守法规的"（legalistic）思维和自发性。人们必须为这一理论的丰富产出付出代价，这个代价就是某种最初违反直觉的前提：特别是，必须对回报和快乐加以区分。根据定义，回报是"任何倾向于使其遵循的行为重复出现的经历"，这样的一些经历肯定是痛苦的——无论这些经历会在多大程度上强化这种行为的复制倾向（也可以说，是大脑中的适应性）。这个理论是比较难的，它有许多新奇之处，需要人们抛开一直以来十分看重的思维习惯，我在此处只是对其中最有趣的结论做了简要说明。这一理论尚未得到应有的关注，因此在它得出的许多很有吸引力的结论中，究竟哪些结论值得认可还是一个悬而未决的问题。但有一点毋庸置疑，那就是在采用进化论视角研究意志和心智的传统哲学问题方面，这一理论为近期大量相关研究工作提供了很好的补充。它甚至还就某些问题提出了一些令人不安的看法，包括道德方面难以捉摸的主题，以及我们制定的完善规则如何能以其产生的意想不到的后果困扰我们，但这些都不是我们在这里要讨论的主题。我们还没有到达道德竞技场，但罗伯特·弗兰克为我们指出了一条路。

我们昂贵的奖章

假设你把一颗糖放在一个小孩面前，然后告诉他，他现在就可以拿走，但如果他能等 15 分钟，就可以得到两颗糖。能够做到延迟满足其实是一项了不起的成就，那么在这方面，孩子们表现得有多好呢？不是很好。儿童在这种自控能力方面的表现差异显著，无论产生这些差异的主要原因是基因差异、童年早期的环境差异，还是纯属偶然，它们并非**不可避免**；通过采取简单的分散自己注意力的策略或恰当的专注，可以减少（或增强）这些差异。（例如，孩子们可以通过一些方法学会坚持到获得第二块糖，比方说，想一想身边暂时没有的其他东西，专注于这些东西所具有的令人愉快的性质，它们可以是酥脆的椒盐卷饼，也可以是孩子们自己喜爱的玩具。）一些好的策略会让人们冷静思考，而另一些则会激发人们竞争的热情。顺便说一下，这些自我操纵的说法与道德哲学中一个很有影响力的主题相对立，一般认为这个主题是由伊曼努尔·康德提出的，强调了这种**仅仅由情感**支撑的低级、不光彩的本性。康德式的理想就是一种幻想，在这种幻想中，你通过某种方式将你的纯粹理性能力提升至如此完美的程度，从而可以做出纯粹、不包含任何情感的判断，而不会被卑鄙的罪恶感和对爱与被接纳的无耻渴望所玷污。康德认为，这样的判断不仅是最好的道德判断，而且是唯一可以算作道德的判断。通过"无耻地"诉诸情感让思考变得生动，用这种办法训练孩子们可能还不错，但这些训练方式的存在实际上让他们失去了对道德考虑（moral consideration）做出判断的资格。这种情况是否就是坚持追求完美（哲学家的一种"职业病"）而掩盖了最佳途径？

根据弗兰克的观点，这种利用情感在自我控制中起到的作用在进化方面的好处是，它同时为这一成就的昂贵信号提供了一个基础：其他人会了解到，你就是那种**非常在乎**自己承诺的值得信赖的情感型人士；这不是说你疯了或**不理性**，而是你给自己的诚实正直开出了一个不合理的高价（从批评者的缺乏远见的角度来看）。你得以袒露心声，而且还是非常昂贵的心声。好名声确实是一笔宝贵财富，而获得好名声的诀窍就是真正做个好人。没有捷径可走（但进化仍在继续进行）。

要想理解为什么**真正做个好人**是这个问题最具成本效益的解决办法，我们必须将其视为我们为自控付出的代价。我只能大体上控制我自己。"道德情操［moral sentiment］可以被看作对回报机制做出微调的粗略尝试，使其在选定的情况下对远期回报和惩罚更加敏感。"（Frank, 1988, p. 90）我们将会在下一章中看到，我无法对自己实时的审慎思考进行微观管理，所以我不得不采用散射法（shotgun approach），让自己拥有强大的情绪倾向，这些情绪倾向会蔓延开来，从而影响它们的目标，让我在该愤怒的时候会愤怒得发抖，在该开心的时候抑制不住地开心，或者在适当的时候深深陷入悲伤或怜悯之中。但为了让这些情绪在我面临短期诱惑时能够帮我做出审慎的长期决定，我就必须让自己在面临两种选择的时候——我的短期收益和其他人能获得的最大利益——受到这些情绪的支配，我不能只为自己谋求利益。或者，用我的座右铭来说就是，我身处的社会环境鼓励我，为了获得更多狭隘的一己私利，就要变得比原本的自己更**旷达**；当我"总是为自己着想时"，我要撒下一张足够大的网，将我的合作伙伴也纳入进来。

正像之前所说的那样，只是假设这样一种称心如意的情形仿佛是上帝的恩赐，是完全行不通的。它可能就是偶尔发生的意外情况，但如果这种情况持续的时间足够长，在世界上形成了一种模式，那就需要一个解释了。进化模型的任务就是要证明，以下这样的环境是可以进化出来的：在其中，自我扩大（self-enlargement）本身是一种被迫行动，而且是由理性决定的。这个设计的"决定"——为各种**不纯粹的利他主义形式**（或者这只是高级的有益自私？）做出的承诺付出代价，以此作为获得自我控制的成本——是有理由的，但这个理由不需要任何人理解。这是一个自由浮动的理由，但并未因此受到什么损害。实际上，作为自由浮动的理由反而**更好**。是自由浮动的理由让情感表达在侦查与掩饰的军备竞赛中能够作为证据。如果对我们每个人来说理解这个理由并据此行事是轻而易举就能做到的，同时也能够将这个理由牢牢记在心里，那我们就会被怀疑是在作秀。我们能够极其敏锐地对品格做出判断，并且通过全面审视那些对我们很重要的提示（无论我们是否有意识地觉察出它们的作用）后会发现，我们很少注意那些容易作假的表现，而是专注于那些无法抑制的、难以引起的倾向表现。弗兰克称，这正是我们所看到的：

> 因此，我们可以假设有这样一群人，其中有良知的人比没有良知的人更成功。如果没有良知的人可以做到，他们会降低欺骗的频率，但他们在解决自我控制问题方面简直遇到了更大的困难。相比之下，有良知的人能够获得好名声，并能与其他性情相

似的人成功合作。（Frank, 1988, pp. 82-83）

那么，有益的自私和真正的利他主义之间的差别要怎么办呢？弗兰克声称，他所描述的创新确实已越过了终点线，带领我们一路走向真正的利他主义：

> 拥有真正道德情操的人在采取行动时更能符合自身利益……因此，拥有好名声的人甚至可以解决各种不同的囚徒困境。例如，他们可以在欺骗无法被发现的冒险行动中与彼此成功开展合作。换句话说，只有在已经建立了从长计议声誉的基础上，真正的利他主义者才会出现。（Frank, 1988, p. 91）

他指出，利他主义者（如果这些好人真的是利他主义者）实际上表现得相当不错，尽管要付出一些代价。心理学家和经济学家做了许多这样的实验，在这些实验中，人类（通常是大学生）要面临多重囚徒困境，其中会有一些以金钱作为回报，虽然数额很小，但也并非微不足道。在弗兰克进行的实验中，学生们有各种机会在短暂的接触中（10分钟到半小时）相互了解，然后被反复配对，进入囚徒困境中进行互动。弗兰克通过改变条件，表明了人们出奇地擅长预测谁会背叛以及谁会合作，尽管远不算完美：准确率为 60%～75%。

> 囚徒困境的实验为我们凭直觉得出的一个结论——我们可以识别出非机会主义者——提供了支持。事实上，我们可以做到这一点是承诺模型所基于的核心前提。从这一前提出发，合理地进行推论，我们会发现，即使在充满残酷竞争的物质世界中，非机会主义行为也会出现并幸存下来。我们可能会因此承认物质力量

最终支配着行为，但同时也拒绝接受这样一种观点，即认为人们随时随地都受到物质私利的驱使。（Frank, 1988, p. 145）

正如理性主义者所强调的那样，我们生活在一个物质世界里，从长远来看，最有利于物质成功的行为应该占主导地位。然而，我们一次又一次地看到，最具适应性的行为不会直接源于对物质利益的追求。由于重要的承诺和执行问题，这种追求往往会弄巧成拙。为了能做得更好，我们有时必须不在乎我们是否已做到最好。（p. 211）

弗兰克的描述中有几个特点为我们在前面几章中提到的盛行哲学之风得到的引人注目的纠正提供了支持。首先，不妨回想一下我们在第 4 章中对"本来可以不这么做"进行的讨论，还有马丁·路德的例子。这些现象根本就不是无法适用这条规则的例外情况，也不是需要特殊理由的特殊案例，我们现在可以看到，让自己别无选择的做法是进化中通过"设计空间"——包含所有可能设计的"浩瀚"多维空间——上升至人类自由意志的一项关键创新。这种确定自由意志的策略一旦获得认可，就可以被视为在一句赞美道德的话语中留下了化石痕迹，虽然哲学家们很少张扬地使用这句话，但将这句话用在道德行动者身上经常会让其受到钦佩：他是如此有**决心**（determination），我们会钦佩地说。其次，我们已经看到，哲学家们担心，如果我们是被决定的，我们可能无法利用真正的机会（如果我们被决定，可能不**存在**任何真正的机会），这样的担心几乎就是把事情弄反了；实际上，只有当我们学会如何让自己面对眼前的许多机会**无动于衷**（insensitive）时，才能获得道德重要意义上的自由。还是那句话，我们不是通过让自己变得疯狂或盲目来做到这一点的，而是通过提高我们的赌注，让"决定"成为被迫的行动，或者是未经仔细思考容易做出的行动。最后，我们已经看到，那个神话般的存在，也就是经济学家所说的纯粹自私的理性行为主体，从不拒绝谈判，是一个理性的傻瓜，我们可以将那个著名的反问句抛给它："如果我们这么愚蠢，我们怎么会富有呢？"就像弗兰克说的：

> 利他主义者……在经济方面似乎确实表现更好：实验研究结果一致显示，利他主义行为与社会经济地位呈正相关。当然，这并不意味着利他行为必然会带来经济上的成功。但它确实表明，利他主义的态度不会是物质方面难以承受的负担。（Frank, 1988, p. 235）

对于另一种神话般的存在——康德所说的理性圣人——我们可以按照同样的思路提问："如果我们如此不道德，我们怎么会有这么多信任我们的朋友呢？"换句话说，如果你想了解真正的利他主义，就应该考虑尝试一下进化论的方法，逐渐地悄悄接近它，没有原初哺乳动物，也没有天钩，从盲目的自私，通过伪利他主义，到似利他主义（有益的自私），再到某种可能对我们所有人来说都足够好的东西。

我在这里做个简要的说明，总结一下我在这条路径上推荐的方法，以及我**没有**得出的结论。弗兰克提出的论点和结论尚未在他的经济学家同行或者进化理论家（或哲学家）中获得普遍认可，其中仍有一些需要认真对待的重要问题和替代方案。对我来说，这里最重要的是弗兰克的项目——就像安斯利的项目一样——展示了如何解决这些问题的**一种**方法，一种达尔文主义的方法，我认为，这是必须要采取的一种方法，而且大有可为。我之所以说它是必须采取的方法，是因为任何伦理学理论，如果只是按照自己的需要搜集一套便于利用的人类美德而不设法去解释它们是如何产生的，那么这种理论就面临着一种危险，即假定存在着天钩，而天钩是一种无法"解释"任何事情的奇迹，因为它可以"解释"所有事情。说这种方法大有可为是因为，与反对达尔文主义方法的人所宣称的相反，这些理论家在活动中相当频繁地提出了许多新的洞见。自柏拉图的《理想国》问世以来，行动者设计（agent-design）中的思辨活动一直是哲学家们关注的主要内容。进化的观点引入了一种相当系统性的方式，让活动保持自然主义属性（这样，我们就不会最后设计出一个天使或者永动机），但同样重要的是，它让我们能够探索一段时间内行动者之间展开的互动，而哲学家们往往对此像煞有介事却略而不证。例如，哲学家们经常会反问："如果每个人都这么做会怎样呢？"但他们不会停下来思考答案，因为他们通常认为答案是显而易见的。他们甚至从未讨论过一个更有趣的问题：如果有人这么做了会怎么样呢？（在什么时间内，什么条件下，占多少百分比？）利用计算机模拟进化场景可进一步增加多种方法：一种发现模型中隐藏假设的方法，一种探索动态效果的方法，通过"转动旋钮"来观察不同的变量设置所产生的影响。重要的是要认识到，这些计算机模拟实际上是哲学思想实验、直觉泵，而不是实证实验。他们系统性地研究了一系列假设可能产生的结果。过去，哲学家们必须动手做思想实验，一次做一个。现在，他们可以在一小时内执行数千种变化，这是一种很好的检查方式，可以确保他们产生的直觉不是场景中某种任意特征的产物。

我们已经大致勾勒出了一幅草图，仅仅是一幅草图，描绘了从生命起源到人存在的路径，他们是行动者，拥有自由，这既是他们的优势，也是他们最大的问题。我们现在需要更仔细地研究，当一个人类行动者做出一个自由的决定时，他身上一定会发生的是什么，然后再转向另一个问题，探讨人类自由持续进化的影响。

第7章

在一个拥有语言和文化的物种中，社会生活的复杂性产生了一系列进化军备竞赛，从中涌现出了一些行动者，他们展现出了人类道德的关键组成部分：乐于发掘一些可以让合作蓬勃发展的条件，对惩罚和威胁具有敏感性，关心声誉，具有旨在提高面对诱惑时的自我控制能力的高级自我操纵倾向，以及有能力做出其他人会看重的承诺。这样的创新可以在与它们共同进化的特定条件下蓬勃发展，取代栖居于更简单生态位中更简单有机体的短视的"自私"。

第8章

这种新出现的情况，即人类行动者由进化力量形成一群相互竞争的利益集团，很难与我们作为有意识的自我、灵魂或自己的传统观念相调和，我们愿意根据自由决定采取意向行动，但这种自由决定必须来自我们大脑中的私人圣所。本杰明·利贝特所做的一个实验——虽然这个实验存在争议而且经常被曲解——很好地揭示出了这种紧张状况，而且通过深入研究自我是如何从我们大脑的活动过程中出现的，这种紧张状况就可以得到缓解。纠正这些关于自我和大脑的常见误解，也会消除许多人深信不疑的关于自由意志前途无望的结论。

关于资料来源和扩展阅读的说明

有一些关于合作的进化方法的优秀作品，包括布赖恩·斯科姆斯的《社会契约的进化》，罗伯特·赖特的《道德动物》（*The Moral Animal*, 1994）和《非零和博弈：人类命运的逻辑》，马特·里德利的《美德的起源》（*The Origins of Virtue*, 1996），金·斯蒂尔尼与保罗·格里菲斯的《性与死亡：生物学哲学导论》（*Sex and Death: An Introduction to Philosophy of Biology*, 1999），埃利奥特·索伯和戴维·斯隆·威尔逊的《奉献：无私行为的进化和心理》（1998）。关于索伯和威尔逊的书（以及答复）有价值的评论，请参见卡茨的作品（Katz, 2000）。我已经在《哲学与现象学研究》（*Philosophy and Phenomenological Research*）上即将发表的一篇文章中（Dennett, forthcoming A），表达了我对他们这本书的看法，文中还包括其他评论意见以及作者的答复。

关于执行文化规范所需的几种简单惩罚，可参考约翰·海于格兰（John Haugeland）的《有思想》（*Having Thought*, 1999）和我的评论（Dennett, 1999A）。保罗·宾厄姆（Paul Bingham, 1999）提出了一种人类进化理论，内容大胆且存在争议，这个理论的前提是，简单武器（棍棒和石头）的创新改变了个人参与群体惩罚背叛者的成本效益权衡或风险，从而给人类文化所依赖的人类社会合作性带来了独特变化，这是一场文化上的进化革命，这场革命得到了基因上的迅速响应，包括为了更好地投掷和使用武器，骨骼上发生的适应改变。

弗兰克（Frank, 1988）详细讨论了扎哈维提出的"不利条件原理"（Handicap Principle）。相关内容，也可以参见海伦娜·克罗宁的《蚂蚁与孔雀》（*The Ant and the Peacock*, 1991）。伦道夫·尼斯（Randolph Nesse）则编了一本关于承诺的杰出的选集《进化和承诺能力》（*Evolution and the Capacity for Commitment*, 2001）。

关于儿童自我操纵和自我控制的实验文献综述，可参见 J. 梅特卡夫和 W. 米舍尔（W. Mischel）的《关于延迟满足的冷热系统分析：意志力的动态》（"A Hot/Cool System Analysis of Delay of Gratification: Dynamics of Willpower," 1999）一文。有关弗兰克提议的博弈论背景的概述，以及对他调用情绪来当作信号角色的微妙批评和友好修正，请参见唐罗斯和保罗·迪穆谢尔（Paul Dumouchel）的《作为策略信号的情绪》（"Emotions as Strategic Signals"）。

你是在决策圈外吗?

"想象一种叫'自由意志'的虚构思想观念,就和认知神经科学家相信小妖精或者不明飞行物的存在是一样的。"

——蕾切尔·帕姆奎斯特(Rachel Palmquist),

理查德·杜林(Richard Dooling)《头脑风暴》中的角色

几年前,我有过一段非同寻常的经历。那时,我在读一本小说,名为《头脑风暴》(Dooling, 1998),小说的作者是理查德·杜林。这本书很有意思,也让我深受启发,我的朋友向我推荐这本书的时候坚持说,我一定会喜欢它的,尽管书名和我之前出版的书名字一样——《头脑风暴》(1978)。

得出错误的道德

小说的主人公是一位年轻的律师,为证实他的委托人(因涉嫌谋杀正在受审)有脑损伤,他来到了一间神经科学实验室。为他提供帮助的是蕾切尔·帕姆奎斯特博士，这位神经科学家（你可能没想到）不仅拥有出众的美貌，还有着放纵不羁的性情，事情最终变得激情火辣起来。衣服被扔到一边，在实验室的地板上，两个人的身体纠缠在一起，但这时，他们遇到了一个问题——我们的主人公似乎是有良知的，他想到了他的妻子和孩子，而想到这一点之后，眼看这桩艳事就要戛然而止了。那该怎么办呢？我想，帕姆奎斯特博士所做的事情，是任何一位有才华而此刻又赤身裸体的神经科学家在这种情况下都会做的：

> 她说："在《意识的解释》中，丹尼特用动画片《鬼马小精灵》来做类比。你想说，你有灵魂。"（Dooling, 1998, p. 228）

自由意志是问题所在，而且在她看来，我已经解释过了，自由意志不可能存在。

> "我们甚至都没有自由意志吗？"

> "又是常识心理学，"她说，"自由意志是一种虚构的美好幻象，也许不仅美好，而且是必要的——你的一部分意识可以从整体中独立出来，它可以评估和控制其自身的表现。但大脑就像是一个没有指挥的交响乐团。此刻，我们听到双簧管抑或是短笛发出了深刻的自省之音，而其他乐器演奏的音乐则高亢激昂，进入另一个高潮。剩下的就是一种极其复杂的平衡，这是在你两耳之间那一堆混乱的通心粉状的电化学弯管中，一些相互竞争且湿漉漉的生物并行处理器之间形成的平衡，它最终控制着你的身体，但从定义上来看，它是不能控制它自己的。"（Dooling, 1998, p. 229）

真是敲响了一记警钟啊！这位神经科学家一定是个有真才实学的人，因为她接着即兴对我的意识理论进行了概述，很有见地又十分准确——衣着整齐站在讲台上都很难做到，但让我震惊的是杜林的大反转，杜林说，帕姆奎斯特对自由意志的理解完全错了，**一些真正的神经科学家犯的就是这样的错误**。那么，根据我的观点来看，自由意志是虚构的吗？这就是我的意识理论暗含的意义吗？完全不是，但不少神经科学家和心理学家认为他们的科学已经证明了这一点，而我提到《鬼马小精灵》或许加深了这种误解。

我们不妨先换个别的幻想来试一试，这样就更容易看出问题出在哪里了。丘比特的神话我们都熟悉，他挥着天使翅膀，朝着人们张弓射箭，被射中的人就会坠入爱河。这种漫画家们的传统手法没什么说服力，所以无论怎么诠释，也不会有人拿它当真。但我们可以暂且认为这是真的：假设很久以前，有这样一群人，他们相信被小天使射出的隐形之箭射中就会坠入爱河。接下来，一位令人扫兴的科学家登场，告诉他们，这根本不是真的，根本没有这样的小天使。"他证明了，没有人会坠入爱河，没有人会**真正地**坠入爱河。坠入爱河这种想法就是一种虚构的美好（可能还是必需的）幻想。这种事从来就没发生过。"有些人可能就是这么认为的。而人们希望，其他人会站出来否认这一点："不。爱是相当真实的，坠入爱河也是如此。它只是不像人们过去认为的那样。它一样是美好的——甚至更美好。真爱无关乎什么小天使。"自由意志的问题与此类似。如果你和某些人一样，认为**真正的**自由意志必须来自那些在你大脑中快乐地飘来荡去的非物质灵魂，这个灵魂将决定之箭射入你的运动皮层，那么，考虑到**你**所说的自由意志的含义，我认为，根本就没有自由意志。另一方面，如果你认为自由意志在道德上具有重要意义，且不是超自然性质的，那么我的观点是，自由意志的确是真实的，但可能和你认为的不太一样。

由于读者分属两个阵营，所以除非能引起所有人对这个问题的关注——我也常常试着这么做——否则你没法指望让每个人都理解。我在《头脑风暴》一书中讨论过这样一个问题，即像**信仰**和**痛苦**这类事情是不是"真实的"，所以我编了个小寓言故事，故事讲了有这样一群人，在他们所使用的语言中，说受到"疲劳"（fatigue）的困扰，就和我们平时说的疲惫、筋疲力尽是一回事。当我们带着我们的先进科学露面时，他们向我们提了一个问题：血液中哪些小东西是疲劳？我们拒绝回答这个问题，这让他们难以置信，因此他们随即问道："你是在否认疲劳是**真实的**？"考虑到他们的传统，这对我们来说是个不太好回答的问题，我们需要采取外交手段（而不是形而上学）。在《意识的解释》（1991A）中，为了避免出现同样混乱的情况，我用了一个疯子的故事来进行说明，这个疯子说动物园里没有动物，然而他非常清楚那里有长颈鹿和大象等动物，但他坚持说，它们并不是人们所认为的那样。在我看来，这些转换想象力的活动似乎起了作用，但我必须说的是，要传达的信息似乎没有被接受。我终于意识到了问题所在，很多人就是**喜欢**这种混乱。他们不想调整自己的想象力。他们喜欢说我否认意识的存在，喜欢说我否认自由意志的存在。即便是像罗伯特·赖特这样聪明的思想家，也禁不住要否认我坚持认为存在的区别：

> 显然，这里的问题与一种主张有关，也就是认为意识"等同于"物理上的大脑状态。丹尼特等人越是向我解释他们的意思，我就越是确信，他们真正想说的是意识并不存在。（Wright, 2000, p. 398）

那位诡计多端的文化观察者汤姆·沃尔夫指出，爱德华·威尔逊、理查德·道金斯和我——

> 提出简洁精妙的论点，说明为什么神经科学绝对不应该减少生活的丰富性、艺术的魅力或政治动因的正义性……然而，尽管他们尽了最大努力，神经科学并没有借学术保证之势在公众中传播开来。但它正在传播，而且非常迅速。实验室外的人得出的结论是：**这里面有猫腻！我们都是硬连线的，也就是天生的！**还有：**别怪我！我本来就被连错了线！**（Wolfe, 2000, p. 100）

这正是躺在实验室地板上的蕾切尔·帕姆奎斯特想要得出的结论。本章后面，我们还会在心理学家丹尼尔·韦格纳新书的书名中直接面对这个问题，这本很不错的书名字叫作《有意识意志的错觉》。在我见过的所有对有意识的意志的阐释中，我觉得韦格纳的阐释最为恰当。他所说的每个方面，我几乎都很认同。我也和他探讨过他这本书的名字，有点别扭——至少我是这么认为的。在我看来，韦格纳就是那类证明丘比特并没有射箭的令人扫兴的科学家，然后我坚持给他的书取个新名字，叫《浪漫爱情的错觉》。我非常理解有些人会坚持认为韦格纳这本书的名字完全正确：他**在**证明有意识的意志是一种错觉。韦格纳最终缓和了这种观点带来的冲击，他辩称，有意识的意志可能是一种错觉，但负责任的道德行动是相当真实的。这是我们两个人的底线。我们都认为，蕾切尔·帕姆奎斯特犯了错，她基于神经科学方面的意志理论得出了一个结论——我们的主人公不应受良心所困（因为他并没有自由意志，并没有真正拥有自由意志）。韦格纳和我就底线的问题达成了一致意见，但没有就策略达成共识。韦格纳认为，说有意识的意志是一种错觉，却是一种良性的错觉，从某些方面来看，甚至可以说是一种真实的错觉，这种说法似乎误导性更小，也更有效。（这在措辞上不是自相矛盾吗？那可不一定；就像可分割的原子一样，尽管从词源上来看是矛盾的，但真实的错觉可以在我们的概念方案中占得一席之地。）我自己就觉得，像蕾切尔·帕姆奎斯特那样误读这个结论的诱惑是如此强烈，所以我更愿意换种说法来表达**同样的观点**，我会说，不，自由意志**不是**一种错觉；所有值得渴望的自由意志都是（或者可以是）我们的自由意志——但是你必须放弃一些错误的和过时的意识形态来理解为什么会这样。就算没了丘比特的箭，浪漫爱情依然值得向往。它的确还是浪漫爱情，真正的浪漫爱情。

> 康拉德：不，不是！没了真正灵性［spirituality］的浪漫爱情——你冷嘲热讽的丘比特之箭——根本就不是真正的浪漫爱情！这就是个粗俗的替代品！自由意志也是如此。**你所说的自由意志**，最终不过是（从某些角度）**看起来像**决策的一堆复杂混乱的机械原因的一种现象，根本就不是**真正的**自由意志！

说得在理，康拉德，如果这就是你坚持使用这些术语的方式。但如果我的替代品可以充分满足你迄今为止提出的所有要求，那你就需要证明，为什么追求这些"真正的"浪漫爱情和自由意志是明智的。究竟是什么让这些"真正的"东西值得关注呢？我同意，无论人造黄油有多好吃，它都不是真正的黄油；但如果你坚持要真正的黄油，完全不考虑价格，那你真应该有个好理由。

> 康拉德：啊哈！这么说，你是承认了。你就是在玩弄辞藻，想用人造黄油冒充真正的黄油。我奉劝各位，一定要真正的自由意志，不要接受任何替代品！

你是否也建议糖尿病患者坚持使用"真"胰岛素，而不是"人造的"东西？如果有一天，你那颗真心脏无法正常工作了，而这时有一个能实现你真心脏所有功能的替代品，你会拒绝吗？对传统的热爱是在什么时候变成愚蠢迷信的呢？我之所以宣称我所捍卫的各种自由意志值得渴望，正是因为它们扮演着传统上自由意志要扮演的所有**有价值**的角色。但我不能否认，传统还赋予了自由意志我这些类型所缺乏的属性。在我看来，传统的情况更糟糕。

也许时间会证明，在韦格纳的策略和我的策略之间，最适于或者可能不适于解释自由意志这个话题的究竟是哪一种。但是，我们两个人都明确捍卫这样一种观点，那就是从自然主义角度对决策做出的说明仍然为道德责任留下很大空间，而任何忽视这个观点的人都应该感到羞耻。[*]

关于决策的神经科学竟让这么多人相信自由意志是一种错觉，它究竟有什么特别之处呢？这不仅仅是物质主义最基本的事实——没有丘比特向我们的运动皮层射箭——而且是神经科学的一个特定方面，蕾切尔·帕姆奎斯特清晰地说明了人们的普遍印象：

> 前意识认知［preconscious cognition］是在你意识到它**之前就已经**发生的大脑活动。可怕的是，它引发了物质世界中的实际活动。你的意识——如果你想这么称呼它——只是观察到源于你大脑其他地方的活动……将你的大脑想象成各种网络和并行处理

---

* 与我们意见相左的是德克·佩里布姆（Derk Pereboom），我为这本书做最后润色时拿到了他的新书《没有自由意志的生活》（*Living Without Free Will*, 2001）。他为这样的观点做了辩护："考虑到我们最好的科学理论，超出我们控制范围的因素最终会产生我们所有的行为，因此我们不对这些行为负道德责任。"他丝毫没有说服我，但觉得我的书没有说服力的其他人可能会在这里找到一位有价值的盟友。

器错综复杂地交织在一起的结构。时不时地，有些大脑活动会意识到自己，但大多数时候不会。想象一下，在大脑触发行为之后、大脑意识到这一点之前，一个 300 毫秒的道德空白［moral void］就此出现。（Dooling, 1998, p. 120）

300 毫秒的"道德空白"就是问题所在。你的大脑似乎比你更早下定了决心！

"刺激，感觉，"她一边说，一边在每侧肩膀上贴一个电极，"它们是通过前认知的方式进行处理的，重要的心理决定和表征在大脑自觉［self-consciously］意识到它们之前就已经做出了。"（Dooling, 1998, p. 122）

300 毫秒的"空白"是真实存在的，但这种将其解释为"道德空白"的方式有些站不住脚，这个错误正是我要探讨的内容。再次探讨。我在《意识的解释》一个章节里讨论了这个问题，但那次的讨论有些晦涩难懂，所以需要更新。或许，这一次，我能将这个故事的寓意讲明白，而不是讲反了——那位有才华而此刻又赤身裸体的神经科学家蕾切尔·帕姆奎斯特就讲反了。

随心而动，随意而行

决定是自愿的吗？还是只是就这样发生在我们身上？站在某些稍纵即逝的有利地位来看，它们似乎是我们生活中非常显著的自愿行动，是我们充分发挥自己能动性的瞬间。但我们也会发现非常奇怪的事情，同样是这些决定，却并不受我们控制。我们必须等等看我们将会如何做出决定，当我们做决定时，我们的决定就会自己冒出来，出现在意识中，我们也不知道它们是从哪里冒出来的。我们没有见证它是怎么产生的，我们只是见证了它的**到来**。这可能会让人们产生一种奇怪的想法，认为中央总部并不在我们这些有意识的内省者［introspector］的所在之处；它在我们内心深处无法接近的某个地方。

——丹尼特，《行动余地：值得向往的自由意志之种种》

大脑做任何事情都要花时间，所以每当**你做什么**（每当你的身体做些什么），控制你身体的大脑必须先做点别的事情。通常情况下，当你醒着且忙碌的时候，你会同时做几件事情：边走路边聊天；一边搅动炉灶上锅里的东西，一边回想着下一步该放什么食材；一边听着大提琴演奏，一边读钢琴演奏部分的下一小节，并将手移到下一组和弦的位置上；或者只是一边拿着遥控器来回换台，一边伸手去拿啤酒。通常有这么多的事情在发生，它们在时间上是重叠的，所以我们很难厘清所有的相关性，但我们也可以让一切都静下来，从中分离出"单项"行动来进行研究。静静地坐一会儿，试着什么都不想，然后，轻轻抖一下你的右手腕，没有其他原因，只是你想这么做。请抖一下手腕，就像人们说的，随心而动，随意而行。我们就把你的这种自愿的意向行为称为"**轻抖**"（Flick）。如果我们用一组表面电极监测你的大脑（贴在头皮上就可以了——我们不需要把它们插入你的大脑），我们会发现引起"**轻抖**"的大脑活动有一个明确的、可重复的时间进程，还有一个波形。它持续了大半秒的时间——在 500 毫秒到 1 000 毫秒之间，在你抖手腕这个动作实际发生的时候结束（我们让一束光对准一个简单的光电池，如果这束光被你的手腕截断，我们就能检测到你在抖手腕）。在抖手腕这个动作发生前不到 50 毫秒，运动神经的活动就已经开始了，从大脑的运动皮层向下一直到你的前臂肌肉，但在此之前 800 毫秒，也就是将近 1 秒钟的时候，你的大脑中就已经出现了一个明显可检测到的活动波，这就是"准备电位"（Kornhuber and Deecke, 1965，图 8.1）。

在这上千毫秒中的某个地方，就有那个著名的"时刻 t"，也就是**你**有意识地决定抖手腕的时刻。本杰明·利贝特开始确定它的确切时间。由于这一时刻是由其主观属性定义的，所以他必须要求**你**说出它发生的时间，这样他才能把它叠加在你大脑中发生的一系列客观事件上。他想出了一个巧妙的办法，把主观和客观这两个系列的事件都记录下来。他让被试看着一个"时钟"，上面有一个快速移动的点，就像秒针一样，但移动速度要比秒针快得多，每 2.65 秒转一圈，这样他就可以得到小于 1 秒的时间单位读数，以便与他测定的大脑活动时间记录进行校准（图 8.2）。

利贝特要求他的被试在决定抖手腕或第一次意识到抖手腕的冲动

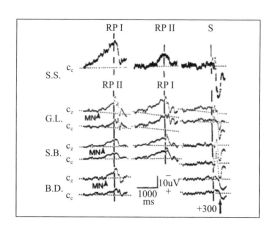

图 8.1　准备电位的脑电图描记（引自 Libet, 1999, p. 46）

或愿望的那一瞬间，注意钟面上圆点的位置。他们要报告这一信息（但不需要立刻报告，而是抖手腕结束后过一段时间再报告）。他发现，他在被试大脑中监测到的准备电位与他们**报告的决定时间**之间存在 300 毫秒至 500 毫秒的时间差或延迟。这就是蕾切尔·帕姆奎斯特所说的"道德空白"。如果按照神经科学的标准来看——例如与其他同时性判断中可以观察到的特异和偏差相比——这个"空白"非常巨大。在这种人为的情况下，准备电位是你抖手腕的触发原因这一点是没有争议的。准备电位是一个非常可靠的抖手腕预测指标。那么现在的问题是什么呢？似乎是这样的：当你**认为**自己在做决定时，实际上你只是在被动地观看关乎**真正**决定的延迟内部录像带似的东西（不祥的 300 毫秒延迟），这个决定在"你想要"抖手腕之前相当长的一段时间里，就已经在你的大脑中，**在你并没有意识到的情况下**发生了。正如我在《意识的解释》中所说的那样：

我们还不完全是"圈子之外"的人（如人们在白宫常说的

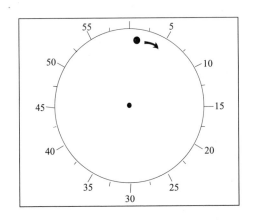

图 8.2　利贝特使用的钟面（引自 Libet, 1999, p. 48）

那样），但是，由于我们对信息的获取遭遇这种延迟，所以我们最多只能介入最后一刻的"否决"或"触发"。从（无意识的）总司令部"顺流"而下，我没有采取什么真正的主动步骤，也从未处在某项计划诞生的位置，但是，当已经形成的政策"流经"我的办公室时，我的确做了少量的执行调制工作。（Dennett, 1991 A, p. 164）*

不过，我说明这个观点是为了证明它是错的。我接着说："这幅图景有说服力，但不连贯。"然而，其他人却没看到其中缺乏连贯性的问题。练达老成（且穿着考究）的神经科学家迈克尔·加扎尼加（Michael Gazzaniga）就曾表示："利贝特确定，在你拥有有意识的行动意向之前 350 毫秒时，大脑中的电位就已经激发。所以，在你意识到你正考虑移动自己的手臂之前，你的大脑就已经在为这个动作做准备了！"（Gazzaniga, 1998, p. 73）另一位优秀（且衣着整齐）的神经科学家威廉·卡尔文则说得更谨慎：

> 我的同行，神经心理学家本·利贝特证明了这样一个令人大为震惊的事实：与动作准备有关的大脑活动（被称为"准备电位"）……在你报告已决定做这个动作之前四分之一秒时就开始了。你只是还没有意识到你要做动作的这个决定，但它确实已经开始了。（Calvin, 1989, pp. 80–81）

而利贝特本人最近也总结了自己对这一现象的解释：

---

* 引文转自《意识的解释》中译本（中信出版社，2022，第 203 页），下同。——编者注

自由自愿行为的启动似乎是在大脑中无意识的情况下开始的，早在人们意识到自己想要行动之前就已经开始了！那么，有意识的意志是否在自愿行为的实施中起到了什么作用呢？（见Libet, 1985）要回答这个问题，我们必须认识到，虽然有意识的意志（W）是在准备电位之后才出现的，但它也的确是在肌肉被激活前的150毫秒时出现的。这150毫秒的时间间隔是一个充分的时间条件，足以让意识功能在此期间影响意志过程的最终结果。（实际上，产生这类影响的可用时间只有100毫秒。肌肉被激活前的最后50毫秒是初级运动皮层激活脊髓运动神经细胞的时间。在这最后50毫秒的时间里，行为将会完成，而且完全不可能被大脑皮层其余部分阻止。）（Libet, 1999, p. 49）

　　只有十分之一秒的时间——100毫秒——可以发出总统的否决令。精明的（且穿戴得体的）神经科学家维莱亚努尔·拉马钱德兰（Vilayanur Ramachandran）曾经打趣说：“这表明我们有意识的头脑可能没有自由意志，而是自由‘不乐意’！”（Holmes, 1998, p. 35）。我不喜欢吹毛求疵，但我当然希望有比这更多的自由意志。在导致这群杰出的神经科学家得出这一可怕结论的推理中，我们能找到任何缺陷吗？

　　利贝特的实验任务非同寻常，值得进一步深入研究。你平静地坐在那里，看着钟表上的小圆点转了一圈又一圈，就这样等待着，直到你可能感到有些无聊，而仅仅出于这个理由，你决定轻抖手腕——“让想要行动的冲动随时自行出现，不需要预先计划，也不需要专注于何时行动”（Libet et al., 1983, p. 625）。重要的是，**不要采取以下**这样的策略，例如，决定在下一次钟表指针指到“3点钟”的时候抖手腕，因为这样一来，你就会（“出于你自己的自由意志”）更早做出决定，只是在钟面视觉外观的触发下，大体上无意识地执行这个决定。（回想一下马丁·路德，他早就做出了决定，现在就只能这么做。）你怎么能确定你并**没有**让钟面的某些东西触发你的"自由"选择呢？这谁也说不准，但我们可以暂且假设，在遵循指示方面，你至少做到了以下这种程度：**就你所知**，你并没有把你的选择与钟表上小圆点的位置"联系起来"，而只是在"你突然想到"要抖手腕时，"注意"小圆点所处的位置。轻抖手腕后，你将小圆点当时所处的位置（"在我做决定时，小圆点刚过了10"或"小原点当时是垂直向下的，处于30的位置上"等等）告诉利贝特，他可以根据之前的数据记录判断出这个位置对应的时刻——精确到毫秒。然后，利贝特就可以将你的意识流（正如你后来报告的那样）与你的大脑活动进行时间配准，这将会确定你意识到自己决定的时间，对吗？这是利贝特实验的基础假设，但它并不像一开始看起来的那般单纯。

假设利贝特知道，在实验研究中，你的准备电位在6 810毫秒时达到峰值，钟表上的小圆点在7 005毫秒时垂直向下（这是你自己报告的圆点位置）。他要在这个数值上加多少毫秒才能得到你意识到自己做决定的那个时间呢？光线几乎是瞬间就从钟面到达你的眼球，而信号从视网膜通过外侧膝状体核（lateral geniculate nucleus）再到达纹状皮层（striate cortex，也就是初级视皮层）的整个路径需要5~10毫秒的时间——这与300毫秒的偏移量相比非常微不足道，但信号传到**你**那里还要多久呢？（还是说你就在纹状皮层中？）视觉信号必须在到达它们需要到达的地方之前进行处理，这样你才能有意识地做出同时性的决定。简而言之，利贝特的方法预先假定了我们可以找到两条轨迹的**交点**，这两条轨迹是：

■ 表征抖手腕决定的信号上升到意识的过程；

■ 表征连续的钟面小圆点所指方向的信号上升到意识的过程。

因此，这两个并存事件可以说是发生在一个能够注意到它们同时发生的地方。因为利贝特想要从**你**而不是你的纹状皮层那里得到信息，所以我们得先知道**你**在大脑中什么地方，然后才能开始解读数据。为了便于讨论，我们不妨假设这是有意义的。为了做到公平和具有建设性，我们抛开所有夸张版本的假设：利贝特并没有假设**你**是个真正的"小人"，有胳膊有腿，有眼睛有耳朵，就像电影《黑衣人》（*Men in Black*）中停尸房里那个真人大小傀偶的操纵室中的小绿人一样；没有假设**你**是发光外质（ectoplasm）的无形部分，像"幽灵"变形虫一样渗透到你大脑中的各个地方；也没有假设你是暂时收拢着翅膀的天使，等待召唤飞向天堂。我们必须考虑这个假设的极简版本，去掉所有这些令人尴尬的细节——**你**只是"可以体验到决定和钟面圆点所指方向同时出现的某种东西"（whatever-it-takes-to-be-able-to-experience-decision-and-clock face-orientation-simultaneity）。（如果我们需要一个图像，我们可以大致想象，这里的"某种东西"是大脑活动的某种联结或集合，它在不同条件下可能会四处移动，是具有相当特殊认知能力的一场头脑风暴。图 8.3。）那么，至少有这样三种可能性可供探讨：

a. 你正忙着在**实践推理能力**中做出你的自由决定（所有自由决定都是在那里做出的），你必须在那里等待视觉中心传来的视觉内容。这需要多长时间？如果时间不是很紧迫，视觉内容可能会发送得非常慢，到达的时候已经严重过时了，就好比昨天的报纸。

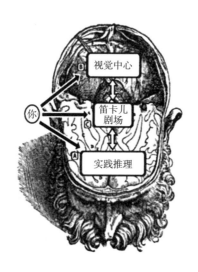

图 8.3　你在你大脑中的什么地方呢？

b. 你正忙着在**视觉中心**看时钟，必须等着**实践推理能力**把它的最新决策结果发送给你。这需要多长时间？这可能也是个慢吞吞的传输过程，不可能吗？

c. 你就坐在你总是坐着的那个地方：**总指挥部**（也就是笛卡儿剧场），你必须等着视觉中心和实践推理能力将各自的输出送到这里，这是个汇集了一切的地方，意识也在这里发生。如果其中一个前哨站离得更远，或者传输速度较慢，你就会产生同时性的错觉——如果你根据实际到达总指挥部的时间来判断同时性，而不是依靠邮戳或时间戳之类的东西。

直截了当地讨论这件事（我希望）有助于阐明利贝特的说法中存在的问题。这些不同假设的推定含义是什么？身处其中一个地方而不是其他地方，这对你来说意味着什么？主导思想大概是，你只能在你

所在之处行动，所以如果在实践推理能力中做出一个决定时你并不**在那里**，那么**你**就没有做出决定。充其量也只是你委派了做决定这项任务。（"我想**在**实践推理能力中。毕竟，如果做决定时我不在**那里**，那么这些就不会是我的决定，而是**它的决定！**"）但如果你就在那里，你可能会全神贯注地忙着做决定，因此"双眼无神、目光呆滞"，视觉中心的出色工作也就无人照管，根本不会传达到你那里；所以，也许你应该在实践推理能力和视觉中心之间来回移动。但如果你就是这么做的，那么很可能的情况是，你**在做出抖手腕这个决定的那一刻**其实就意识到了这个决定，但随后你花了 300 多毫秒的时间移动到视觉中心，获取一幅图像——"小圆点垂直向下"的图像在你到达时刚好也到了那里，所以你对同时性做出了错误的判断，因为你不知道你从一个地方移动到另一个地方花了多长时间。啊！这种假设——我们可以称之为"**漫步的你**"（Strolling You），能够拯救自由意志，因为它表明，那个空缺终究是种错觉。根据这个假设，当你大脑的那个部分决定抖手腕时，你有意识地做出了抖手腕的决定（嘿，**当时你就在那里**，利用产生的准备电位），但你后来误判了这一决定的客观时间，也就是钟表上的时间，因为你到达视觉中心并获取最新的钟面小圆点的位置花了些时间。

如果你不喜欢这个假设，我们还有一个备选方案（c），也能拯救自由意志，在这个方案中，视觉中心和实践推理能力都被移出了总指挥部。我们不妨称其为"**不了解情况的你**"（Out-of-touch You）。你已经把这些任务都外包出去了，按照今天商业界的说法，就是将任务委派给分包商，你从总指挥部向这些分包商发送命令并从它们那里获得结果，在这样一个连续的命令和响应循环中控制着它们的活动，但这种控制是有限的。如果让你想出一个今晚不出去吃饭的理由，你会要求你的实践推理能力送个理由过来，很快它就发回两个理由：**我**

太累了；如果我们今天不把冰箱里的食物吃掉，它们就会变质。实践推理能力是怎么想出这些理由的呢？为什么是这个顺序？它在生成这些理由的时候是如何操作的？你对此一无所知——你只知道你要求实践推理能力给你送来什么，并认识到它发送回来的东西充分满足了你的要求。如果问你现在几点了，你会向视觉中心发送适当的命令，视觉中心则在**手腕运动控制中心**的些许帮助下，将腕表上的最新视图发送回来，但你也不知道这种协作是如何实现的。考虑到存在可变时间延迟的问题，你建立了一个时间戳系统，这个系统对于大多数目的而言很好用，但你在利贝特设定的那个相当不自然的背景中误用了这个系统。当处于总指挥部中**弱势**地位的你，被要求准确判断出你的实践推理能力究竟在什么时候发布抖手腕的命令时（根据你从实践推理能力和视觉中心收到的一连串报告辨别出的时间戳做出的判断），你将报告错误地匹配在了一起。由于你依靠的是二手资料（来自两个边远分包商的报告），所以你很容易搞错哪个事件先发生，以及任何两个事件是否同时发生。

支持这一假设的一个理由是，对同时性的判断首先是非自然的行为，除非这些判断是为某个特定目的而设计的，比如你设法让你的断奏起音与乐队指挥的下拍手势同步，或者设法击中一个投手投出的低快球，以便直接把这个球打回去，让它从投手的头上飞过。在这类自然情境中，把握时机的精湛技艺是可能存在的，但众所周知，单独判断"多感觉交叉"的同时性（回答这样的问题，比方说"闪烁和蜂鸣哪个先出现，还是它们会同时出现？"）容易受到干扰且容易出错。主观上，你可以对同时性做出不同的界定，这具体要看你如何做出一个判断，以及你打算利用这个判断来做什么。因此，如果你从这样一个弱势的位置上对同时性做出判断，而且没有自然的背景为判断提供依据，你很可能会命令你的实践推理能力发布一个决定，并将其完工报告错误归档，这样一来，你就误认为做出这个决定与视觉中心感知到钟面圆点位置指向30这两件事是同时发生的。但这一假设也许没什么吸引力，因为当**实践推理能力**做决定时，**你**实际上并不在场。

我们还有另一种假设——**慢干墨水**（Slow-drying Ink），让你回到事情的发生地。当你**在实践推理能力中**（在最紧要的时刻，你就在那里）有意识地做出一个决定时，你用慢慢变干的墨水"把它写下来"：虽然你可以立即照此决定开始行动，但在墨水变干之前（在大概300毫秒的时间里），你无法将这个决定与视觉中发生的事情进行比较。[这一假设是受到《意识的解释》一书中讨论的利贝特其他研究工作的启发，关于意识的"回指"（backwards referral）。]根据这个假设，**你**实际上是在准备电位恰好出现在你大脑中的那一刻决定"**抖手腕**"的，没有任何延迟，但在至少300多毫秒的时间里，你都无法将这个有意识的决定与视觉中心得出的结果进行比较，而这300多毫秒则是你的决定在进入对照室之前等待墨水变干所需要的时间。

你如果不喜欢这个假设，还可以考虑其他的，当然也包括各种**不能"拯救自由意志"**的假设，因为它们往往会证实利贝特对这个问题的看法：在道德决策的一般过程中，**你**其实最多只有100毫秒的时间否决或者以其他方式调整先前（在其他地方）无意识地做出的决定。既然这些假设是对已知的大脑决策方式不切实际的过度简化，如此令人失望，我们就不能将它们统统摒弃吗？是的，我们的确可以这么做，我们也应该这么做。但如果这么做，我们不仅要摒弃这些在面对利贝特的数据时能"拯救自由意志"的想象的假设，还必须摒弃利贝特的假设以及其他所有自称证明了我们只有"自由'不乐意'"的假设。利贝特的假设，就像我刚刚概述的那些假设一样，需要人们认真对待这样一种观点：你只能从大脑的某个特定分区获取材料。怎么会这样呢？想想他说的那个机会窗口，这是一个能行使否决权的机会，但受到了严格限制。利贝特默认的前提是，在你意识到你可能想要否决的是什么之前，**你都无法开始认真思考**是否要对其行使否决权，你必须为此等待 300 毫秒或更长时间，而你只能利用其中 100 毫秒的时间来采取"行动"："这就为意识功能提供了一段时间，让它在此期间能够潜在地决定意识过程是否要继续进行下去，直到完成。"（Libet, 1993, p. 134）"意识功能"一直在笛卡儿剧场里等待信息的到来，只有到那时，"意识功能"才能**第一次**获取这一信息，才能开始思考该怎么处理它，是否要否决它，等等。但为什么自**你**半秒钟之前（"无意识地"）决定抖手腕之后，**你**就不能（"无意识地"）考虑是否要否决"**抖手腕**"这个决定呢？利贝特一定是做出了这样一种假设：大脑完全有能力在这段时间内制定出如何抖手腕的细节，但只有"意识功能"才有能力对否决决定的利弊做出权衡。

事实上，利贝特已经发现了这个问题，并坦诚地设法加以解决："不排除存在这样一种可能性，否决（控制）决定**所依据**的因素确实是在否决前无意识的过程中形成的。"（Libet, 1999, p. 51）但如果不排除这种可能性，利贝特等人得出的结论就应该是，300 毫秒的"空缺"根本就**没有**得到证明。毕竟，我们知道，通常情况下，大脑一接收到刺激就开始进行辨别和评估工作，并同时处理许多并行的项目，这让我们能够刚好在许多截止期限之前做出明智的反应，而不必在评估开始前将它们排成一队等待通过意识的旋转门。帕特里夏·丘奇兰德（Patricia Churchland, 1981）通过一个简单的实验证明了这一点，在这个实验中，被试被要求对一道闪光有意识地（不然呢）做出反应。他们的**总响应**时间约为 350 毫秒。对于丘奇兰德的研究结果，利贝特坚持认为，这样的反应是在无意识的情况下开始的："在对一个刺激没有任何值得报告的有意识认识的情况下，察觉到这个刺激并有目的地对其做出反应，或者在心理上受到这个刺激的影响，这是人们普遍认为存在的一种能力。"（Libet, 1981, p.188）但这恰恰承认了问题所在：在抖手腕这项决定"上升到意识"之前很早的时间里，**你**就可以开始有目的地对其做出反应——**你**可能会在心理上受到这个决定的影响。利贝特的所有实验都表明，你可能一直都有**绝佳的**机会接触到你所参与的决策。也就是说，在你需要做决策时，你的每一个有能力在其中发挥作用的部分，都可能会尽早得到其完成工作所需的任何东西。（当你怀疑**你**得到的信息是否太晚因而无法做出你想要的改变时，你还能担心别的什么事吗？）

利贝特的数据确实排除了一种假设，这可能还是我们最喜欢的假设：**自给自足的你**（Self-contained You）。根据这一假设，大脑的**所有**繁杂琐事都紧凑地集中在一处，所有事情都可以在这个地方同时发生——视觉、听觉、决策和同时性判断……一切都如此便利，所以就不会出现时间方面的问题了：一个人，一个灵魂，可以坐在那里，做出自由、负责任的决定，同时意识到自己做出了这些决定，以及当时在意识中发生的一切。但大脑中就没有这样的地方。正如我不厌其烦所指出的那样，虚构的笛卡儿剧场中的"小人"所做的所有工作都必须被拆分，并在空间和**时间**两个维度分布于大脑中。现在，又到了重复我的讽刺格言的时候了：如果你让自己变得非常渺小，你就几乎可以将一切外部化。

大脑会在一段时间内处理信息，具体的时间长短要看提取这些信息的目的是什么。一名顶级网球运动员能够在 100 毫秒左右的时间内筹划设计出一个接发球方案。从网球场的一边底线到另一边底线的距离是 78 英尺，大威廉姆斯（Venus Williams）发的球可以在 450 毫秒内穿过这段距离（平均速度为 125 英里 / 小时），仅比迄今最快的发球纪录［格雷格·鲁塞德斯基（Greg Rusedski）的发球速度为 147 英里／小时］多出约 50 毫秒。接球的准确时间和准备动作极度依赖视觉信息（如果你对此表示怀疑，不妨试试蒙住眼睛接发球），这就说明了大脑完全有可能在这么短的时间内提取视觉信息，并极为恰当地对这些提取出的信息加以利用。正如丘奇兰德所证明的那样，被试按照要求在看到闪光时发出信号，只要按下按钮即可，这就要花费大约 350 毫秒的时间。这些都是对事件做出的有意识的、自愿的以及意向性的反应（不是吗？），而产生这些反应并没有 300~500 毫秒的延迟。当然，网球运动员以及实验中的被试必须事先（自由地、有意识地）决定他们将根据特定条件做出反应。其实这些都是迷你版的路德案例。网球运动员预提交一项简单的计划，然后让"反射"（reflex）来执行他的意向行为。（这**在某种程度上**是有条件的，比方说，"**如果**高于我的反手位，回球时**则**采用防御性吊高球，**否则就**朝单双打边线之间的区域打上旋球"。实际上，他将自己暂时变成了**情境行为机**。）而已决定与实验人员合作并且等闪光一出现就立即按下按钮的你，其实也是这么做的：你只是在一旁坐等，让你的决定得以实施。"我不能不这么做，"你可能会这么说，"因为没时间思考和斟酌，我都是利用难得的空闲时间在离线状态下进行思考的，这样当关键时刻来临，我就可以不假思索地采取行动。"

我们一直都在这么做。在我们的生活中，存在许多在时机成熟时采取行动的决定，以及对一些策略和态度做出的可修正承诺，这些策略和态度将会对反应的形成产生重大影响，而由于必须迅速做出这些反应，所以我们无法在行动的关键时刻对其仔细斟酌。我们是这些策略的制定者和执行者，尽管它们是由我们只能间接监测和控制的部分汇编而成的。比方说，我们可以合奏音乐，这一事实表明，我们的大脑能够在高度复杂的时间尺度上同时处理多项任务，这一切都是经过深思熟虑、受到控制和具有意向性的。我们在交谈中做出的回应，甚至我们在思考下一步要做什么时默默对自己说的那些话，本身就是之前经过了很长时间准备的行为。利贝特所发现的并不是意识严重落后于无意识的决定，而是做出有意识的决定需要时间。如果你必须做出一系列有意识的决定，你最好为每项决定大致留出半秒钟的时间；如果你需要比这更快地控制事情，就必须把你的决策汇编到一个设备中，这样就可以省去许多独立的、有意识的决策处理过程。利贝特介绍了詹森（Jensen, 1979）的一个简单实验，这个实验证明了这一效应。詹森要求被试在意识到闪光时立刻按下按钮，就像帕特里夏·丘奇兰德所做的那样，并得到了与她一致的结果——实际上他的被试的反应时间要快得多，平均 250 毫秒。然后，他要求他的被试们将按下按钮的时间尽可能少地延迟一点点。结果，他们的反应时间增加了 300 毫秒之多。大脑有办法在某些情况下避免产生这些延迟，比如在时间紧迫时搜索场景中的特定项目。例如，当寻找目标项时，大脑有时非常清楚自己可以放松了；它会对系统的展示进行随机的视觉搜索，即使它本来可以有条不紊地进行一种"更有效"的搜索。当注意力刚被放开限制时，它从一个项目转向另一个项目的速度会更快，因为"注意力是迅速的，但意志是缓慢的"（Wolfe, Alvarez, and Horowitz, 2000）。

这些把握时机的技巧通常天衣无缝地结合在一起，并被纳入大脑对自身活动的监测中，但在人为设定的条件（就像聪明的实验者设计的条件）下，这些技巧可能就会暴露出来。例如，当大脑执行一项行动决定时（在准备电位出现时），它会对接下来将发生什么建立预期——它创造了一个小小的未来。如果接下来发生的事情受到人为干扰（例如，通过加速或延迟造成干扰），这就违反了之前建立的预期，并且会发出信号，表明出了问题。但对大脑来说，这样的环境是前所未有的，因此它可能无法对其中究竟发生了什么做出正确的解释。在《意识的解释》（Dennett, 1991A, pp. 167-168）中，我用了一个早期实验来说明这一点，我称之为格雷·沃尔特（Grey Walter）的预认知旋转式幻灯机（pre-cognitive carousel）。早在 20 世纪 60 年代初，著名的神经外科医生同时也是早期机器人专家的格雷·沃尔特收治了许多癫痫患者，他利用这个有利条件，在这些患者的大脑运动区植入了电极。他将电极上的导线连接到一个旋转式幻灯机上，这样每当患者决定（**即兴地，随心而动，随意而行**）切换到下一张幻灯片时，被检测到的大脑运动区的活动就会直接触发放映机切换幻灯片。患者按下的按钮是个仿真模型，什么都没连接。他说，效果是戏剧性的：在这些患者看来，就在他们"正要"按下按钮，但**尚未做出决定**时，幻灯机就会读取他们的思想，在字面意义上从他们手里抢走了处理权。*由于他们对感知到幻灯片变化的预期被稍早对这种变化的感知"抢先报道了"，这让他们产生了一种强烈的信念，认为有什么可怕的事情正在发生；幻灯机正在读

---

* 1963 年或 1964 年，在我于牛津参加的一次专题报告中，格雷·沃尔特对这项实验做了说明。据我所知，他说明的内容后来并没有被发表出来。我和其他几位读者试图追寻其下落，但没有成功，包括韦格纳在内的几位读者说有个预感，也就是在牛津的那天，格雷·沃尔特是在跟我们开玩笑。也许吧，但我自己的猜测是，他可能决定不发表实验结果，因为即使按照当时的标准来看，这些实验也是处在伦理规范的边缘的：他的病人连续几个月长期植入从头骨伸出的电话插孔（phone jack），如果他们不认为这是可能改善他们癫痫的治疗的一部分，就不太可能默认这种疗法，但在我的印象中，他们多次造访格雷·沃尔特的伯顿研究所（Burden Institute）是作为实验的研究被试，这些实验对他们来说没有看似合理的治疗益处。[无论究竟是什么情况，借助最新的头皮电极信号高速分析或脑磁图扫描，应该可以在今天的正常被试身上非侵入性地复制这种结果。主要的技术障碍不是获取数据，而是以足够快的速度实时处理数据，以达到预期的效果。尽管据我所知没有已发表的重复实验——或重复失败的实验，但我预测，如果有谁不怕惹麻烦进行这一实验，并测试我在《意识的解释》第 168 页（中译本第 208 页）提出的各种变体，都会得到那个结果。]

取他们的思想。从某种意义上来说，事实确实如此，但这并不是在他们意识到自己的决定之前就已得知这些决定，而只是比他们的手臂肌肉更快地"读取"和执行了他们有意识的决定。想象一下这样的情景，把一张照片装进信封里，然后（用普通邮寄方式）寄给朋友，假设这封信被一个偷信的窃贼迅速截获，这个窃贼搞了个恶作剧，扫描了你的照片，并在你把信投入信箱的几分钟后用电子邮件把照片发给了你的朋友。在你寄出这封信半小时后，你的朋友打电话过来，对照片的细节惊叹不已。你期待接到这样一个电话，但不是在两三天内就接到！这至少会令人不安，你可能会禁不住得出错误的结论，认为你的信肯定是在你意识到把它寄出去之前就已经被你寄出去了——你最近几天梦游过吗？

我认为，在利贝特的被试那300毫秒的误判案例中也发生了类似的混淆。当我们执行一项意向行动时，我们通常会通过视觉（当然还有听觉和触觉）来进行监测，以确保行动按预期进行。实现手眼协调靠的是一个综合系统，在这个系统中，感觉系统和运动系统紧密结合在一起。假设我有意地键入"抖手腕"这几个字，并希望能够监测我的输出，看看有没有出现错误。由于执行运动指令需要一些时间，我的大脑**不应将当前的**运动指令与**当前的**视觉反馈进行比较，因为当我在屏幕上看到"抖"这个字时，我的大脑已经向我的肌肉发出了"**键入'手腕'这个词**"的指令。我的大脑应将先前的指令（**键入"抖"字**）保留足够长的时间（慢干墨水？），以便有效地利用它进行视觉监测。如果这种习惯已经根深蒂固（为什么不会呢？），那么它应该会干扰人们试图对决定本身而不是执行的行动进行计时的这种非自然行为。要想让利贝特的数据表明确实存在300毫秒的不祥空白，唯一的办法就是假设他所要求的同时性判断没有受到任何此类习惯的干扰，但我们有充分的理由认为事情并非如此，所以这个缺口是基于错误构想的理论得出的人工产物，而不是一项发现。

如果我们消除笛卡儿剧场这个瓶颈，连同对那个著名时刻 *t*（"有意识的决定"发生的那一刻）理想的承诺，那么利贝特发现的100 毫秒否决权窗口也就消失了。这样一来我们就会看到，我们的自由意志，就像我们所有其他心智力量（mental power）一样，必定是随着时间的推移逐渐散布的，而无法在瞬间进行测量。一旦你将"小人"所做的工作（这里指的是决策、看时钟，以及"在决策的同时进行判断"）在时间和空间上分配到大脑各处，你就必须同时将道德能动性也分配到大脑各处。你不是在决策圈外，你**就**是那个决策圈。你就是那么大。你不是一个无广延性（extensionless）的点。"你所做的"和"你是什么"**囊括**了所有这些发生的事情，而不是与它们不同的另外的东西。一旦你能从这个角度看待自己，你就可以摒弃那个迄今为止一直都很诱人的观念，即认为心智活动是**在无意识的状态下开始的**，然后才会"进入意识"（你正在那里急切地等待获取意识）。这是一种错觉，因为你对这种心智活动的许多反应在更早的时候就开始了——你的"手"在时间和空间上可以伸得那么远。*

---

* 在利贝特的评论者中，肖恩·加拉格尔的看法与此最为接近："在我看来，只要我们不认为自由意志是一种瞬时行为，这个问题就可以被解决。一旦我们了解了仔细思考和决定是随着时间的推移（在某些情况下，甚至是非常短的时间）而展开的过程，那么有意识的部分就有了足够的空间，不再是事实发生后的从属了。"（Gallagher, 1998）（但他接着说，如果反馈都是无意识的，它将是"决定论的"，但如果它是有意识的，它就不会是这样。笛卡儿式思想很难消亡。）

"著心者"的看法

> 无论有意识的意志是不是一种错觉，它都是人们对他或她自己的行动负有道德责任的指南。
>
> ——丹尼尔·韦格纳，《有意识意志的错觉》

如果说利贝特针对有意识的决策提出的笛卡儿剧场简略模型过于简单了，那么更好的模型会是什么样子呢？丹尼尔·韦格纳的模型有个优点，那就是它的方向是正确的，但这个优点又有些奇怪，因为它沿着这个方向只走了一半。由于仍然太过笛卡儿主义，仍然过于依赖"我在大脑中的所在之处"这一诱人的隐喻，所以这说明了这个想法极具吸引力。事实上，用其他术语对决策进行直接的现象学描述是很困难的，所以如果能在韦格纳的"中途之家"弄清楚我们自己所在的方位，那我们就能更清楚地了解如何远离笛卡儿剧场。

大家都知道读心者有什么本事。韦格纳是一名颇有成就的"著心者"（mind-writer），他已经弄清楚了如何编写意向行为，并将其强加给人们，让人们以为他们是自己决定去做这些事情的。在研究自由意志问题的哲学世界里，有一个少数人热切关注的领域（cottage industry），他们专注分析的思想实验涉及虚构的"著心者"，比如在受害者的大脑中植入遥控装置的恶毒神经外科医生，但关于实际"编写心智"（mind-writing）的真相中有一些好点子，在我看来，这些好点子更具哲学意义。

怎么会有人把各种意向写在别人的心智里呢？我们每个人难道不是对我们自己的决定和选择有"访问特权"吗？不，其实不然。韦格纳的研究工作中有一个重要主题，那就是通过各种方式证明，我们在了解自己的思想和行动（以及思想和思想）之间的关系方面所拥有的"特权"，只限于一般的熟悉程度。如果我比你更清楚我在做什么，那只是因为我和自己在一起的时间相对更多而已。但如果你偷偷地把错误信念的理由放进我的意识流中，你就能让我以为自己是在做"自由"的决定，而实际上是你控制着我的行动。几个世纪以来，魔术师们一直深谙此道——魔术师们现在把这个基本技术叫作**心理强迫**（psychological forcing），而在精于此道的人手中，它非常奏效。你给了受害者各种理由，让他认为你想让他决定做的事情是他一个人负责决定的，他却信以为真。你也可以从另一个方面愚弄他，让他认为实际上由他引起的某件事情并不是他引起的——例如，"灵魂"在灵应牌（Ouija board）上拼写出的信息。

韦格纳已将灵应牌的原理连同魔术师的技术一同应用于实验室环境中，并取得了一些显著成果。在他的实验中，按照既定计划，被试们被驱使认为，那些实际上由其他人做出的决定是他们自己做出的。他们之所以能被愚弄，正像休谟在几个世纪前强烈指出的那样，是因为"你无法**感知**到因果关系"。当它发生在外部时，你看不到它；而当它发生在内部时，你也无法通过自我反思发现它。人们感知到的是，一件事接着另一件事发生，他们对韦格纳的魔术信以为真与我们对舞台魔术信以为真的原因是一样的：我们太急于解释，太急于"注意"一些事情引起了另外一些事情，而事实上，这些"原因"和"结果"都是瞒着我们（其实在后台）的复杂机制的结果。他表示，我们无法直接了解我们的决定和意向的因果关系，我们只能做出推断——以迅速且缺乏逻辑的大张旗鼓的方式。我们其实很擅长这件事；我们做出的推断几乎总是对我们所经历的一连串事件做出的最佳解释，除非有狡猾的操纵者把一些误导性的前提放到了竞技场上。

有一个问题需要引起注意，即引入访问特权的问题如何自动地让我们一步步走向笛卡儿剧场的糟糕境地：有一些我不知道的事情发生在我身上，还有一些我"直接"知道的事情——无论我在什么地方，它们都会通过某种方式被送到**我这里**。韦格纳没有反驳这一点，而是在笛卡儿剧场的完整图景符合他的目的时加以利用："我们不可能知道（更不用说随时了解）我们的行为受到的大量机械性影响，因为我们栖居于一台极其复杂的机器中。"（Wegner, 2002, p.27）我们栖居的这些机器为了我们的利益将事情做了简化："那么，意志的体验是我们的心智向我们描绘其运作的方式，而不是其实际运作。"（p. 96）换句话说，我们对大脑中正在发生的事情有了一个有益但扭曲的短暂了解：

> 有意识的思想能够预展我们的行动，这种唯有人类才享有的便利性赋予了我们一项特权，让我们感觉我们有意地引起了自身的行动。事实上，无意识且难以捉摸的机制既创造了关于行动的有意识的思想，也创造了行动本身，而且产生了我们通过将思想视为行动的原因而体验到的拥有意志的感觉。因此，虽然我们的思想可能与我们的行为有着深刻、重要且无意识的因果联系，但对有意识的意志的体验源于解释这些联系的过程，而不是这些联系本身。（Wegner, 2002, p. 98）

这个栖居在大脑中的"我们"是谁或者是什么？它是一名有限接触实际机制的评论员兼口译员，更像是一位新闻秘书，而不是总裁或老板。这一形象描述直接导出了利贝特对"有意识的意志"在决策圈外的看法。

> 意识和行动在很长一段时间里似乎在玩猫捉老鼠的游戏。虽然我们可能在行动开始之前就意识到了其整个前景，但有意识的

心智似乎随后就失去了联系。对行动前后时间间隔的微观分析表明，意识在画面中时而出现，时而消失，**并没有真正地做什么事情**［我加的强调——丹尼特］。例如，利贝特的研究表明，当着眼点落在自发行动实际发生的瞬间时，只有在准备电位发出信号表明大脑活动已经开始创造这一行动（可能还包括"有意识的意志"的意向和体验）之后，有意识地自愿采取行动的体验才会发生。（Wegner, 2002, p. 59）

自己的自我

然而，我和自己打交道的这些方式都很奇怪。首先，我和自己达成了一项原则，现在我为自己提出一个理由，然后与我自己讨论我自己的感受和意向。我与其达成了所有这些安排的这个自我，这个幽灵似的内部伙伴，究竟是谁呢？（我问我自己。）

——迈克尔·弗雷恩（Michael Frayn），

《一往无前》（*Headlong*）

哲学家和心理学家习惯于谈论一种被称为"自我"的统一器官，它可以"是"自主的、分裂的、个性化的、脆弱的和边界清晰的等等，但这个器官并不是非要这样不可。

——乔治·安斯利，《意志的崩溃》

自愿行动是一个人在被要求时可以做的事情。

——丹尼尔·韦格纳，《有意识意志的错觉》

因此，按照韦格纳的说法，"意识……并没有真正地做什么事情"，这就是为什么有意识的意志——就像他的标题所说的那样——是一种错觉。有一种办法能让我们摆脱这种错觉，而这要归功于韦格纳作品中实际隐含的一种视角上的细微转变。意识有很多工作要做，但当我们问自己它现在（在时刻 t）正在做什么工作时，它的成就似乎就消失了。因为意识在任何时刻都"没有真正地做什么事情"，它似乎完全就是一种副现象的伴随物，只是搭了个便车。进化论的观点告诉了我们，为什么这是错误的。

韦格纳为了更好地说明相关问题而揭示的现象之一是"观念运动的自动化"（ideomotor automaticity）。这是一种我们熟悉的现象，但一直令人不安，在这种现象中，思考某件事可能会引起与其相关的身体行动，但这种行动并非意向行为。例如，你无意间的一个手部动作可能暴露了一个与性有关的隐秘想法，事实上，发现这一点会有些尴尬。在这种情况下，你并没有意识到思想和行为之间的因果关系，但它确实存在，就像美味的食物香气四溢和分泌唾液之间的因果关系一样。观念运动行为的主要特征是人们对其没有察觉——也可以说，人们拥有的访问**特权是低等级的**。就好像我们通常透明的心智安装了窗帘或屏障，而在窗帘或屏障后面，这些因果链条能够在未经我们察觉的情况下被拉动，在我们没有配合的情况下产生结果。"这支无意识行动幽灵大军给理想的人类行动者的概念带来了严峻挑战。当我们发现自己是在没有意识到自己在做什么的情况下就做出行动时，其与我们理想的意识能动性之间最大的矛盾便就此出现了。"（Wegner, 2002, p. 157）

对笛卡儿来说，心智对其自身是完全透明的，发生的一切尽收眼底。在一个多世纪的时间里，人们用心理学理论加以说明并开展各种实验研究来削弱这种理想的完美自省观念（introspectability），我们现在可以看到，这让情况几乎反过来了。"意识到行动之源"只是一个例外，这种意识需要一些非同寻常的环境才能完全进化出来。观念运动行为实际上是早期岁月留下的化石遗迹，当时我们的祖先并不像我们这样了解他们在做什么。正如韦格纳所说："我们可能并不需要一个特殊理论来解释观念运动行为，而只需要解释为什么观念运动行为和自动活动避开了产生意志体验的机制。"（Wegner, 2002, p. 150）

对于大多数存在过的物种来说，"精神"方面的因果关系并不需要（因而也不会进化出）任何复杂的自我监控能力。一般来说，"原因"在暗中运作得很顺利，并不需要被人们观察到，动物大脑中的"原因"是这样运作的，在其他地方也是一样。因此，无论动物的辨识能力多么具有"认知性"，它们的输出导致选择适当行为的能力并**不需要被任何东西或任何人体验到**。简单生物的神经系统中会有大量复杂程度不确定的情境–行为联系，这些联系可以在不受任何进一步监督的情况下满足这个生物的许多需求。其个体行动可能需要某种程度的内部自我监控（针对特定行动）来指导，以便确保（比方说）每一次捕食性攻击都能捕获到猎物，或者把浆果送进嘴里，又或者引导它的同物种异性伴侣与其成功交配，等等，但这些反馈环可以是孤立的，也可以是局部的，比如在面临感染时刺激免疫系统发挥作用的控制，或者在运动时调节心率和呼吸的这些控制。（这便是真相，驳斥了人们凭直觉得出的极具误导性的观点：无脊椎动物如果不是"高等的温血"动物，便可能是完全没有心智的"机器人"或"僵尸"。）

然而，随着生物有了越来越多这样的行为选择，它们的世界变得杂乱无章，于是整洁这个优点便会得到自然选择的"赏识"。许多生物进化出了简单的本能行为，我们可以形象地称之为"家装"，建造小路、瞭望台和藏身之所，以及它们所在地区周围的其他特征，这通常会让这些生物能够在当地环境中更便利地活动，也更容易了解自身所处环境的情况。同样，如果有需要，生物会进化出一些本能，将与其关系最密切的环境收拾整洁，这个环境就是它们的大脑，它们会在大脑中创造出许多可供以后使用的路径和地标。在这些筹备过程中，无意识地遵循的目标是让这种生物了解自己周围的环境，但有个实证问题还有待解决，那就是这些"家装"工作有多少是依靠个体的自我操纵来完成的，又有多少是通过基因整合而形成的。其中一条或多条路径的沿途有许多创新举措，从而使这些生物能够在承诺选择其中任何一条行动路线之前考虑不同的路线，并根据对每条路线可能出现的结果进行某种预测来加以权衡。在第 5 章中，我们对选择机的出现进行了讨论，这种选择机能够在决策前对各个候选项可能出现的结果做出评估。在大脑为创造有益未来进行的探索中，比起盲目试错这种高风险做法，选择机是一种重大改进，因为正如卡尔·波普尔所说的那样，它让你的一些假设"代你而死"。这些波普尔式生物（Popperian creature）——这是我对它们的称呼——可以在知情的模拟中测试它们的一些预感，而不必在现实世界中冒险，但它们无须理解这种改进的理由便可获得好处。对特定行动可能产生的影响做出评价是所有此类评估的一部分，而对沉思本身可能产生的影响做出评价则是一种更高级（甚至是更具有选择性）的自我监控。知道自己是个波普尔式生物并不是你成为波普尔式生物的必要条件。毕竟，任何一台运行国际象棋程序的计算机都会根据成千上万个候选走法可能产生的结果对其加以考虑并最终放弃它们，而它显然不是一个有意识或有自我意识的行动者。（目前还不是——未来可能出现拥有意识的机器人，甚至出现拥有自我意识的机器人，这并非不可能。）

是什么出现在世界上促进了相关进化过程——以不那么**无知觉**的方式进行波普尔式行为控制？是什么新的环境复杂性促进了控制结构中的创新，从而使这成为可能？简而言之，是交流。只有当一种生物开始进行交流活动，特别是就其行动和计划进行交流时，它才必须拥有某种监控能力，不仅能监控其行动结果，还能监控其之前的评估和意向的形成过程（McFarland, 1989）。那时，它需要一定程度的自我监控，以了解哪些情境-行为计划正在等待执行或者在为了能够执行而展开竞争——并了解哪些候选项在实践推理能力中成为被考虑的对象，当然，前提是实践推理能力对于继而发生竞争的舞台来说不算是一个太宽泛的术语。这种新本领是怎么产生的呢？我们可以讲一个"原来如此"的故事，以突出一些关键特征。

将我们祖先（和大自然母亲）面临的情况与那些想让计算机更便于使用的软件工程师所面临的情况做个比较。计算机是极其复杂的机器，它的大部分细节错综复杂到令人厌恶，而对于计算机的大多数用途，这些复杂的细节是完全不需要关注的。计算机用户不需要了解诸如所有触发器的状态、他们的数据在磁盘上的实际位置等，所以软件设计者对混乱的真实情况进行了一系列简化——在许多情况下甚至是良性的扭曲——巧妙地迎合并增强了用户已有的感知和行动能力。点击和拖动、声音效果以及桌面上的图标是其中最明显的，但如果有人想进一步一探究竟，便会发现大量更深层次的隐喻，这些隐喻有助于其理解内部发生的事情，但总是要付出一些代价——牺牲了简化带来的便利性。随着人们与计算机的交互越来越多，他们想出了许多新的技巧、计划、目标，以及使用和滥用（工程师为他们设计的）技能的方式，于是工程师们重新开始设计，以实现进一步的改善和改进，新的设计成果继而又被使用和滥用，这是一个在今天仍在快速进行中的共同进化过程。我们今天使用的这种用户界面在计算机刚刚问世时是无法想象的，从某些意义上来说，这只是冰山一角：不仅你计算机内部所发生的事情的细节是隐秘的，其研发历史的细节也是如此，包括那些失败的开端，还没来得及让公众知晓就已经夭折的糟糕主意（以及曾流行一时但最终销声匿迹的糟糕主意）。一种类似的研发过程在谈话者（talking people）与其他谈话者之间创建了用户界面，它揭示了类似的设计原理和（自由浮动的）理由。它也是共同进化的，随着人们在对其发现的新能力做出回应的过程中进化出的行为、态度和目的而演变。现在，人们可以**用话语**（words）来做他们以前永远做不到的**事情**，整个发展过程的妙处就在于，它**倾向于**使他们复杂邻居的（也是他们最想调整的）那些特征更易于从外部进行调整，甚至可以由对内部控制系统（大脑）一无所知的人进行调整。我们的这些祖先发现了整个生成类行为，用于调整他人的行为，并监控和调节（如果需要的话，还可以抵制）这些人对自己行为控制的相互调整。

这种共同进化的人类用户错觉的核心隐喻是"自我"，它似乎就在大脑中的某个地方——笛卡儿剧场——能够提供一个有限的、隐喻的观点来说明我们大脑中正在发生的事情。它将这种观点提供给其他**人，也提供给我们自己**。事实上，如果不是社会互动的进化要求人类个体在自身内部创建一个用于与他人互动的子系统，我们就不会存在——就像韦格纳生动描述的那样，我们就不会作为"栖居于复杂的机器中"的"自我"而存在。一旦"自我"被创造出来，它便同样可以在不同的时间与自己进行互动。在我们人类出现之前，地球上没有任何行动者曾经好奇地察觉到因果联系，这种因果联系在我们人类开始谈论我们正在做什么时变得十分突出。[*]正如韦格纳所说："在一个不断滚雪球式的协商过程中，人们认为自己是什么，或者发现别人认为他们是什么，他们就变成了什么。"（Wegner, 2002, p. 314）

---

[*] 哲学家们不妨将我的"'原来如此'的故事"与威尔弗里德·塞拉斯（Wilfrid Sellars, 1963）的"我们的赖尔式祖先"和"思想的发明者琼斯"做个比较。我应向他们说明，我受到了塞拉斯的启发。

当心理学家和神经科学家设计出一种新的实验装置或范式对非人类被试进行测试，比如对老鼠、猫、猴子或海豚进行测试时，他们往往要花上数十甚至数百个小时来训练每个被试完成新任务。例如，一只猴子在经过训练后，可以在看到光栅向上移动时向左看，看到光栅向下移动时向右看。海豚在经过训练后能够找回看起来（或**听起来**——对它的回声定位系统来说）像训练员展示给它的那个物体。所有这些训练都需要训练者和被试双方投入时间并且有耐心。然而，如果此类实验的测试对象是人类被试，那么通常只需告诉他们需要做什么即可。在简短的问答环节和几分钟的练习之后，我们人类被试在新的环境中胜任新任务的能力通常与任何行动者一样。当然，我们确实必须理解这些简要介绍呈现给我们的说明，要求我们做的事情必须由一些属于我们能力范围内的行动部分组成。这正是韦格纳认为"自愿行动是一个人在被要求时可以做的事情"所表达的意思。如果要求你降低血压、调整心跳或扭动耳朵，你就没那么容易遵从了，尽管假如你接受的训练与实验室中其他动物接受的训练差不多，最终你可能会将这样的专长添加到你的自愿行动列表中。

正如雷·杰肯道夫（Ray Jackendoff）曾向我指出的那样，当语言开始出现时，它也带来了一种心智，这种心智能够随时将自己变成一台有些不同的虚拟机，承接新项目，遵循新规则并采取新策略。我们是变形者（transformer）。这就是心智，与大脑不同，它是百变变形者的控制系统，一台制造更多虚拟机的虚拟机。非人类动物可以做出勉强算是自愿的行动。想飞到哪里就飞到哪里的鸟儿是自愿地在天空中盘旋，自愿地扇动翅膀，而且在做这些事情时并不需要借助语言。解剖学中体现出的它能自愿做什么（通过使它的横纹肌收缩和舒张）和什么是自动发生的（它的平滑肌收缩和舒张并受自主神经系统控制）这两者之间的差异不是我们要讨论的重点。我们已经在鸟类（以及猿类和海豚）决定下一步该做什么的能力之上增加了一层。它不是大脑的一个解剖层，而是一个功能层，一个在大脑解剖构造的微观细节中以某种方式组成的虚拟层：我们可以要求彼此做事情，也可以要求我们自己做事情。至少有时我们会欣然接受这些要求。是的，你的狗可以被"要求"做各种自愿的事情，但它无法问你为什么要提出这些要求。雄性狒狒可以"要求"附近的雌性狒狒给它梳毛，但它们无法讨论遵从这一要求可能产生的结果，而这一要求可能会给双方造成严重后果，尤其是如果这只雄性狒狒不是群体首领的话。我们人类不仅能够在被要求做事情的时候做事情，还能回答我们正在做什么以及为什么要做的问题。我们可以进行询问理由和给出理由的实践活动。

正是这种我们可以直接对自己提出的要求，创造出了这一特殊类别的自愿行动，让我们变得与众不同。其他更简单的意向系统的运作方式则是可以明确预测的，这种预测的依据是我们认为能够作为其原因的信念和渴望，而这又是我们根据对其需要、历史、感知和行为能力的调查做出的判断。但正如罗伯特·凯恩坚持认为的那样，我们的一些行动是以在道德上具有重要性的方式自形成的：这些行动是因我们在试图了解我们自己和我们生活的过程中做出的决定而产生的（Coleman, 2001）。一旦我们开始谈论我们在做什么，我们就需要随时了解我们正在做什么，这样我们对这些问题就有了现成的答案。语言要求我们通晓事态，但也帮助我们通晓事态，具体办法就是帮助我们对**待办事项**进行分类和（过度）简化。我们只得成为业余的自身心理学家（auto-psychologist）。尼古拉斯·汉弗莱等人曾把猿类和其他具有高度社会性的物种称为**天生的心理学家**（natural psychologist），因为它们在解读彼此的行为方面表现出了明显的技能和注意力，但与学术领域的心理学家（和其他人）不同，猿类从未交流意见以就动机和信念的归因问题进行辩论，所以它们作为心理学家的能力从未迫使它们使用明确的表述。对我们来说，情况就不同了。当被问及我们认为自己究竟在做什么时，我们需要说点什么；而当我们回答的时候，我们的权威性是成问题的。进化生物学家威廉·汉密尔顿反思了自己在认识到这一事实时感到的不安，对于这个问题，他讲得特别好：

> 人生中，我真正想要的是什么？我自己有意识的、看似不可分割的自我与我想象的相去甚远，我不必为自己的自怜而感到羞愧！我是某个脆弱联盟派驻海外的大使，一个传达相互冲突命令的报信人，而下达这些命令的则是一个分裂的帝国不安的主人们……当我写下这些文字时，即使是为了能够写出它们，我也是在假装自己是一个统一体，而在我内心深处，我现在知道这个统一体并不存在。（Hamilton, 1996, p. 134）

那么，韦格纳下面的这个观点就是对的：他和利贝特实验中出现的"自我"是一种公共关系代理人，是一名发言人而非老板，但这些都是为了将通常结合在一起的因素分离出来进行研究而设定的极端案例，我们不必认为自己就等同于这一临时分离出来的自我（如果你让自己变得非常渺小……）。韦格纳提醒我们注意这样一些时候（在我们这些"心不在焉"的人当中并不少见），也就是当我们发现自己拥有一种完全有意识的想法，而这种想法令我们十分困惑的时候；韦格纳对此做了极其恰当的表述，按照他的说法，这是**有意识但不可即的**（Wegner, 2002, p. 163）。（现在我为什么站在厨房的橱柜前？我知道我就在我想在的地方，但我来这里是为了什么呢？）此时此刻，我已不了解这一想法、这一有意识的体验的来龙去脉，也就不知道其存在的理由，因此我——那个做决策的更大的我，暂时不再比任何第三方，也就是那些偶然发现它的"外部"观察者更容易理解它的意义（这也是最重要的）。事实上，某个旁观者很可能会提醒我，我现在正在做什么。我拥有被提醒（重新思考）的能力至关重要，因为只有这样才能让我相信这个旁观者是对的，这就是**我**正在做的事情。如果说这个想法或计划属于某个人，那它就是我的——它属于的那个我启动了它并提供了让这个想法有意义的背景；只是感到很困惑的那部分我暂时无法接触到我的另一个部分，也就是这个想法的"创始人"。

我可以在道歉时说，我犯那个错误时，**我不是我自己**，或是我忘了我要做什么，但这不是在精神分裂症（精神分裂症患者自己的想法被解释为外来的声音）中观察到的那种严重的自我控制障碍。这只是会打乱一个完美计划的短暂失联。关于**你**是什么、你在做什么以及知道些什么，许多内容都来自决策部门的下属机构，引起行动的发生。如果你的一个想法**只**是有意识的，而**其机制**（其中一些机制，需要这个想法的机制）却又无法接触到它，那么你就不能用它做任何事情，只能一遍又一遍默默地对你自己，对你分离出的自我，念叨这句骂街的话。被分离出的意识本身确实无能为力。它也无法对此负责。

正如韦格纳所指出的，"如果人们常常因为任务已经完成这个简单的理由就忘记任务，那么这标志着一旦行动结束，人们就会与他们最初的意向**失去联系**［我加的强调——丹尼特］——因此容易受到修改的意向带来的影响"（Wegner, 2002, p. 167）。那么，是什么和什么之间失去了联系？是一个"没做任何事情"的笛卡儿式自我（Cartesian Self）和一个做所有决定的大脑之间的联系吗？不是的，是当时负责事物的你和现在负责事物的你之间失去了联系。一个人必须能够与过去和预期的意向保持联系，而大脑对其自身的用户错觉（我称之为"叙事重心的自我"）所起到的主要作用之一就是，为**我**提供一种在其他时候与我自己交流的手段。正如韦格纳所说，"那么，有意识的意志作为我们自己的指南是特别有用的"（p. 328）。为了摆脱笛卡儿剧场的影响，我们所需要的透视技巧是要看到，**我**，这个更大的、在时间和空间上延伸的自我，在某种程度上可以控制在简化分界线内的事情，也就是决策发生之处的事情，这就是为什么，如韦格纳所言，"无论有意识的意志是不是一种错觉，它都是人们对他或她自己的行动负有道德责任的指南"（p. 341）。

我知道很多人觉得这个想法难以理解，或者很难认真看待它。在他们看来，这似乎是一个镜子把戏，是某种语言上的花招，就在它要被引入时，意识和真正的"自我"被迅速送出了知情圈。这一观点附和了罗伯特·赖特的想法，在很多人看来，它似乎是在否认意识的存在，而不是解释意识是如何产生的。意识是从哪里进入这个圈子的呢？它已经在那里了，在刚刚描述的活动中没有被注意到。心智内容（mental content）变得有意识，不是通过进入大脑中某个特殊的腔室，也不是通过被转导入某种拥有特权的神秘媒介，而是通过在与其他心智内容争夺对行为控制权的竞争中获胜，从而产生长期影响——或者按照我们具有误导性的说法，"进入记忆"。既然我们都是谈话者（talker），而且与自己交谈是我们最有影响力的活动之一，那么让心智内容变得有影响力的最有效的方式之一（不是唯一的方式），就是让它能驱动控制语言使用的那个部分。所有这一切都必须发生在大脑的竞技场上，发生在"中央处理"中，但不是在任何东西的指导下进行的。正如安斯利所指出的，"传统效用理论所描绘的有序内部市场变成了复杂混乱的自由竞争"（Ainslie, 2001, p. 40），笛卡儿式自我分裂成不断变化的联盟，在这些联盟中没有国王，也没有主审法官。

　　康拉德：假设所有这些奇怪的竞争过程都在我的大脑中进行，假设，就像你说的，有意识的过程就是那些在竞争中获胜的过程。但**这**怎么会让它们有意识呢？它们接下来发生了什么，使得我了解它们这件事成了现实？因为毕竟，需要解释的是**我的**意识，我从第一人称视角了解到的东西！

这样的问题暴露了一种深深的困惑，因为它预先假定原本的**你**是**其他**东西，是除了所有这些大脑和身体活动外某种笛卡儿式的"思维之物"。康拉德，原本的你就是这样一种组织，包含了你身体发展出的诸多能力之间的所有竞争活动。你"自动地"了解这些发生在你身体中的事情，因为如果你不了解，那就不是你的身体！

你可以向我们讲述的行为和事件以及它们的原因，都是你的，因为你创造了它们——因为它们造就了你。你就是那个你可以讲述自身生活的行动者。你可以讲给我们，也可以讲给你自己。自我描述的过程从童年最早期就开始了，而且从一开始就包含了许多幻想。（想想《花生漫画》中的史努比坐在它的狗屋中思考着，"第一次世界大战的王牌飞行员在这里，飞赴战场"。）这会延续一生。〔想想让·保罗·萨特在《存在与虚无》（*Being and Nothingness*, 1943）中关于"自欺"（bad faith）的讨论中说到的咖啡馆服务员，他全身心地投入学习如何符合自己作为服务员的自我描述。〕这就是**我们**要做的。这就是原本的**我们**。[*]

交流的需求不仅创造了自我监控安排的需求——这些自我监控安排创造了笛卡儿剧场的错觉。它们也为人类心理学提供了更加丰富多样的解释。我们环境中的首要复杂性不仅仅是其他行动者（潜在的捕食者、猎物、竞争者或配偶），还有其他**相互交流的**行动者（潜在的朋友、敌人或潜在的公民伙伴），这一事实对人类自由的进化还有进一步的影响，我们将在后面的章节详细探讨这部分内容。

---

[*] 前面三段的部分内容摘自我的其他作品（Dennett, 1997B），有所改动。

第8章

我们究竟是在何时何地做出决定的？当我们仔细审视一个人有意识的决定时，我们发现，追求时空精确性这项活动失败了，同时产生了一种错觉，认为自我孤立又无力。我们通过认识到自我的职责在空间和时间上分布于大脑中，恢复了自我的权力，从而恢复了自我承担道德责任的可能性。

第9章

自主的先决条件是什么？如何才能满足这些先决条件？要成为道德行动者，我们必须能够按照我们自己的理由行事，但我们充其量也只能是不完美的推理者（reasoner）。我们真的能足够理性地把视自己为真正的道德行动者这种感觉维持下去吗？如果是这样的话，我们是如何做到这一点的？

关于资料来源和扩展阅读的说明

利贝特关于这一主题的最新论文已收录在一本由他的实验启发的书中，即《自愿的大脑》（Libet et al., 1999）——其中包括心理学、神经科学、神学、哲学以及单纯很奇怪的一些文章。这本书在思想开放性方面堪称难以逾越的典范，理由就是它的结尾文章对这本书本身做了评论，非常尖锐，这篇题为《对〈自愿的大脑〉的论评》的文章作者是托马斯·克拉克（Thomas Clark, 1999），文中深刻但又公正地揭示了之前的文章中出现的所有重大错误和许多混乱之处。关于"P，没人应该相信P"这类命题的断言所涉及的语用矛盾（pragmatic contradiction），哲学家们已经写出了许多东西。现在，他们有了一个大规模的这类语用矛盾的真实例子。[实际上，斯蒂芬·斯蒂克（Stephen Stich）已抢先一步；他在《解构心灵》（Deconstructing the Mind, 1996）的第1章中明确表示要驳斥后面的章节——转载的文章，其中一些是与他的研究生合著的。这是一个公开改变想法的例子，我希望会有更多的哲学家效仿，尽管我确实存在疑虑，即他的几位合著者是否像他一样准备放弃——他们没有表态。]我自己对利贝特相关内容的讨论包含在《意识的解释》第6章"时间与经验"中；我与马塞尔·金斯波兰尼（Marcel Kinsbourne）共同撰写的更专业的文章《时间和观察者：意识在大脑中的何时何地》，载于1991年的《行为和脑科学》（另见利贝特在该卷中的评论）；此外还有1993年汽巴基金（CIBA Foundation）研讨会论文集《意识的实验研究和理论研究》（Experimental and Theoretical Studies of Consciousness）中刊载的我撰写的内容，包括与利贝特的辩论，特别是书中第134—135页的内容。另见利贝特的叙述（Libet, 1996）。

关于恶毒的神经外科医生在人们的大脑中植入遥控装置，这方面的哲学文献大多出自哈里·法兰克福（Harry Frankfurt, 1969）的经典文章《其他可能性和道德责任》。参见凯恩的著作（Kane, 2001），以及近来最好的一本书——约翰·马丁·菲舍尔（John Martin Fischer）和马克·拉维扎（Mark Ravizza）

的《责任与控制：道德责任理论》（*Responsibility and Control: A Theory of Moral Responsibility*, 1998）。

鲍德温效应——康拉德·哈尔·沃丁顿（C.H. Wadding-ton）称之为遗传同化——以一种特别有趣的方式开启了个体学习与基因遗传支持的"本能"之间的可渗透边界。我在《意识的解释》和《达尔文的危险思想》中都讨论过这个主题。最近，由布鲁斯·韦伯（Bruce Weber）和大卫·迪皮尤（David Depew）所编的一本即将出版的书中，汇集了关于鲍德温效应的一轮重新思考成果，其中载有我对鲍德温效应的扩展辩护文章，名为《鲍德温效应：一台起重机，而非天钩》（Dennett, 2002B）。我在《心灵种种》（Dennett, 1996A）、《学习和贴标签》（Dennett, 1993）和《制造思考工具》（Dennett, 2000A）里进一步发展了本章中的其他观点。

第9章

通过"自举"使自己获得自由

亚里士多德对我们有个著名的称呼——理性动物，正是文化让我们成为这种理性动物。它是如何做到的呢？通过实现劳动分工和责任分配，在进化史上，这种劳动分工和责任分配在设计的复杂程度上不断达到新高度。

我们如何捕捉到原因并将其变成我们自己的原因

> 我们是问"为什么"的生物，我们在问"为什么"的时候就像在其他领域一样是有规范的。我们不想盲目地认为道德就是一套禁忌，而是认为道德有某种意义——或许有不止一种意义，但这样一来，我们就要思考这些意义之间可能会有怎样的联系以及如何协调它们。
>
> ——艾伦·吉伯德，《明智的选择，适宜的感受》

人类意识是用来交流想法的。也就是说，人类用户界面是由生物进化和文化进化共同创造的，它的出现是为了响应一种行为创新：交流信念和计划以及比较意见的活动。这就将人们的大脑变成了心智，这种相互关联让想法的源头得以分布于大脑中，这不仅是我们相对于自然界其他部分的巨大技术优势的来源，也是我们的道德来源。我从自然主义角度对自由意志和道德责任做了说明，要完成说明，所需的最后一步是对研发做出解释。研发让我们每个人都有了对自己的看法，有了一个可以从此处**承担责任**的地方。这一阿基米德杠杆的名字叫作自我。这是关于我们人类的某种东西，它让我们作为潜在的道德行动者而与众不同，而且语言参与其中也不足为奇。更难理解的问题是，当语言被安装在人类的大脑中时，它是如何构建一种新的认知结构（cognitive architecture）的，而正是这样一种新的认知结构创造了一种新的意识——以及道德。

这既是一个历史问题，也是一个合理性（justification）的问题。如果这仅仅是一个历史问题，那么答案可能是：很久以前，外星人来到地球，让我们所有人都吞下了道德药丸；之后，我们把道德教给了我们的孩子。或者稍微现实一点：一种逆转录病毒在我们人科祖先中大肆传播，在病毒肆虐后，少数幸存下来的人恰巧拥有了一种**崇尚正义的基因**。或者更现实一些：几万年前，道德模因偶然出现，造成了一场席卷全球的大流行，从而得以在人类群体中广泛传播。即使这些荒诞的故事中有一个是真的，我们仍然没有得到我们想要的一半答案：关乎合理性的答案是什么呢？

幸运的是，达尔文主义的推理就是"以一种有意义的方式"来解释事物的。基于自然选择的所有解释都是以"谁受益？"这个问题的某个答案为前提的。然而，我们必须找到达尔文主义"谁受益？"问题的更多衍生问题，因为道德的意义显然并不局限于"物种的利益"或"我们基因的生存"或诸如此类的东西。它必须是在让我们自己成为我们原本的那类自我的过程中出现的东西。

　　前几章描述的进化过程有一些令人不解的特征，其中之一就是在由进化过程塑造了其倾向的行动者身上缺乏类似于理解力的东西。这些行动者（或者更好的说法是，它们的基因）可能受益于一些亲切友善的天性，一些温和的**合作倾向**，但这对它们来说毫无意义。它们可能并不知道那些支配其生活的特征有哪些原因，也不清楚那些不需要理解因此也不需要展现的自由浮动的理由。然而，我们能够认识到这些原因，思考它们，从而将其转变为完全不同的原因，我们所拥有的这种能力的进化是进化史上的另一个重大转变，而且就像其他进化过程一样，它必须建立在已进化出的、有其他用途的东西的基础上。

　　几个世纪以来，人们一直都很认可这个基本理念。按照休谟的说法，我们从他所称的自然动机开始，即性欲、对儿童的喜爱、有限的仁爱、兴趣和憎恶——这是 21 世纪的进化心理学家们都会赞同的一份清单。这些倾向是有理由的，不过这些理由并不是**我们的**理由，尽管它们为我们要求和给出原因的做法奠定了基础。正如休谟在他的《人性论》中所说的那样："如果大自然在这方面没有帮助我们，那么政治家们谈论**可敬**与**可耻**，**值得称颂**和**应受责备**便都是徒劳的。这些表述将是完全无法理解的。"（Hume, 1739, p. 500）从一开始，我们就发现自己认可某些态度和做法（不知何故，我们认为这些态度和做法"本质上"就是好的），这些态度和做法经过数千年形成，没有前瞻性的设计，但有其**自身存在的理由**。关于其中一些根深蒂固的习惯和做法的好处，我们的祖先可能至少已经隐约地察觉到了，但即便这也不是一个没有例外的要求，因为（至少）有三种方式可以让差异化复制为遗留给我们的设计买单：（1）如果我们的自然动机是适应性变化（adaptation），而这些适应性变化直接有利于拥有它们的个体（个体层面的选择，基本是标准情况）；（2）如果人类群体中已有非常显著的群体结构，足以创造出某些条件，让不知情的做法遵从者（practice-follower）群体能够繁荣发展，而付出代价的是那些以不太有利的方式组成的群体（群体选择）；（3）如果动机模因一直在争夺人类大脑中数量有限的安全之所，而这些动机就像我们的许多其他共生体一样，出于某种原因已经固定下来，成为人类文化生态的稳定特征。在休谟看来，这些都是赋予我们动机的"自然"方式，这些动机为下一轮研发——仅有几千年历史的经过仔细思考的社会工程——奠定了基础。休谟坚持认为，自然动机有"后代"，他称之为道德的"人为"德行（virtue）——比如正义（justice）。休谟将伦理（ethics）视为人类拥有的一种技术，将反思（reflection）视为我们从自然中获得的工具，我们可以利用这一工具改变我们的自然本能，通过假体的精细加工（prosthetic elaboration）来增强这些自然本能，而这些精细加工的理由（在休谟等人确定并将它们描述出来之前，是自由浮动的）实际上是想要获得更多自由，与免受伤害、确保安全的目标是一致的。你也许会说，这是灵魂的眼镜。但在我们开始探讨这种新的研发之前，我们要大致研究一下能够从不知情的行动者转变为有心智、会反思的行动者的那种进化过程。

我们不妨就从一个"进化寓言"说起。布赖恩·斯科姆斯在其《社会契约的进化》（Skyrms, 1996, pp. 3ff）中讲述了一个关于分蛋糕游戏的"进化寓言"。这个"进化寓言"十分简洁又很巧妙，它假设你和我两个人偶然得到了一块巧克力蛋糕，现在我们要分了这块蛋糕。我们同意通过一个简单的游戏而不是争夺（这对我们两个人来说都是个危险的选择）来解决这件事："我们两个人都在纸上写下自己最终要求得到蛋糕的百分比，然后把这张纸折起来，交给仲裁员。如果我们要求的总百分比超过了100%，那么仲裁员会吃掉蛋糕。如果没有超过100%，我们就会得到自己要求的份额。（我们可以假设，如果我们要求的百分比小于100%，仲裁员将会获得余下的部分。）"
（p. 4）正如斯科姆斯指出的那样，几乎所有人都会选择50%这个公平的数字。（仲裁员并不是模型的真正组成部分，而是为模型提供一些背景说明。）果不其然，进化博弈论表明，五五分是一种**进化稳定策略**。"公平分配在任何倾向于增加获得更大回报的策略比例（或概率）的动态变化中都是稳定的，因为任何单方面偏离公平分配的行为都会导致获得的回报更糟糕。"（p. 11）但斯科姆斯指出，这并不是唯一的进化稳定策略，还有许多其他的进化稳定策略。这是个**多态陷阱**（polymorphic trap）问题：

> 例如，假设有一半的人要求得到2/3的蛋糕，而另一半的人要求得到1/3。我们不妨把第一种策略叫作贪婪，第二种叫作知足。一个贪婪的人遇到另一个贪婪的人或一个知足的人的概率是一样的［因为我们还没有引入任何相关性——丹尼特］。如果他遇到另一个贪婪的人，他就什么也得不到，因为他们要求获得的蛋糕加起来超过了一整个蛋糕，但如果他遇到了一个知足的人，他就会得到2/3的蛋糕。他的平均回报是1/3。与之对应的是，一个知足的人无论遇到谁，他都会得1/3的回报。

> 让我们来检查一下，看看这一多态性是不是一种稳定平衡。首先要注意的是，如果贪婪者所占比例上升，那么贪婪者会更频繁地彼此相遇，其获得的平均回报将低于知足者一定能得到的平均回报，也就是1/3。如果贪婪者所占比例下降，那么贪婪者会更频繁地遇到知足者，其平均回报将会上升，超过1/3。负反馈使贪婪者和知足者保持同样的人口比例。但如果有其他突变策略侵入会怎样呢？假设种群中出现了一个超级贪婪者突变体，要求分得的比例超过2/3。这个突变体得到的回报是0，然后就灭绝

了。假设在种群中出现了一个超级知足者突变体，要求分得的比例低于1/3。这个突变体将会得到他所要求的部分，但这一部分比贪婪者和知足者得到的要少，所以他也终将走向灭绝——尽管其灭绝速度要比超级贪婪者慢得多。剩下的可能性是，出现了一个取中间立场的突变体，要求的部分比知足者多，比贪婪者少。一个具有特殊意义的案例是公正突变体，其要求获得的比例恰好为1/2。所有这些取中间立场的突变体在遇到贪婪者时将一无所获，在遇到知足者时得到的部分比贪婪者少。这样一来，其平均回报都将低于1/3，所有这些取中间立场的突变体——包括我们的公正突变体——也都将走向灭绝。这一多态性具有很强的稳定性。

这是个不幸的消息，对于种群和正义的进化来说都是如此，因为我们的多态性是低效的。在这里，每个人平均分得1/3块蛋糕——而有1/3块蛋糕在贪婪者的相遇中被浪费掉了。（Skyrms, 1996, pp. 12–13）

斯科姆斯接着指出，一旦我们在这一情形中添加一些正相关性，以便每种类型的策略与其同类策略的互动往往比随机配对确保的互动更频繁，这些不幸的多态性就会变得不那么有吸引力了——它们变得更加可以避免。世界的哪种特征增加了这种相关性并不重要，重要的是**拥有心智和文化的行动者**特别适合做成这件事，正如唐罗斯在一个"原来如此"的故事中所做的说明——这个富有想象力的故事是基于斯科姆斯的观点构想出来的。

假设有一个种群，适应了其中一个多态进化稳定策略。贪婪行动者要想在这场博弈中持续获得成功，那就要鼓励知足行动者避免与任何公正者突变体互动。因此，我们预计这个种群会进化出有点类似亚里士多德提出的那种正义的规范。这些规范会将"正义"与这样一种观念联系起来：知足者应尊重其自然地位并顺从贪婪者。这些都是从古至今在人类社会中非常常见的一些规范。如果这些行动者不能进行难度适中的计算，或者无法分享他们对这些计算可能产生的影响所持的看法，那么这一种群将保持原有状态。毕竟，它处于进化稳定策略平衡状态。但如果这些行动者懂点经济学，也掌握了达尔文主义的基本逻辑（不需要太复杂），他们就会发现，全公正者进化稳定策略（a）更有效率（经济学角度），并且（b）可以通过一条均衡路径实现（达尔文主义角度）。我们很容易就能想到会发生什么。起初，种群中的大多数成员会发现全公正者进化稳定策略这个想法令人震惊，它违反了自然道德，但少数知足者会从对"更有效率（经济学角度）"的认识中得到他们自己受到了剥削的观念。为什么不可以呢？任何在观念上拥有很大灵活性的生物都会尝试采取这一推理步骤，即使只是为了顺从公众意见而说服自己放弃这一结论。一些乐于接受这个想法的知足者会受到迫害；但这种情况本身会更加凸显其重要性，从而有助于这个模因的传播。受到启发的知足者只要能够认出彼此，便极有可能在暗中以一种有效的方式进行反叛：他们只需在彼此之间采取公正者策略，从而从交易中获得更大的收益。毕竟，当我们谈到这里出现的"公正者突变体"时，我们无须按其字面含义理解为遗传畸形；每当公正者模因进入并固定在一个知足者的头脑中时，我们就有了一个突变体。我们不妨假设，迄今为止，这些突变体只是受到占有欲的驱使：他们还没有**在道德上**挑战主流规范。然而，一些知足者，甚至一些贪婪者会发现，更有效的结果的数学之美足以吸引他们自己去争取。这将对加速这一动态时的自身利益进行补充，尽管这并不是绝对必要的。

进化博弈论表明，这一种群会一直向全公正者进化稳定策略进化。在那之前，"作为公平的正义"［justice-as-fairness］这个观念会**自然而然地**出现，因为公正者通过鼓励排斥贪婪者，最能促进自己取得成功。灌输对贪婪者策略的道德厌恶将是一种自然举动——这显然是个妙计——条件是他们在生物学上具备相关能力，可以体验到对任何事物单纯的厌恶。最终，群体成员回顾其之前达成的共识（如果他们精明老练的话）时，会认为这种共识是一种毫无道德观念的幼稚行为。如果他们不够精明老练，他们会认定他们的祖先是坏人，某些愚蠢又感到不安的人会劝阻人们不要阅读祖先留下的书籍。

现在，让我们来看看这里发生了什么。这些行动者经历了道德进化，这一进化本身可以用客观标准来衡量。他们取得成功的第一步靠的是大致掌握达尔文主义的基本逻辑要点。不需要基督或者尼采这样富有远见的道德超级英雄随时规劝他们。一点点科学和逻辑就完成了整个过程。在这个过程要结束时，这些行动者是否知道了一些他们祖先不知道的事情？当然，他们知道了公平是正义的；他们确实比他们的祖先道德高尚。尽管有休谟提出的"断头台"［不能从"是"推导出"应该"的原则——丹尼特］，他们还是发现了这一点，而这得益于他们是能够思考假设的有意识的模因传播者，也得益于他们利用这些能力学到了一些进化理论。（唐罗斯，私人信件）

当然，你不一定非得使用专业经济学语言来理解经济观点；同样，要了解你如何能够通过一条自我维持的路径从这里（低效的多态陷阱）到达那里（公平分配），你也不必非得是坚定的达尔文主义者才能做到。当我们小心翼翼地从无察觉逐渐走向理解时，一个半理解的、大致想象的版本也将像以往一样有着不错的表现。达尔文将动物饲养者和植物培育者们刻意的、有远见的、有意的"品种改良"称为有计划的选择（methodical selection），他本人曾提醒我们注意他所称的**无意识选择**的重要性，这是介于**自然选择**和**有计划的选择**中间的步骤。达尔文指出，无意识选择和有计划的选择之间的界限本身就是一条模糊的、渐进的边界：

> 最初选择了尾巴稍大的鸽子的那个人绝不会想到，在经过长期持续的、部分无意识而部分有计划的选择后，那只鸽子的后代会变成什么样。（Darwin, 1859, p. 39）

无意识选择和有计划的选择都是自然选择这个范围更广的过程中的特例，而在自然选择过程中，人类的智力和选择的作用可以为零。从自然选择的角度来看，无意识选择或有计划的选择引起的谱系变化只是这样一些变化：其中的人类活动是环境里最突出的选择压力之一。这种基因进行自然选择的不同过程的嵌套最近又产生了一个新成员：基因工程。这与达尔文时代那种有计划的选择有什么不同呢？它不太依赖基因库中已有的变异，更直接地着手研究新的候选基因组，减少了明显和耗时的反复试验。虽然预见更加精确，但即便这样，如果我们仔细观察实验室的做法，我们也会发现在其寻找最佳基因组合的过程中，有大量探索性的反复试验。

我们可以用达尔文提出的三个层次的遗传选择，再加上我们最近拥有的基因工程这第四个层次，作为人类文化中四个平行层次的**模因**选择模型。最初的模因是自然选择的，为无意识选择的模因

（也可以说，无意中被"驯化"的模因）创造了条件，然后是有计划地选择的模因，人类的预见和规划在其中扮演着明确的角色，但对其中潜在深层机制的理解只是模糊的，大多数试验是在寻找既有主题的简单变体，直到今天模因工程成了人类的一项主要事业：试图设计和传播整个人类文化体系、伦理理论、政治意识形态、司法和政府体系，以及许许多多关于在社会群体中生活的相互竞争的设计。模因工程是地球进化史上一项晚近的复杂工程，但仍比基因工程早了几千年；其最早的知名产品包括柏拉图的《理想国》和亚里士多德的《政治学》。

我们不仅是波普尔式生物，能够预先考虑和想象其他未来可能出现的情况及其结果，还是格列高利式生物（Gregorian creature），使用我们的文化在我们童年时期及以后的岁月里安装在我们身上的思维工具（Dennett, 1995, pp. 377ff）。当我们面临生活困境时，我们便开始分享那些就在嘴边的各种已熟记的箴言。即使是童话故事和伊索寓言，在引导孩子的注意力方面也起到了十分重要的作用。我们很少把自己逼入困境或者锯断自己所坐的树枝，其中的一个理由就是，我们都听说过某个令人难忘的有趣故事，故事中讲述了某个小伙子就做了这样的事情。如果我们遵循金规则（Golden Rule）或十诫（Ten Commandments），我们就是在用假体装置增强我们潜在的自然本能，这些装置往往会鼓励我们以这样或那样的方式说明我们所面临的情况。但这种口头流传的知识（lore）有很大一部分内容是在没有经过刻意创作的情况下进化而来的，并且在没有明确理解其效用的情况下流传下来，直到最近情况才有所不同。

心灵工程与理性的军备竞赛

实际上，我站在了心灵工程师［psychic engineer］的立场上，负责为获得我们共同认可的优势来设计我们的规范。

——艾伦·吉伯德，《明智的选择，适宜的感受》

一旦我们捕捉到自然动机的"自由浮动的理由"，并将其与我们在反思过程中想出的所有巧计一起表达出来，我们就不再被自然选择的低效、浪费和盲目的反复试验所束缚。我们可以期望用理性行动者的**反思平衡**来取代纯粹的复制能力的平衡，而且这些理性行动者都参与了相互劝说的群体活动。我曾提出，这种从无定向的反复试验到智能（再）设计的变化是进化史上的一个重大转变，开启了完全意想不到的机会维度，无论这些机会是好是坏。在伦理学诞生之前，达尔文式的研发在缺乏远见的情况下进行了数十亿年，在"不可能之山"（Mount Improbable）的山坡上逐渐攀登（Dawkins, 1996）。世系（lineage）成员无论在哪里发现它们处于适应性景观（adaptive landscape）的局部山峰上，都无法想象在山谷的另一边是否会有更高、更好的顶峰。在它们的现实景观（physical landscape）中，那些更有远见的成员可以做一些相当于制定某些目标的事情，比如到达河的对岸，或者到达目力可及的远处小山顶上有一片可食用草的地方，但关于"生活的意义可能是什么"以及"如何能以最好的方式实现它"这样更遥远的问题，它们无法将其表达出来，直到"我们"出现，这才得以实现。我们是唯一这样的物种：成员们能够**想象**现实景观之外各种可能性的适应性景观，也能"看到"山谷那边其他可以想象的山峰。我们正在做我们在做的事情——试图弄清楚我们的伦理抱负在科学为我们揭示的世界中是否有任何牢固的基础，仅这一事实就表明了我们人类与其他物种是多么不同。

我们可以想象（我们认为）更美好的世界，并渴望到达那里。我们认为这些其他的世界可能会更好，这是对的吗？从什么意义上来说是这样？以谁的标准来衡量？以我们的标准。我们进化出的反思能力给了我们——也只有我们——评估目标的机会和能力，而不仅仅是手段。任何对价值观进行的认真重估都必须以我们当前的价值观为出发点，但从我们当前在山顶的视角来看，我们可以制定、批评、修改，并且（如果我们幸运的话）共同认可一套社会生活的设计原则。我们可以设想一些诱人的乌托邦山峰，与我们当前的情况完全不同。我们能到达其中一处吗？我们确定要试一试吗？如果我们不能到达那里，那也许是可悲的，但并不违背理性（reason）。如何将政治这种关于可能性的艺术考虑在内，这本身就是我们面临的最困难的设计问题之一。唉，考虑到我们历史上遭遇的困境，我们可能会被困在所有可能世界中最好的那个世界里，但话又说回来，我们也许能够在当前的设计中发现一些调整，这些调整有望将我们带到更高的顶峰。与所有其他物种不同的是，这些都是我们所**面临的**问题。我们其实在着手解决这些问题，为解决这些问题投入了时间和精力。我们收集相关信息，探索它们的不同形式，并讨论它们的优点，前提是我们知道，我们的思考实际上将有助于确定我们未来的发展轨迹。

最终，我们有了一个自然主义框架，在这个框架内，传统道德问题是有意义的。我们的进化之旅将我们带到了哲学和政治调查研究及辩论的传统竞技场，在这里，有许多想法在为获得我们的认可而展开竞争。伦理学是一个庞大而复杂的领域，在本书中，我不会尝试对这场竞赛做出评判，甚至不会参与其中，但我会就进化之旅留下的一些化石遗迹提出几项建议，因为这些化石遗迹仍然会误导我们，使我们的伦理思考发生偏离。作为心灵工程师，我们最紧迫的任务之一就是看我们是否能为关于负责任的道德行动者的基本概念提供保障，这样的道德行动者不同于相互合作的草原犬鼠、忠诚的狼或友好的海豚，他们出于经过审慎思考的理由，自由地做出选择，而且可以对所选择的行为承担道德责任。我们已经简要叙述了一些模式的进化发展情况，这些模式构成了概念环境，这种环境如同我们呼吸的空气一般，使那样的概念得以存在，但我们也需要更仔细地研究个体如何能成长为这样一个崇高的角色。真的有人能达到这样的标准吗？我们不是从心理学家那里了解到我们**实际**上与自称的理性行动者相去甚远吗？

艾伦·芬特（Allen Funt）是 20 世纪最伟大的心理学家之一。他在"偷拍摄像机"（Candid Camera）中做的那些非正式试验和演示，向我们展示了人类心理及其令人惊讶的局限性，其效果不亚于任何从事学术研究的心理学家所做的工作。其中最好的一个例子是这样的（据我多年以后的回忆）：他在一家百货公司的显眼位置放了一个伞架，伞架上摆满了铮亮的新高尔夫球车手柄。这是一些结实的、闪着光亮的不锈钢管，大约两英尺长，中间稍有些弯曲，一端有螺纹（用来拧到高尔夫球车的螺纹管座上），另一端有一个结实的球形塑料把手。换句话说，正像你能想到的那样，这就是一根没什么用的不锈钢管，除非你恰好有一辆没手柄的高尔夫球车。他立了一块牌子，上面没有指明内容，只是简单地写道："打五折。只限今天！5.95 美元。"有一些人买了这些东西，当被问及原因时，他们非常愿意主动提供这样那样的虚构答案。他们不知道那是什么东西，但觉得它很漂亮，而且真的很划算！这些人并没有大脑损伤，也没喝醉；他们都是正常的成年人，是我们的邻居，是我们自己。

凝视这样一个演示打开的深渊时，我们紧张地笑了起来。我们可能很聪明，但我们每个人都不是十全十美的，尽管你我在面对高尔夫球车手柄这个老把戏时可能不会上当，但我们非常清楚，我们在面对这个老把戏的其他形式时曾上过当，而且毫无疑问，我们将来也会上当。当我们发现自己所拥有的理性不完美时，发现我们在理由的空间中容易受到有意识地理解的理由之外的东西影响时，我们害怕我们终究不是自由的。也许我们是在自欺欺人。也许我们与完美的康德式实践推理能力在近似程度上还相距甚远，因此我们自豪地认为自己是道德行动者的这种自我认同便成了一种夸大妄想（delusion of grandeur）。

在这种情况下，我们的失败确实是自由的失败，未能像我们原本想要回应生活抛给我们的机会和危机那样做出回应。出于这个原因，它们是不祥的，因为这的确是值得追求的各种自由意志中的一种。请注意，如果芬特的实验对象不是人，而是动物——狗、狼、海豚或猿类——那么他的演示便不会给我们留下深刻印象。一只野兽会被骗去选择闪亮诱人却并非它真正想要的东西——真正应该想要的东西，这对我们来说已经不是什么新闻了。我们认为"低等"动物生活在表象的世界里，受益于"本能"和知觉能力，这种知觉能力在其环境中非常有效，但在不太可能出现的情况下很容易受到影响。我们向往更高的理想。

随着我们对人类的弱点以及说服技术能够如何利用这些弱点了解得越来越多，我们吹嘘的自主性似乎就成了一个站不住脚的神话。魔术师说，"挑一张牌，随便挑一张"，然后巧妙地让你选出他已经为你选好的那张牌。销售人员有一百种办法让你不再观望，从而买下那辆汽车、那条裙子。事实证明，压低声音这个办法很管用："**我看你的股票跌了啊。**"（下次销售人员对你低声耳语时，你或许需要记住这一点。）请注意，这里有一场军备竞赛，计策和反计策相互制衡。我只是稍微削弱了低声耳语这个伎俩对你们当中记得我揭露它的人所产生的效果。要想看出理性的理想是这场竞争的背景是很容易的：我们宣布，**货物售出，概不退换**（Caveat emptor），让买主自己当心。这一策略的前提是买方足够理性，能识破卖方的花言巧语，但因为我们知道不该相信这个神话，所以我们进而支持一项知情同意政策，规定用清晰的语言明确表述某项协议的所有相关条款。然后，我们也认识到，这样的策略可能会被广泛规避——采用小号字印刷的附加条款（fine-print）以及令人印象深刻的"天书"，所以我们可能会进而规定一些具体做法，说明要如何向不幸的消费者填鸭式灌输信息。在我们把公民"当作幼儿来对待"（infantalizing）的过程中，我们是在什么时候抛弃了"达到法定成人年龄"（consenting adult）的神话？当我们听到一些建议，要针对特定群体或特定个体定制信息，让每个群体都有特定的形象、故事、援助和警示，我们可能禁不住要谴责它们是家长式的，是对自由意志理想的颠覆，因为在自由意志理想中，我们是康德式的理性行动者，对自己的命运负责。但与此同时，我们应该承认，自文明诞生以来，我们生活的环境一直在不断更新，精心准备着，为我们提供便利，沿途设有多个路标和警报，以减轻我们这些不完美的决策者的负担。我们乐于依靠我们认为有价值的假体——这就是文明生活的美妙之处——但我们往往还会对别人需要的假体感到不满。一旦我们认识到这是一场军备竞赛，我们就可以避免只有两种可能性的绝对主义：要么我们完全理性，要么我们完全不理性。这种绝对主义助长了一种偏执的恐惧，认为科学即将向我们表明，我们的理性是一种错觉，尽管从某些角度来看，这是一种良性的错觉。这种恐惧反过来又会给一些学说平添虚假的吸引力，这些学说保证会将科学拒之门外，并认为我们的心灵是神圣且神秘的。我们实际上是非常理性的。例如，得益于我们拥有的理性，我们特别擅长设计出一些计策，可以在彼此之间玩心智游戏，找出我们的理性防御中更不易察觉的漏洞，这是一个没有暂停、没有时限的捉迷藏游戏。

然而，我们如何才能在这方面做得足够好从而组建团队呢？要想得到一个好的答案，就必须避开各种悖论（Suber, 1992）。如果你是自由的，那么你是对自己的自由负责，还是仅仅是幸运？如果未能让你自己获得自由，你能因此受到责备吗？我们在第7章中提到，能够解决承诺问题并确立自己作为道德行动者声誉的合作者，可以享有成为群体中可信任成员带来的诸多好处，但如果你还没有达到这样的地位，那么你还有什么希望呢（如果有的话）？我们是应该用轻蔑还是同情的眼光来看待我们当中那些经常选择背叛的人？进化过程创造的边界往往多漏洞且渐变，中间案例弥合了"有资源者"和"无资源者"之间的鸿沟，但我们不能同意大自然自始至终都拒绝分类的做法。我们的道德体系和政治制度显然迫使我们将人分成两类：一类是在道德上负责任的人，另一类是因为在道德上不达标而被原谅的人。只有前者才适合接受惩罚，为他们自己的不当行为承担责任。但我们该如何决定在哪里划定界限呢？我们偶尔做出的愚蠢行动以及我们在自己身上发现的习惯和性格特征，可能会让我们怀疑任何这样的分类是否只是一个图便利的神话，就像柏拉图那个可憎的金属神话，他在《理想国》中提出用这一具有开创性的公共关系策略来维护和平。有些人生来就是金子，而其他人则应满足于成为银或铜。例如，政治理论似乎支持在社会中有一定程度惩罚的政策，目的是让那些确实会（在某种程度上）阻止理性人越轨的禁令变得可信，但这一策略注定是虚伪的。我们最终惩罚的那些人实际上付出了双重代价，因为他们是替罪羊，受到了社会的故意伤害，以便为那些更有自我控制能力的人树立一个生动的典型，但他们并不真正地为那些我们虚伪地宣称是出于其自由意志而做出的行为负责。那么实际上成为一个真正应受惩罚的恶棍的条件是什么？有人能真正符合这些条件吗？

在我的朋友提供的一点帮助下

> 浪漫让他确信的事情根本不是真实的：然而，仅仅因为这个人相信自己是一种比智天使（基路伯）稍稍低等一点的造物，他就在极其微小的程度上总体变得明显优于黑猩猩。
>
> ——詹姆斯·布兰奇·卡贝尔（James Branch Cabell），
> 《超越人生》（*Beyond Life*）

> 假装你可以做到，直到你能做到。
> ——"嗜酒者互戒协会"（Alcoholics Anonymous）的一个口号

在第 4 章中，我们经过研究后拒绝接受罗伯特·凯恩试图用一些相当神奇的时刻来解除无限退行的危险，这些神奇的时刻就是"自形成行动"责无旁贷的瞬间，此时宇宙屏住呼吸，量子不确定性让你能够"自己动手"，将你自己打造成一个负责任的道德行动者（你原本可以不这么做）。凯恩的解决方案是行不通的，因为你无法找出一只"原初哺乳动物"或通过发明一种"本质的"但又看不见的特殊差异来阻止退行。一个真正的量子选择（quantum-choice）者和她那位伪随机选择（pseudo-random-choice）双胞胎姐妹，就像"原初哺乳动物"和"原初哺乳动物"的母亲一样，无法从二者当中找出能产生如此特殊差异的明显不同之处。你永远都无法断定你拥有了一种真正的"自形成行动"，所以即便它们真的发生了，当我们对其道德意义进行检查时，也难觅踪迹，退行仍然可能会发生。那么，如果不是通过一种奇迹般的飞跃（自我创造），你是如何从那里（婴儿无道德意识的不自由）到达这里（道德能动性）的？毫无悬念，我会援引达尔文主义的一些主题——比如运气、环境脚手架和渐进主义——来回答这个问题。只要有一点点运气，再加上朋友提供的一点点帮助，你就能将你与生俱来的才能发挥出来，一步步地通过"自举"获得道德能动性。

我在第 8 章已对基本内容进行了概述：一个合格的人类自我是一种人际设计过程的很大程度上无意识的产物，在这个设计过程中，我们鼓励小孩子成为交流者，特别是鼓励他们参与到我们的一些实践中来，询问并给出理由，然后推论要做什么和为什么这么做。要做到这一点，你首先得使用正确的"原材料"。例如，如果用你的狗来尝试，甚至用一只黑猩猩，那你就不会成功，这是我们从多年来进行的一系列持久、热情的尝试中了解到的。一些婴儿也无法应对这种情况。那么，在通往人格（personhood）的道路上，第一个门槛就只是一个人的照护者是否能成功地将其理性之火点燃，使其成为一个交流者。而理性之火出于某种原因不会被点燃的那些人将毫无争议地被置于较低的地位。这并不是他们的错，只是他们运气不好罢了。不过，当谈论运气这个话题时，我们得先试着校准我们的刻度。从宇宙视角来看，每一种生物仅仅能活着就已经是极大的幸运了。在曾存活的所有生物中，绝大多数（90%，甚至 90% 以上）没有留下能存活的后代就死亡了；但你们的每一个可追溯至地球生命诞生之初的祖先都没有遭受过这种正常的不幸。你来自一支从未间断的获胜者队伍，这支队伍可以往前追溯数十亿代，而且这些获胜者都是每一代中最幸运的，是百里挑一、千里挑一甚至万里挑一的幸运儿。因此，无论你现如今在某个时候有多么倒霉，你在这个星球上的存在就已经证明了运气在你的过去所扮演的角色。

在第一个门槛之上，人们在思考、交谈和自我控制等高级天赋方面表现出广泛的多样性。这种差异有些是"遗传的"——主要是由于构成基因组的某组特定基因存在差异——有些则是先天性的，但这种先天性不是直接遗传的（例如，由于其母亲营养不良、药物成瘾，或患有胎儿酒精综合征），还有一些根本没有原因，从我们在第3章发现的那种意义上来说，这只是偶然的结果。当然，你所继承的遗产中存在的这些差异都不是你能控制的，因为它们在你出生之前就已经存在了；而且，其中一些差异产生的可预见影响确实是不可避免的，但并非全部——而且还在逐年减少。无论你出生在哪种特定环境（milieu）中，无论是富裕还是贫穷，娇生惯养还是遭受虐待，在起跑线上领先一步还是被阻挡，这绝不是你自己做的事情。而这些显著的差异所产生的影响也是多种多样的——有些不可避免，有些可以避免；有些留下了终生的创伤，另一些则会转瞬即逝。不管怎样，许多幸存下来的差异对于我们在这里所关心的事情来说都是微不足道的：第二个门槛，道德责任的门槛——与艺术天赋等形成对照。不是每个人都能成为莎士比亚或巴赫，但几乎每个人都能学会读写，从而成为一名知情公民。

当 W.T. 格里诺与 F.R. 福尔克马尔（W.T. Greenough and F.R. Volkmar, 1972）首次证明，与那些在几乎什么都没有的受限环境中饲养的大鼠相比，给予丰富玩具和活动器材以及积极探索机会的大鼠明显拥有更多的神经连接以及更大的大脑，一些家长和教育工作者急于宣布这一重要发现，然后便开始自寻烦恼，担心孩子没有足够的适当种类的婴儿床玩具。事实上，我们早就知道，单独在一个没有任何玩具的空房间里长大的孩子会有严重的发育障碍，而且迄今为止还没人证明，拥有2件、20件和200件玩具之间的差异会对婴儿大脑发育产生任何显著的长期影响。要证明这一点可能会非常困难，因为随着每个孩子的成长，那么多令人困惑的干预影响——有些是计划好的而有些则纯属巧合——会产生和消除令我们担心的影响，而这种情况每年会发生上百次。我们应尽最大努力开展这项困难的研究，因为**可能**会有某种情况正在发挥的作用比我们所怀疑的要大——因此这对于我们避免伤害的努力来说是一个更合适的目标。但我们已经能够非常确信的是，随着时间的推移，这些起始条件中的大部分（如果不是全部）差异会消失在统计的迷雾中。就像抛硬币一样，结果中可能并不存在有待辨识的明显因果关系。一旦我们通过仔细的科学研究将这些因素理顺，我们就能以应有的信心做出判断，需要哪些干预措施来消除哪些缺点，只有这样，我们才能很好地做出每个人都渴望做出的价值判断。

例如，汤姆·沃尔夫强烈反对使用利他林（哌甲酯）和其他甲基苯丙胺类物质（methamphetamine）来解决儿童注意缺陷多动障碍（ADHD）。他在表示反对时，没有停下来考虑大量相关证据，这些证据表明一些儿童大脑中存在容易纠正的（可避免的）多巴胺失衡（dopamine imbalance），这种不平衡给他们的自我控制部分带来了障碍，就如同近视在视觉部分会造成障碍一样。

> 整整一代美国男孩，从东北部最好的私立学校到洛杉矶和圣迭戈最糟糕的公立学校，现在都在服用哌甲酯，每天都由派药的，也就是学校的护士，勤勉地发给他们。美国是一个神奇的国家！我是认真的！任何一位诚实的作家都不会质疑这一说法！人间喜剧永远不会缺乏素材！它永远不会让你失望！

> 与此同时，一个进行自我约束、延迟满足、抑制性欲以及决定不再有攻击和犯罪行为的自我，一个通过学习、实践、坚持不懈和面对巨大困难时绝不放弃而变得更有智慧并依靠自举达到人生巅峰的自我——这种通过进取和真正的毅力取得成功的关于自我的旧观念（看在上帝的分上，到底什么是自举？）——已经在悄悄溜走，溜走……溜走。（Wolfe, 2000, p. 104）

这段典型的辞藻华丽的文字包含了某种非典型的无心嘲讽。我在想，沃尔夫是否会推荐一种振奋人心的眼保健操疗法和"学会适应近视生活"的课程来代替近视眼镜。他最后慷慨陈词，讲述了那个老套故事的 21 世纪版本：如果上帝想让我们飞翔，他就会给我们翅膀。他被基因决定论的假想困境弄得如此慌乱，以至于无法看到他渴望保护的自举——我们自由的根源，通过去除那些关于自我的神话得到了加强，而不是受到威胁。科学知识是通往可避免性的捷径，而且是唯一路径。也许我们在这里大致看到了隐藏在一些"**让那只乌鸦闭嘴！**"的呼声背后的暗自担心。不是担心科学会夺走我们的自由，而是担心科学会给我们太多自由。如果你的孩子不像邻居家的孩子那么有"勇气"，也许你可以给他买点人工"勇气"。为什么不可以呢？这是一个自由的国家，自我提升（self-improvement）是我们的最高理想之一。为什么用老式办法来进行你所有的自我提升这一点应该很重要？这些都是非常重要的问题，它们的答案并非显而易见。我们应该直接解决这些问题，而不是用那些不明智的、要扼杀它们的企图来歪曲它们。

在《行动余地：值得向往的自由意志之种种》中，我把基因和环境方面的初始禀赋差异比作马拉松的交错起跑，在马拉松比赛中，一些选手会在其他选手后面几米的位置起跑，但所有人面向的终点线都是一样的。我认为这很公平，因为在这么长的比赛中，"这样一个相对较小的初始优势将是毫无价值的，因为人们完全可以相信，其他偶然的机会能产生甚至更大的影响"（Dennett, 1984, p. 95）。这是真的，但它低估了非偶然性机会在成为负责任行动者的竞赛中所起到的作用。对人格的追求可以说是一项团队工作，教练和支持者在场边扮演着重要角色，用一种（无意识中）设计的脚手架让我们的环境变得更丰富，从而将我们最好的一面展现出来。比起为孩子提供适于其发展的玩具，甚至比起为其提供适当的饮食，更重要的是周围人的态度和策略，这些都是孩子可以观察到的，并最终会参与其中。有大量证据支持这一假说：与那些暴力、撒谎和不关心他人的人（孩子的玩伴与父母在这方面的影响是一样的，甚至更大）接触的孩子往往也会一直拥有这些性格特征。乌云遮住的那一线光明也同样重要：我们当中的一些人有幸在自由社会中长大，接触那些理智、诚实和充满爱心的人，这样的人往往会渴望实现**这些**理想。养育确实有很大影响。

将养育的影响简化为"道德教育"，仿佛确保被监护人成长为负责任的成年人的关键在于尽职尽责地关注某种教义问答（catechism），这是错误的。工具包里备一本关于准则的简明手册是有帮助的，但更有力的影响甚至在更早的时候就已经被设置好了，它引导着我们对每一个稍纵即逝的想法的思考方式。当我们对处于前语言期的儿童讲话时，我们虽不甚清楚，但也似乎知道，我们对他们说的话大部分他们听不懂，但并不是全部。其中有一些深深地印在了他们的脑海中。你**想要**什么？你**害怕**吗？哪里**疼**？你知道兔子在哪里吗？你是**想骗**我吗？母亲在强行给孩子套上别人穿过的还有点大的旧衣服时说，"别担心，他再长大一点就合身了"，可以说，这与我们小时候大人们将有点大的"别人用过的"心理倾向强加在我们身上的情况是一样的。当然，我们确实会长到可以穿上它们，让它们成为我们的，让我们成为他们，让我们成为像大人们一样的行动者。我们越是认真地将我们的孩子当作询问并给出理由这种实践活动的参与者，他们就越会认真地对待自己。

我们宁愿预先假定我们的年轻对话者可能比客观事实所证明的更有设计能力，对这种**假设**的偏好是对达尔文式研发技巧宝库的一个极有力的补充。因为我们人类不是盲眼钟表匠，而是有视力的自我制造者（selfmaker），能够思考我们看到的东西，并推断出我们希望在未来看到什么，所以我们比地球上进化出的其他生物都更容易被重新设计，首先是被他人重新设计，然后是被我们自己重新设计。举个例子来说，考虑一下"行为举止非常得体"这个现象。我们几乎一直都在调整自己的行为，以便与（我们认为的）当前环境的社会需求相协调，但这种调整行为与指示无关，无论是正式的还是非正式的。人们发现，有少数人似乎确实不受社会压力的影响，而除了这些不寻常的自由不羁者外，大部分人只有通过最艰苦、最自律的努力，才能有意地挫败周围人抱有的期望。这种期望会在各个方面造成压力。哪个父母在认识到孩子正在留心观察时不曾生发出新的品格力量，面对懒惰、恐惧或过分敏感时取得新的胜利？既然我们能"随机应变、应付自如"，那么拥有充满适宜机会的生活便是一件好事，有机会向他人以及我们自己展示更好的自我，从而使这些更好的自我在未来更容易出现。［安斯利（Ainslie, 2001）对这一发展变化情况做了十分有见地的论述。］"日常生活中的自我呈现"（Goffman, 1959）是一种精心（但大多是无意识地）编排的互动舞蹈，在这样的舞蹈中，我们不仅努力超越自己，还会在这个过程中让别人表现出最好的一面。人们自然不愿随意篡改这套做法，那是几千年来基因和文化进化取得的成果。随意篡改可能会毁掉很多有价值的研发。（**让那只乌鸦闭嘴！**）另一方面，基于洞察力和理解力进行的部分改动可能会强化和增进这些设计，弥补错失的机会或模糊的认识。此外，一些有意的干预可能有助于消除我们的做法中那些可以被视为自我挫败（self-defeating）的不幸变体。这就是我们进化出的反思能力发挥作用的地方。非裔美国作家黛布拉·迪克森（Debra Dickerson）在描写她的父亲时觉察到了某种十分微妙但令人极受冲击的影响：

后来我才明白，他期待黑人失败，同时也需要这样，否则就没有证据证明白人背信弃义、冷漠无情。他从来都不明白，他的宿命论其实是个自我实现、自我挫败的预言。他从来都没想过，他必须在某种程度上相信白人是优越的，因为他相信黑人在生活中是没有任何机会的——但他可能会将此归咎于白人与生俱来的一种邪恶的超凡力量。我们黑人之间流传着一种说法——"白人的冰更冷"，我们用这种说法来形容我们当中只相信或珍视来自白人的东西的那些人。一些黑人的境况越差，白人看起来就越有魔力，尽管这是一种邪恶的魔力。

因此，我的父亲就像许多黑人一样，成了自己的压迫者；他教我也要这样做。我正是在这一刻开始闭关自守的。或许白人很乐意自己来承担这项任务，但他们很少必须这样做。白人没有必要在我的道路上设置障碍，我自己就已经这么做了，我"接受了"自己注定在各个方面都处于最末端。种族主义和系统性的不平等是我们生活中非常真实的力量，但宿命论和对压迫反而持有一种满足感也是如此。(Dickerson, 2000, p. 40)

有哪些更大规模的社会模式可以增强自由并在地球上更平等地分配自由？什么样的明确传播和微妙技巧的组合最有可能让环境变得有利于人类自我成长？在第 7 章中，我们探讨了罗伯特·弗兰克提出的观点，他认为可以通过有利于愤怒和爱等情感的进化来帮助彼此解决自我控制和承诺的问题。艾伦·吉伯德则扩展了这一观点，他通过解决"心灵工程师"可能想要采用什么样的方式对人们感受愤怒、内疚和其他情感的倾向做出微调这个问题实现了这一点。吉伯德指出，愤怒"拥有强大的力量且不可避免，它通常有助于以可取的方式规范人们的行动"(Gibbard, 1990, p. 298)。尽管"无论我们有什么样的规范，我们都无法摆脱愤怒"(p. 299)，但一些文化似乎没有为内疚留有一席之地。这就产生了一个问题，没有它我们所有人是否会过得更好。一些严格决定论者认为，我们不仅不应该为"真正的"自由意志的消逝而悲伤，我们还应该说"总算是摆脱了"，因为如果没有了自由意志这一假设，我们可能会放弃道德责任、责备和惩罚这样的假设，从此以后所有人便能过上更幸福的生活。我已尽我所能切断了他们在想象中建立起来的决定论与责任之间的联系，但我们仍然可以与吉伯德一道探讨，道德本身是不是我们应该努力将其保留在我们社会中的一项特征。"这在某种程度上是个务实的问题：如果没有这些特殊的感觉，或者没有规范来管制它们，我们能做到最好吗？"（p. 295）内疚和愤怒很好地结合在一起：内疚平息了愤怒，而内疚的威胁则避免了会激起愤怒的行为。假设有这样一个社会，内疚和愤怒在这个社会中都被尽可能地压制下来，或者（通过一场规模巨大的社会改造）得到缓和，那么人们在这样的社会中通常会如何对待彼此呢？而如果我们出于某种原因，让内疚和愤怒失衡，让其中一个略有过度呢，这是否明智呢？严格决定论者表示，如果我们能以某种方式说服自己在造成伤害时不感到内疚，在受到伤害时不感到愤怒，我们的世界会变得更美好。但目前还不确定任何这类具有可行性的"治疗"不会比"疾病"更糟糕。愤怒和内疚都有自己的理由，它们已深深嵌入我们的心理之中。

吉伯德认为，更好的做法是采取一项有利于某些条件的策略，这些条件将会减轻这些情感规范的强度。他将道德规范的"专横"（imperious）设计与"温和"（diffident）设计做了对比。专横的规范要求很多，因此滋生了私下的异议、虚伪和对他人的怀疑。它们给人性造成了极大的压力，往往会涉及"有点低效的威吓"。他表示，这是一个简单的设计缺陷，就像把汽车的转向传动比设计得过高，这会导致司机过度转向，过度纠正，并对其过度纠正进行过度纠正，等等。这是不安全的，并且会给机制带来不必要的压力，也得不到其期待的效果（Gibbard, 1990, p. 306）。而另一方面，温和的规范相对随和，是审慎和利己之间的折中方案，更容易被接受，因此实际上也更容易得到个体的支持。因此，吉伯德认为，理性的设计师会相当温和地调整愤怒和内疚的规范，这是一种文化培育的环境，利用天性而不是与天性做斗争。

假设有这样一个吉伯德所称的"私下沉思者"（private ruminator），他面临着利己主义目标与普遍仁爱或道德的争夺之间的竞争。他被迫在公共讨论中表示同意各种已得到公开认可的规范，但可能在私下持保留意见，他可能会问自己，如果可以不这么做，他是否会真的赞同这些规范。他或许熟悉罗伯特·弗兰克的说法——（谨慎地说）为了看起来像个好人而做个好人是有好处的，但他可能也会认为自己是个例外。他接受了朋友们的帮助，但他可以怀疑，如果这需要以帮助他们作为回报，那么这笔买卖究竟有多划算。他是不是被谈话中的情境要求哄骗成了好公民？如何解决这一冲突可能在很大程度上取决于社会氛围：

> 如果忠于道德是促进他实现更利己目标的最佳方式，那么他的矛盾心理就得到解决了。对于专横的道德，这种情况不太可能出现；而对于温和的道德，这种情况出现的可能性似乎大一些……一种道德之所以变得温和，是因为它与足够多的其他动机联合在一起从而被普遍接受，在很大程度上——被现实中的人们普遍接受，在他们所有的联合与分离中，在他们符合规范的动机以及他们的欲望、感觉、冲动和渴望中普遍存在。（Gibbard, 1990, p. 309）

工程师就像政治家一样关心可能性的艺术，这首先需要我们现实地思考人究竟是什么，以及人们是如何变成这个样子的。拒绝屈从于关于人类困境的经验事实的伦理理论构建活动，必然会产生某些幻想，它们可能有些审美趣味，但不被认真视为切实可行的建议。就像进化创造出的其他所有的一切，我们是个在某种程度上投机取巧造出来的"计囊"，我们的道德应建立在这一认识的基础上。哲学家们经常试图建立一种超纯粹、超理性的道德，不受"同情"（康德）或"本能"的玷污，也完全不受动物的性情、激情或情感的影响。吉伯德实事求是地看待我们必须做的事情，并建议，作为一名工程师，要做大自然一直在做的事情：利用你拥有的东西开展工作。

自主性、洗脑与教育

> 把自己看作一个理性的行动者，就是假设一个人实际应用了自己的理性，或者也可以说，就是假设一个人有意志。此外，如果没有自由的观念这个前提，人们就不能假设这一点，这就是为什么人们只有在自由的观念下才能行动，或者让自己行动。可以说，它是把自己当作理性行动者这一思想的形式。
>
> ——亨利·A. 艾利森（Henry A. Allison），
> 《我们只有在自由的理念下才能行动》

我对"创造自我"的技艺所做的概括性描述，说明它包含大量令人不安的无意识或潜意识操纵，以及"纯粹理性"的活动。这个过程本身不会破坏负责任自我的概念吗？艾尔弗雷德·米尔（Alfred Mele）在《自主行动者》（*Autonomous Agents*, 1995）一书中详细探讨了这个问题。他认为，除了自我控制外，还存在**自主性**，他将其与**他律性**（heteronomy）进行了对比，在他律性中，自我控制的行动者也（部分）受到他人的控制。他提出了一项"默认责任原则"：如果没有其他人对你处于 A 状态负责，那就是你负责。这很好地阻断了凯恩所担心的无限退行；它让我们能够把责任推给洗脑者（如果你过去有这样的情况的话），而不是总体上推给"社会"或推给缺乏行动者的环境。只有当有远见的、有目的的行动者出于其自身目的操纵你，你才能被免除为你身体所采取的行动承担个人责任；在这种情况下，这些不是你的行为，而是你的洗脑者的行为。这很公平，但教育者设计与我们互动当然是为了促进达到他们自己的目的，特别是把我们变成可靠的道德行动者这个目的。我们要如何区分良好的教育、可疑的宣传和糟糕的洗脑呢？什么时候你会从朋友提供的一点帮助中获益，而什么时候你又会上当受骗呢？

米尔用来表示洗脑的术语是"价值工程"，他对这种"绕过"人们控制其精神生活能力的工程不屑一顾（Mele, 1995, p. 166–167）。正如我们在前面几章中看到的，对我们精神生活的自我控制在任何情况下都是受限的并且是有问题的，因此，我们在对两种工程进行区分时存在问题也就不足为奇了，这两种工程分别是绕过我们能力的工程，以及以可容忍和令人满意的方式利用我们能力的工程。为了突出自主性和他律性之间的差异，米尔设计了一些思想实验，实验涉及两个最小差异行动者——安（Ann）与贝丝（Beth）。首先，假设安是真正自主的——不管这可能涉及什么。幸运的安。然后进一步假设贝丝就像安一样，也可以说，贝丝就是安在心理上的同卵双胞胎姐妹，但是她在本人不知情的情况下被洗脑了，达到了这种或许只是表面上令人羡慕的心理状态。贝丝和安拥有完全一样的性情，她完全像安一样思想开放、不苛求、灵活且坚定，但米尔指出，她这种表面上的自主是假的。她就像一枚完美的假币，随时可以换一杯可乐和一些零钱，但尽管如此，在最重要的也就是道德意义上，她是不真实的。

规定如此极端（极不现实）条件的思想实验以很可能迷惑哲学家的想象力而出名，重要的是转动所有的旋钮，以这样或那样的方式改变所有的规定，看看到底是什么在激发知觉。通常，在现实世界中，历史背景方面的差异（在本案例中指的是安接受的教育与贝丝被洗脑）之所以如此重要，原因是它们带有性情或性格方面的差异产生的影响，而性情或性格方面的差异会导致未来行为方面的不同。这正是该构想的案例中不允许发生的情况，但我们能从表面上相信这一规定吗？洗脑的思想实验在哲学家们关于自由意志的讨论中非常普遍，这些思想实验还有一个常规特征——但很少有人评论，即规定受害者对干预无察觉。让我们来看看当我们转动这个旋钮时会发生什么。假设，在米尔（Mele, 1995, p. 169）设计的这个案例中，贝丝后来得知了她的秘密历史，并得到一个机会——可以要求消除洗脑对她造成的影响。如果她回顾之后认可了这一点，那么这一行为有价值吗？她从此以后就是自主行动者了吗？你的直觉可能会对此有些犹豫，因为她表示"认可"时的状态在很大程度上是她先前（根据假设）被洗脑的产物。你可能想反驳说，她已经**被设计成会认可她自己的设计**，这对她来说无疑是一种空洞的姿态。但事实并非如此。考虑一下时间可能会带来的影响。假设我们等几年再将她的秘密历史告诉她，让她在竞争激烈的道德决策世界中拥有许多经验。因为贝丝完全像安一样（按照假设）拥有开放的思想，在认知方面具有灵活性，所以这样的经验对她就像对安一样是有效力、有价值的，因此就像在安的案例中一样，这在她的案例中也应该能够成为**支持认可的基础**。我们可以沿着这个思路进一步开展研究，我们可以假设我们现在针对安的案例转动同样的旋钮：我们（撒谎）告诉**她**，她是洗脑的受害者。她依据这一资料仔细考虑后，决定认可她现在的样子——毕竟她应该这么做；她**实际上**就是自主的（不管结果如何）。她的行为比贝丝的行为更有价值吗？我没发现有什么理由能够支持这一点。也许更确切的是，你可能会在这样一个方面感受到轻微的牵引力：假设通过对安撒谎，我们实际上在某种程度上让她在自主性方面的情况变得比原本更糟糕——当然，前提是她相信我们的谎言！为什么？因为现在她所掌握的关于自己过去的信息都是错误的，无论她是否曾经在她的决策中使用过这些错误信息。（很容易想象，这种错误的信息可能会极大地影响她随后对道德主题的所有思考。）

然而，回想一下，在我们告诉贝丝她被洗脑之前，她也被严重误导了。不是吗？米尔没有详细解释这一点，但想必贝丝被洗脑这件事是瞒着她的；想必在她得以获知她的秘密之前，她与安在心理上的部分相似性是一系列极为丰富的虚假的伪记忆，这些记忆声称她接受过良好的、确保自主性的道德教育，而这种道德教育却从未发生过。否则，她是安的心理双胞胎姐妹这一规定怎么能维持下去呢？

那么，洗脑的关键标志会不会仅仅是谎言和隐瞒呢？只要你告诉人们真相（在你说出它的时候被认为是真相的东西），并避免误导他们，只要你让他们处于一种状态，在这种状态下，他们至少可以像你干预之前那样对他们的困境做出独立评估，你就是在教育他们，而不是给他们洗脑。毕竟，米尔的思想实验并不支持这样的观点：一个人的历史可能会在不影响其未来能力的情况下，在道德上产生重要影响。在这方面，他用完美假币来做类比很有启发性。伪造之所以重要，是因为它影响了民众对其货币完好性的普遍信念和愿望，但这些都是普遍影响，而不是具体钞票的影响。从货币池中识别出并清除完美假币将毫无意义，因为真币和完美假币之间的区别（根据假设）是一个惰性历史事实。认为法定货币中**存在**大量完美假币的想法，可能会削弱人们对政府控制货币政策的信心，从而扰乱经济，但将假币聚集起来销毁（而不是将流通中的大量货币聚集起来销毁）是没有意义的。

再考虑一下安和贝丝的例子。如果贝丝知道了她被洗脑的真相，这无疑会给她的心理造成令人不安的影响，谁知道这会对她的道德能力产生什么影响。但如果安相信了他人告诉自己的同样的"真相"，那么这也会对其心理造成同样的影响。如果其中一个受到损害，那么另一个同样会受到损害。如果安的自主性取决于她对自己过去所持的信念是符合事实的，那么贝丝的问题就仅仅是她被欺骗了，而不是她被"价值工程"置于令人羡慕的性情状态。顺便说一句，请注意这对下述学说意味着什么，这些学说试图捍卫**"让那只乌鸦闭嘴！"**的立场，其依据是人们最好不要知道真相："为了拯救人类的自主性，我们必须摧毁它。"这其实是个没什么吸引力的策略声明。

真正自主的行动者是理性的、自我控制的，没有被严重误导的。与良好的老式道德教育相比，我们从直觉上对"道德药丸"和"洗脑"反感，可能是由于我们模糊地认识到，根本不可能有这样的快捷疗法，让我们真正保留知情性、灵活性和思想开放性，因为根据我们的经验，这些都要通过健全的教育来实现。我没发现比起有意地培养一种关于其能力的适度自欺，有意地服下一颗药丸来提高自我控制能力更能破坏一个人的自主性。作为一名已达法定成人年龄的成年人，如果你能够有意地通过这些方式操纵自己，并认可这对未来和过往造成的结果，那么这就是一个相当好的测试，可以检验你是否有理由以同样的方式操纵你的孩子。在加里森·凯勒（Garrison Keillor）虚构的乌比冈湖（Lake Wobegon）小镇上，"所有的孩子都是超常的"，这个快乐的神话让他们比原本生活得更好——只要他们不会对此产生严重的妄想。与认为白人的冰更冷相比，这当然是一种进步。

哈里·法兰克福曾发表一篇题为《意志的自由与人的概念》

（Frankfurt, 1971）的文章，颇有影响力，而在这篇文章发表之后，哲学家们便从另一个角度对自主性展开了更详细的研究。法兰克福明确表达了这样一种观点：一个人——一个负责任的成年行动者，与动物或幼童的不同之处在于其拥有更复杂的心理状态，特别是高阶欲望（higher-order desire）。一个人可能想要一样东西，但又**想要**想要（want to want）其他东西——并按照第二阶欲望行动。法兰克福声称，这种对一个人在自己身上发现的欲望进行反思、认同或拒绝的能力不仅是成熟的征兆，也是人格的标准。事实证明，这个在直觉上很有吸引力的想法很难以一种避免退行或矛盾的方式进行阐述，大卫·威尔曼最近尝试的一次研究有效地强调了推理的作用，以及不要把我们自己变得太渺小这项要求："根据法兰克福的说法，行动者的角色是反思那些争相控制其行为的动机，并通过支持其中一部分而不是另一部分动机来决定竞争的结果。"（Velleman, 1992, p. 476）一个人怎么能支持或反对他或她自己的一些动机呢？

假设有两位罗马天主教僧侣，他们之间存在这样的差异：认同自己独身誓言的僧侣充满热情，并依靠意志的力量战胜了自己的基因组成；另一位同样独身，但将其信仰的天主教视为一种瘾。后者认为自己被洗脑了，是外源模因（alien meme）的受害者，但他就是无法说服自己跳脱出来，放弃外界教给他的那些原则。当然，在许多领域实际都有分属于这两个类别的人，但这样的差异主要在于什么呢？两位僧侣的强烈**动机**都是罗马天主教信条，但其中一位完全认同自己的宗教，而另一位则不然。认同不可能是散发着珍珠般光泽的笛卡儿式自我或非物质灵魂接受某些模因而拒绝其他模因的问题，做出认可的实体本身必须是某种复杂的模因——大脑结构。但我们怎么能确定某种这样的结构是能够"选择支持其中一方"又不会重新陷入笛卡儿谜团［关于一个独立的"**思维之物**"，它在大脑内部的激烈竞争中充当"老板"的角色，或者至少是交警和法官的角色〕中的**内部行动者**呢？威尔曼给我们举了一个例子，这个例子能让我们想起丹尼尔·韦格纳的一些实验，在这些实验中，一个关于动机、理由、认知等因素的潜在、部分甚至完全无意识的阴谋塑造了行动：

> 假设我与一位老朋友进行了一次期待已久的会面，意在解决一些小分歧：但在我们交谈时，他随意地评论，这惹得我越来越尖锐地做出回应，同时提高了嗓门，直到我们不欢而散。之后，我进行了反思，这让我认识到，在会面之前的几周里，不满已经在我的脑海中逐渐累积起来，开始形成一项决定，要为眼下发生的事情与对方割席绝交，也正是这一决定让我的言语中带着伤人的利刃……但我是否一定要认为决定是我做出的，还是要认为决定是我执行的？……当我的欲望和信念产生了想要断绝友谊的意图时，当这种意图引发了我那令人不快的语气时，它们展现出的是因果关系的力量，而这与它们在一般情况下展现出的因果关系力量是一样的，但它们是在没有得到我的任何贡献的情况下这么做的。（Velleman, 1992, pp. 464-465）

如果我做了贡献，那会有什么不同呢？正如威尔曼所指出的那样，一个行动者不能仅仅是一个理论点，原因如下：

> 当他支持其中一些动机时，他是用一种来自它们外部的力量支持它们……什么样的精神事件或精神状态，可能会扮演这样总是在指导审查却从未接受过此类审查的角色呢？它只能是驱动实践思考本身的动机。（Velleman, 1992, pp. 476-477）

它只能是——正如康德很久以前所说的，对理性本身的重视：
"激发实践思考的是注重按照理性采取行动。"（Velleman, 1992,
p. 478）这从何而来呢？来自养育孩子的过程，这种养育让孩子参与
了要求得到理由和给出理由的实践活动。意识在这里的作用恰恰是
把问题推到仔细思考和认真审议的舞台上，**随着时间的推移**，赞成
和反对的理由将在这里得到考虑和经过协商。但现在，那些（据说）
声称在一个孩子的人生前 7 年抚育他就足以让他认同这一信仰的耶
稣会会士呢？这是灌输还是教育？我认为这是我在这里概述的立场
的一个优点——而不是缺点——它能让两位天主教僧侣很可能都正
确；第一位在相信他自己拥有必要的自主性来认同并认真对待自己
的决定时，他可能不是在自欺欺人，第二位在对自己被灌输感到不
满时可能也是正确的，而且在培养方面，他们之间的差异可能微乎
其微。人是极其复杂的存在，对一个人特别有效的东西对另一个人
可能是相当有害的。（当然，利他林也是如此；许多得到处方的人
绝对不应该服用它。）那么，这样一个自我的重要作用是什么呢？自
我是一个被**赋予**责任的系统，随着时间的推移，能可靠地**承担**责任，
这样一来，当责任问题出现时，就会有人做出回答。凯恩等人寻找
一个"责无旁贷"的地方是对的。他们只是一直在找错误的种类。

第 9 章

人类文化支持了心智的进化，这些心智足够强大，可以捕捉到事物的理由，并让其成为我们的理由。我们不是完全理性的行动者，但我们生活的社会舞台维持着动态互动的过程，这一过程既需要也允许我们更新和认可我们的理由，使我们成为能够为我们的行为负责的行动者。我们的自主性并不依赖于因果关系奇迹般地中止这类事情，而是依赖于教育过程的完整性和知识共享。

第 10 章

对自由的真正威胁不是形而上学的，而是政治和社会方面的。随着我们对人类决策的条件了解得越来越多，我们必须设计出政府和法律制度并对此达成一致，这些制度不会受制于关于人性的虚假神话，而且在面对进一步的科学发现和技术进步时，这些制度是强大的。我们是否比我们想要的更自由？我们现在比以往任何时候都更有能力创造我们和我们的后代生活的条件。

关于资料来源和扩展阅读的说明

唐罗斯曾向我指出，斯科姆斯的分析并不完全是一般性的，但肯·宾默尔（Ken Binmore）最近在《博弈论与社会契约（第

2卷）：公正博弈》（Game Theory and the Social Contract, Vol. 2: Just Playing, 1998）中做出了一个完全一般性的分析（也是令人生畏的数学分析）。

《行动余地：值得向往的自由意志之种种》第4章"靠自己的力量奋斗成功的自我"（Self-made Selves）中载有我对渐进主义自举做出的说明，这是较早的版本。此处的说明对之前的版本做了补充，未撤销任何内容。

彼得·萨伯1992年发表的文章《解放的悖论》（可以在网站上找到，见 https://dash.harvard.edu/bitstream/handle/1/34359909/Peter%20Suber%2c%20_The%20Paradox%20of%20Liberation_.htm?sequence=5&isAllowed=y）为我提供了许多真知灼见；还有来自詹姆斯·布兰奇·卡贝尔和嗜酒者互戒协会的语录，它们被我用作了本章的引言。

有证据表明，在广泛的心理变量中，儿童受同龄人的影响比受到其父母的影响要大，相关内容参见朱迪思·哈里斯（Judith Harris）的《养育假设》（The Nurture Assumption, 1998）。

关于戈夫曼"日常生活中的自我呈现"的一些非直接相关的评论，请参见罗伯特·赖特的《道德动物》中关于欺骗和自我欺骗一章的内容。

关于童话故事对创造可靠的行动者发挥的作用，请参考我的《通过讲故事创造未来》（Dennett, 1996C）。维多利亚·麦吉尔（Victoria McGeer）的研究一直是我对脚手架所做评论的主要参考资料。与之相关的还有关于"儿童心智理论"的大量文献，对这些文献进行了充分研究的有阿斯廷顿、哈里斯和奥尔森（Astington, Harris, and Olson, 1988），巴伦-科恩

（Baron-Cohen, 1995），巴伦-科恩、塔格-弗拉斯伯格和科恩
（Baron-Cohen, Tager-Flusberg, and Cohen, 2000）。

如果想研究严格决定论及其类似理论的吸引力和陷阱，可以参考迈克尔·斯洛特（Michael Slote）的《没有自由意志的伦理学》（1990）、苏珊·布莱克摩尔的《模因机器》（The Meme Machine, 1999）和德克·佩里布姆的《没有自由意志的生活》。

有关需要我们认真对待"道德药丸"和"不留疤痕的洗脑"（brainwashing-that-leaves-no-scars）这类极端哲学思想实验的更多内容，参见我的《奶牛-鲨鱼、磁铁和沼泽人》（Dennett, 1996B）。

涉及休谟的内容，参见大卫·威金斯（David Wiggins）的《自然美德与人工美德：对休谟方案的辩护》（1996）。

第 10 章

人类自由的未来

　　这一切到哪里才是尽头？人们对自由意志感到焦虑的最大来源莫过于，物理科学将我们所有的行为（无论好坏）都淹没在因果解释的酸性肉汤培养基中，蚕食着灵魂，直到无可赞扬或责备，也无可崇敬、尊重或喜爱。或者说，在许多人看来，情况是这样。因此，他们试着设置这样或那样的屏障，创建了一些绝对主义学说来遏制这些具有腐蚀性的想法。这是一个注定会失败的策略，一个千年遗迹。由于我们对自然的了解越来越多，我们已经认识到，这样的堡垒只能延迟灾难的发生，而且往往会让情况变得更糟糕。如果你想生活在海滩上，你应该做好准备，当海滩移动时，你也跟着移动，就像海滩那样缓慢但确定地移动。防波堤只有通过摧毁海岸线的部分特征才能"拯救"海岸线，而正是这些特征最初使海岸线成为如此宜居的地方。更明智的做法是研究一下情况，然后商定一些指导原则，确定离边缘多近才可以盖房子。但时代在变，几十年或几个世纪以来的合理策略可能会过时，需要修改。人们常说，我们必须与自然合作，而不是对抗。当然，这只是一种适度修辞，人类的每个诡计都会阻挠或改变自然的某种趋势，诀窍就是充分弄清楚自然的模式是如何组合在一起的，这样我们对这些模式的干预就会得到我们想要的结果。

坚守防线，防止悄悄开脱罪行

随着我们越来越多地了解人们是如何做出决定的，我们的赞扬和责备、惩罚和治疗、教育和用药这些制度所依据的假设将不得不做出调整，以尊重我们所知道的事实，因为有一点是明确的：基于明显谬误的制度和做法太脆弱，不值得信任。很少有人愿意把自己的未来押在一个自己已经看到其中存在裂痕的脆弱神话上。事实上，几个世纪以来，我们一直在逐渐改变对这些问题所持的态度。现在，我们在许多情况下会免除或减轻人们的罪行，而面对同样的情况，我们的祖先在处理时会更加严厉。这是进步，还是说我们对罪行变得更加宽容了？对于那些心生恐惧的人来说，这种修正看上去就像是侵害（erosion），而对满怀希望的人而言，这似乎又是一个越发开明的过程，但也有一个看待这个过程的中立视角。在进化论者看来，这是一个永远不会出现持久平静的动态平衡，它是一系列创新与反创新、调整与元调整（meta-adjustment）达成的相对稳定的结果，这场军备竞赛至少会产生一种进步：对自我的认识不断增加，对我们是谁、我们是什么，以及我们能够和不能做什么越来越熟稔。基于这一自我了解，我们一次又一次塑造和重塑我们的结论，确定我们应该做什么。

这是第 9 章留下来的一个有待回答的问题：认定一个人是真正有罪的恶棍（miscreant）究竟需要哪些条件，是否有人能真正满足这些条件？人无完人，而且，完美的**恶棍**这一概念面临着自我矛盾的风险，自苏格拉底以来，人们就已经明白了这一点。难道明知故犯的人不是必定**有些地方**不对劲吗？如果我们想要区分各种被免罪的异常表现——他不知道而且他无法控制自己，以及那些知道自己在做什么而且"出于其自己的自由意志"作恶的人，那我们应该如何在他们之间划出界限呢？如果我们把阈值设得太高，那么每个人都能脱身；而如果我们把阈值设得太低，我们最终惩罚的是替罪羊。自由意志论者针对这个问题提出的各种建议远远偏离了目标：神秘的行动者因果关系、实践推理能力中的量子不确定性、非物质灵魂或其他灵异木偶师操纵的道德悬浮。坦率地说，这些说法充其量只会诱使我们转移注意力，让我们把视线从一个困难的谜题，转向一个图省事的无法解开的谜团。那么，让我们再次回到这个问题上来：我们**要**如何划界，以及是什么让这条线在面对来自科学的所有压力时不会后退？

假设我们要设计一种能力倾向测试（aptitude test），针对思维的灵活性、常识、社会理解和控制冲动的能力进行测试，这些都可以说是道德能动性的最低要求。这样一个测试可以使我们对责任达成的默契认识所暗含的理想变得具有可操作性：普通的成年人都有责任，而你要么有，要么没有。我们在设计这个测试时可以让它有"天花板效应"：满分100分，你得到的分数不可能超过100分，而大多数人都会得到100分。（我们对超过这一阈值的能力差异没有合理的关切。缺乏想象力的史密斯可能不像他的同伙、聪明的琼斯那么清楚自己在做什么，但他的了解程度也足以让他承担责任。）这种策略的理由是明确而令人熟悉的，在机动车驾驶证等简单的应用中似乎很有效。你必须年满16岁（或15岁，或17岁……），你必须通过一项关于能力和相关规则知识的测试。之后，你就可以自由地上路驾驶了，并获得与其他驾驶员一样的待遇。随着我们就这一策略对公路安全产生的影响了解得越来越多，我们可以对其做出调整；夜间限行、驾驶证实习期、可确定残疾的例外情况或其他特殊情况，这些都可以在安全最大化和自由最大化之间的成本效益权衡中加以考量。

　　一般来说，在就免除或减轻责任的理由进行的辩论中，我们可以看到这样一个平衡过程在起作用。随着我们对身体或智力上的相关缺陷及其影响了解得越来越多，我们为重新确定个人相对于阈值的位置找到了一些依据，其方向通常是但不总是为某些迄今被明确判定有罪的人开脱罪行。这就产生了一种阈值永远在降低的现象，但我们需要更冷静地审视这一现象。例如，我们完全能够在不修改我们的哲学背景假设的情况下，对我们应监禁谁和应治疗谁的相关政策做出重大调整。毕竟，当我们发现监狱的某个人被错误定罪时，我们不会改变有罪和无罪的概念。我们将这个不幸的人从被认为有罪的人的集合中移除，但我们并没有改变集合成员的标准。正是因为我们坚持自己对有罪概念的标准理解，我们才承认这个人终究是无罪的。同样，基于新的证据，我们可以将一类人从那些被认为负有责任的人的集合中移除，同时不会改变我们的道德责任概念，尤其不会"侵害"这个概念。我们会发现，在我们的社会中，负道德责任的人比我们之前想象的要少。

　　那句让人焦虑的咒语又出现了："但这一切到哪里才是尽头？"我们不是在朝着一个完全"医疗化"（medicalized）的社会发展吗？在这样的社会里，没有人要负责，每个人都是其某种不幸背景特征（先天或后天）的牺牲品，难道不是这样吗？是的，我们不是在朝着这样的社会发展，因为存在着阻止这一趋势的力量——不是形而上学的神秘力量而是容易解释的社会和政治力量，这种力量与阻止最低驾驶年龄上升到比如说 30 岁的力量是一样的！人们希望负有责任。自由社会中拥有良好声誉的公民所获得的好处得到了全面认可，所以总有一种支持成为这类公民的强大假设。对错事负责任（blame）是我们为信誉付出的代价，在大多数情况下，我们很乐意为此付出代价。

我们付出了巨大的代价，在我们被抓到有某种违规行为后，我们接受惩罚和公开羞辱，以换取一个继续参与游戏的机会。因此，坚守防线以防止悄悄开脱罪行的最佳策略很明确：保护和提高拥有良好信誉的公民会参与的那些游戏的价值。会对社会均衡造成威胁的是这些好处受到的侵蚀，而不是人类和生物科学的进步。

总会有强烈的诱惑，让你自己变得非常渺小，从而将你的行动原因外部化并使你拒绝承担责任，抵制这些诱惑的方法是向人们提供一个他们无法拒绝的提议：如果你想要自由，你就必须承担责任。但那些可怜的懒汉（slob）又该怎么办呢？他们无法维系自己的生活，抵制诱惑方面的能力严重不足，很有可能会过上犯罪并受到惩罚的生活。这种只是伪装成自由选择的强制提议难道不是对他们不公平吗？他们不能真正履行自己的承诺，然后就会受到惩罚。他们可能会成为有用处的替罪羊，因为我们用他们树立的反面例子让人们对惩罚有了生动的预期，这实际上会对那些自制力稍微强一些的人形成威慑，但这不是明显不合理吗？毕竟，"他们不能不这样做"这句老生常谈在某种意义上适合这种情况，但正如我们将看到的，这种意义并不是不兼容论者所担心的那种意义。

在一些偶尔出现在公众面前的极端案例中，这种协商阈值的动态过程可能最为明显。比方说，我们应该如何处置被判有罪的恋童癖者？其累犯率惊人——显然"朽木不可雕"，如果让他们获得自由，他们可能会造成更大的伤害（Quinsey et al., 1998）。然而，研究表明，有一种治疗方法能够有效地让恋童癖者拥有自控力，让他们变得足够安全从而可以（在进一步监督下）重返社会：阉割。对一种可怕的状况采取的可怕的补救措施。这能合理吗？这是"残酷而不寻常的惩罚"吗？重要的是，许多被判有罪的恋童癖者自愿去阉割，作为一种远比无限期监禁更可取的选择。（如果将一个性犯罪者释放，让其进入某个社区，而这个社区的居民相当惊恐和愤怒，他们执意要成立治安维持会，将危险的人赶出城，对于这样的情况，人们较少听到关于残酷而不寻常的惩罚的抱怨。）这个问题远未得到解决，而且受多种因素的影响而变得复杂。阉割是通过阻止睾酮（testosterone）流入体内来达到主要效果的，可以通过化学方法或手术来实现。化学阉割需要反复注射，而且通常是可逆的，但药物有一些副作用；从某一方面来说，手术阉割并不容易逆转，但其对行为的主要影响可以通过自我注射睾酮来避免——如果有人真想这么做的话。但是为什么会有人想这么做呢？（例如，见 Prentky, 1997; Rosler and Witztum, 1998。）

　　阉割所具有的象征性影响显然是这个问题引发激烈反应的部分原因。如果手术切除（比方说）阑尾对接受手术者的自制力有同样显著的积极作用，那我们就很难相信还会有如此激烈的反对意见。依我的经验来看，在这样的背景下讨论这个问题会让一些读者感到头晕目眩。"他最终竟然主张阉割！"不，我提出这项策略是将其作为一个严肃的备选方案，但并未就其是不是最佳方案发表任何意见。毕竟，可能很快就会有一些更好的、不那么可怕的治疗方法。此外，为了便于论证，我们假设恋童癖者的累犯率为50%（与实际情况差不多），并假设许多恋童癖者自愿接受阉割，作为他们愿意为获得自由而付出的代价。其中大约一半是"不必要的"阉割：他们无论如何都不会再犯。问题是我们（现在）无法提前识别出这些人。但想必随着我们掌握的知识越来越多，这种情况会有所改善。在此期间我们应该做些什么呢？避免阉割有令人信服的理由，提倡阉割也有令人信服的理由。我以阉割为例，想让读者认真思考一下，他们有多么强烈的冲动想要"关闭"心智，调高他们"内心"的音量，以此来回应这样一个"无法言说"的提议。这是问题的一部分。有些人非常确信，他们会被引入一条万劫不复之路，他们就是无法让自己去思考这样的问题。哲学家应该不会受到这种压力的影响，他们置身象牙塔，不受外界的干扰，冷静地思考每一个可能的选项，但这是一个错误的想法。实际上，哲学家们相当喜欢扮演早期预警侦察员的角色，在想象中隐约出现的灾难得到机会成为焦点之前加以阻止。

阉割这个例子很有用，因为它暴露出双方的倡导者在思想上都有不一致之处。有些人急切地为自己寻找处方药，以帮助自己遵照食谱或控制血压，而这些是他们无法通过适当锻炼来控制的，但同时，他们拒绝接受那些面临其他诱惑的人使用此类高科技"拐杖"来增强或补充其意志力。如果他们认识到自己的弱点并采取一切可能的措施来增强自己的自制力这一点是理性的，也是负责任的，他们又怎么能贬低别人采取的同样的政策呢？近来出现的胃旁路手术（gastric bypass surgery）对于治疗一些强迫性饮食引起的慢性肥胖症似乎是一项重大突破，这是一项极端措施，但**今天**在许多地方，人们的普遍看法是，如果严重超重者拒绝接受手术，那就是不负责任的（Gawand, 2001）。随着我们更多地了解这对强迫性饮食者和周围社会环境及其态度产生的长期影响，这样的看法可能会改变。这种态度在设定自由选择的前提条件方面发挥着巨大作用。例如，贪食症（bulimia）和神经性厌食症（anorexia nervosa）等进食障碍在伊斯兰国家的女性中不太常见，因为与西方化国家的女性相比，伊斯兰国家中女性身体方面的吸引力起到的作用要小一些（Abed, 1998）。正如吉伯德指出的那样，即使是对社会规范做出微小修改，也可能会对个人如何思考他们所做的选择产生深远影响，这是区分人类选择和动物选择的一个关键特征。

假设你背上有一个很大的紫色斑点。这是一个生物特征，但可能不是一个非常重要的心理特征。假设这个很大的紫色斑点长在你的鼻子上。这是一个更大的不幸，因为虽然这两块色斑在生理上可能都是无害的，但长在你鼻子上的斑点无疑会极大地影响你的自我形象，因为它会影响别人如何看待你和对待你，影响你如何对这种对待做出反应，以及他们如何对这种反应做出反应，等等。长着紫色斑点的鼻子是个巨大的心理障碍。然而，这种障碍本身很容易被许多人认识到，这可能会让人们认可那些往往会将其影响降至最低，或至少对其影响加以引导的社会政策、做法和态度。这起初只是生物体的一个表面生物特征，继而变成了一个心理特征，进而又变成了更广阔世界的政治特征。这类事情在动物界并不多见。野外动物行为学家经常捕捉和标记他们研究的动物——为了在一段时间之后重新认出这些个体。成千上万只鸟的一条腿上曾被绑上彩色的带子，它们就戴着这样的彩色带子生活，也许有同样多的哺乳动物在耳朵上戴着明显金属数字标签的情况下生活，到目前为止，这些标记并不会严重干扰它们的生活，既不会减少也不会增加它们的机会。而如果一个人不得不在耳朵上戴着金属标签出现在公共场合，那他就必须对生活的希望和计划做出重大调整，因此，任何展示这一特征的决定——无论是自己施加的还是其他决定——都有一个政治维度。

这种对社会和政治影响的敏感性将人类能动性与动物能动性区分开来，也为人类责任提供了比量子不确定性更可靠的基础。我们目前关于责任的做法和假设所产生的政治谈判与决定论或一般的机械论无关，但确实涉及评估特定行动者和行动者类型的特征所具有的不可避免性或可避免性。这些真的是"朽木不可雕"吗？我们曾在第 3 章中提到，可以确定的是，在一个决定论性质的世界里，能力会随着时间的推移而增长，机会不断扩大，决定论性质的特定行动者利用这些机会的方式也在不断增加。如果某种思维模式采纳了决定论定义中关于可能性的狭隘设想——"在任何时刻，都只有一个物理上可能的未来"——那么就会完全看不到这种能力随着时间推移的增长。根据这一设想，在一个决定论性质的世界里，在任意时刻 t，除了被决定在时刻 t 要做的某件事情外，其他什么都做不了；而在一个非决定论性质的世界里，在任意时刻 t，行动者可以做许多不同的事情——至少两件，可以做这类非决定论性质所允许的那么多件事，这大概是一个深刻且不可改变的物理事实，不会被实践、知识或技术的变化干扰。如果我们按照这种方式来理解可能性，今天人们**能够做**的事情比过去人们能够做的事情更多这一显而易见的事实就消失了，然而这一事实不仅显而易见，而且还很重要。

事实上，未能处理好**这种**关于"能"的影响，现在是每派伦理理论家都面临的问题。伦理学中为数不多的几个不具争议性的命题之一（配得上它自己的简单口号）是"**应该意味着能**"——你只有做你能做的事情的义务。如果你坦率地说你不能做 X，那么"你应该做 X"这种看法就不是对的。有时人们认为，就在这里，我们看到了自由意志和责任之间的根本（也是显而易见的）联系：因为我们只能对我们**力所能及的**事情负责，并且因为如果决定论是真的，我们就**只能做**我们被决定要做的事情，不存在我们**应该**要做其他事情这种情况，没有其他事情是在我们力所能及的范围内的。但与此同时，更明显的是，在人类近代史上，"**能做**"（can-do）的事情呈爆炸式增长，正使我们关于人类义务的许多传统道德观念变得过时，这与任何关于决定论和非决定论的考虑完全无关。具有道德重要性的"能"的意义并不是依赖于非决定论的"能"的意义（如果有的话）。

假设一个有能力但患有疾病的成年人向你求助，让他的活体进入低温休眠状态（cryogenic suspension of life），以等待将来人们发现某种治疗这种疾病的方法，但可能性很小。这岂不是辅助自杀？今天，我们可以说这就是在辅助自杀；明天，这可能显然就是正当行为，就像帮助一个马上要接受可能会挽救其生命的手术的人进行麻醉一样。我们过去从不需要担心克隆、无处不在的电子监控、运动员使用的致幻类药物或胚胎的基因增强的伦理问题，也从来不需要太担心增强人类行动者自我控制能力的有效假体的前景，但随着这些创新的出现，我们需要对责任有一个足够强大的理解，以便优雅地适应这些新变化。

"谢谢，我需要！"

能够实现这一点的关键视角转换是斯蒂芬·怀特（Stephen White）在《自我的统一》（*The Unity of the Self*，1991，第 8 章，"道德责任"）一书中描述的一种倒置。他认为，不要试图用形而上学来为伦理学奠定基础，而是要反过来，用伦理学来确定我们的"形而上学"标准应该是什么意思。首先，说明如何能有内部证成（internal justification）来支持某个行动者默许对自己的惩罚——实际上就像是在说："谢谢，我需要！"——然后利用这种理解来锚定并支持对我们的关键表述（**本来能够不这么做**）所做的一种解读："一个行动者本来能够不做他或她所做事情的假设前提是，由于行动者的上述行动，我们有理由将责任和责备归于这个行动者。"（White, 1991, p. 236）换句话说，自由意志值得追求这一事实可以用来锚定我们的自由意志概念，而在某种程度上，形而上学无法做到这一点。基本论点旨在涵盖所有道德上的赞扬和责备，但我们可以简化推理，比如我们可以重点研究那些权力机构（"国家"）做出处罚的案例，它们可以代表类型更广泛的案例，在这些案例中，尽管并没有发生**犯罪行为**，但一个人可能会因其不端行为受到另一个人的责备。在许多类型更广泛的案例中，除了被责骂（或者只是被怨恨、被认为很不好）之外，可能没有预期的惩罚。我们可以通过不时地在法律背景（美国诉琼斯案）和道德背景（比方说，家长告诫孩子）之间进行切换，来研究争论的普遍性。

怀特认为，理想的惩罚制度是，**在被惩罚者看来**，每一项惩罚都是合理的。它预先假设了有资格受到惩罚的行动者足够聪明、理性、有见识，所以完全有能力对据称是这项惩罚的正当理由的依据做出判断。他们（想象中的）对自己接受惩罚的默许为设定阈值提供了一个参考或支点。那些没有能力做出这样判断的人，自然也不能在不受监督的情况下享受公民自由，所以我们不会责备他们（如果他们是年幼的孩子，现在还不会）。那些完全有能力理解并接受正当理由的人，无疑就属于应受惩罚的恶棍——他们自己也这么说，我们没有合理的理由拒绝相信他们的话。剩下的就是那些显然有能力但拒绝默许的人。这些都是问题案例，但他们受到了两个方面的挤压：一方面，他们想必渴望成为有能力的公民，并享受其诸多好处；而另一方面，他们害怕受到惩罚，而若要逃避惩罚，他们就只能宣称自己十分渺小或让自己展现得太过渺小。（如果你让自己变得非常渺小，你就几乎可以将一切外部化。）怀特狡猾地指出，即使是理性的精神病患者也会有内部证成来支持惩罚精神病患者的法律，因为这些法律保护他免受其他精神病患者的伤害，并让他尽可能自由地追求自己的利益。

无论是否真的举行这样的辩解仪式，我们都可以想象这样的场景。假设你就是罪犯。国家实际上是在对你说："你犯错了。真不走运。但为了国家的利益，特此要求你接受惩罚。"你听到了指控、证据、判决。我们不妨假设，你的罪名成立。（该制度的制衡机制将继续向国家施压，使其妥善处理案件，也鼓励你使用这一推定为自己辩护。）但现在的问题是，你是否应该对所犯下的罪行负责。我们**可以**用一个问题来表述这一点："你本来能不这样做吗？"但我们不会寻求形而上学家或量子物理学家的证言。我们会寻找能证明你有能力的**具体**证据，或者是可以减轻罪行的情节。特别是考虑这样一种辩护：列举你无法控制的因素，例如，在你出生前很多年就已经存在的因素。只有在你不可能知道的情况下，这些因素才有价值。如果你知道你建造房子的那块土地在 100 年前就被工厂垃圾污染了，或者**如果你本应该知道这一点**，你就不能把它作为一个你无法控制的因素加以引用。但你本来能知道吗？（"应该"意味着"能"。）随着我们越来越有能力了解相关知识，知道哪些因素在我们的行动中起着因果作用，我们就对那些不了解的外部因素（例如，受到污染的土壤）和内部因素（例如，你痴迷于赚快钱这一点是出了名的——你本应该对此做些什么！）负有越来越多的责任。"我不能不这么做"这一辩词在过去是可以被接受的，但现在就不会被接受了。按照社会的普遍态度，对于所有你希望负起一定责任的事情，你必须掌握其最新知识。

国家请你默许对你的惩罚，当然，你可能不会默许，但如果国家做得对，你就应该默许。也就是说，国家可以给你提供一个它能坦然为自身行为辩护的理由。如果你不理解，那是你的问题。如果很多人都不理解，那就是国家的问题；他们把阈值设得太低了，或者在用其他方式制定法律方面做得很糟糕。在非理想的现实世界里，有些人无法理解这个理由，或者他们是由于被洗脑或受到胁迫才默许的，对于这些处于界限不明地带的情况，我们要如何处理呢？一些受到惩罚的犯罪者缺乏默许自己接受惩罚的能力，存在这类犯罪者的非空集合是**不可避免的**，但这个集合不是**不可避免地会很大**。事实上，商定阈值的系统有个很好的特性，那就是它能**随着时间的推移**进行调整，从而将那些被错误分类的犯罪者集合最小化。如果我们发现误判的情况，我们会将其作为修订我们政策的依据，当我们发现有些类别的人处于当前捍卫的自我控制阈值以下时，我们就会面临一个政治问题，它与我们面临的是否要调整驾照规则的问题是一样的。如果新技术（手术、药物、治疗、假体装置、教育系统或警示灯……）能够有效调整那些低于阈值者的能力，我们将面临是否利大于弊的成本效益权衡。

恋童癖者能不恋童吗？有些可以，有些则不能，我们应该考虑能够采取什么措施，让更多的后一类人转入前一类。那些能不这样做的人就是那些**如果**他们犯了错就会坚持自己有**权**受到惩罚的人。当他们提出这一主张时，我们不应该预先判断他们是否有能力这样做——尽管这会是审判中的一个问题。但任何过错本身的出现，难道不会说明他们本来**不能**不这么做吗，至少在这种特定的情况下不能不这么做？不是的。这是通过不正当的方式回到了"能"这个词的狭义概念。我们将这个词更广义的概念牢牢固定在我们的实践中，**让这些人**承担责任。在相关意义上，他们本来可以不这么做。（回想一下第 3 章中关于这个现象的更简单的版本：没有走出王车易位的国际象棋程序本可以采用这个走法——尽管这个程序是在一个决定论性质的世界中运行的，因此当面对**完全相同的**情况时，它将永远不会走王车易位这步棋。）

然而，在已经知道很有可能会有一些累犯的情况下，采取这项政策难道不会过于冒险吗？也许是的，但这是一个关于我们准备承受多大风险的政治问题，而不是一个关于恋童癖者究竟是否拥有某种形而上学的自由意志的哲学问题，甚至不是一个关于恋童癖者为什么会这样做的科学问题。随着我们对易导致恋童癖的神经化学、社会和基因方面的条件（以及这些条件的可避免性不断变化的范围）了解得越来越多，我们肯定会减少将这些人从监禁中释放出来所带来的不确定性，因此也降低了这么做造成的风险，但风险总是存在的。而这里的政治问题是，作为一个社会整体，我们愿意为维持我们的自由承受多大风险。

几个世纪以来，我们一直遵循着这样一条规则：任何人都不能因为**可能犯罪**而受到惩罚或被拘留。但我们一直都很清楚，这条值得赞赏的规则是有风险的。当一位向来守法的公民携带危险武器接近其意欲加害的对象时，我们应该怎么做呢？我们什么时候可以介入？我们的同胞在什么时候丧失了不受干涉的自由？在我们对他采取行动之前，他有**权**先采取行动吗？随着我们对概率及其依据的条件了解得越来越多，为了公共安全调整我们这条值得赞赏的规则所面临的压力就会越来越大。请注意，我们在法律方面有许多巧妙的创新已经实现了这个目的——它们为那些走上通往主要犯罪道路的人创造了一些新罪名，从而保留了这条值得赞赏的规则。比方说，我们制定了一项法律，禁止人们在公共场合携带某些危险武器，或者将共谋实施另一项犯罪定为一项新罪名。如果患有某些疾病的人在申请某些高风险职位时隐瞒这一事实，这就已经构成了一种犯罪。我们有办法让个人肩负起知情的重担，这样他们就能够做出等同于恋童癖那种可怕选择的决定。而且（这是要点），如果我们坚持要求这些创新必须通过"谢谢，我需要！"的测试，我们就可以维护我们的责任制度；我们可以阻止悄悄开脱罪行的幽灵。问问你自己。假设你**知道**（因为有许多有益的科学知识）自己患有一种疾病，这种疾病让你极有可能以某种方式伤害他人，除非你接受Z治疗，这会让这样的灾难更加**可避免**；假设接受这种治疗（几乎）保留了你所拥有的所有能力。你愿意接受这种治疗吗？如果有一项法律将接受这种治疗作为你继续拥有自由的条件，那么你会支持这项法律吗？换句话说，你确定在这些条件下你有**权**先发制人吗？你可以在接受审判时说："尊敬的法官，我患有一种疾病，这不是我能控制的！我不能不这么做。"但如果你知道有这个治疗机会，那你这么说就太不诚实了。如果必须要在儿童时期，也就是在达到知情同意年龄之前接受这种治疗，那该怎么办呢？我们是否已准备好考虑这种先发制人干预措施的伦理智慧？在全面认可这项"公共健康"措施之前，我们需要什么样的证据标准呢？（我们已经有了强制接种疫苗的法律，尽管我们相当确信，一些儿童会对疫苗产生不良反应，甚至可能会残疾或者死亡。）我们知道的越多，我们能做的就越多；我们能做的越多，我们面临的义务就越多。我们可能会怀念过去的美好时光，无知在那个时候是个比现在更好的借口，但我们无法让时光倒流。

现在是时候回顾第1章中那位倒霉父亲的困境了，他对自己孩子的死亡负有责任，不是吗？想必每个人都有一个崩溃点（breaking point）；那些碰巧遇到其个人崩溃点的人就崩溃了！仅仅因为**其他**人在面对相同的困境时不会崩溃，就追究他们的责任并惩罚他们，这怎么可能公平呢？他不就是运气不好吗？如果你没有屈服于诱惑，没有被一些阴谋利用弱点，这难道不是你的好运气吗？是的，运气在我们的生活中一直很重要，但既然我们知道这一点，我们就会采取我们认为合适的预防措施，将运气的不利影响降至最低，然后对发生的所有事情负责。我们可以注意到，如果一个人让自己变得非常渺小，他就可以将其生命中的这一整段经历都外部化，几乎将它变成一场噩梦，一件发生在他身上的事情，而不是他做过的事情。或者，他可以让自己变得很庞大，然后面对一个更艰巨的任务，那就是构建一个未来的自我，这个自我的传记中记载着这一可怕的疏忽大意的行为。这取决于他，但我们可能希望他能从朋友那里得到一点帮助。这确实是凯恩让我们注意的那种自形成行动的机会，我们人类是唯一有能力做出自形成行动的物种，但这些行动没有必要是非确定的。

我们是否比我们想要的更自由？

> 也许，如果我们看到了看似理想的探究会得到什么样的结果，那么对于什么使探究变得理想这个问题，我们就会有不同的看法。在任何情况下，如果这样的方法奏效，那么它一定是慢慢地奏效，并在许多方面付出艰苦的努力。
>
> ——艾伦·吉伯德，《明智的选择，适宜的感受》

尼古拉斯·马克斯韦尔（Nicholas Maxwell, 1984）将自由定义为"在各种情况下实现某种价值的能力"。我认为这算是对自由做出的最好的简短定义了。特别是，这个定义非常恰当地让"什么是有价值的"这个问题存而不论。我们拥有一种独特的能力，可以重新思考我们最深刻的信念——什么让生活有价值。这使我们必须认真对待这样一个发现：我们可以考虑的东西没有明显的限制。一切都是可以争取的。对一些人来说，这是一个可怕的前景，打开了通往虚无主义和相对主义的大门，舍弃了上帝的戒律，冒着陷入混乱（anarchy）状态的风险。**让那只乌鸦闭嘴！**

我想，他们应该对自己的人类同胞更有信心，并认识到他们的敏锐和机灵是多么惊人，自然和文化使他们拥有了多么出色的能力，这让他们能够制定和参与精心设计的社会安排——使所有人最大限度地享受自由。这样的安排根本不是混乱的，而是（而且必须是）经过精心调整的，以便在庇护与活动空间之间达成稳定的平衡。如果我们无法实现普遍性（智人的一个沙文主义词语，指的是得到整个物种的接受），我们至少可以追求艾伦·吉伯德所说的"在最广泛的教区施行的教区制度"（Gibbard, 1990, p.315）。但我们或许能够实现真正的普遍性。我们已经在其他领域做到了这一点。哲学家们的问题是要成功实现从"是"到"应该"的转变，或者更准确地说，是要说明我们如何超越"仅仅是历史"的事实——某些习俗和政策事实上已经得到社会的广泛认可，并一直走到成为所有理性行动者都认可的规范这一步。这一举措有些成功的案例已为人们所知。自举在过去是奏效的，在这里也可以发挥作用。我们不需要天钩。

我们不妨研究一下画直线这个有点奇怪的问题。要画出一条真正的直线。我们该怎么做呢？当然，我们要用直尺。我们从哪儿得到的直尺呢？几个世纪以来，我们不断改进技术，制造出越来越直的"直尺"，让它们在受监督的试验和相互调整中竞争，从而不断提高精确度的阈值。我们现在有了大型机器，它们在整个长度上的精确度都在百万分之一英寸以内，我们可以毫不费力地利用我们当前的有利条件，来理解实际上无法达到但很容易想象到的真正直尺的标准。我们通过创造性的活动发现了这一标准，如果你愿意，也可以称其为永恒的"柏拉图式直线相"（Platonic Form of the Straight）。我们还发现了算术，以及许多其他永恒的、绝对的真理体系。正如吉伯德所说，我们可能找不到一个限制我们对道德体系追求的类似极限点，但一旦我们有了自由社会的理想，可以在其中自由地探寻，那我就看不到有什么先验理由能排除这种可能性了。这些人类发现（或者是发明？）中隐含的规范性本身就是基因和文化进化过程的成果之一，而正是这些进化过程将我们设计成了现在的样子，利用数十亿次偶然的碰撞并将它们放大（就像弗朗西斯·克里克所称的，是一部"冻结偶然性"的历史），融入我们现在的状态。我们的模因工程在群体中已经进行了数千年，而且今天仍在继续，本书不过是这个过程的一部分。它没有能够撬动地球的阿基米德杠杆，但它也许可以帮助我们完善对自己和我们所处环境的理解。

正如我们已经看到的，发现真相所必需的思想自由和行动自由是更广泛的政治自由或公民自由理想的先导，这显然是一种很容易传播的模因。幸好，这比狂热更有感染力。秘密已经泄露了。从长远来看，强迫人们处于无知状态是不可能取胜的。你不可能轻易地让人们不接受教育。随着通信技术让领导人越来越难以让自己的人民免受外界信息的影响，随着 21 世纪的经济现实越来越清楚地表明教育是父母对孩子最重要的投资，世界各地的闸门都将打开，掀起阵阵波澜。所有流行文化的糟粕，所有堆积在自由社会角落里的垃圾和渣滓，将与现代教育、女性的平等权利、更好的医疗保健、工人权利、民主思想和对其他文化的开放性等珍贵财富一同"淹没"这些相对原始的地区。资本主义和高科技那些最糟糕的特征是这场模因数量激增中部分最强大的复制因子，也将会有充分的理由产生仇外心理、卢德主义和落后的宗教激进主义的诱人"保健"。

正如贾雷德·戴蒙德在他的《枪炮、病菌与钢铁》中所说明的那样，正是欧洲的细菌将西半球的人口带到了灭绝的边缘，因为这些人没有对这些细菌形成耐受性的历史。接下来的百年，将会是我们的模因——无论是补药还是毒药——对这个毫无准备的世界造成严重破坏。**我们**能承受有毒的过度自由，但我们不能假设别人也有这种能力，也不能简单地把这种能力作为另一种商品向他们输出。任何人都拥有几乎无限的可教育性（educability），这给我们带来了成功的希望，但设计和实施抵御灾难所需的文化免疫接种同时尊重需要接种者的权利，将是一项非常复杂的紧迫任务，不仅需要有更好的社会科学，还需要有敏感性、想象力和勇气。扩大公共卫生领域，将文化卫生也纳入其中，这将是 21 世纪面临的最大挑战。*

---

* 前面两段的内容摘自我的其他作品（Dennett, 1999B）。

人类的自由是脆弱的

鲸鱼在海洋中畅游，鸟儿在天空中欢快地飞翔，此外，还有个古老的笑话说，一只重达500磅*的大猩猩可以坐在任何它想坐的地方，但这些生物没有一个能拥有人类所拥有的那种自由。人类的自由不是一种幻觉；它是一种客观现象，有别于所有其他生物条件，只存在于一个物种身上，这个物种就是我们。从以人类为中心的视角，以及从能够采取的最客观的那些立场（objective standpoints，这里的复数形式很重要）出发，我们都可以看到自主的人类行动者与自然界的其他群体之间的差异。人类的自由是真实的，就像语言、音乐和金钱一样真实，所以我们可以从严肃、科学的角度客观地研究它。但就像语言、音乐、金钱及其他社会产物一样，它的持续存在也受到我们对其的看法影响。因此，我们虽然试图冷静地研究它，却被一种焦虑扭曲了，因为我们担心自己会笨拙地在显微镜下杀死标本。

人类的自由比人类这个物种更年轻。它最重要的一些特征只有几千年的历史——在进化史上只是短暂的一瞬，但在这么短的时间里，它就像创造富氧大气和多细胞生物等重大生物学转变一样，显著地改变了地球的样子。自由必须像生物圈的其他所有特征一样进化而来，而且今天仍在继续进化。现在，在世界上一些幸福快乐的地方，自由是真实的，那些热爱自由的人对自由的热爱是明智的，但它并不是不可避免的，也不是普遍的。如果我们更清楚地了解自由是如何产生的，我们就可以为了未来而保护它，保护它免受其众多天敌的伤害。

我们的大脑是由自然选择设计的，我们大脑的所有产物同样都是由物理过程在一个更短的时间尺度上设计出来的，在这样的物理过程

---

* 1磅=453.6克。——编者注

中，我们无法发现任何不符合因果关系的例外情况。那么，我们的发明、我们的决定、我们的罪恶和成功，与蜘蛛那美丽但无关道德的网有什么不同呢？一个作为和解礼物而精心制作的苹果派，与一个苹果——进化"巧妙"设计出的产物，吸引食果动物以传播其种子来换取一些果糖——在道德上有什么不同呢？如果这些只被当作反问句，这意味着只有奇迹才能将我们的创造物与物质机制那些盲目的、无目的的创造物区分开来，那我们还将继续在茫然的神秘旋涡中围绕着自由意志和决定论的传统问题不停打转。人类的行为（爱和天才的行为，以及犯罪和罪恶）无论是否发生随机转向，都与原子中发生的事情相距太过遥远，我们无法一看便知如何将它们放入一个连贯的框架中。几千年来，哲学家们已试着采取一两个大胆的举措来弥合这个鸿沟，要么把科学放回它的位置上，要么把人类的自尊放回它的位置上——或者（正确但不令人信服地）宣称这种不兼容只是表面上的，而并没有具体说明。通过尝试回答这些问题，通过勾勒出一条非奇迹的路径，带领我们从无意义的原子走向自由选择的行动，我们为想象力找到了"抓手"。自由意志和科学（决定论性质或非决定论性质——不会带来差别）之间的兼容性并不像它曾经看起来的那样不可思议。

这本书研究的主题并非仅是学术难题、充满趣味的待解概念之谜或尚无出色理论解释的奇怪现象。许多人认为它们是生死攸关的问题，这就使它们成了生死攸关的问题，因为人们的恐惧往往会放大不同分析的所谓影响并扭曲论证，让它们成为生硬的宣传工具，无论好坏。"自由"这个词引起的情感共鸣就像"上帝"这个词引起的共鸣一样，一定会有许多坚定的支持者，急于揪住任何错误的举动、任何威胁以及任何让步。其结果是，传统常常坐享其成，或者接近这样。人们往往认为，应尽可能不去审查那些传统认可的学说，并认为这是一种策略上的智慧，因为如果我们质疑它们，就只会是在捅马蜂窝。因此，传统思想在很大程度上并没有受到挑战，得以一直延续，而且多年来披上了一件光鲜亮丽的外衣，看似坚不可摧，却是虚假的。

在许多思想家的帮助下，我已试着说明，我们能够也应该用更具自然主义特点的基础来取代这些神圣但脆弱的传统观念。放弃一些受尊重的准则是可怕的，比如放弃想象中决定论和自由之间的冲突，或者放弃承担责任的奇迹般"自我"或"灵魂"带来的虚假安全感。哲学分析本身不足以促使我们的思想发生如此剧烈的转变，即便从根本上来说它是正确的，也许这本由哲学家撰写的书最新颖之处在于书中突出了非哲学家们的工作。我一直认为，哲学家——**作为哲学家**，声称对自己的研究主题尽职尽责有个必要条件，那就是要认真关注丹尼尔·韦格纳和乔治·安斯利等心理学家，罗伯特·弗兰克等经济学家，理查德·道金斯、贾雷德·戴蒙德、爱德华·威尔逊和戴维·斯隆·威尔逊等生物学家的思想，以及其观点在本书中起到了重要作用的其他人的思想。当然，我不是唯一持这种观点的哲学家。乔恩·埃尔斯特（Jon Elster）、艾伦·吉伯德、菲利普·基切尔（Philip Kitcher）、亚历山大·罗森堡（Alexander Rosenberg）、唐罗斯、布赖恩·斯科姆斯、金·斯蒂尔尼和埃利奥特·索伯这些杰出的哲学家，在阐明科学和哲学的过程中，比我更深入地探索了这些丰富的哲学资源。

我不仅把大量的注意力放在了非哲学家的思想上；在这个过程中，我还忽略了不少备受推崇的哲学家的思想，回避了甚至没有提及我自己研究的学科中几个激烈争论的问题。对于那些辩论的参与者，我应该给他们一个解释。有些人可能会问，我用以证明他们精心做出的分析不可靠的我的反驳、我的证据和我的哲学论点都在哪里？我给出了几个例子，例如，奥斯汀的推杆、凯恩的实践推理能力，以及米尔的自主性，都得到了哲学家们期望的那种详细说明。至于其他人，我决定把举证责任交给他们。开展哲学争论的条件是要有一定的共同背景假设，我已经让自己相信——不是证明——我的通俗故事和观察挑战了他们的一些基础假设（enabling assumption），让他们的争论变得可有可无，虽然这些争论对那些卷入其中的人来说很有趣。我本可以准确地解释方式和原因，但这将需要用100多页或更长篇幅的文字来解释和论证，最终将其判定为虚假警报，一个要避开的扫兴结局。对我来说，这是一个冒险的决定，因为他们可以证明，我严重低估了他们共同预设的不可避免性，但我准备冒这个险。

我写这本书的目的是要证明，如果我们接受了达尔文的"奇怪的倒置推理"，我们就可以在关于道德和意义、伦理和自由的问题上建立起人类最好、最深刻的思想。进化的观点根本就不是这些传统探索的敌人，而是不可或缺的盟友。我并不是要用某种达尔文式的**替代方案**来取代伦理学方面的大量成果，而是要将这些成果建立在它应有的基础上：一种关于我们在自然界所处位置的现实的、自然主义的、可能统一的展望。要想认识到我们作为反思、交流的动物的独特性，不需要任何必须向达尔文挑衅地挥舞拳头的人类"例外主义"（exceptionalism），也不需要避免从那种表述优美、以经验为基础的思想体系中获得洞察力。我们能够理解我们如何比其他生物拥有更大的自由，也可以看到这种提升的能力是如何带来道德意义的：**位高则任重**（noblesse oblige）。我们拥有决定接下来要做什么的最佳条件，因为我们拥有最广泛的知识，从而有了看待未来的最佳视角。我们的星球未来会发生什么取决于我们所有人，取决于我们所有人的共同推理。

关于资料来源和扩展阅读的说明

罗伯特·凯恩的选集《牛津自由意志手册》(*The Oxford Handbook of Free Will*, 2001)收集了近年来哲学文献的主要作者受委托撰写的最新文章,读者可以借此就本书所涵盖的主题进行有效的三角互证(triangulation)。

昆西(Quinsey)等人在《暴力罪犯:风险评估和风险管理》(*Violent Offenders: Appraising and Managing Risk*, 1998)一书中对惩罚和累犯问题做了很好的研究,这本书运用了复杂的统计学方法,对预测和治疗的相关内容进行了概述,其中特别关注精神病患者。最引人注目的发现之一是,在被监禁期间接受社交敏感性和人际关系培训的精神病患者在获释后**更**有可能实施暴力犯罪:"因此,我们推测,患者从强化培训中学到了很多,但精神病罪犯将他们的新技能完全用在了让人意想不到的用途上。"(p. 89)哲学家们需要重新思考他们在讨论精神病患者和其他有问题的罪犯时通常援引的基础假设——过度简化。像往常一样,哲学家们那些不受事实约束的空想在如此微妙而重要的一系列问题上起不到任何作用。

斯蒂芬·怀特的《自我的统一》——特别是其中的第8章和第9章——包含了对我在这里粗略说明的一些问题做出的更加详细、尖锐的分析,并提出了应该能让怀疑论者满意的论点,特别是关于他提出的倒置的必要性和合理性的论点。我尤其赞赏他对处理这些问题的早期哲学尝试的缺点的分析。

韦恩·穆尔(Wayne Moore)的《机械精度基础》(*Foundations of Mechanical Accuracy*, 1970)是一本关于自举过程历史的

精彩作品，书中介绍的自举过程产生了如今（好吧，是 20 世纪 70 年代的）直线度（straightness）和精确度（precision）的标准。

本书的一些读者会觉得书中缺少对人类创造性和创作者的说明。这是我在 2000 年 12 月向美国哲学协会东部分会发表的主席致辞的主题（Dennett, 2000B）。

菲利普·佩蒂特（Philip Pettit）在《自由理论：从心理学到能动性政治》（*A Theory of Freedom: From the Psychology to the Politics of Agency*, 2001）中，以及罗伯特·诺齐克（Robert Nozick）在他的最后一本书《不变性》（*Invariances*, 2001）的最后一章"伦理学谱系"中，都对自由意志与政治自由之间的关系进行了深入研究。阿马蒂亚·森（Amartya Sen）在《以自由看待发展》（*Development as Freedom*, 1999）一书中说明了文化，特别是政治组织和经济组织的文化在维护和增进自由方面的作用。

就在我为本书做最后的润色时，我收到了一本默林·唐纳德（Merlin Donald）的新书《如此罕见的心智：人类意识的进化》（*A Mind So Rare: The Evolution of Human Consciousness*, 2001）。唐纳德在第一页明确表示，他认为这本书是我的《意识的解释》和《达尔文的危险思想》这两本书的某种解药。然而，唐纳德这本书的最后一章——"意识的胜利"——甚至也可以作为本书的最后一章。这怎么可能呢？因为唐纳德和许多人一样，大大低估了达尔文的"奇怪的倒置推理"带来的极大好处。他在序言中说："这本书提出，在这个星球上，人类的心智是独一无二的，不是因为它的生物学方面（性质上并非独一无二），而是因为它产生和吸收文化的能力。"（p. xiii）这一点儿都没错。

参考文献

Abed, Riadh, 1998, "The Sexual Competition Hypothesis for Eating Disorders," *British Journal of Medical Psychology,* 17:4, pp. 525-47.

Ainslie, George, 2001, *Breakdown of Will,* Cambridge: Cambridge University Press.

Akins, Kathleen, 2002, "A Question of Content," in *Daniel Dennett,* Andrew Brook and Don Ross, eds., Cambridge: Cambridge University Press, pp. 206-46.

Allison, Henry A., 1997, "We Can Act Only under the Idea of Freedom," *Proceedings of the American Philosophical Association,* 71:2, pp. 39-50.

Astington, Janet, P. L. Harris, and D.R.E. Olson, eds., 1988, *Developing Theories of Mind,* New York: Cambridge University Press.

Aunger, Robert, ed., 2000, *Darwinizing Culture: The Status of Memetics as a Science,* Oxford: Oxford University Press.

———, 2002, *The Electric Meme: A New Theory of How We Think and Communicate,* New York: Free Press.

Austin, John, 1961, "Ifs and Cans," in *Philosophical Papers*, J. O. Urmson and G. Warnock, eds., Oxford: Clarendon Press.

Avital, Eytan, and Eva Jablonka, 2000, *Animal Traditions: Behavioral Inheritance in Evolution*, Cambridge: Cambridge University Press.

Baker, Nicholson, 1996, *The Size of Thoughts: Essays and Other Lumber*, New York: Random House.

Baron-Cohen, Simon, 1995, *Mindblindness: An Essay on Autism and Theory of Mind,* Cambridge, MA: MIT Press.

Baron-Cohen, Simon, H. Tager-Flusberg, and D. Cohen, eds., 2000, *Understanding Other Minds: Perspectives from Developmental Cognitive Neuroscience*, Oxford: Oxford University Press.

Behe, Michael, 1996, *Darwin's Black Box: The Biochemical Challenge to Evolution,* New York:

Free Press.

Berry, Michael, 1978, "Regular and Irregular Motion," copyright American Institute of Physics, available on his Web site: http://www.phy.bris.ac.uk/staff/berry-mv.html, ISSN 0094-243X/78/016/$1.50.

Bingham, Paul M., 1999, "Human Uniqueness: A General Theory," *Quarterly Review of Biology*, 74, pp. 133-69.

Binmore, K. G., 1998, *Game Theory and the Social Contract*, Vol. 2: *Just Playing*, Cambridge, MA: MIT Press.

Blackmore, Susan, 1999, *The Meme Machine*, Oxford: Oxford University Press.

Boone, James L., and Eric Alden Smith, 1998, "A Critique of Evolutionary Archaeology," *Current Anthropology*, 39, Supplement, pp. 104-51.

Boyd, R., and P. Richerson, 1992, "Punishment Allows the Evolution of Cooperation (or Anything Else) in Sizable Groups," *Ethology and Sociobiology*, 13, pp. 171-95.

Boyer, Pascal, 2001, *Religion Explained: The Evolutionary Origins of Religious Thought*, New York: Basic Books.

Burkert, Walter, 1996, *Creation of the Sacred: Tracks of Biology in Early Religions*, Cambridge, MA: Harvard University Press.

Cabell, James Branch, 1919, reprint 1929, *Beyond Life: Dizain des Démiurges*, R. M. McBride.

Calvin, William, 1989, *The Cerebral Symphony: Seashore Reflections on the Structure of Consciousness*, New York: Bantam.

Campbell, Donald, 1975, "On the Conflicts Between Biological and Social Evolution and Between Psychology and Moral Tradition," *American Psychologist*, Dec., pp. 1103-26.

Cartmill, Matt, 1993, *A View to a Death in the Morning: Hunting and Nature through History*, Cambridge, MA: Harvard University Press.

Chisholm, Roderick, 1964, reprint 1982, "Human Freedom and the Self," The Lindley Lecture, University of Kansas, reprinted in *Free Will*, Gary Watson, ed., Oxford: Oxford University Press.

Churchland, Patricia S., 1981, "On the Alleged Backwards Referral of Experiences and Its Relevance to the Mind- Body Problem," *Philosophy of Science*, 48, pp. 165-81.

Churchland, Paul, 1995, *The Engine of Reason, The Seat of the Soul.* Cambridge, MA: MIT Press.

Clark, Thomas, 1999, "Review of *The Volitional Brain*," in Libet et al., pp. 271-85.

Cloak, F. T., 1975, "Is a Cultural Ethology Possible?" *Human Ecology*, 3, pp. 161-82.

Coleman, Mary, 2001, "Decisions in Action: Reasons, Motivation, and the Connection Between Them," Ph.D. dissertation, Philosophy Department, Harvard University.

Cronin, Helena, 1991, *The Ant and the Peacock: Altruism and Sexual Selection from Darwin to Today*, Cambridge: Cambridge University Press.

Darwin, Charles, 1859, *On the Origin of Species by Means of Natural Selection*, London: Murray (Harvard University Press facsimile edition).

Dawkins, Richard, 1976, 2nd ed. 1989, *The Selfish Gene*, Oxford: Oxford University Press.

————, 1982, *The Extended Phenotype: The Gene as the Unit of Selection*, San Francisco:

Freeman.

—————, 1993, "Viruses of the Mind," in *Dennett and his Critics,* Bo Dahlbom, ed., Oxford: Blackwell.

—————, 1996, *Climbing Mount Improbable*, New York: Norton.

Dennett, Daniel C., 1975, "Why the Law of Effect Will Not Go Away," *Journal for the Theory of Social Behaviour,*5, pp. 169-87.

—————, 1978, Brainstorms: *Philosophical Essays on Mind and Psychology,* Montgomery, VT: Bradford Books.

—————, 1984, *Elbow Room: The Varieties of Free Will Worth Wanting,* Cambridge, MA: MIT Press and Oxford University Press.

—————, 1987, *The Intentional Stance,* Cambridge, MA: MIT Press.

—————,1990, "The Interpretation of Texts, People, and Other Artifacts," *Philosophy and Phenomenological Research,* 50, pp. 177-94.

—————, 1991A, *Consciousness Explained*, Boston: Little, Brown.

—————, 1991B, "Real Patterns," *Journal of Philosophy,* 88, pp. 27-51, reprinted in *Brainchildren.*

—————, 1993, "Learning and Labeling" (commentary on "The Cognizer's Innards," by A. Clark and A. Karmiloff-Smith), *Mind and Language,* 8:4, pp. 540-47.

—————,1995, *Darwin's Dangerous Idea: Evolution and the Meanings of Life,* New York: Simon & Schuster.

—————, 1996A, *Kinds of Minds: Toward an Understanding of Consciousness*, New York: Basic Books.

—————, 1996B, "Cow-sharks, Magnets, and Swampman," *Mind & Language,* 11:1, pp. 76-77.

—————, 1996C, "Producing Future by Telling Stories," in K. Ford and Z. Pylyshyn, eds., *The Robot's Dilemma Revisited: The Frame Problem in Artificial Intelligence*, Norwood, NJ: Ablex, pp. 1-7.

—————, 1997A, "Appraising Grace: What Evolutionary Good Is God?" (review of *Creation of the Sacred: Tracks of Biology in Early Religions*, by Walter Burkert), *The Sciences*, Jan./Feb., pp. 39-44. (A longer version, entitled, "The Evolution of Religious Memes: Who—or What—Benefits?" with a reply by Walter Burkert, appears in *Method and Theory in the Study of Religion*, 10 (1998), pp. 115-28.)

—————, 1997B, "How to Do Other Things with Words," Royal Institute Conference on Philosophy of Language, Supplement to *Philosophy,* 42, John Preston, ed., Cambridge University Press, 1997, pp. 219-35.

—————, 1997C, "The Case of the Tell-Tale Traces: A Mystery Solved; a Skyhook Grounded," http://ase.tufts.edu/cogstud/papers/behe.htm.

—————, 1998A, *Brainchildren: Essays on Designing Minds,* Cambridge, MA: MIT Press.

—————, 1998B, comment on Boone and Smith 1998, "A Critique of Evolutionary Archaeology," *Current Anthropology,* 39, Supplement, pp. 157-58.

—————, 1999A, review of *Having Thought: Essays in the Metaphysics of Mind,* by John Haugeland, *Journal of Philosophy*, 96, pp. 430-35.

—————, 1999B, "Protecting Public Health," in "Predictions: 30 Great Minds on the Future," *Times Higher Education Supplement,* March, pp. 74-75.

—————, 2000A, "Making Tools for Thinking," in *Metarepresentations: A Multidisciplinary Perspective*, Dan Sperber, ed., Oxford: Oxford University Press.

—————, 2000B, "In Darwin's Wake, Where Am I?" American Philosophical Association Eastern Division Presidential Address, published in *Proceedings and Addresses of the American Philosophical Association*, 75, Nov. 2001, pp. 13-30. Also available on http://ase.tufts.edu/cogstud.

—————, 2001A, "Collision Detection, Muselot, and Scribble: Some Reflections on Creativity," in *Virtual Music*, David Cope, ed., Cambridge, MA: MIT Press.

—————, 2001B, "The Evolution of Culture," *The Monist*, 84:3, pp. 305-24.

—————, 2001C, "The Evolution of Evaluators," in *The Evolution of Economic Diversity,* Antonio Nicita and Ugo Pagano, eds. London: Routledge.

—————, 2002A, "The New Replicators," in *Encyclopedia of Evolution*, M. Pagels, ed., Oxford: Oxford University Press.

—————, 2002B, "The Baldwin Effect: A Crane, not a Skyhook," in *Evolution and Learning: The Baldwin Effect Reconsidered*, Bruce Weber and David Depew, eds., Cambridge, MA: MIT Press.

—————, forthcomingA, "Altruists, Chumps, and Inconstant Pluralists" (commentary on Sober and Wilson 1998), *Philosophy and Phenomenological Research.*

—————, forthcomingB, review of Avital and Jablonka 2000, *Journal of Evolutionary Biology.*

—————, forthcomingC, "From Typo to Thinko," in *Evolution and Culture,* edited by Steven Levinson, Cambridge, MA: MIT Press.

—————, forthcomingD, *The Science of Consciousness: Removing the Philosophical Obstacles,* 2001 Jean Nicod lectures, delivered in Paris in November 2001, Cambridge, MA: MIT Press.

Dennett, Daniel C., and Marcel Kinsbourne, 1991, "Time and the Observer: The Where and When of Consciousness in the Brain," *Behavioral and Brain Sciences,* 15, pp. 183-247.

Densmore, Shannon, and Daniel Dennett, 1999, "The Virtues of Virtual Machines," *Philosophy and Phenomenological Research,* 59, pp. 747-67.

De Waal, Frans B. M., 1996, *Good Natured: The Origins of Right and Wrong in Humans and Other Animals,* Cambridge, MA: Harvard University Press.

Diamond, Jared, 1997, *Guns, Germs, and Steel: The Fates of Human Societies*, New York: Norton.

Dickerson, Debra J., 2000, *An American Story*, New York: Pantheon.

Donald, Merlin, 2001, *A Mind So Rare: The Evolution of Human Consciousness,* New York: Norton.

Dooling, Richard, 1998, *Brain Storm*, New York: Random House.

Drescher, Gary, 1991, *Made-Up Minds: A Constructivist Approach to Artificial Intelligence,* Cambridge, MA: MIT Press.

Fischer, John Martin, and Mark Ravizza, 1998, *Responsibility and Control: A Theory of Moral Responsibility,* New York: Cambridge University Press.

Frank, Robert H., 1988, *Passions within Reason: The Strategic Role of the Emotions*, New York: Norton.

Frankfurt, Harry, 1969, "Alternative Possibilities and Moral Responsibility," *Journal of Philosophy*, 65, pp. 829-33.

————, 1971, "Freedom of the Will and the Concept of a Person," *Journal of Philosophy*, 68, pp. 5-20.

Frayn, Michael, 1999, *Headlong*, London: Faber and Faber.

French, Robert M., 1995, *The Subtlety of Sameness: A Theory and Computer Model of Analogy-Making*, Cambridge, MA: MIT Press.

Gallagher, Shaun, 1998, "The Neuronal Platonist," in conversation with Michael Gazzaniga, *Journal of Consciousness Studies*, 5:5-6, pp. 706-17.

Gawand, Atul, 2001, "The Man Who Couldn't Stop Eating," *The New Yorker*, July 9, 2001, pp. 66-75.

Gazzaniga, Michael, 1998, *The Mind's Past*, Berkeley: University of California Press.

Gibbard, Allan, 1990, *Wise Choices, Apt Feelings: A Theory of Normative Judgment*, Cambridge, MA: Harvard University Press.

Giorelli, Giulio, 1997, "Si, abbiamo un anima. Ma è fatta di tanti piccoli robot" (interview with Daniel C. Dennett), *Corriere della Sera* (Milan), April 28, 1997.

Goffman, Erving, 1959, *The Presentation of Self in Everyday Life*, New York: Anchor Doubleday.

Goldschmidt, Tijs, 1996, *Darwin's Dreampond*, Cambridge, MA: MIT Press.

Gopnik, Adam, 1999, "Culture Vultures," *The New Yorker*, May 24, pp. 27-28.

Gould, Stephen Jay, 1978, *Ever Since Darwin*, New York: Norton.

Gray, Russell D., and F. M. Jordan, 2000, "Language Trees Support the Express-train Sequence of Austronesian Expansion," *Nature*, 405, pp. 1052-55.

Greenough, W T, and E R. Volkmar, 1972, "Rearing Complexity Affects Branching of Dendrites in the Visual Cortex of the Rat," *Science*, 176, pp. 1445-47.

Haig, David, 1992, "Genomic Imprinting and the Theory of Parent-Offspring Conflict," *Developmental Biology*, 3, pp. 153-60.

————, 2002, *Genomic Imprinting and Kinship*, New Brunswick, NJ: Rutgers University Press.

Haig, David, and A. Grafen, 1991, "Genetic Scrambling as a Defence against Meiotic Drive," *Journal of Theoretical Biology*, 153, pp. 531-58.

Hamilton, William D., 1996, *Narrow Roads of Gene Land*, Vol. 1: *Evolution of Social Behaviour*, Oxford: W H. Freeman.

Hardin, Garrett, 1968, "The Tragedy of the Commons," *Science*, 162, pp. 1243-48.

Harris, Judith, 1998, *The Nurture Assumption: Why Children Turn Out the Way They Do*, New York: Touchstone (Simon & Schuster).

Hart, H.L.A., and A. M. Honoré, 1959, *Causation in the Law*, Oxford: Clarendon Press.

Haugeland, John, 1985, *Artificial Intelligence: The Very Idea*, Cambridge, MA: MIT Press.

————, 1999, *Having Thought: Essays in the Metaphysics of Mind*, Cambridge, MA: Harvard University Press.

Hofstadter, Douglas, 1997, *Le Ton Beau de Marot: In Praise of the Beauty of Language,* New York: Basic Books.

Holmes, Bob, 1998, "Irresistible Illusions," *New Scientist,* 159:2150, pp. 32-37.

Honderich, Ted, 1988, *A Theory of Determinism: The Mind, Neuroscience, and Life-Hopes*, Oxford: Oxford University Press.

Honoré, A. M., 1964, "Can and Can't," *Mind,* 73:292, pp. 463-79.

Hooper, Lora V., Lynn Bry, Per G. Falk, and Jeffrey I. Gordon, 1998, "Host-microbial Symbiosis in the Mammalian Intestine: Exploring an Internal Ecosystem," *BioEssays,* 20:4, pp. 336-43.

Hume, David, 1739, reprint 1964, *A Treatise of Human Nature*, L. A. Selby-Bigge, ed., Oxford: Clarendon Press.

James, William, 1897, reprint 1956, *The Will to Believe and Other Essays,* New York: Dover.

———, 1907, reprint 1975, *Pragmatism,* introduction by H. S. Thayer, Cambridge, MA: Harvard University Press.

Jensen, A. R., 1979, "g: Outmoded Theory or Unconquered Frontier?" *Creative Science and Technology*, 11, pp. 16-29.

Kane, Robert, 1996, *The Significance of Free Will,* Oxford: Oxford University Press.

———, 1999, "Responsibility, Luck, and Chance: Reflections on Free Will and Indeterminism," *Journal of Philosophy*, 96, pp. 217-40.

———, ed., 2001, *The Oxford Handbook of Free Will*, New York: Oxford University Press.

Kant, Immanuel, 1784, reprint 1970, "Idea for a Universal History with a Cosmopolitan Purpose," translated by H.B.Nisbet, in *Kant's Political Writings*, Hans Reiss, ed., Cambridge: Cambridge University Press.

Kass, Leon R., 1998, "Beyond Biology" (review of *Staying Human in the Genetic Future,* by Brian Appleyard), *New York Times Book Review,* Aug. 23, pp. 7-8.

Katz, Leonard D., 2000, "Toward Good and Evil: Evolutionary Approaches to Aspects of Human Morality," *Journal of Consciousness Studies*, 7:1-2. Also appears as *Evolutionary Origins of Morality: Cross-Disciplinary Perspectives,* Leonard D. Katz, ed., Bowling Green, OH: Imprint Academic, 2000.

Kornhuber, H. H., and L. Deecke, 1965, "Hirnpotentialänderungen bei Willkürbewegungen und passiven Bewegungen des Menschen: Bereitschaftspotential und reafferente Potentiale," *Pflügers Arch. ges. Physiol.,* 284, pp. 1-17.

Kripke, Saul, 1972, "Naming and Necessity," in *Semantics of Natural Language,* D. Davidson and G. Harman, eds., Dordrecht: Reidel.

Laplace, Pierre-Simon, 1814, reprint 1951, *A Philosophical Essay on Probabilities,* translated by E W Truscott and F. L. Emory, New York: Dover.

Leigh, E. G., 1971, *Adaptation and Diversity: Natural History and the Mathematics of Evolution*, San Francisco: Freeman, Cooper.

Lewis, David, 1973, *Counterfactuals*, Cambridge, MA: Harvard University Press.

———, 2000, "Causation as Influence," *Journal of Philosophy*, 97, pp. 182-97.

Lewontin, Richard, Steven Rose, and Leon Kamin, 1984, *Not in Our Genes: Biology, Ideology, and*

Human Nature, New York: Pantheon.

Libet, Benjamin, 1981, "The Experimental Evidence for Subjective Referral of a Sensory Experience Backwards in Time: Reply to P. S. Churchland," *Philosophy of Science,* 48, pp. 182-97.

―――, 1993, "The Neural Time Factor in Conscious and Unconscious Mental Events," *Experimental and Theoretical Studies of Consciousness,* Ciba Foundation Symposium #174, Chichester: Wiley.

―――, 1996, "Neural Time Factors in Conscious and Unconscious Mental Function," in *Toward a Science of Consciousness,* S. R. Hameroff, A. Kaszniak, and A. Scott, eds., Cambridge, MA: MIT Press.

―――, 1999, "Do We Have Free Will?" in Libet et al., 1999, pp. 45-55.

Libet, Benjamin, Anthony Freeman, and Keith Sutherland, 1999, *The Volitional Brain: Towards a Neuroscience of Free Will,* Thorverton, UK: Imprint Academic.

Libet, Benjamin, C. A. Gleason, E. W. Wright, and D. K. Pearl, 1983, "Time of Conscious Intention to Act in Relation to Onset of Cerebral Activities (Readiness Potential); the Unconscious Initiation of a Freely Voluntary Act," *Brain* 106, pp. 623-42.

MacKay, D. M., 1960, "On the Logical Indeterminacy of a Free Choice," *Mind,* 69, pp. 31-40.

MacKenzie, Robert Beverley, 1868, *The Darwinian Theory of the Transmutation of Species Examined* (published anonymously "By a Graduate of the University of Cambridge"), London: Nisbet & Co. Quoted in a review in *Athenaeum,* 2102, Feb. 8, 1868, p. 217.

Mameli, Matteo, 2002, "Learning, Evolution, and the Icing on the Cake" (review of Avital and Jablonka 2000), *Biology and Philosophy,* 17:1 pp. 141-53.

Marx, Karl, 1867, first English edition 1887, *Capital,* translated by Samuel Moore and Edward Aveling, Moscow: Progress Publishers.

Maxwell, Nicholas, 1984, *From Knowledge to Wisdom: A Revolution in the Aims and Methods of Science,* Oxford: Blackwell.

Maynard Smith, John, 1982, reprinted 1988, "Models of Cultural and Genetic Change," in his *Games, Sex and Evolution,* Hemel Hempstead, UK: Harvester.

Maynard Smith, John, and Eörs Szathmáry, 1995, *The Major Transitions in Evolution,* Oxford: Freeman.

Maynard Smith, John, and Eörs Szathmáry, 1999, *The Origins of Life: From the Birth of Life to the Origin of Language,* Oxford: Oxford University Press.

McDonald, John F., 1998, "Transposable Elements, Gene Silencing and Macroevolution," *Trends in Ecology and Evolution,* 13, pp. 94-95.

McFarland, David, 1989, "Goals, No-Goals, and Own Goals," in *Goals, No-Goals, and Own Goals: A Debate on Goal-directed and Intentional Behaviour,* Alan Montefiore and Denis Noble, eds., London: Unwin Hyman, pp. 39-57.

McGeer, Victoria, 2001, "Psycho-practice, Psycho-theory, and the Contrastive Case of Autism," *Journal of Consciousness Studies,* 8, pp. 109-32.

McGeer, Victoria, and Philip Pettit, 2002, "The Self-Regulating Mind," *Language and*

Communication, 22:3, pp. 281-99.

McLaughlin, J. A., 1925, "Proximate Cause," *Harvard Law Review*, 39:149, p. 155.

Mele, Alfred, 1995, *Autonomous Agents: From Self-Control to Autonomy*, Oxford: Oxford University Press.

Metcalfe, J., and W Mischel, 1999, "A Hot/Cool System Analysis of Delay of Gratification: Dynamics of Willpower," *Psychological Review*, 106, pp. 3-19.

Milton, Katherine, 1992, "Civilization and Its Discontents," *Natural History,* March, pp. 37-42.

Moore, G. E., 1912, *Ethics,* New York: H. Holt.

Moore, Wayne R., 1970, *Foundations of Mechanical Accuracy,* Bridgeport, CT: Moore Special Tool Co.

Moya, Andrés, and Enrique Font, eds., *Evolution: From Molecules to Ecosystems*, Oxford: Oxford University Press.

Nesse, Randolph, ed., 2001, *Evolution and the Capacity for Commitment*, New York: Russell Sage.

Nozick, Robert, 2001, *Invariances: The Structure of the Objective World,* Cambridge, MA: Harvard University Press.

Pearl, Judea, 2000, *Causality: Models, Reasoning, and Inference*, Cambridge: Cambridge University Press.

Penrose, Roger, 1989, *The Emperor's New Mind: Concerning Computers, Minds, and the Laws of Physics,* Oxford: Oxford University Press.

————, 1994, *Shadows of the Mind: A Search for the Missing Science of Consciousness,* New York: Oxford University Press

Pereboom, Derk, 2001, *Living without Free Will,* Cambridge: Cambridge University Press.

Pessin, Andrew, and Sanford Goldberg, eds., 1996, *The Twin Earth Chronicles,* Armonk, NY: M. E. Sharpe.

Pettit, Philip, 2001, *A Theory of Freedom: From the Psychology to the Politics of Agency,* Oxford: Oxford University Press.

Pinker, Steven, 1997, *How the Mind Works,* New York: Norton.

Popper, Karl, 1951, "Indeterminism in Quantum Physics and Classical Physics," *British Journal for the Philosophy of Science*, 1, pp. 179-88.

Poundstone, William, 1985, *The Recursive Universe: Cosmic Complexity and the Limits of Scientific Knowledge,* New York: Morrow.

Prentky, R. A., 1997, "Arousal Reduction in Sexual Offenders: A Review of Antiandrogen Interventions," *Sexual Abuse: A Journal of Research and Treatment*, 9, pp. 335-48.

Pynchon, Thomas, 1973, *Gravity's Rainbow,* New York: Viking.

Quine, W.V.O., 1969, "Propositional Objects," in his *Ontological Relativity and Other Essays,* New York: Columbia University Press, pp. 147-55.

Quinsey, Vernon L., Grant T. Harris, Marnie E. Rice, and Catherine A. Cormier, 1998, *Violent Offenders: Appraising and Managing Risk*, Washington, D.C.: American Psychological Association.

Raffman, Diana, 1996, "Vagueness and Context Relativity," *Philosophical Studies*, 81:2-3, pp.

175-92.

Raine, Adrian, et al., 1994, "Birth Complications Combined with Early Maternal Rejection at Age 1 Year Predispose to Violent Crime at Age 18 Years," *Archives of General Psychiatry,* 51, pp. 984-88.

Ramachandran, Vilayanur, 1998, quoted in *New Scientist,* Sept. 5, 1998, p. 35.

Rawls, John, 1971, *A Theory of Justice,* Cambridge, MA: Harvard University Press.

Ridley, Mark, 1995 (2nd ed.), *Animal Behaviour,* Boston: Blackwell Scientific Publications.

Ridley, Matt, 1996, *The Origins of Virtue,* New York: Viking.

————, 1999, *Genome: The Autobiography of a Species in 23 Chapters,* London: Fourth Estate.

Rosler, A., and E. Witztum, 1998, "Treatment of Men with Paraphilia with a Long-acting Analogue of Gonadotropin-releasing Hormone," *New England Journal of Medicine,* 338, pp. 416-22.

Ross, Don, and Paul Dumouchel, "Emotions as Strategic Signals," available at http://www.commerce.uct.ac.za/economics/staff/personalpages/dross/emote10.rtf.

Ryle, Gilbert, 1949, *The Concept of Mind,* London: Hutchinson.

Sanford, David, 1975, "Infinity and Vagueness," *Philosophical Review*, 84, pp. 520-35.

Sartre, Jean Paul, 1943, reprint 1966, *Being and Nothingness*, translated by Hazel Barnes, Philosophical Library, New York: Simon & Schuster.

Sellars, Wilfrid, 1963, "Empiricism and the Philosophy of Mind," in his *Science, Perception, and Reality*, London: Routledge & Kegan Paul, pp. 127-96.

Sen, Amartya, 1999, *Development as Freedom*, New York: Knopf.

Skyrms, Brian, 1994A, "Sex and Justice," *Journal of Philosophy,* 91, pp. 305-20.

————, 1994B, "Darwin Meets *The Logic of Decision:* Correlation in Evolutionary Game Theory," *Philosophy of Science,* 62 pp. 503-28.

————, 1996, *Evolution of the Social Contract*, New York: Cambridge University Press.

Slote, Michael, 1990, "Ethics without Free Will," *Social Theory and Practice,* 16, pp. 369-83.

Sober, Elliott, and David Sloan Wilson, 1998, *Unto Others: The Evolution and Psychology of Unselfish Behavior,* Cambridge, MA: Harvard University Press.

Sperber, Dan, ed., 2001, *The Epidemiology of Ideas,* special issue of *The Monist,* 84:3.

Sterelny, Kim, and Paul E. Griffiths, 1999, *Sex and Death: An Introduction to Philosophy of Biology,* Chicago: University of Chicago Press.

Stich, Stephen, 1996, *Deconstructing the Mind,* Oxford: Oxford University Press.

Suber, Peter, 1992, "The Paradox of Liberation," available at http://www.earlham.edu/~peters/writing/liber.htm.

Taylor, Christopher, and Daniel Dennett, 2001, "Who's Afraid of Determinism ? Rethinking Causes and Possibilities," in *Oxford Handbook of Free Will,* Robert Kane, ed., New York: Oxford University Press.

Thompson, Adrian, P. Layzell, and R. S. Zebulum, 1999, "Explorations in Design Space: Unconventional Electronics Design through Artificial Evolution," *IEEE (Institute of Electrical and Electronics Engineers) Transactions on Evolutionary Computation,* 3, pp. 167-96.

Turing, Alan, 1936, "On Computable Numbers, with an Application to the *Entscheidungsproblem,"*

Proceedings of the London Mathematical Society, 2:42, pp. 230-65.

Van Inwagen, Peter, 1983, *An Essay on Free Will,* Oxford: Clarendon Press.

Velleman, David, 1992, "What Happens When Someone Acts?" *Mind,* 101, pp. 461-81.

Wagensberg, Jorge, 2000, "Complexity versus Uncertainty: The Question of Staying Alive," *Biology and Philosophy,* 15, pp. 493-508.

Weber, Bruce, and David Depew, eds., 2002, *Evolution and Learning:The Baldwin Effect Reconsidered,* Cambridge, MA: MIT Press.

Wegner, Daniel, 2002, *The Illusion of Conscious Will,* Cambridge, MA: MIT Press.

White, Stephen L., 1991, *The Unity of the Self,* Cambridge, MA: MIT Press.

Whitehead, Alfred North, 1933, reprint 1967, *Adventures of Ideas,* New York: Macmillan.

Wiggins, David, 1996, "Natural and Artificial Virtues: A Vindication of Hume's Scheme," in *How Should One Live? Essays on the Virtues,* Roger Crisp, ed., Oxford: Clarendon Press, pp. 131-40.

Williams, George, 1988, "Reply to Comments on 'Huxley's Evolution and Ethics in Sociobiological Perspective,'" *Zygon,* 23:4, pp. 437-38.

Wolfe, Jeremy M., George A. Alvarez, and Todd S. Horowitz, 2000, "Attention Is Fast but Volition Is Slow," *Nature,* 406, p. 691.

Wolfe, Tom, 2000, *Hooking Up,* New York: Farrar, Straus & Giroux.

Wright, Robert, 1994, *The Moral Animal: The New Science of Evolutionary Psychology,* New York: Pantheon.

————, 2000, *Nonzero: The Logic of Human Destiny,* New York: Pantheon.

Zahavi, Amotz, 1987, "The Theory of Signal Selection and Some of Its Implications," in *International Symposium on Biological Evolution, Bari, 9-14 April 1985,* V P. Delfino, ed., Bari, Italy: Adriatici Editrici, pp. 305-27.